위안부

위안부

네덜란드 기자가 쓴
성폭력 문제와 여성 인권

브리지트 아르스 지음
문지희, 강재형 옮김

탐구당

Nederlands letterenfonds dutch foundation for literature

The publisher gratefully acknowledges the support of the Dutch Foundation for Literature.
이 출판물은 네덜란드 문학재단의 재정적 지원을 받았습니다.

저자 서문

나는 1999년 2월 대한민국의 수도 서울에서 가까운 일본군 '위안부' 피해자를 위한 보호시설을 방문했다. 그 이전 아프리카와 아시아 국가들을 방문했을 때, 특히 노인의 외로움과 소외 문제는 기근과 가난 문제보다도 나에게 더 큰 충격으로 다가왔다. 그런 소외된 노인들을 서울 근처에 있는 한 보호시설에서 만난 것이다. 마침 그날 중국에 거주하던 과거 일본군 '위안부'였던 할머니들이 그곳에 막 도착하였다. 그들은 가족에게 수치심을 주지 않으려고 반세기 이상 자신을 숨기며 살아왔다. 할머니들의 우울한 눈빛, 주름진 얼굴 그리고 쳐진 입 모양은 이미 전쟁에 대한 기억과 전쟁 후 겪은 어려운 삶을 이야기해 주었다. 그들 중 한 명인 이옥금 할머니와 이야기를 나누었을 때, 내 인생에서 처음으로 이러한 내용의 기사를 더는 묵혀 둘 수 없다고 판단하였다.

그 만남은 내가 이 책을 쓰게 된 계기가 되었다. 수용소에 억류되었던 여러 피해자가 이미 일본의 침략에 대해 여러 권의 책을 썼다. 나는 젊은 세대를 대표하는 한 사람으로서 이 주제를 반드시 새로운 시선과 다른 입장에서 접근해야 한다고 생각하였다. 그것은 단순히 전쟁이란 것을 초월하는 문제이기 때문이다. 강제로 동원되어 일본군 '위안부'로 생활했던 엘런 판 데어 플룩은 다음과 같이 말했다. "전쟁은 잊을 수 있어요. 하지만 인간으로서의 존엄이 어떻게 짓밟혔는지는 결코 잊어서는 안 됩니다."

나치 독일의 강제 매춘에 관한 다큐멘터리를 제작했던 독일인 마런 니마이어는 이메일로 내게 이렇게 말한 적이 있다. "이 어려운 주제를 거론할 수 있으려면 적어도 두 세대의 시간은 지나야 한다고 생각합니다." 그녀의 말이 맞다는 생각이 든다. 그렇게 긴 시간이 흘렀음에도 나는 이 책을 쓰기가 쉽지 않았다.

자료를 조사하면서 알게 된 사실은, 네덜란드 언론에 일본군 '위안부'에 관한 내용이 종종 등장하지만 알려진 바가 많지 않고, 특히 다른 나라의 '위안부' 피해자에 대해서는 거의 알려지지 않았다는 것이었다. 네덜란드인에게 네덜란드령 동인도에서 일어난 전쟁은 이미 오랫동안 나와는 별로 상관없는 다른 나라에서 일어난 일로 자리하고 있었다.

나는 1998년부터 말레이시아에 살고 있다. 따라서 다른 아시아 국가들을 방문하며 이 문제를 깊이 조사하고, 특히 문화적인 면에서 이 문제를 다루는 데 큰 어려움이 없다고 할 수 있다. 네덜란드인 일본군 '위안부' 피해자에 관한 조사를 위해서는 네덜란드 전쟁 문서 보관소와 국립 문서 보관소의 자료를 이용하였다. 그리고 워낙 국제적인 주제인 만큼 인터넷 없이 이 책을 쓰는 것은 불가능하였다. 이 새로운 매체들 덕분에 나는 쿠알라룸푸르의 내 서재에서 전 세계의 최신 보고서와 연구에 접근할 수 있었고, 동향에 대해서도 알 수 있었다. 뉴스 모임을 통해 이 분야에 관한 토론을 들을 수 있었고, 여론을 가늠하고, 정보 제공자나 번역가와 연락을 취할 수도 있었다.

마지막으로 이 자리를 빌려 많은 분께 감사를 표하고 싶다. 가장 먼저 나는 '위안부' 피해자들에게 감사한다. 나의 가슴 속엔 이들에 대한 깊은 존경심이 자리하고 있다. 이 여성들은 억압 속에서 부유하고 강력한, 남성이 지배하는 일본에 대항하며 아주 용감하고 대단하게 맞서 싸웠다. 나는 이들의 증언을 최대한 반영하려고 노력하였다. 자신의 이야기를 언론과 일본 변호사들에게 계속 반복해서 설명하는 것은 이 여성들에게 무척 힘든 일이다. 더욱이 계속된 설명에도 지금까지 별다른 성과가 없었기 때문이기도 하다. 이들은 잘 알지도 못하고, 신뢰한다고 할 수도 없는 사람들에게 자신의 가장 은밀한 비밀을 계속해서 털어놓아야 한다. 엘런 판 데어 플룩은 이렇게 말한 적이 있다. "그들에게 내 이야기를 하게 되면, 나 자신이 버텨내지 못할까 봐 아직도 두려워요. 내가 불결하게 느껴지거나 소리 내어 울부짖게 될까 봐요. 매번 생각하죠. 이젠 다 극복했고, 차분히 이야기할 수 있을 거라고. 하지만 사실은 그렇지 않아요. 물론 이야기를 들려줄 수는 있어요. 하지만 정복자들이 우리를 어떻게 그토록 천하게 여기고, 깊은 상처를 줄 수 있었는지, 그리고 그 상처가 어떻게 지금까지도 우리를 괴롭힐 수 있는지 나는 이해할 수가 없습니다."[1]

두 번째로 강제 동원 일본군 '위안부' 피해자들의 권익을 위해 일하는 단체의 여러분께 감사를 표한다. 나는 그들이 자원봉사자들과 책으로 가득 찬 작고 허름한 사무실에서 투쟁을 펼치는 것을 보았다. 특별히 한국인 윤정옥 교수와 일본 여기자 겸 여성 운동가 마쓰이 야요리 그리고 한국의 나눔의 집 직원들에게 감사를 드린다. 요시미 요시아키 교수는 일본에서 사람들을 소개하며 도움을 주었다. 독일 다큐멘터리 제작자 마런 니마이어는 나치 독일이 행한 강제 성매매에 관한 자료를 보내주었다. 더불어 히사코 판 리스에게 특별한 고마움을 전한다. 그녀는 통역과 번역을 위해 많은 시간을 내주었을 뿐만 아니라 일본 문화에 대해 많은 것을 가르쳐 주었다. 아울러 한국어 번역을 도와준 장선일 씨와 양희자 씨에게 고마움을 전한다. 마스 아유 자라 유소프 씨는 바하사 인도네시아어로 기록된 자료를 이해하는 데 도움을 주었고, 클라우디아 피카우 쉬룹은 독일어 자료를 다루는 데 도움을 주었다.

그리고 네덜란드에서는 내 동료이자 저널리스트인 판 더 페인, 비커 쿠넌-시니아 그리고 하스통 도런에게 가장 먼저 고마움을 전한다. 이들이 주말과 저녁 시간을 헌납하며 도와준 덕분에 이 책이 나올 수 있었다. 또한 일본의 도의적 책임을 묻는 재단(JES)의 더 페이퍼 씨와 하마르-모노드 더 프로와드빌 씨가 베풀어 준 조언과 유익한 정보에 감사드린다. 네덜란드 전쟁 문서 보관소(NIOD)의 요하네스 판 담 씨 그리고 아너미커 판 복스미어 씨에게도 감사를 표한다. 그들은 많은 시간을 할애해 비공개 문서로 보관 중인 많은 자료를 열람할 수 있도록 도움을 주었다. 국립 문서 보관소의 판 안로이 씨에게도 같은 이유로 감사를 전한다.

마지막으로 정보를 모으는 일이 항상 쉽지만은 않았다는 점을 고백해야 할 것 같다. 의심 어린 눈초리를 어디에서나 느낄 수 있었다. 이는 반세기의 시간이 지난 지금도 이 주제가 얼마나 정서적으로 어려운 것인지를 말해 준다.

일러두기

* 인명과 지명은 국립국어연구원 외래어표기법을 따르되 현지 발음을 고려해 표기했습니다.
* 원서는 네덜란드에서 2000년도에 출간되었으므로 원서를 번역한 본서의 내용 중 현재의 사실과 다른 것은 미주를 달았습니다.
* 일본군 '위안부'를 표기할 때 작은따옴표를 붙여 가해자 시각에서 나온 옳지 않는 표현임을 명시하였습니다

차례

들어가며

"위원장님! 7,500번 강간을 당한 여성에게 배상금이 지급되어야 한다면 얼마를 생각하십니까? 여기 위원회에 계시는 위원들은 자신의 딸이 단 한 번이라도 강간을 당한다면 얼마를 요구할까요?" 1995년 여성 변호사 카렌 파커가 유엔 인권 위원회에 던진 이 질문에 대답하는 건 거의 불가능하다. 세상의 모든 돈을 모아도 그러한 범죄 행위에 따른 피해를 배상할 수는 없다. 카렌 파커의 이 질문은 천황이 자신의 군인에게 준 선물이자 일본 제국 군사들의 성 노예, 즉, 일본군 '위안부'를 가리키는 것이었다.

이 책은 일본군 '위안부' 피해자 여성들의 이야기이며 20세기 여성 인권이 침해당한 가장 야만적인 이야기를 담고 있다. 이 이야기는 약 20만에서 40만 명으로 추정되는 한국, 인도네시아, 네덜란드, 중국, 필리핀 및 다른 국가 여성이 제도적으로 강간을 당했던 무자비한 시스템에 관한 것이다. 이 제도는 1931년 일본의 만주 침공과 함께 시작되어 1945년 일본이 연합군에 항복할 때까지 15년간 지속된 전쟁에서 일어났으며, 철저히 인종 차별적이며 성차별적인 제도였고, 특히 가난한 소녀들이 피해를 보았다.

일본군 '위안부'라는 용어는 모호하다. 피해자들은 이 단어를 완전한 모독으로 간주한다. 그들은 이 용어가 미화되었으며, 자신은 강간 피해자이지 그 누구도 위로한 적이 없다고 정당하게 주장한다. '군대를 따라가는 '위안부'' 혹은 '군대의 '위안부''를 뜻하는 '종군 '위안부''는 완곡어법으로 왜곡된 용어이다. 이 용어는 끔찍했던 진실을 이 단어 뒤에 숨기려고 한 일본 정부와 일본군 장교 그리고 성매매업 종사자들에 의해 만들어졌다. 한국의 일본군 '위안부' 여성들은 원래 유교적 의미에서 '희생'을 뜻하는 '정신대', 즉 '테이신타이'로 불렸다. 일본군은 이렇게 함으로써 한국 여성이 의무감에서 군대에 합류할 거라고 판단하였다. 공식 문서에서도 일본은 '테이신타이(몸을 바치는 자원봉사자)'라는 용어를 사용하였다. 이 모든 묘사는 이것이 일본군에 의한 조직적이고 집단적이며 제도화된 여성 강간과 대규모 여성 인신매매와 관련된 것임을 분명하게 나타내고 있다.

일본군 '위안부'라는 용어는 사실을 숨기고 유화시키는 완곡어이다. '일본군 강제 성매매 피해자' 혹은 '강제 동원 일본군 성폭력 피해자 또는 성 노예'[1]라는 단어가 더 적절한지도 모른다.

그런데도 나는 일본군 '위안부'라는 단어를 사용하기로 하였다. 이 단어는 일본 역사에 존재했던 특정 사건을 가리키며 누구나 그 단어가 무엇을 뜻하는지 알고 있기 때문이다. 이것은 역사적 용어이고 많은 시민 사회 단체에서도 사용하고 있다. 이 용어를 사용해야 하는 역설적인 상황을 독자들이 이해해주길 바란다.

10년간의 분노와 좌절

일본군 '위안부' 제도는 오랜 시간 제2차 세계 대전의 가장 큰 비밀 중 하나로 남아 있었다. 이 이야기가 한국에서 처음 시작되고, 또 다른 아시아 국가와 네덜란드에서 조금씩 세상에 알려지기까지 50년이라는 침묵의 시간이 흘렀다. 역사의 가장 비참한 비극적 사건 중 하나가 거의 잊힐 뻔하다가, 증인들이 무덤에 들어가기 직전에야 드러났다는 사실을 어떻게 설명할 수 있을까? 피해자 여성들의 수치심이 너무나도 컸기에, 더 이상 잃을 것이 없는데도 침묵할 수밖에 없었던 상황을 우리는 상상이나 할 수 있을까? 슬픔의 골은 너무 깊게 자리 잡고 있다. "매일 울었어요." 김 씨 성을 가진 한국인 피해자 여성이 말했다. "일본이 나에게 자기 나라를 전부 준다고 해도 내 청춘은 다시 돌아오지 않아요."

1990년대 초 일본군 '위안부' 피해자 여성들은 힘을 모아 집회와 소송 그리고 시위로 투쟁을 시작하였다. 그리고 이후 10년은 분노와 좌절로 점철되었다. 그들은 국가주의자들에게 비난을 받았고 일본 정부는 그들을 진지하게 상대하지 않았다. 그들의 요구는 10년이 지났어도 거의 받아들여지지 않고 있다. 일본은 과거를 인정하지 않고 있으며 청산하려 하지도 않는 것 같다. 일본은 단 한 명의 가해자도 처벌하지 않고 있으며,* 이것은 세계 역사상 형벌이 실제로 집행되지 않은 가장 심각한 예 중 하나다. '위안부' 피해자 여성들은 억압과 인종 차별 그리고 성차별을 받으며 평생 고난을 겪으며 살아왔다. 그들은 정치와 법이 남성의 전유물인 세상에서 부당함과 무관심이라는 장벽에 부딪혔다. 수천 명의 남성이 그러한 일을 겪었다면 이미 오래전에 해결책이 나왔을 것이다. 마찬가지로 세계 여러 나라도 일본과의 무역과 외교 문제에서 피해를 볼까 두려워하며 너무나 조심스러운 태도를 취하고 있다.

오늘도 강제 동원 일본군 '위안부' 피해자 할머니들은 자신의 권리와 범죄자의 단죄를 위해 투쟁을 벌이고 있다. 그들 자신만을 생각한다면 너무 늦은 일일 수도 있다. 그러나 그들은 이 괴물 같은 시스템을 폭로함으로써 세상에 교훈을 주고, 미래에는 이와 같은 일이 더 이상 일어나지 않기를 원하고 있다. 그렇지만 분쟁 상황에서 벌어지는 성 노예와 또 다른 폭력은 사실 그 어느 때보다도 중요한 현실 문제이다. 유엔과 같은 조직은 그러한 종류의 만행을 처벌하고 막기 위한 국제법 제도를 마련하기 위해 최선을 다하고 있다. 이는 희망을 가질 만한 변화라고 할 수 있다. 그리고 이러한 노력은 무엇보다 일본군 '위안부' 제도와 관련되어 있다. "우리가 정의와 진실을 요구하는 '위안부' 여성들의 외침을 외면한다면, 여성에 대한 폭력이 없는 21세기를 구현할 수 없습니다."라고 한 여성 운동가는 말한다. 이 책은 우선 일본군 '위안부' 여성들의 이야기다. 개인의 증언이 갖는 문제점은 그것이 기억으로 이루어졌다는 점이다. 기억은 증언을 개인적인 이야기로 만들지만, 색을 입히고 문화적인 영향을 담아내거나 왜곡시키기도 한다. 따라서 역사적 사건의 단면만을 보여주는 결과를 가져올 수도 있다. 하지만 다른 한편으로, 증언은 정확한 실상을 재현해 낼 수 있으며, 어떠한 공식 문서에서도 찾을 수 없는 정보를 제공하기도 한다.

일본군 '위안부' 제도에 관한 책들은 많은 연구 보고서와 마찬가지로 대부분 학술적 성격을 띤다. 그 책들은 많은 경우 '이야기로 전하는 역사'를 의도적으로 싣지 않는다. 그 이야기가 항상 사실에 근거하지만은 않기 때문이다. 게다가 일본 정부는 피해 여성들의 증언을 결코 진지하게 받아들이려고 하지 않는다. 이들 증언이 너무 주관적일 수 있고, 여기에 관심을 두기에는 너무 많은 시간과 돈이 든다는 이유이다. 일본 정부는 처음부터 '객관적인' 문서만 제출할 것을 제안하였다. 일본이 증언들을 듣고 싶어 하지 않는다는 것은 이해할 만하다. 강제 성매매 피해자들의 통렬한 증언은 이 문제에 관련된 일본의 국가적 위상과 입지를 훼손할 것이다. 그들의 증언은 진실이자 억눌린 자들의 목소리이며, 동시에 강력하고, 공문서에서는 만날 수 없는 실제의 일들을 말해준다. 반면에 공문서는 엘리트의 목소리가 실린 이상적인 비전을 제시한다. 위안소에 걸려있던 그 숱한 규정들을 예로 들어보자. 실제로는 그러한 규정이 대규모로 그리고 심각하게 위반되었다. 공문서는 겉으로는 객관성을 지닌 듯 보일 수 있지만, 가장 거짓된 증언 못지않게 사실을 왜곡할 수도 있다.

피해자들의 경험이 너무도 자주 무시된다는 사실은 유감스러운 일이다. 그들의 증언은 매우 소중하기 때문이다. 그들은 두려움과 역겨움이 담긴 언어들로 위안소 생활에 관해 이야기를 들려준다. 모든 세세한 부분이 맞지 않을 수도 있다. 혹은 특정 사건이 짓눌리고 잊혔을 수도 있다. 이것은 트라우마가 얼마나 심각한지를 보여줄 뿐만 아니라 피해자들이 느끼고 있는 감정이 아직도 얼마나 극심한지를 말해준다. 일본의 강제 성매매 피해자들의 이야기를 일반적인 용어로 그리고 순전히 이성적인 방식으로 설명하는 것은 불가능하다. 피해자 여성들의 목소리가 묻힌 이야기, 그리고 그들의 감정과 관점이 생략된 이야기로는 역사를 올바로 평가할 수 없다. 그들의 감정과 경험이 일본군 '위안부'의 역사와 떼려야 뗄 수 없는 관계를 가지고 있기 때문이다.

제1장 제도의 탄생

거실에는 70대 여성 몇 명이 따뜻한 방바닥에 놓인 낮은 상에 둘러앉아 식사를 하고 있다. 뒤쪽에선 텔레비전 소리가 들려오고, 이들은 젓가락으로 한국의 전통 음식인 김치를 조용히 입안에 넣고 있다. 식탁 주변에는 한국 시사 프로그램 촬영팀의 카메라 스태프가 분주하게 일하고 있다. "우리는 방문객에 익숙해요." '할머니' 한 명이 정적을 깼다. '할머니'는 한국인들이 강제 성매매 피해자들을 부르는 호칭이다. 이 할머니들 중 몇 명은 여기 '나눔의 집'에 살고 있다. 이곳은 일본군 '위안부'를 위한 보호 시설로서 대한민국 광주시의 한적한 논과 구릉지대에 위치한다. 1998년에는 바로 옆 건물에 일본군 '위안부' 역사관이 문을 열었다.

1995년 한 불교 스님의 기부로 문을 연 이 보호 시설은 오늘 특별한 날을 맞았다. 중국에서 새로운 거주자가 도착한 것이다. 그래서 이곳에 사는 '할머니'는 다시 아홉 명이 되었다. 그 할머니는 이제 중국에 남은 사람은 아무도 없다고 말했다. 그녀는 보호 시설에 대해 들었고 같은 운명을 가진 사람들과 여생을 함께 보내기로 한 것이다. 서로가 공유하는 아픈 역사는 외부인에게는 낯설지만, '자매들' 사이에는 친밀감과 유대감을 느끼게 해준다. 이곳에서는 누구나 침묵에 익숙한 것 같다. 여기에 머물고 있는 할머니는 자신의 이야기를 혼자서 간직하는 데 익숙해져 있고, 언젠가는 그것들이 그들의 기억에서 사라지기를 간절히 소망하고 있다.

하지만 완전히 잊을 수는 없는 듯 보인다. 일본군 '위안부' 피해자들은 과거 자신이 당한 공포스러운 경험을 매일 기억하게 되기 때문이다. 그들이 머무는 집은 일본군 '위안부' 역사관 바로 옆에 있으며, 이 역사관에는 처음부터 끝까지 이들의 과거를 담은 물건, 비디오 그리고 사진들이 전시되어 있다. "할머니들을 위한 보호 시설과 부설 역사관은 일본군 '위안부'의 진실, 그러니까 일본 정부가 포장하는 말들이 아닌 진실을 세계에 알리는 중요한 역할을 하고 있습니다." 역사관 위층에 위치한 역사 연구 센터에서 근무하는 한 연구원이 말했다. "이런 일은 절대 다시 일어나면 안됩니다. 역사관이 개관했을 때 할머니들이 우리의 일을 이해하고 받아들이는 데 어려움이 많으셨어요. 하지만 우리는 할머니들의 도움과 경험이 필요했습니다."

여전히 할머니들에게는 이곳을 방문하는 것이 꺼려지는 일이다. 하지만 할머니들은 자신의 비밀을 혼자서만 간직하는 것을 원하지 않았다. 이들은 집에서 두 시간 거리에 있는 일본 대사관 앞에서 열리는 집회에 참석하기 위해 매주 수요일 버스를 타고 서울로 향한다. 이들은 과거 일본군과 일본 정부가 죄 없는 여성들에게 저지른 범죄를 공식적으로 인정할 것을 요구하며, 일본의 모호한 유감 표명을 더 이상 지켜만 보고 있지 않는다.

76세 이옥금 할머니는 꽁초가 가득한 재떨이에 몇 번이고 담배꽁초 불씨를 껐다. 그러고는 나를 역사관으로 안내하겠다고 했다. 우리는 향 냄새가 은은하게 풍기는 마당을 가로질러 여성의 하반신이 땅에 묻혀 있는 1m 높이의 조각상 앞을 지나갔다. 〈못다 핀 꽃〉이라는 제목의 이 작품은 일본군이 저지른 범죄 때문에 꽃피울 수 없었던 모든 일본군 '위안부' 여성을 상징적으로 나타내고 있었다. 이 조각상은 1991년 '위안부' 피해자로서 최초로 증언했던 김학순 할머니의 동상이었다. 그녀의 증언을 통해 마침내 피해자들은 법정 원고로 설 수 있었다. 몸이 약한 이옥금 할머니는 옷 단추를 채우고 한 걸음 한 걸음 계단을 내려가서 지하 통로로 걸어갔다. 그려진 지도 위에는 검은 점선으로 일본군 '위안부' 피해자 할머니들이 머물렀던 위안소가 표시되어 있었다. 이옥금 할머니는 해안선을 가리키며 말했다. "나는 해병대 장교들을 상대했어요. 4년간을 바다 근처 여러 위안소에서 보냈지요."

사진을 담은 액자들은 일본군 '위안부'의 역사를 설명해 준다. 일본은 군인들의 사기를 높이기 위해 이 제도를 도입하였다. 일본군은 처음에 일본인 매춘부를 이용했지만, 그 수가 군인들의 수요를 충족시키기에는 턱없이 부족했다. 그래서 그들은 한국, 중국 그리고 필리핀과 같은 다른 나라 출신의 소녀들을 '강간 캠프'로 데려왔다. 이 용어는 유엔이 꾸밈없이 사용한 표현 그대로다.

이옥금 할머니가 들려주는 이야기는 많은 한국 할머니들의 이야기와 비슷하다. 가난과 배고픔으로 힘든 삶을 살던 이옥금은 1940년 17살의 나이에 일본에 있는 공장에서 일할 수 있다는 광고를 보고 모집에 응하기로 했다. 배에 오른 지 며칠이 지나자 그녀는 자신을 포함한 일행이 계속 감시를 받고 있다는 것을 눈치챘다. 가는 도중 장교 한 명이 그녀를 강간하였고 그녀는 결국 위안소로 끌려갔다.

우리는 '위안부' 여성들의 삶을 담은 사진들을 지나쳤다. 잠시 후 세면대와 침대가 있는 작은 공간으로 들어갔다. "우리 방이 꼭 이렇게 생겼었지요." 이옥금 할머니는 잠시 쉬기 위해 침대에 걸터앉으며 이렇게 말했다. 그 침대는 그녀가 너무나도 끔찍하게 여기던 바로 그 침대였다. 그녀가 상기하는 그 기억이 얼마나 고통스러운 것인지 그녀의 얼굴에서 읽을 수 있었다. "낮 12시가 되면 일을 시작해야 했어요. 그 시간에는 하급 장교들이 왔어요. 대략 10명 정도였어요. 밤이 되면 고위 장교들을 받아야 했고요." 이옥금 할머니는 자신이 마치 가축처럼 느껴졌다고 했다. 그녀는 매일 자궁에 통증을 느꼈다. 아직 육체적으로 성숙하지 못했던 일부 소녀들은 통증 때문에 바닥에 웅크리고 앉아 더 이상 움직일 수도 없었다. 위안소 규정에 따라 장교들은 콘돔을 사용해야 했지만, 그들은 그럴 생각이 전혀 없었다고 이옥금 할머니는 기억을 더듬으며 말해 주었다. 그녀는 성병에 걸렸고, 강력한 항생제인 '606 주사'를 맞았고, 그로 인하여 평생 불임이 되었다.

역사관에서 무엇보다 인상적인 것은 전시된 그림들이었다. 보호 시설에 머무는 '할머니' 세 명이 취미이자 치유 수단으로써 그림을 그리기 시작하였다. 그들은 미술 작업을 통해 납치, 강간 그리고 치욕적인 위안소 생활을 화폭에 담았다. 그림으로 명성을 얻은 할머니 중 한 명은 1997년 폐암으로 고인이 된 강덕경 할머니다. 그녀는 일본 대사관 앞 집회에서 언제나 맨 앞에 섰다. 그리고 집회에 참여하던 중 쓰러졌다. 그녀가 그린 가장 유명한 그림은 〈빼앗긴 순정〉이다. 이 그림에서 그녀는 군인을 상징하는 죽어가는 나무 아래 벌거벗은 채로 누워있다. 그녀는 꽃이 피던 분홍색 벚나무 아래서 일본 군인에게 처음으로 강간을 당했다고 다른 할머니들에게 말한 적이 있었다.

역사관은 해방 이후의 시간에도 관심을 기울이고 있다. 일본군들은 최대한 증거를 없애려 하였고, 적어도 그러한 일본군들에게 살해당하지 않은 일본군 '위안부'에게도 지옥은 계속되었다. 한국의 엄격한 가정 교육은 그들의 경험을 치욕적인 것으로 만들었고, 많은 여성들은 가족의 품으로 돌아갈 엄두도 내지 못하였다. 이옥금 할머니 역시 가족이나 친구에게 돌아가지 못하고 굴 가공 공장에서 일을 했다. 그녀는 이 지구상에서 소리 없이 사라지기를 바라며 살아왔다. "내 수치스러운 이야기를 아무에게도 말하고 싶지 않았어요. 한국 정부가 조사를 하던 중 우연히 내 과거 흔적을 발견했죠. 뒤돌아보면 참 다행이었어요. 내가 너무 가난했기 때문에 여기로 와서 지낼 수 있게 되었죠. 지금은 이해합니다. 이렇게 이야기하는 것이 중요하다는 걸 말이죠." 일본군 '위안부' 피해자들의 초상화가 걸린 벽을 지나면서 그녀가 말했다. 그곳에는 서양인의 초상화도 몇 개 걸려 있었다.

우리는 전시관 끝에 있는 강덕경 할머니의 커다란 초상화 앞에서 걸음을 멈추었다. 매일 많은 사람이 역사관을 방문한다. 그리고 방문자들은 항의를 나타내는 표시로 손가락에 빨간 물감을 묻혀 초상화 위에 지문을 찍을 수 있다. 초상화에는 지문이 거의 가득 차 있었다. 이것은 일본 정부에 대한 비난의 의미도 담고 있다. 현재 일본을 상대로 아홉 건의 소송이 진행되고 있다. "우리는 이겨야만 해요." 이옥금 할머니가 큰소리로 외쳤다. 그녀는 노년에 투사가 되었다. "많은 할머니들이 이제 자신의 과거를 밝히고 있어요. 하지만 증인들은 일흔이 넘은 연로한 나이예요. 증인석에 설 수 있는 사람은 점점 줄고 있고요. 시간이 많이 남아 있지 않아요."

가라유키상에서 일본군 '위안부'로

제2차 세계대전 중 시행된 일본의 강제 성매매는 이미 수 세기 동안 내려오던 제도에 뿌리를 두고 있다. 이는 항상 개방적이고 합법적이며 잘 조직된 제도였다. 예로부터 일본 정부는 매춘을 사회적 안정을 유지하기 위한 방법으로 간주하였고, 일본 불교계는 이에 대해 전혀 항의하지 않았다. 이미 1528년 봉건 시대 통치자들은 공인된 홍등가와 함께 공식 매춘 시스템을 개발하였다. 이러한 공창은 섹스와 유흥을 찾아 도시로 오는 시골 출신 사람들과 영주들을 위한 것이었다. 공창 지역은 '떠다니는 세상'이라 불렸으며, 이 말은 공창 지역의 순간적이며 비현실적인 삶을 은유적으로 표현한 것이다. '물장사'는 찻집, 목욕탕 그리고 극장을 나타내는 말이었다. '에도'라고 불렸던 도쿄의 매춘 지역 중 한 곳은 17세기 '요시와라(공창 지역으로 끝없는 쾌락의 동네)'라는 이름으로 유명했다. 담장과 운하로 둘러싸인 그 지역을 방문하는 사람은 등록을 해야 했고, 24시간 이상 머물 수 없었다. 담장 안에서는 수천 명의 매춘부가 단순하게 만들어진 공간에서 몸을 팔았다. 17세기 번창했던 요시와라에는 66,000m²의 면적에 약 7천 명의 매춘부가 일하며 살았다. 역산해보면 매춘부 한 명당 할애된 공간은 10m²보다 작았다. 매춘부들의 거주 및 근무 환경은 비인간적이었다. 그들은 대부분 빈곤 가정 출신이었다. 그러한 가정은 생계를 위해 어쩔 수 없이 딸들을 팔았다. 매춘부는 종종 돈을 빌리기 위한 담보로 간주되기도 했다. 또한 그 당시 소녀들은 남성과 가족 그리고 나라의 이익을 위해 자신을 희생해야 한다는 교육을 받으며 자랐다.

매춘부의 신분은 특히 낮았고 그들의 임금은 형편없었다. 방문객은 행위에만 관심을 두었다. 매춘부는 그 시대에 인기를 끌었던 게이샤와는 큰 대조를 이루었다. 게이샤는 매춘부가 아닌 '연예인'이었다.

그들은 악기를 연주하고 노래를 부르고 시를 짓고 성적인 자극과 흥분을 유도하는 대화를 나누는 데 능숙했다. 그들은 단 한 명의 연인에게만 몸을 팔았다. 때로는 자신의 순결을 바치며 막대한 금액을 챙기기도 했다.

19세기 요시와라는 '밤이 없는 도시'로서 세계적으로 알려졌다. 요시와라와 같은 매춘 지역의 삶은 그 당시 많은 국내외 예술가와 작가에게 영감을 주어 선정적인 문학 작품과 그림을 탄생시켰다. 하지만 매춘 생활 그 이면의 모습은 거의 묘사되지 않았다. 그곳의 여성들은 노예 제도와 같은 환경 속에서 살았다. 당시에도 이미 정부에서 공인한 이 매춘 제도를 폐지하려는 움직임이 존재했었다. 운동가들은 공인된 홍등가에서 일하는 여성들을 성 노예의 감옥에서 구해내기 위해 목숨을 걸었다.

이 시기 일본은 자국인 매춘부를 다른 아시아 국가로 수출하기 시작했다. 그것은 일본 정부가 공식적으로 승인한 인신매매였다. 이 소녀들은 문자 그대로 '중국으로 가는 사람'이라는 뜻을 지닌 '가라유키상'으로 폄하되어 불렸다. 일본 여성을 대상으로 한 인신매매는 시간이 흐름에 따라 중국만을 겨냥하지 않았다. 1930년대까지 싱가포르는 특히 가라유키상이 있는 일본 매춘업소로 유명하였다. 영국 기자 브루스 록하르트는 1910년경 일본 매춘업소가 있던 홍등가인 말레이 거리를 방문하였다. 그는 "이 거리에는 매춘업소들이 길게 즐비해 있다. 업소들의 창문은 대나무로 가려져 있고, 그 뒤로 '동양의 노예'

들이 손님을 기다리며 앉아 있는 모습을 은밀히 볼 수 있다. 화려한 머리 장식을 하고 강렬한 색의 기모노를 입고 진한 색조 화장을 하고 하얀 분을 바른 이들의 모습은 마치 인형 같기도 하지만, 또 매력적으로 보이기도 한다."라고 기사를 썼다. 록하르트는 1910년 싱가포르에서 백인 여성의 성매매도 목격했다. "말레이 거리는 나이 든 백인 유럽 여성과 젊은 일본 소녀가 조용히, 별 움직임도 열정도 없이, 말라야(영국령 말레이시아)로부터 들어오는 은화와 자신의 몸을 교환하는 곳이었다." 그는 '헝가리, 폴란드 그리고 러시아 출신의 유대인 여성을 '모집'하고 있던 마담 블랑쉬를 기억했다. 전문적인 포주들은 유럽 중부 및 동유럽의 최빈곤층에서 백인 여성들을 모집했고, 부카레스트, 아테네, 카이로를 거쳐 동쪽으로 이동하면서 이들의 매력은 현저히 감소하였다. 결국 여성들은 싱가포르에서 마지막 일자리를 얻게 되는 것이었다." 엄격하게 분리된 사회에서 백인 여성은 주로 백인 식민지 통치자를 위해 일했지만, 아시아 남성도 그들을 이용하였다. "별다른 권위를 지니지 않은 말레이 왕족이나 중국계 '도부카이(상인)'들이 이 허름한 성전을 가끔 찾는다. 그들은 이국적인 것에 대한 호기심이나 정치적 반항심에서 금기시되던 백인 여성을 품고 싶어 했기 때문이다."

욕망의 가면 뒤에 숨어야 했던 이 불행한 여성들을 생각하면, 분명 혐오스러운 장면을 떠올리게 된다. 싱가포르에 있던 일본 외교관들도 같은 생각을 하였다. 한 일본 영사는 그 여인들의 비참한 생활은 '너무나 비극적으로 보였다'라고 말했다. 일본 영사의 묘사처럼 외교관들은 이러한 형태의 '백인 노예' 혹은 매춘을 목적으로 한 인종을 다른 인종에게 파는 행위를 '일본 제국의 명예에 대한 치욕'으로 간주하였다. 일찍이 19세기 말 일본 외교관들은 외무성이 매춘부 수출에 대한 반대의 목소리를 내도록 설득하였다. 하지만 다른 부처들과 정부는 아직 준비되지 않았다. 훗날 일본 외무성이 일본군 '위안부' 제도를 반대한 단체 중 하나였다는 것은 주목할 만하다. 외무성에는 다른 문화와 교류하고 서양 사고방식의 영향을 받은 사람들이 일하고 있었다는 사실을 생각하면 놀라운 일은 아닐 것이다.

매춘을 대하는 서양의 태도는 변화하고 있었고, 이는 일본 외교관들에게 큰 영향을 미쳤다. 20세기 전환기에 유럽 식민주의자들은 자신들이 19세기 초에 동남아시아에 도입하여 법제화한 매춘 제도를 폐지하고 있었다. 특히 과거 영국의 팽창은 전 세계적으로 여성 인신매매 네트워크를 형성하는 데 기여했었다. 유럽 여성의 아시아 수출을 허용하는 합법적 형태의 노예 제도에 반대하는 대규모 운동이 영국 내에서 생겨났다.

일본 외무성이 가라유키상의 수출을 폐지하는 데 성공한 것은 1920년대였다. 외무성의 많은 노력에도 불구하고 '공인된 노예 제도'는 곧바로 다시 등장하였다. 이번에는 일본군 '위안부'였다. 외무성의 모든 노력은 헛수고가 된 셈이었다. 상반된 의견을 가진 두 권력이 힘싸움을 벌였고, 군대는 이 싸움에서 승자가 되었다.

수 세기 동안 이어 내려온 관습화된 매춘 제도는 남성이 성적 쾌락을 위해 여성을 이용하는 것을 당연시하는 사회 분위기를 만들어 냈다. 이러한 분위기가 위안소 설치를 원했던 장교들에게 틀림없이 영향을 미쳤을 것이다. 사실상 '위안부' 제도는 공인된 성매매 제도의 연장이었다. 그 당시 권력자들이 여성과 성매매에 대하여 얼마나 미치광이 같은 생각을 가졌었는지는 1930년대 일본 국회 의원 후네다 나카가 전국 매춘업소 연맹 총회에서 가진 연설을 보면 알 수 있다. 그는 국가를 위한 도리라는 측면에서 매춘업소의 흥행을 찬양하며 여성을 돈으로 사고파는 것을 아름다운 행위로 간주했다. 그의 말을 그대로 옮기면 다음과 같다. "오늘날 우리에게 필요한 것은 마음의 아름다움입니다. 그것은 요시와라의 많은 매춘업소에 있었습니다. 이 어려운 시기에 우리는 인간의 헌신이 얼마나 아름다운가를 상기시켜주는 이러한 국가를 위한 도리를 수호해야 합니다."[1]

1935년 또 다른 국회 의원은 일본이 세계의 강국으로 등극하는 데 매춘 제도가 도움이 되었다고 주장하였다. 이 제도 덕분에 일본 장교들이 장기간 집을 떠나 있을 수 있었다는 것이다. 다른 정치인들과 행정가들도 이러한 여성 착취에 아무런 반대를 하지 않았다. 그들의 눈에는 사회의 공익을 위해서 젊은 여성이 자신의 성을 바치는 것은 지극히 정상적인 것이었다.

관논과 성

제2차 세계대전 중 일본군 '위안부' 제도, 다른 아시아 여성들을 대상으로 과거부터 현재까지 행해지고 있는 대규모 인신매매, 이러한 행위의 범죄성을 인지하지 못하는 일본 남성들의 불감증… 한 인간으로서의 여성의 존엄성이 충분히 인정받지 못하는 사회에서 여성에 대한 성폭력은 용인된다. 이러한 현상의 교과서적인 예가 바로 일본이다. 일본 남성의 눈에 섹스란 아름답고 악의 없는 단순한 행위 그 자체이지만, 이로 인해 여성은 경멸당하고 인신매매된다. 모순이 아닐 수 없다. 오사카 간사이 대학교 인권센터 준코 미나모토는 이러한 역설을 불교를 통해 설명한다.[2]

6세기 불교가 일본에 처음 도입되면서 성에 대한 관념이 근본적으로 바뀌었다. 토속 신앙과 혼합된 일본 불교에서 여성의 성은 더럽고 부정한 것이 되었다. 여성은 후지산과 같은 성스러운 산을 오를 수조차 없는 열등한 인간이었다. 그러므로 오랫동안 불교 승려들에게 성관계가 금지되었던 것은 이상한 일이 아니다. 어느 날 '신란'이라는 스님이 꿈속에서 '성관계의 예언'을 들을 때까지는 그러하였다. 본래 중국에서 자비와 사랑의 여신인 관논이 그의 꿈에 나타났다. 이 여신은 동아시아에서 자비의 상징이자 부처의 환생이었다. "신란!" 관논이 잠을 자고 있는 그에게 말했다. "승려에게는 여자와의 성관계가 금지되어 있으나, 네가 원한다면 내가 여자로 화신하여 너를 받아들이

겠노라. 너의 삶이 끝날 때까지 죄업으로부터 너를 지켜주고 죽은 후에는 정토로 인도하겠노라." 이 예언은 분명 어려운 금욕 생활을 하던 승려에게 반가운 소식이었다.

그러나 곤란한 문제도 생겨났다. 이제 남성을 받아주고 지켜주는 사람은 여성이 된 것이다. 남성들은 그것을 받아들일 수 없었다. 그래서 그들은 육신을 지닌 인간으로서의 여성이 아닌 '모성애' 혹은 부처가 그들을 인도한다는 구도를 생각해냈다. 이 논리는 승려가 아닌 일본 남성이 여성과의 성관계를 어떻게 받아들여야 하는가에 대한 문제도 해결해 주었다. 오랫동안 일본 남성들은 열등한 존재인 여성과 성관계를 갖는 것이 과연 허용되는가에 대해 의구심을 가져왔다. 하지만 관논을 상징적인 어머니상으로 받아들임으로써 그 문제가 해결된 것이다. 성관계는 남성과 여성 간의 행위가 아니라 한 남성과 모든 자비를 베푸는 성스러운 모성과의 연합이었다.

이러한 '모성애 이데올로기'의 영향으로 여성은 단순히 남성에게 베풀기 위해 존재한다는 개념이 싹텄다. 그리고 매춘부도 관논의 구원적 성격을 부여받게 된다. 또한 그들이 제공하는 성은 남성을 구원하기 위해 필요한 것이다. 후쿠자와 유키치는 19세기와 20세기의 매춘 제도를 '동물의 천국'으로 묘사하였다. 매춘부는 흔히 짐승으로 불렸고, 이러한 짐승과의 유희를 통해 남성은 극락에 도달하는 것이었다. 오직 여성만을 짐승으로 간주했다는 사실은 많은 것을 말해주고 있다.

이러한 방식으로 불교의 가르침은 남성이 여성을 강간해도 용서받고, '구원'을 받는다는 생각을 가지게 했다고 후쿠자와는 말한다. 그녀는 이러한 사고방식이 일본군 '위안부'와 같은 외국인 여성을 강간하는 행위도 정당화시켰다고 주장한다. 이러한 행동은 일말의 죄의식 없이 이루어질 수 있었던 것은 신과 같은 천황이 여성들을 보내주었기 때문이었다. 따라서 이 여성들과 성관계를 갖는 것이 남성들에게는 하늘이 합법화한 것이었다. 이렇듯 일본 남성은 망상 같은 신화를 만들어 내었고, 이로 인해 여성을 그저 단순한 소모품으로 여기게 되었다.

첫 번째 일본군 위안소와 난징 강간 사건

시베리아 쟁탈을 위한 시베리아 출병은 1922년 종식되었다. 그 전쟁은 많은 성폭력이 동반된 싸움이었다. 일본군이 철수할 때, 군대의 성병은 전염병 수준으로 확산되어 있었다. 많은 군인이 성병으로 목숨을 잃었고 살아남은 군인들은 쇠약해진 몸으로 귀국하였다. 일본 원정군의 삼 분의 일이 매독과 임질로 목숨을 잃은 것으로 밝혀졌다. 이는 군인들이 일본과 러시아의 매춘부와 성적 접촉을 했기 때문이었다. 일본군은 그 당시 이미 매춘부들을 러시아로 데려갔는데, 이들은 전쟁 후 시베리아에 버려졌던 빈곤층 가정 출신의 소녀들이었다. 이들을 일본군 '위안부'의 전 세대라고 볼 수 있다.

새로운 지역을 정복할 계획을 하고 있었던 일본 정부는 대책을 마련해야 한다는 것을 깨달았다. 이에 군인의 성병을 막기 위해 매우 엄격한 위생 규정이 적용되는 특별 위안소 설립 안이 마련되었다. 이 계획은 처녀성을 간직한 소녀들이 기꺼이 자신의 몸을 바칠 것이라는 생각에 뿌리를 두고 있었다. 그렇다면, 최근에 병합된 식민지 한국의 가난한 어린 소녀보다 어느 누가 더 적합할 수 있었을까? 한국 소녀가 잡혀갔다는 최초의 증언은 1929년으로 거슬러 올라간다. "제가 12살이었을 때였어요. 어느 날 밤, 마을 이장이 칼과 총을 찬 일본 순사와 함께 지주의 집에 왔어요." 1929년 일본군 '위안부'로 끌려간 이경생 할머니가 말해 주었다. "그들이 지주와 몇 마디를 나눈 후, 나를 갑자기 트럭에 태우고 데려갔어요."

1931년 일본군이 만주를 침략했을 때, 군인들은 또다시 많은 성폭력을 저질렀다. 당시 중국 상하이에서만 223건의 강간 사건이 접수되었지만, 이것은 분명히 빙산의 일각일 것이다. 중국 국민은 분노했고, 새롭게 힘을 뭉쳐 저항하기 시작했다. 일본 정부는 고민에 빠졌다. 전쟁에 직접 참여했던 오카무라 야스지 상하이 파견국 참모부장은 해결책을 모색했다. 그는 일본의 나가사키 주지사에게 군인들이 성욕을 해소할 수 있도록 매춘부를 상하이로 보내 달라고 요청하였다. 그는 부하들에게 여성을 선물로 주어 위로하기를 원한다고 말하였다. 이 방법으로 군인들의 공격성을 통제할 수 있길 희망하였다.

일본군은 내무성과 경찰의 도움을 받아 일본에 있는 한국인 광부 마을에 살던 여성들을 상하이로 보냈다. 이렇게 일본군을 위한 위안소가 문을 열었다. 일본군은 강간 사건이 눈에 띄게 줄었기 때문에 위안소의 성공이 입증되었다고 주장하였다. 1934년 상하이에는 이미 14개의 해군 위안소가 있었으며, 모두 일본군이 관리하였다.

중일 전쟁에서 일어난 한 사건이 일본군 '위안부' 제도의 확대에 직접적인 영향을 미쳤다. 그것은 '난징 대학살'이라는 이름으로 역사에 기록된 비극적 사건이다. 1937년 일본은 중국의 도시 난징을 침공했다. 6주간에 걸쳐 30만 명 이상의 중국 시민과 중국 군인이 조직적으로 강간을 당하거나 고문을 받고 죽임을 당하였다. 목숨을 잃은 희생자 수는 히로시마와 나가사키 원폭 희생자 수와 비슷하다.

여기에서 언급하는 '강간'은 사실적인 의미와 동시에 은유적인 의미를 지닌다. 추정하기로 2만 명에서 8만 명의 여성이 성범죄 피해자가 되었다. 피해자 대부분이 침묵했기 때문에, 정확한 숫자는 알기 어렵다. 난징 강간 사건에 대해 사람들은 오랫동안 거의 침묵하였다. '위안부' 문제처럼 1990년대가 되어서야 이 문제가 거론될 수 있었다. 그리고 이때 일본 퇴역 군인들도 입을 열기 시작하였다. "제가 처음으로 난징에 도착했을 때 끔찍한 행동들을 많이 목격했습니다." 일본군 사병이었던 우에하 부이치로가 1992년에 고백하였다.[3] "나는 약탈하고 강간하고 모든 것을 불태우라는 명령을 받았습니다. 그 순간부터 나는 그런 짓을 해야만 한다고 생각했습니다."

피해자의 나이는 일본 군인들에게 아무런 문제가 되지 않았다. 어린 소녀든, 아이가 있는 엄마든, 할머니든 이들은 모두 피해자가 되었다. 한 일본 병사는 60살 된 여성을 강간했고, '그 여자는 병사의 성기를 입으로 깨끗이 닦아야 했다'고 했다. 한 62세의 여성이 군인들에게 자신은 많은 나이 탓에 섹스를 할 수 없다고 말하자, "군인들은 막대기를 그녀의 몸속으로 쑤셔 넣었다."[4] 군인은 피해자들에게 포르노 같은 자세를 취하도록 강요하고, 옆에 서서 기념사진을 찍었다. 그들은 여성들을 발가벗겨 침대나 의자에 묶고 집단으로 강간하였고, 그러한 장면을 사진으로 남겼다. 때때로 여성들을 몇 달간 묶어놓기도 하였다. 심지어 군인들은 임산부를 집단 강간하고 배를 갈라 태아를 꺼내기까지 했다.[5]

"난징에서 보인 일본의 야만적인 행동과 성적 변태성은 끝이 없는 듯 보였다"고 1997년 출간된 베스트 셀러 『The Rape of Nanking(난징의 강간)』의 저자 아이리스 장은 기록하고 있다. "일부 군인들이 살인의 단조로움을 깨기 위해 살인 대회를 열었던 것처럼, 그들은 성적 만족도가 떨어지자 이젠 장난삼아 강간하고 고문하는 게임을 생각해냈다." 그러한 게임의 한 예는, 난징 길거리에 발가벗겨져 버려진 여성 시신의 질에 나뭇가지나 잡초를 넣는 것이었다.

여성들은 대낮에 거리 한가운데에서, 두려움에 떨고 있는 많은 군중 앞에서 강간을 당했다. 일본 군인들은 수도원, 교회, 성경 학교에 있는 여성들을 급습하였다. "그 짓은 매일 24시간 동안 계속되었다. 일본 군인들은 한순간도 쉬지 않고 죄 없는 여성들을 끌고 갔다"고 지역 신문 『다공 데일리(Dagong Daily)』가 보도하였다. 퇴역 군인 아즈마 시로의 기억 속에는 그때 벌어진 모든 일이 각인되어 있다. "우리는 처음에 '피칸칸'이라는 변태적인 단어를 사용했어요. '피'는 '성기' 그리고 '칸칸'은 '보다'라는 뜻입니다. 그래서 '피칸칸'은 여자들이 다리를 벌리는 것을 본다는 의미입니다. 중국 여성들은 팬티를 입지 않았어요. 그 대신 끈으로 묶은 바지를 입었죠. 바지에 벨트는 없었어요. 끈을 잡아당기면 엉덩이가 드러났습니다. 그렇게 우리는 '피칸칸' 했고, 보게 되는 것이었죠. 잠시 후 우리는 '흥분된다'와 같은 말을 내뱉었고, 교대로 강간을 했습니다. 물론 그 행동이 좋은 거라고 말하는 건 아닙니다만, 우리가 그냥 강간만 했다면 그걸로 끝났겠죠. 그런데 우리는 그들을 찔러 죽였고, 항상 죽여버렸습니다. 어쨌든 죽은 사람은 말이 없으니까요."[6]

여자들은 남장을 하기도 했지만, 군인들은 거리를 지나는 사람들의 가랑이를 붙잡아 확인하기도 했다. 아버지는 자신의 딸을, 아들은 어머니를, 형제는 자매를 강간하라고 강요받았다. 그런 다음에 대부분 곧바로 살해당했다. 예쁘게 생긴 여성은 시중드는 일을 해야 했다. 하룻밤에 40회나 성폭행을 당하는 경우도 있었다. "나는 그런 잔혹함을 본 적이 없다. 강간! 강간! 그리고 또 강간이었다."라고 미국 선교사 제임스 맥클럼은 자신의 일기장에 썼다. 이 보고서는 제2차 세계 대전 후 도쿄에서 열린 극동 국제 군사 재판에 증거로 제출되었다.

그 기간에 많은 중국 여성이 임신했지만, 그 중 어느 누구도 증언할 용기를 내지 못하였다. 미국의 한 사회학자에 따르면 아기가 태어났을 때 질식시키거나 익사시켰을 가능성이 무척 크다. 영아 살인과 적의 아이를 양육해야 하는 것 중 어느 것도 선택할 수 없었던 여성은 양쯔강에 스스로 몸을 던졌다. "중국에는 일본계 아이들이 많이 있었을 것으로 생각됩니다."라고 퇴역 군인 아즈마 시로는 추측하였다.[7] "난징과 상하이 사이에는 처녀가 더 이상 없다는 말이 있었습니다." 나중에 위안소 업주가 된 일본인 나가토미가 말해 주었다. 일본 국내에서는 여러 도시에서 난징의 승리를 축하하기 위해 어린이들이 등불을 들고 행진하였다. 일본의 선전 공장은 전속력으로 가동되고 있었다.[8]

서구에서는 난징 강간 사건에 대한 분노로 들끓었다. 일본군은 변태적 욕정으로 가득 찬 군대라는 인식이 서서히 확립되기 시작하였다. 그사이 일본군의 대규모 강간 행위는 일본에 심각한 우려를 안겨주었다. 당시 일본군에 대한 중국 국민의 적개심은 심각한 위협이 될 수 있었기 때문이다. 일본군의 심각한 강간 범죄는 지역 사회를 갈라놓았다. 중국 여성에 대한 대규모 성폭행은 장차 황국 신민이 될 사람들을 존중하지 않은 증거라고 일본 당국은 인식하였다. 일본 정부와 군 최고위는 결정을 내렸다. 관련 군인들에 대한 단죄가 당연한 논리적 결과였음에도 불구하고, 그 대신 이들은 일본군 '위안부' 제도를 만든다는 결정을 내렸다. 그러한 제도를 갖추게 되면 군인들이 지역 여성들을 가만히 둘 거라는 논리였다. '위안부' 제도에 일본 정부가 개입한 증거를 1990년대에 최초로 발견한 요시미 요시아키 교수는 이렇게 말한다. "강간을 방지하기 위해서 군대는 군인들에게 인권에 대한 교육을 시켰어야 했습니다. 군인들의 생활 여건을 개선해야 했으며, 엄격한 형벌 제도를 도입했어야 했어요. 그렇지만, 일본군은 이러한 조치를 하나도 취하지 않았습니다. 대신 군 위안소를 설치하는 참담한 결정을 내림으로써 또 다른 인권 침해를 자행하였습니다."[9]

첫 번째 위안소는 난징과 상하이를 포함한 상하이 파견군 참모장인 이누마 마모루의 지시에 따라 '지체 없이' 빠른 속도로 설립되었다.[10] 현재 FBI(미국 연방 수사국)와 비슷한 기능을 가졌던 '상하이 특무대(Shanghai Special Service Branch)'는 중간 알선업자 몇 명에게 1937년 말까지 여성을 가능한 한 많이 모집하도록 지시하였다. 모집업자들은 일본에 있는 한국인 광부 마을의 매춘업소에서 여성을 모집하는 데 실패하였다. 그러자 광산촌 출신 소녀들에게 접근하여 좋은 임금을 받을 수 있고, 군인들을 위해 빨래와 요리를 할 사람을 찾는다는 구실로 소녀들을 유인하였다. 그 말에 속은 소녀들은 상하이와 난징의 위안소로 가게 되었다.

상하이 근처에 세워진 최초의 육군 위안소 '양자자이(陽家寨)'는 다른 위안소들의 모델이 되었다. 이 위안소 단지는 일본 제국 육군의 병참부에서 관리했으며 당시에는 오락소(유흥소)라고 불렸다. 이 단지에는 목재로 지어진 10개의 막사와 관리자를 위한 오두막이 있었다. 그 주위로는 울타리가 쳐져 있었다. 막사는 각각 10개의 방으로 나뉘었고, 각 방의 문에는 번호가 붙어 있었다. 벽에는 내부 규정이 적힌 안내판이 걸려 있었는데, 거기엔 개방 시간, 최대 방문 가능 시간 그리고 요금이 적혀 있었다. 방문자는 반드시 콘돔을 사용해야 한다는 주의를 받았다.

이 위안소는 군대가 여성들에게 1000엔을 주고 나중에 갚아야 하는 계약 시스템에 따라 운영되었다.[11] 그곳에서 약 100명의 여성이 일했는데, 일본인 매춘부 20명 그리고 일본 광산 지역에서 온 직업여성이 아닌 한국인 소녀 80명이었다. 여성들의 건강 검진을 담당한 일본 군의관 아소 테츠오는 일본 매춘부보다 순박한 한국 소녀가 훨씬 더 건강했다고 말하였다. 그는 일본 매춘부는 '천황이 자신의 군대에 하사한 선물이 맞는지 의심스러울 정도'였다고 표현하였다.

상하이와 난징 사이에 있던 위안소들이 좋은 성과를 거두자 이에 고무된 일본 군부는 이 제도를 공식적으로 도입하고자 하였다. 1938년 6월 27일 중국 북부에 파견된 일본군 인사 참모는 모든 부대에 문서를 보냈다.[12] 그는 일본 군대가 저지르는 강간 사건이 증가하여 중국인이 일본군을 살해할 것이라고 경고하였다. 안정과 질서를 회복하기 위해, 가능한 한 빨리 위안소를 설립하길 희망한다는 그의 입장을 밝혔다. 무고한 여성들에 대한 대규모 인신매매가 시작되었다. 일본군의 수적인 확대와 전선의 확장으로 군 성매매에 대한 수요가 꾸준히 증가하였다. 일본군 '위안부'는 병력, 무기 그리고 실탄처럼 일본군의 고정적인 보급품의 일부가 되었다. 일본은 중국 내륙과 만주에서 승리를 거둔 후 1941년부터 필리핀, 인도차이나, 버마, 네덜란드령 동인도, 영국령 말라야 그리고 태평양의 섬들을 점령하였다. 일본군 '위안부' 제도는 마치 물 위에 뜬 기름막처럼 전 점령지로 퍼져 나갔다. 일본이 한 국가를 점령하게 되면, 가장 먼저 지원자 모집에 나섰다. 많은 지역에서 실제로 가능한 일이기도 했다. 피점령국의 여성들은 빈곤으로 인해, 그리고 네덜란드 여성들은 비참한 수용소 생활로 인해 어쩔 수 없는 상황에 내몰렸다. 자원자가 확보되지 않았을 때는 '위안부'를 구할 다른 방법을 찾아야만 했다. 따라서 폭력과 속임수가 등장하였다.

어머니와 매춘부

일본의 강제 성매매 제도는 전쟁 중 행해진 성폭력이라는 면에서 비판받는다. 많은 면에서 그 원인을 일본 문화에서 찾아볼 수 있다. 그 중 하나는 남성이 가지고 있던 여성관, 그러니까 남성이 성욕을 해결하는 방법에서 찾을 수 있다. 오늘날까지 많은 일본 남성에게 섹스는 어떤 형태로든 마음껏 즐겨도 되는 낙원 같은 것이다. 젊은 처녀의 알몸은 먹을 수 있는 음식으로 장식되어 테이블 위에 차려진다. 여고생들이 쓰던 팬티는 성황리에 판매된다. 아동 포르노는 1999년까지 합법이었다. 서양인의 눈에는 변태적인 것이 일본의 많은 남성에게는 아주 정상적인 것임에 분명하다. 미국 여성 루스 베니딕트는 제2

차 세계 대전이 끝난 이듬해에 권위 있는 문화 인류학 연구 보고서인 『국화와 칼』을 출간하였다. 이 책에서 저자는 "우리 미국인은 성적인 면에서 일본인이 전혀 이해하지 못하는 금기를 가지고 있다"고 기술한다. "그 금기는 그들에게는 도덕과 무관한 영역이지만, 우리에게는 도덕적인 것과 연관된 영역이다. 그들은 섹스를 다른 모든 '인간적 감정'과 마찬가지로 삶을 구성하는 고유한 것, 그리고 아주 선한 것으로 간주한다. '인간의 감정'을 나쁘다고 할 수 없기에 성적인 희열에도 도덕적인 잣대를 가져다 댈 이유가 전혀 없는 것이다. 그들이 가장 소중하게 여기는 그림책을 미국인과 영국인이 외설적이라고 평가하고, 게이샤와 매춘부가 있는 유곽촌 요시와라를 음란한 장소로 여긴다는 사실에 그들은 여전히 불만을 품고 있다."[13]

이러한 성적 자유를 즐길 수 있는 사람들은 오직 일본 남성이었다. 그렇기에 여성뿐만 아니라 어린이까지도 일본 남성의 성적 욕망에서 벗어날 수 없는 단순한 대상에 불과했다. 심지어 '자발적인' 매춘부들도 종종 가난 때문에 가족에 의해 팔려 간 소녀들이었다. 게다가 일본 남성은 사회, 미디어, 법률 및 정치에서 사람들이 생각하는 방식을 결정했다. 이를 통해 남성은 자신들만의 신화를 유지하고 조작할 수 있었다. 일본 남성의 눈으로 볼 때 매춘부는 모든 것을 자발적으로 행할 수 있는 사람이었다. 전쟁이 끝난 뒤 일본군 '위안부'를 보는 시각 역시 이와 다르지 않았다. 아직도 일본에서는 강간을 당한 여성에 대해 '강간을 기분 좋게 여겼을 것'이라는 말을 자주 한다.

이러한 예는 1989년에 있었다. 그해 한 여고생이 통 속에서 산 채로 발견되었다. 그 소녀는 41일 동안 갇힌 채로 두 명의 소년에게 여러 차례 강간을 당했다. 이에 대한 대중의 반응은 "왜 탈출을 시도하지 않았을까?"였다. "소녀는 분명 매일 섹스를 하면서 감금 상태를 즐겼을 것이다."라며 언론은 거듭 그녀의 변론에 의심을 내비치며, 그녀가 성범죄를 허용했기 때문에 부분적으로 그녀에게 책임이 있다는 논조를 분명하게 이어갔다. 그 소녀의 얼굴과 이름은 모든 매체를 통해 공개되었고, 이것은 마치 이차 강간과도 같았다. 일본 여성들이 강력히 반대한 후에서야 신문과 방송은 논조를 조절했다. "그 사건은 남성이 믿고 있는 강간에 대한 신화를(망상을) 대중 매체를 통해 보여주고 있습니다."라고 이케다는 평하였다.

이러한 신화는 모두 일본의 틀에 박힌 사고방식과 관련 있다. 수 세기 전 일본 남성의 눈에 여성은 '자궁을 가진 여성'과 '성기를 가진 여성'으로 구분되었다. 즉, 가정생활을 위한 여성과 섹스를 위한 여성, 다시 말해 어머니와 매춘부로 구분된 것이다. 쾌락을 위한 섹스는 '나쁜 여성'과 하는 것이며, '좋은 여성'과 하는 것이 아니었다. 결혼은 부부 사이에 '따뜻함'이 있다 하더라도 사랑이나 섹스와는 무관하였다. 중요한 것은 가족 간의 정치적 연대와 집안의 대를 이을 아들을 출산하는 것이었다. 여성은 좋은 어머니와 아내 역할을 제외하고 사회에서 자신을 증명할 기회가 전혀 없었다. 그것은 아버지에 복종하는 딸로서, 남편에게 복종하는 아내로서, 그리고 아들에게 복종하는 과부로서, 여성은 한 남자에게 노예처럼 순종해야 한다는 것을 의미하였다. 여성은 가능한 침묵하고 유식함을 드러내지 않으며, 부드럽고 밝은 목소리로 말해야 했다. 세 살배기 사내아이가 어머니에게 공격적으로 화를 내는 것은 무례한 것이 아니었으나, 아버지에게는 최대한의 예의를 갖춰 존중을 표해야 했다. 결혼에서 섹스를 즐기는 일은 없었다. 가정생활은 진지한 삶의 업무와 마찬가지였다. 그 속에 '인간적인 욕구'가 끼어들면 안 되었다.

일본 남성들은 자신의 성적 쾌락을 위해 다른 여성, 매춘부, 게이샤 혹은 첩을 찾았다. 첩이 아들을 낳을 수 있다는 이유만으로 남성이 첩을 두는 것은 법적으로 간음으로 간주되지 않았다. 첩은 주로 가정부나 하인이었지만, 게이샤일 수도 있었다. 그러한 애인과의 관계는 부와 권력 그리고 높은 지위를 말해 주었다. 한때 첩에게 법적 권리를 부여하는 제도가 공식적으로 인정되기도 했지만, 1882년 권력자들에 의해 폐지되었다. 첩을 두는 것은 일본에서 아주 흔한 일이었다.

여성은 남성의 자유로운 성 관념에 대하여 아무런 대응을 할 수 없었다. 질투는 버려야 할 것 혹은 이기적인 것으로 간주되었다. 심지어 아직도 신도(神道)식 결혼식에서 신부는 하얀 천을 접어 만든 '츠노가쿠시'를 쓰는데, 이것은 '질투의 뿔'을 숨기기 위한 여성의 노력을 상징한다. 1900년경에는 남편이 다른 유부녀와 바람을 피웠을 때만 아내는 이혼을 할 수 있었다. 1882년 형법이 그렇게 규정하고 있었다. 매춘은 법적으로 허용되었고 일부다처제는 어디서든지 받아들여졌다. 이와 반대로 여성은 감히 외도를 꿈꿀 수도 없었다. 여성은 최악의 경우 사형에 처할 수 있었다. 외도한 여성의 남편은 이혼할 권리를 가졌다. 그리고 여성은 자녀를 남편에게 빼앗기고 가난하고 외롭게 남게 되었다.

성 노예

일본군 '위안부'로 적당한 여성은 어떤 여성이었을까? 어쨌든 '훌륭한' 일본인 여성은 아니었을 것이다. 일본의 권력자들은 일본 여성이 '위안부' 역할을 맡는 것을 가능한 한 바라지 않았다. 그들은 일본 여성을 군인의 성적 욕구를 충족시켜주는 도구가 아니라, 천황의 충성스러운 백성으로 여기고 싶었다. 더욱이 자신의 누이들이 성행위를 위해 투입된 것을 보면 군인들의 사기는 떨어질 수도 있었다. 또한 남자는 나라를 위해 전쟁터로 보내졌기 때문에, 국내의 농장과 공장에서 일할 일본 여성이 필요하였다.

이와는 반대로 점령국의 여성은 '위안부'로 아주 적합하다고 판단되었다. 같은 시기에 독일에서도 강제 성매매 제도가 나온 것은 괄목할 만하다. 이 두 제도에서 자국의 이상을 충족시키는 여성은 보호되었다. 그러한 여성은 일본과 독일의 순수 혈통과 가족을 보살피는 어머니였다. 이에 벗어나는 여성은 '위안부'로서 성매매를 강요받았다. 그들은 독일과 일본 두 나라의 가난한 자국민과 타국의 여성이었다.

또한 일본인의 눈에 타국 여성은 관능적 성향이 강했다. 전쟁 전 일본 영화는 동남아시아와 태평양 제도의 여성을 색정적이고 이국적인 요정으로 묘사하였으며, 일본인들은 상상 속에서나마 그들의 욕망을 탐닉할 수 있었다. 적극적으로 성행위에 응하는 반나체의 여성들로 가득한 남쪽 파라다이스. 이러한 상상은 일본인으로 하여금 외국 여성을 '색정적인 백성', 자발적인 성 노예로 바라보게 만들었다. 이 여성들은 천황이 직접 황군에게 보낸 선물이라는 논리로써 이들을 이용해도 된다는 생각을 확고하게 만들었다.

같은 시기에 일본인 여성을 보호하는 법안이 논의되었으나, 피점령지의 여성은 제외되었다. 일본은 1910년 여성과 아동의 인신매매에 반대하는 국제 협약에 서명하였다. 그래서 일본 내무성은 '자국민' '위안부'는 이미 모집 전에 반드시 직업 매춘부로서 일을 했어야 했고, 아울러 21세 이상이어야 한다고 공포하였다. 경찰은 여성이 이 두 가지 요건을 충족시키는 경우에만 신분증을 발급했다. 이러한 모집이 특히 전쟁 초기에는 법을 위반하는 경우가 종종 있었지만, 일본 내에서의 모집은 제한적이었다.

도쿄에 있던 일본 육군성 무관은 1938년 3월 4일자 문서로 일본 여성을 모집할 때 매우 신중할 것을 요청하였다. 일본 여성의 모집이 사회적인 문제가 되기 시작했기 때문이다. 많은 모집책이 거의 납치와 같은 방법에 의존하고 있다고 문서에 언급되어 있다. 지역 단위 파견군은 여성들을 모으는 모집책을 선발하는 데 신중해야 했다.[14]

그러나 국제 여성 인신매매 방지 협약에는 자국의 식민지에 대해 예외를 허용하는 특별 조항이 있었다. 일본은 한국과 대만에서 여성을 모집하는 데 어떠한 제한도 적용되지 않을 것이라고 선언하였다. 다른 점령지도 마찬가지였다. 여기에는 타국민은 열등하다는 믿음도 함께 작용하였다. 이에 따른 결과로 식민지와 점령지의 여성을 '위안부'로 투입하는 결정이 내려졌다. 대부분은 15세부터 19세까지의 소녀였으며 심지어 11세 소녀도 있었다. 문서를 통해 밝혀진 바에 따르면, 한국과 대만 출신 여성의 절반은 미성년자였다.

일본은 이 여성들이 열등하고 색정적이며, 매춘에 유용하다고 간주했지만, 당연히 여성들의 생각은 전혀 달랐다. 따라서 일본은 이 여성들을 '사용 가능'하게 만들기 위해 육체와 정신 모든 면에서 망가뜨리려고 했다. 그리고 그 목적을 달성하기 위한 가장 중요한 무기는 소녀를 잔인하게 강간하는 것이었다. 많은 아시아 국가에서 처녀성은 여성의 가장 귀한, 목숨보다도 더 귀한 미덕이었다. 제2차 세계 대전 전 전통적인 한국 사회에서 여성은 은장도를 지니고 다녔다. 그 칼은 여성의 순결을 빼앗으려는 남자를 저지하기 위한 것이 아니라, 그런 일이 일어나면 스스로 목숨을 끊기 위한 것이었다. 남자의 요구에 응하는 것은 절대 있을 수 없는 일이었으며, 이는 여성은 자신을 위해 사는 것이 아니라 한 남자의 소유물이라는 한국적 사고방식에서 비롯되었다. 여성이 순결을 잃는다는 것은 사회적인 시각에서 볼 때 가치를 상실하는 것이었다. 한국 여성뿐만 아니라 다른 아시아 여성도 여성에게 가혹한 두 제도 사이에 볼모로 잡혀 있었다. 강간을 당한 여성에게는 두 가지 선택이 주어졌다. 자살을 하거나 성 노예로 살아가는 것이었다.

일본의 명분

이미 일본 정부가 군인을 볼 때 성욕을 주체할 수 없는 짐승으로 생각했다는 사실은 많은 것을 말해 준다. 그것은 어쩌면 자기합리화의 예언이었을 지도 모른다. 항상 쾌락을 위해서가 아니라 할지라도, 또 일부는 매춘부를 원한 것이 아니라 할지라도 어쨌든 그들은 일주일에 한 번씩 의무적으로 위안소를 방문해야 하는 경우가 많았다. 그런 의미에서 이 제도는 남자를 악용하였다. 일본은 '위안부'와 마찬가지로 군인을 군사 소모품으로 간주하였고, 훌륭한 전사로 만들기 위해 그들의 성욕을 이용하였다. 일본이란 국가가 군인을 대하는 태도는 매우 가부장적이었다.

강간을 막고자 한 것은 피해자에 대한 염려 때문이 아니라 군인들이 성병에 감염되는 두려움과 사람들 사이에 일어날 수 있는 반일 감정에 대한 두려움에서 나왔다. 이상하고 이율배반적인 논리가 군대에 도입되었다. 예를 들어, 일본이 다른 아시아 국가들을 서구의 식민 지배로부터 구해야 하므로, 다른 아시아 여성들이 강간당하지 않도록 한국인 '위안부'가 일본 군인을 도와야 한다고 말하기도 하였다. 마치 한국인 '위안부'들은 강간당하지 않는다는 듯이.

성병에 대한 두려움은 분명히 위안소를 설립하고자 했던 가장 중요한 이유였을 것이다. 성병에서 회복되려면 최소한 60일이 걸렸다. 더구나 매독은 눈과 뇌를 손상시킬 수 있는 난치병이다. 군대는 그것이 전투력에 영향을 미친다는 것을 알았다. 또한, 매독과 임질 같은 전염병은 전쟁이 끝나고 나면 일본 국민의 건강을 위협할 수도 있었다. 처녀를 성 노예로 투입하고, 병사들에게 콘돔 사용을 명령하고, 군의관이 '위안부'들을 정기적으로 검진하여 성병을 퇴치해야만 했다. 추가적인 조치로 '위안부' 여성들은 외부 세계와 철저히 차단되었다. 그래서 여성들은 탈출할 수가 없었다.

보안은 위안소를 설립하려는 세 번째 동기였다. 사설 매춘업소는 스파이가 침투하기에 용이했다. 연합군은 그곳에서 일하는 매춘부들을 설득해 스파이로 일하게 할 수 있었다. 일본 헌병은 여성 중에서 스파이가 나오지 않는지 군 위안소를 감시했다. 헌병은 위안소를 계속 감시만 하지 않았다. 헌병 역시 '위안부' 여성을 가장 열심히 찾던 방문객이었다. 군인이 공식적으로 현지 여성과 관계를 맺는 것이 허용되지 않았던 이유 또한 스파이 문제 때문이었다. 그런데도 그런 일은 벌어졌다. 일부 군인들은 탈영했고 게릴라 그룹이나 중국 공산당에 합류하기도 했다.

마지막으로 위안소 설립의 목적에는 소위 '위안'이라는 것도 있었다. 군인을 위로하는 것은 모두 사기 진작과 관련이 있다. 일본군은 병사들이 긴장을 풀 수 있도록 즐거움을 제공하고자 했다. 매춘업소 방문이 얼마나 중요했는지 재일 한국인 김일면은 저서 『천황의 군대와 조선인 '위안부'』에서 다음과 같이 설명했다.[15]

"언제나 총격 소리와 시체 썩는 악취에 둘러싸여 있고, 죽음이 언제 엄습할지 알 수 없는 전선에 있는 군인에게 위안소 방문이 유일한 즐거움이라는 것은 의심의 여지가 없다. 그것은 '해방감'을 느끼게 해주는 유일한 개인행동이었다. 그들의 존재는 죄수들과 크게 다르지 않았다. 미친개처럼 행동하는 부사관들에게 이유 없이 벌을 받기도 했으며, 고막이 울릴 정도로 매일같이 뺨을 맞았다. 결국, 위안소는 그들이 부대에서 '해방'되는 곳이었다. 그곳은 군인들의 오아시스였다." 자신의 행동이 강간이란 것을 알면서도 과연 모든 군인이 위안소 방문을 '즐거움', '해방', 혹은 '오아시스'로 경험했는지는 의심스럽다.

김일면이 언급한 극도의 스트레스는 중요한 단서가 된다. 스파르타식 군기와 도를 넘는 폭력 그리고 엄격한 계급 구조에 따른 일본 군인들의 스트레스는 매우 컸다. 연합군 군인들은 정기적인 귀가 휴가를 얻었지만, 일본 군인들은 지속적으로 근무해야 했다. 참모들은 군인들에게 휴가를 주어 고향 집을 방문할 수 있도록 하고, 운동과 독서, 영화 관람을 할 수 있도록 휴식을 제공해야 한다고 일본군 수뇌부에게 조언했다. 그러나 군 지도부는 이러한 제안을 대부분 시행하지 않았다. 예외가 있었다면 그것은 '위안부'를 공급하는 것이었다.

군 지도부의 관심은 병사의 즐거움과 휴식보다는 군기를 강화하고 병력을 유지하는 데 있었다. 그들은 과거 일본 정부의 사고방식을 따르고 있었고, 매춘이 사회적 안정을 도모한다고 생각했다. '위안부' 제도를 뒷받침하는 논리는 인쇄 상태가 불량한 일본 육군성의 공람 내용에 나타나 있다.

"환경이 얼마나 군대의 사기에 많은 영향을 미치고, 군기 강화에 영향을 주는지 더는 강조할 필요가 없다. 그러므로 적절한 생활 여건과 위안 시설이 구비되어야 한다. 특히 성(性) 위안소의 심리적인 영향은 매우 직접적이며 크다. 사람들은 분명한 목적과 감시 감독이 사기 진작과 군기 유지 그리고 범죄 방지에 얼마나 큰 영향을 미치는지 깨달아야 한다." 동기 부여가 충분하지 않은 징집병으로 구성된 군대는 거의 모든 전쟁에서 군기 문제로 어려움을 겪었다. 군 지도부에 따르면, 군대의 기강은 반드시 요구되는 사항이며, 이를 위해 '위안부'는 필요한 것이었다. 반면 일본 역사학자 스즈키 유코의 관점은 전혀 다르다. 그녀는 일본의 군 체제는 극도의 불평등과 낮은 도덕성으로 '썩어 있었고', 병사들을 억압하기 위한 수단으로 여성들을 이용하였다고 지적한다.

외교 관계

네덜란드인들이 4백 년 전 더 리프더(De Liefde)호를 타고 일본의 한 항구에 입항했을 때, 그들은 지휘관인 쇼군과 전사인 사무라이로 구성된 강력한 군사 제도와 마주쳤다. 일본은 오랫동안 외부 세계와 교류를 차단하고 있었다. 유일하게 접촉했던 국가는 네덜란드였다. 수 세기 동안 일본에서 무역이 허용된 유일한 서양인이 네덜란드인이었고, 이들을 통해 일본은 서양을 이해할 수 있는 창을 갖게 되었다. 19세기 중반까지 일본인들은 자국을 떠날 수조차 없었다.

네덜란드인들은 나가사키만에 있는 부채꼴 모양의 인공 섬 데지마의 네덜란드 교역소에 정착하였다. 이들은 이곳에 작은 네덜란드 도시를 세웠다. 그렇게 네덜란드와 일본은 매우 오랫동안 동등한 관계를 유지했으며, 이는 동서양의 관계에서 예외적이었다. 일본 자체는 상당히 오랫동안 변화하지 않았다. 19세기까지도 일본인은 장검과 단검으로 싸웠다. 그리고 산업과 기술 면에서 다른 나라들보다 상당히 뒤처져 있었다. 1853년 어느 날 미국의 매튜 페리 제독이 강력한 함선을 이끌고 일본에 입성하였고, 무역을 위해 일본의 문호 개방을 강요하였다. 전쟁을 좋아하는 전통을 가지고 있고, 전쟁에 관심이 있던 일본은 미국의 현대적인 함선에 깊은 인상을 받았다. 미국이 침략해 왔다는 반감에도 불구하고 일본은 자신의 힘을 키우기 위한 좋은 기회로 삼았다.

몇 년 후 일본은 다시 외국과의 무역을 허가하고 여행객의 입국을 허용하였다. 그들은 네덜란드, 러시아, 영국, 프랑스와 공평하지 않은 무역 협정을 맺어야 했다. 저렴한 영국산 섬유 제품 같은 외국 물품이 국내 시장을 휩쓸었고 국내 제조업을 망가뜨렸다. 자본주의의 영향은 일본인들에게 악몽이 되었다. 당시 서구 강대국들이 곳곳에 식민지를 건설하고 있는 상황에서 일본은 자신의 생존 또한 걱정해야 했다. 일반 국민은 외세에 저항하였고, "천황을 공경하라! 야만인을 쫓아내자!"라는 구호를 외치며 유럽인과 그들의 고용주를 공격하였다. 천황은 수 세기 동안 정치에서 허수아비 같은 인물이었다. 일본 국민은 즉시 왕권을 되찾기를 원했고, 국가주의가 전성기를 구가하였다.

1868년 일본 정치는 극적인 전환점을 맞이하였다. 막부가 몰락하였고 메이지 천황이 권력을 잡았다. 그는 일본을 봉건 농업 사회에서 산업 사회로 전환시켰다. 일본 정부는 새로운 일본을 건설하기 위해 네덜란드인을 포함한 수많은 외국인을 고용하였다. 신도(神道)는 국교가 되었다. 이 국교는 천황을 태양 여신의 직계로서 숭배하였다. 천황은 단결된 국가와 조국애의 화신이 되었다. 그는 백성을 천국에 보낼 수 있는 권한을 가진 신적인 존재였다. 백성은 천황에게 '헤아릴 수 없는 감사'의 마음을 표해야 했다. 나중에 전쟁터와 위안소에서 군인들이 보여준 철저한 사명감을 그 예로 들 수 있는데, 이들의 잠재의식 깊숙이 자리하고 있던 이 사명감은 마치 하늘에서 프로그래밍된 것 같았다.

1926년 히로히토는 왕위에 올랐다. 당시 경제는 침체기였고, 이러한 상황은 새로운 이데올로기를 형성하는 토대가 되었다. 정치는 극단적 국가주의 노선을 걸었고, 일본은 국제 연맹에서 탈퇴하였다. 정치적 견해가 다른 사람들은 감옥에 갇히고, 나치 독일의 게슈타포와 비견되는 헌병은 이들을 고문하고 처형하였다. 법의 칼날은 국가가 국민을 수동적이고 순종적으로 만드는 데 기여하였다. 소위 '지구상에 살아있는 유일한 신' 히로히토 왕은 일본의 힘과 자부심의 상징이었다. 그가 신도에 따라서 신과 같은 위치에 있다는 사실은 일본이 다른 아시아 국가보다도 우월하다는 선전으로 사용되었다. "일본은 신이 창조한 나라다! 일본은 어머니 국가이다. 그리고 일본에서 태어난 사람은 신의 자식이다! 우리는 세계에서 가장 위대한 민족이다!" 그리고, "하늘은 일본에 인류를 구하라는 사명을 내렸다!"라는 구호들이 함께 등장하였다.

미디어와 영화에는 현대적인 일본인과는 대조를 이루는 '미개한 토착인'의 이미지가 넘쳐났다. 기술력이 뛰어나고 문명화되고 깨끗한 일본인과는 달리, 한국과 중국, 동남아시아, 태평양의 국민은 열등하고 미개하며 지저분한 민족으로 묘사되었다. 그러자 외국과 외국의 모든 것을 증오하는 외국인 혐오증이 일본인 사이에서 확산되었다. 외국 배척주의는 일본을 위협하는 서양의 강대국뿐만 아니라 '열등한' 아시아인 모두에게 적용되었다.

이제 일본인들은 조국에 대한 자부심을 다시 가질 수 있게 되었다. 1930년대 말 서양 문화를 닮은 모든 것이 배척되었다. '동방의 수도' 도쿄는 새로운 권력의 중심지가 되었다. 아시아와 태평양까지 뻗어 있는 대제국의 지도자는 당연히 일본이라는 생각이 생겨났다. 일본은 영토를 광범위하게 확장했던 서방 국가들로부터 영감을 얻은 것이었다. 이제 네덜란드, 영국, 프랑스 그리고 식민종주국이던 다른 강대국들이 점유하던 지역을 일본이 통치해야 한다고 생각하였다. 이렇게 함으로써 아시아 국가들은 서구의 지배에서 해방되어야 한다는 것이다. 그사이 일본과 서구 지배자들의 관계는 상당히 냉각되어 있었다. 네덜란드는 사실 일본의 길목을 막고 서 있었다. 일본이 생각하기에 일본 제국의 땅이 되어야 할 인도네시아 지역에 네덜란드가 말뚝을 박고 있는 셈이었다.

일본은 점차 강력한 군사력을 키워갔다. 1936년 이후 대중 앞에 등장한 히로히토는 항상 제복 차림이었다. 이렇게 그는 일본 제국주의 전쟁 교리의 중심인물이 되었다. 독일군 사절단은 현대적인 육군을 조직하는 데 도움을 주었고, 영국군 사절단은 해군에 도움을 주었다. 거대한 제국주의 국가의 기반이 갖추어졌다. 일본은 이제 체스 경기의 말이 아니라 경기에 참여하여 말을 놓는 선수가 되어 있었다. 일본은 대규모 전쟁을 준비하고 있었고, 이 전쟁은 결국 15년간 계속된다. 세계 무대는 위험한 체스판으로 변하였고, 일본은 몇 수 만에 아시아와 태평양 전 지역을 제패하였다. 일본군은 인도네시아에서 다시 네덜란드인들을 만났다. 이제 더는 서로에 대한 우정이나 존중을 찾아볼 수 없었다. 네덜란드 소녀들이 일본의 전쟁 기계를 가동하는 데 투입되었다.

제2장 모집책으로서 일본 제국

1941년 그날은 불운한 날이었다. 한국인 강순애는 시장에서 할머니와 함께 생일을 위한 물건들을 사서 집으로 돌아왔다.[1] "시장에서 멸치 한 박스를 사서 돌아왔어요. 집에 도착했을 때, 소매에 빨간 완장을 두르고 단검이 장착된 소총을 어깨에 멘 군인 세 명이 있었어요. 그들은 나를 꼭 데려가야 한다고 말했어요. 아버지께서 갑자기 밖으로 뛰어나와서 한 군인의 군복 옷깃을 움켜잡았어요. 그리고 당신의 목을 가리키면서 울부짖으셨어요. '네 놈이 내 딸에게 무슨 짓을 하기 전에 나를 먼저 죽여라. 내 딸은 못 데려간다.' 군인은 아버지를 밀쳐냈고 아버지는 솥 옆에 쓰러졌어요." 강순애의 아버지는 운이 좋았다. 그는 군인들과의 싸움에서 살아남았다. 하지만 딸을 구하려는 가족이 죽임을 당한 경우는 너무도 빈번하였다. 강순애는 35명의 여성과 함께 히로시마에 끌려갔고, 그 후 태평양에 있는 팔라우 제도에서 성 노예 생활을 하였다.

한국과 대만 출신의 '위안부'들이 그들의 모국에 남게 되는 경우는 거의 드물었다. 그 지역에는 소수의 일본 군대만이 주둔하고 있었기 때문이다. '위안부'로 끌려온 여성 대부분은 러시아 국경부터 인도네시아의 가장 남쪽, 버마부터 태평양의 솔로몬 제도까지 일본 제국의 가장 척박한 지역으로 이송되었다. 그곳의 비참한 환경 속에서 종종 일본 육군이나 해군과 함께 이동해야 했다. 중국, 필리핀, 인도네시아 같은 나라에서는 여성들이 현장에서 바로 납치되거나 거짓된 말에 속아 위안소로 들어온 경우가 많았다. 일본군 '위안부'가 된 네덜란드인들은 주로 민간인 수용소에서 지내다 끌려왔다. 강제 성매매에 동원된 일본군 '위안부'가 몇 명인지는 정확히 알려지지 않았다. 대략 8만에서 40만 명이 될 것으로 추산된다. 정확한 숫자를 파악하는 것은 거의 불가능하다고 할 수 있다. 피해자 여성 대부분은 말을 하지 않거나 그동안 사망하였다. 일본군 '위안부' 제도에 관한 증거 자료는 전쟁 직후에 거의 모두 파기되었고, 많은 '위안부' 여성은 살해당했다. 추산된 피해자 수는 대부분 지금까지의 증언이나 1990년대 공개된 문서를 근거로 한 것이다. 70만 명의 일본군이 주둔한 중국에 '위안부' 여성 2만 명을 투입하는 계획, 즉 '위안부' 여성 한 명이 군인 35명을 상대하도록 하는 계획이 1941년 작성된 육군 문서를 통해 확인되었다. 1939년 중국 남부 광둥성에 주둔한 5만 명의 병력을 위해 천 명의 '위안부'가 투입되었다. 이는 여성 한 명이 50명의 군인을 상대하는 것이었다.[2] 대부분의 문서는 이 비율을 기준으로 삼고 있다. 이 비율을 전쟁 15년 동안 배치된 7백만 명의 군인에 적용한다고 가정하면 기껏해야 14만 명의 여성이 투입된 것이다. 그러나 많은 '위안부' 여성은 어린 나이에 목숨을 잃었다. 그리고 그들은 빠른 속도로 다른 여성으로 교체되었다. 일본군 '위안부'를 연구하는 사람들은 일반적으로 그 수가 최소한 20만 명은 될 것이라고 판단한다.[3]

일반적으로 알려진 바에 따르면, 일본군 '위안부'의 대부분(80-90%)은 한국 여성이었다. 일부 일본 연구자들은 그 수치에 의구심을 가진다. "한국인 일본군 '위안부' 숫자는 50% 미만이었을 겁니다. 일반적으로 생각하는 것과는 달리 한국 여성보다 중국 여성이 분명 더 많았습니다."라고 하야시 히로후미 교수는 주장하였다. 중국에 가장 많은 위안소가 위치해 있던 것으로 생각되는데, 그의 주장은 이 중국 지역의 '위안부' 모집에 관련된 문서에 근거한 것이다. 부대장 한 명이 1942년 일본 육군성 회의에 보고서를 제출하였다. "위안소는 중국 북부에 100개, 중국 중부에 140개, 중국 남부에 40개, 동남아시아에 100개, 태평양 지역에 10개 그리고 사할린에 10개 등으로 총 400개를 설립하고자 한다."[4]

긴 세월 동안 '위안부' 모집에 관한 것은 거의 알려지지 않았다. 전쟁이 끝난 직후 일본은 가능한 모든 증거물을 파기했고, 오랫동안 중요한 서류를 숨겨왔다. 1990년대 초 일본 정부는 자국이 일본군 '위안부' 모집에 전혀 연루되지 않았다고 주장하였다. 하지만 일본 정부의 연루 사실은 그동안 명백히 증명되었다. 전쟁 초기에는 주로 민간 모집책이 '위안부'를 모집했고 이후 폭력을 동반한 모집이 행해졌을 때는 사병과 장교도 관련이 되었다. 그들은 관할 지역에서 모집의 책임을 맡은 지역 주둔군 최고 책임자의 명령에 따라 움직였다. 육군 위안소의 설립은 점령지 주둔군 본부의 명령으로 시행되었다. 반면 해군은 군인들을 위한 자치 위안소를 건립하였다.

일본 정부 고위층 역시 이러한 전체적인 제도의 조직과 계획에 연루되었다는 사실이, 공개된 일본 육군성 문서를 통해 밝혀졌다.[5] 그것은 대만에 주둔하던 지휘관이 도쿄의 관련 부처에 모집책 세 명의 여행 허가서를 승인해 달라고 요청한 전갈에서 분명히 드러난다. 일본 헌병은 현지인을 '위안부'로 동원해서 보르네오로 보내기 위해 사이공 남부에 주둔해 있던 육군 본부의 승인을 얻어 모집책을 선발하였다. 단지 일본 외무성은 그러한 일본군 '위안부' 제도를 탐탁하게 여기지 않았고 그런 더러운 일에 가담하고 싶어 하지 않았다는 것만은 분명하다.

일본 통치자들은 여성 인신매매가 불법이라는 사실을 분명히 알고 있었을 것이다. '위안부' 모집이 극도의 비밀 작전이었다는 것은 어디서든지 확인할 수 있다. 1938년경에는 일본 제국군의 범죄를 사전에 은폐하고 작전의 본질을 위장하기 위해 고안된 완곡어 '위안부'라는 용어가 사용되었다. '위안부' 여성의 이름을 언급하지 않고, '탄약',

'전쟁 보급품', 혹은 '식당 보급품'과 같은 조작된 용어로 화물 송장에 명시되었기 때문에 작전은 비밀리에 진행될 수 있었다. '위안부' 여성들은 그렇게 폐쇄된 군용 트럭과 화물차 또는 해군 함선에 실려 군수품으로 이송되었다. 또한, 위안소 규정에는 일본 정부가 공식적으로 책임을 지지 않는다고 명시되었다. 쿠알라룸푸르와 싱가포르에서는 구경꾼을 막기 위해 군대 위안소 주변은 차단되었다. "'위안부' 제도에 대한 모든 정보는 극비였으며, 그것에 대하여 말이라도 하면 범죄로 간주되었습니다. 유언비어 배포죄로 불려갔습니다." 일본의 저술가이며 활동가인 요시다 세이지가 말했다.[6] 실제로 그런 이유로 감옥에 갇힌 사람이 있었고, 그들은 한국인이었다. 심지어 일본에서도 이 제도는 군사 비밀로 간주하였다. 위안소에 관한 기사나 사진에는 검열이 이루어졌다.

그러한 비밀스러운 태도는 양심의 가책에서 나온 것이 아니었다. 이미 오랫동안 일본 지도자들은 스스로 이 제도를 정당화 해왔고, 따라서 스스로를 위해 모든 사항들을 문서화하는 것은 지극히 정상적인 것이라고 생각하였다. 하지만 그들이 '위안부'에 관한 사실을 비밀로 유지한 것은 난징 강간 사건처럼 단순히 서양의 규탄을 막으려는 의도였다. 또한 일본은 점령지와 식민지의 국민이 이 제도에 관해 알지 못하도록 그 내용을 숨겼다. 비밀이 드러날 경우 일제의 새로운 신민이 된 이들에게서 지배자에 대한 증오만 키울 수 있었기 때문이다.

더욱이 이 제도에 대해 너무 많이 알려지면서 '위안부' 모집이 쉽지 않게 되었다. 소녀들은 숨거나, 조혼을 하거나, 남장을 했고, 학교 주변과 모임에서 사라졌기 때문이다.

피부색에 따른 계급

일본군 '위안부' 제도는 철저하게 인종 차별적이었다. 일본군이 가장 선호하던 여성은 일본인 매춘부였다. 외모상 일본인을 닮은 한국 여성이 그 뒤를 이었다. 게다가 한국 여성은 일본어를 어느 정도 구사했다. 그다음은 대만과 중국 여성이었다. 어두운 피부색을 가진 동남아시아 여인에 대한 선호도는 낮았다. 유럽 여성의 위상은 아주 높았다. 일부 위안소는 매우 다문화적이었다. 파푸아뉴기니의 라바울에 있던 위안소에는 7개의 서로 다른 국적을 가진 여성 20명이 있었다. 병사들은 그 위안소를 '인류 박물관'이라고 불렀다. 그들 중 몇 명은 서류상 '흑인'으로 명시되었다. 그들은 파푸아뉴기니 출신의 여성이었을 것이다.

이러한 인종적인 차별은 '위안부' 요금에도 반영되었다. 예를 들어, 중국의 창저우 위안소 방문자는 일본 여성에게는 2엔, 한국 여성에게는 1.5엔 그리고 중국 여성에게는 1엔을 내고 이용했다. 필리핀의 한 위안소에서는 한국과 일본 '위안부'는 5.5엔을 받았지만, 스페인 혈통의 여성은 11엔, 미국 여성은 13엔을 받았다. 이들에게 높은 가격이 책정된 것은 이 여성들에 대한 강한 호기심 때문이었다. 그들은 아마도 오도 가도 못하던 학생이었을 것으로 예상된다.

고위 간부들은 만약 가능하다면 일본인 직업 매춘부를 배정받았다. 즉, 자국민 매춘부를 위험한 전선까지 데려가는 일은 흔치 않았다. 일본 장교들의 눈에 한 가지 단점은 일본인 매춘부의 나이였는데, 이들은 다른 국적의 '위안부'보다 나이가 상당히 많았다. 군인들은 일본 여성이 퉁명스럽고 자주 성병에 걸린다며 불만을 토로하였다. 일본에서는 거의 일을 할 수 없는 매춘부들이 '위안부'로 외국에 보내진다는 말이 돌았다. 반면 이러한 가라유키상은 자신의 직업 전문성을 보여주며 군인들의 성적 흥분을 유도하였다. 하지만 여기에는 군인들이 최대한 빨리 일을 끝내게 하려는 의도가 있었다. 일본의 엘리트들이 게이샤들과 대화를 즐겼듯이, 군 장교들은 이 여성들과 이야기를 나누는 것을 좋아했다. 가라유키상 여성들은 기모노를 입고 양산을 손에 든 채 노래를 불렀고, 장교들 앞에서 춤을 추면서 게이샤 흉내를 냈다.

마닐라에서 '위안부'와 관련된 일을 담당했던 필리핀 주재 일본 장교는 그가 중국, 스페인, 한국, 러시아, 인도네시아 출신 '위안부'를 모두 경험했다고 거리낌 없이 밝혔다. 하지만 그는 어쨌든 친근한 일본 여성을 더 선호하였다. 그리고 일본 여성들이 애국심도 더 많았다. 그들은 '자신'의 남자 중 한 명이 위험에 처하거나 가미카제 임무를 맡아 비행기를 타고 적군의 목표물로 돌진해야 했을 때 염려하고 걱정하였다. 또한, 스파이 활동에 관해서도 일본 매춘부는 안전하였다.

이것은 고급 장교들이 가라유키상을 이용하는 중요한 요인이었다.

하지만 수많은 일본 여성들은 자발적으로 '위안부'가 된 것이 아니었다. 그들은 대부분 극빈 가정 출신이었으며 인신매매꾼이나 포주에 의해 팔렸고 매춘으로 집안의 빚을 갚아야 했다. 그리고 계속해서 다른 매춘업소로 반복해서 팔려나갔다. 그럴 때마다 빚은 계속 늘어갔다. 여성을 좋은 여성과 나쁜 여성으로 분류하는 위선적 태도는 여기서 또다시 드러난다. '훌륭한 도덕성'을 지닌 여성은 온갖 보호를 받았다. 예를 들어, 라바울 섬에 막 도착한 여성 중에 타자수로 일한다고 속아서 온 일본 처녀가 있다는 사실이 밝혀졌을 때, 그들은 이 여성을 즉시 배편으로 돌려보냈다. 매춘업자는 이 사건으로 큰 제재를 받았다.

일본 여성이 없으면 장교들은 아름답고 지적이고 어린 한국 여성을 선호하였다. 그들은 일반적으로 병을 지니고 있지 않았다. 군인들은 어린 외모와 소위 질의 '탄력'을 마음에 들어 했다. 한 장교의 말에 따르면, 일본 매춘부들은 '당근이 태평양 바다'에서 수영하는 기분을 준다고 했다. 장교들은 자주 위안소 안에서 혹은 사택에서 예쁜 한국 여성과 고정적인 관계 갖기를 더 선호하였다. 이러한 관계가 여성에게 득이 되기도 했다. 더 나은 대우를 받았으며 남자를 덜 받았을 수 있었다.[7] 아름다운 어린 여성이 없을 때, 장교들은 교육을 받지 못하고 덜 매력적인 어린 한국 여성을 이용하였다. 그러나 이러한 여성은 결국 많은 군인을 상대해야 했다.

천황의 군대가 동아시아에서 더 멀리 진출할수록 일본군이 선호하는 인종의 소녀는 점점 더 희소해졌다. 이 경우 일본군은 현지 출신 여성과 수용소에 수용되어 있던 유럽 여성을 이용하였다. 결국 중요한 것은 여성의 몸이 있느냐 없느냐의 문제였다. 한국, 일본, 대만 여성 외에 다른 국적의 여성들도 언어가 통하지 않고 어딘지도 모르는 낯선 나라와 지역으로 이송되었다. 이는 '마마상(포주)'의 통제에서 벗어나려는 것을 막기 위함이었다. 그래서 인도네시아 여성들은 버마나 말레이시아로, 말레이시아와 필리핀 여성들은 인도네시아로 보내지게 되었다.

한국 여성

초기 일본군 '위안부' 모집은 요시다가 설명한 것처럼 그렇게 강압적으로 이루어지지 않았다. 1938년경 식민지였던 한국에서 조직적으로 모집이 시작되었을 때, 일본 당국은 우선 그들의 의도를 비교적 공개적으로 내비쳤다. 그들은 국가와 황제를 위해 자신을 희생하도록 한국 여성을 설득하고자 했다. 그러나 한국 여성들은 천황에 대한 충성심이 적었고 그들의 부모도 마찬가지였다. 하지만 시간이 지날수록 일본은 심각한 매춘부 부족 현상을 겪게 되었다. 군대는 계속 커졌고, 그들은 아시아 전역을 휩쓸었다. 전방의 긴장감은 어느 때보다 고조되었다. 남자들의 스트레스를 줄여 주고 군대의 사기를 진작시켜 줄

여자들이 필요하였다.

공개 모집이 더는 효력이 없게 되었을 때 일본은 다른 대책을 마련하였다. 모집책과 공무원은 거짓된 정보를 가지고 한국 가정에 나타났다. 여러 한국인이 같은 민족인 한국인 여성을 거래하고 많은 돈을 벌었다. 이는 1910년 일본이 한국을 병합한 후에 매춘업소를 포함한 공창 제도를 운영했기에 가능한 것이었다. 여성의 모집은 현지 매매상이 맡았고 최종적인 감독은 일본 헌병의 몫이었다. 따라서 한국에서 여성 인신매매는 이미 오랜 기간 활발하게 행해지고 있었다. 전쟁 초기에 한국의 매춘업자와 인신매매꾼들이 일본군 위안소를 위한 사업자로 전환하는 것은 손쉬운 일이었다. 이러한 사실로 인해 오늘날까지 한국 사회는 양심을 가책을 느끼고 있다.

일본 점령자들은 '위안부' 모집에 협조하도록 수많은 한국인을 조종하였다. 예를 들어, 피해자들을 중국과 같은 나라로 보내기 위해 현지 경찰도 신분증 발급에 협조하였다. 부패한 한국의 여성 단체들도 어린 소녀를 모집하였다. 일본과 한국의 모집책은 일본에 있는 공장에서 일하며 돈을 벌 수 있다는 거짓말로 어린 소녀들을 유인하였으며, 가난과 기근 혹은 열악한 집안 사정으로 많은 어린 소녀들이 동의하였다. 한국은 전쟁으로 인해 심한 빈국이 되었고, 이러한 가난 때문에 어린 소녀들은 더욱더 유혹에 빠져들었다. 일부 아버지들은 딸을 학교에 보내지 않았다. 그 당시 한국에서는 여성의 교육을 여전히 무의미한 것으로 간주하였다. 그리고 한국 소녀들은 나중에 교육비를 마련할 수 있는 가장 좋은 방법은 일본의 공장에서 일하는 것이라고 생각하였다. "우리 마을에 일본 순사를 돕는 50대 남자가 살았어요." 만주에 가게 된 문필기 할머니가 말하였다.[8] "어느 날 그가 저에게 왔어요. 그리고 제가 공부하고 돈을 벌 수 있는 곳을 소개해 주겠다고 했습니다. 저는 학교에 갈 수 없어서 늘 괴로웠어요. 그의 제안은 너무나 매력적이어서 받아들이겠다고 말했어요. 부모님이 알게 되면 매우 화를 내실 거라고 생각했어요. 그래서 비밀로 해두었습니다. 그때가 1943년 가을, 저는 18살이었어요. 집안 살림이 매우 힘들었고 아버지는 저를 학교에 보내지 않았어요. 저는 공부를 하고 싶었고, 제 생계를 직접 책임지기 위해 집을 나가고 싶었어요." 며칠이 지난 저녁 무렵 그 남자는 소녀를 다시 찾아왔다. 그는 잠시 함께 갈 곳이 있다고 말하였다. "부모님께 아무 말도 하지 않고 집을 빠져나왔어요. 우리는 집에서 멀지 않은 곳으로 걸어갔습니다. 그곳에서 마을 경찰서에서 일하는 일본인 다나카 순사와 화물차를 봤어요. 다른 두 명의 남자가 저에게 타라고 명령했어요. 그리고 트럭은 부산으로 달렸습니다. 너무 급하게 떠나서 그 당시 입고 있던 검은 치마와 블라우스를 제외하고는 아무것도 가져간 것이 없었어요. 그 남자들이 저를 미장원으로 데리고 갔어요. 그들은 저의 긴 머리를 짧게 잘라버리려고 했습니다. 저항을 해봤지만, 머리카락이 금방 잘려 나갔어요." 이렇게 문필기 할머니는 중국 만주에 도착하였다.

어린 소녀들은 종종 예상치 못한 함정에 빠지곤 했다. 예를 들면,

이옥분(가명) 할머니는 12살 때 친구들과 거리에서 놀고 있었는데, 한 일본 남자와 한국 남자가 그녀에게 다가와 아버지가 그녀에게 빨리 조 씨의 여관으로 오라고 했다고 말했다. 그곳에서 그녀는 다른 세 명의 소녀와 함께 감금되었다. 그녀는 3개월간 뒷방에 갇혀있었고 그 후 배에 실려 대만으로 보내졌다.

일본 헌병은 마을의 한국인 이장을 점점 더 이용하였다. 그들은 처음에 '제국의 중요한 일'을 위해 젊은 여성을 찾아보라는 정중한 부탁을 받았다.[9] 나중에 이장들은 그 임무를 강요받았다. "마을 이장이 집마다 딸 한 명씩을 전쟁을 위해 내놓으라고 명령했어요." 한 생존자 할머니가 말하였다. "저는 가정부로 일하고 있었는데, 그 집 딸을 대신해서 제가 가게 되었어요."

여성들은 단순히 매매되기도 했다. 한 한국인 남자는 외모와 성격, 나이에 따라서 여성의 가족에게 300엔에서 1,000엔에 이르는 돈을 지불하고 22명의 여성을 모았다. 그 여성들은 19세에서 31세 사이로 다소 나이가 많은 편이었다. 그 한국인은 가족들에게 그들의 딸이 병원에서 일할 것이라고 말하였다. 그렇게 가족들은 빚을 갚을 수 있었다. 남자는 소녀들을 버마(현재의 미얀마)로 데려갔다. 소녀들은 그곳 보병 연대에서 '위안부'로 일해야 했다.

한국인 일본군 '위안부'들은 대부분 시골의 가난한 가정에서 자란 딸들이었다. 그들은 종종 농부나 약초 장수의 딸이었지만, 아편 중독자나 걸인의 딸도 있었다. 그들은 대부분 학교에 다니지 못했고 글을 읽거나 쓰지 못했다. 전쟁 기간 보고된 미국 정보부의 한 보고서에는 한국인 '위안부' 여성들이 아이들처럼 순진하다고 기록되어 있다. 이는 많은 일본 남성들이 좋게 평가하고 선호하던 여성의 가치였다. 일본군은 낮은 계층의 여성이 영향력이 있는 사회 계층 출신 여성보다 문제를 덜 일으키고 저항 또한 덜 할 거라고 기대하였다. 그러나 가난하고 교육을 받지 못한 소녀들만 희생자가 된 것은 아니었다. 일본은 시골 주민을 통제할 수 있는 엘리트가 필요하였다. 전쟁이 계속 진행되면서 일본은 학교에서도 여성을 모집하였다. 학교에서는 (일본) 선생님이 학생들을 세뇌하였다. "우리 선생님이 나라를 위해 자원봉사를 하도록 강요했어요. 그 당시 우리는 어른, 특히 선생님이 시키는 것은 모두 했어요. 저는 선생님이 충고한 대로 했어요. 제가 도야마에 있는 한 공장에 견학차 따라갔을 때, 그들은 저를 태평양 섬에 있는 위안소로 보냈어요." 많은 여학생은 천황에 대한 존경심을 가지고 자원봉사자로 일해야 한다는 소리를 들었다. 그렇게 서울의 한 소학교에 다니는 12살 어린 소녀들이 일본군 '위안부'가 되었다. 그들은 '천황의 아이들'이라고 불렸다.[10]

또한, '위안부' 모집은 여학생과 청년 단체 회원들을 전쟁 군수 산업체에서 일을 시키려고 설립된 조선여자근로정신대와 같은 봉사대를 통해 빈번히 이루어졌다. 그러한 봉사대의 가입은 한국 여성에게 간호사 양성 교육과 같은 추가적인 교육을 받을 수 있는 절호의 기회이기도 했다. 하지만 실제로는 여성들 대부분이 위안소의 소굴로 떨어졌다. 이러한 현상 때문에 공장에서 일하던 수많은 여성이 나중에 자신은 조선여자근로정신대에 속한 적이 전혀 없었다고 말하기까지 하였다.

일본군 '위안부'에 대한 수요가 더욱 증가했을 때, 교묘함과 협박 대신에 노예사냥과 같은 가혹한 형태의 모집이 등장하였다. 군용 트럭이 마을을 돌아다녔고 소녀 수십 명을 강제로 태워 떠났다. 그들은 길을 가다가 납치되거나 집에서 강제로 끌려갔다. 이제 폭력을 사용하여 여성들을 강제로 트럭에 태운 것은 이제는 민간인이 아닌 군인과 헌병이었다. 일본군은 책무를 다할 것을 강요하였다. "우리가 한국 마을에 차를 타고 들어갔고, 즉시 모든 여자를 집에서 끌어내어 길거리로 데리고 나왔습니다." 일본인 요시다 세이지는 1970년대에 자신의 회고록을 통해 사실을 밝혔다. 요시다는 일본 노동 사무소의 부서장으로 한국 처녀들을 성 노예로 납치한 사건들에 연루되었다. 그 당시에는 결혼하지 않은 소녀가 거의 없었기 때문에 군인들은 여성을 데려가기 위해 젊은 엄마의 팔에서 아기를 잡아챘다. "누구든지 도망치려 하면, 그녀는 곤봉으로 두들겨 맞았습니다. 그리고 트럭에 실렸습니다. 우리는 울고 있는 젊은 엄마를 내리쳤어요. 두세 살 된 아이가 울면서 따라오면 우리는 아이들을 옆으로 내팽개쳤습니다. 마을 전체가 엉망이 되었죠. 여성들은 차와 배에 실렸고 중국 서부 군 사령부로 보내졌습니다."[11]

'처녀 징발'이 계속 심각해지자 두려움에 빠진 한국 부모들은 딸들을 조혼을 시켰다. 하지만 건강한 한국 남자들은 일본이 일으킨 전쟁에 강제 징병 되었기 때문에 구하기가 힘들었다. 그래서 부모는 군대에 갈 필요가 없었던 장애인 남성과 딸을 위장 결혼시켰다. 그들은 전쟁이 끝난 후 대부분 이혼하였다.

운이 없었던 소녀들은 영영 돌아올 수 없는 지옥행 여행을 하게 되었다. 그들은 커다란 화물차나, 트럭 혹은 일본군의 배에 실렸으며, 갑자기 군인들의 삼엄한 감시를 받았다. 총과 단검 그리고 위협적인 눈빛이 그들을 지켜보고 있었고, 소녀들은 두려움에 떨어야 했다. 그때서야 소녀들은 깨달았다. 북쪽에 있는 일본 공장과 학교로 가는 것이 아니라 다른 장소로 이동한다는 것을. 전쟁 초창기 그들은 주로 중국으로 보내졌다. 연합군과의 전쟁이 시작되었을 때 한국, 대만, 중국 출신 일본군 '위안부'들은 동남아 지역으로 보내졌다. 일부 '위안부' 여성들은 전쟁이 끝난 후 자신이 어디에 있었는지도 몰랐다. 그들은 대부분 아시아 지도에 대한 지식이 없었다.

성 노예로 팔려 간 여성들은 위안소로 가는 도중에 배와 기차 안에서 빈번히 강간을 당했다. 그때야 비로소 앞으로 어떠한 운명이 그들을 기다리고 있는지 깨닫게 되었다. 어린 소녀의 처녀성을 빼앗을 '특권'을 가진 사람은 거의 항상 장교들이었다. 그들은 여성들이 정신적으로 한 번 무너지고 나면 이후에는 좀 더 쉽게 일을 할 수 있으리라고 생각하였다. 이렇게 장교들은 여성의 순결을 뺏는 행위를 마치 전장에서 갑옷을 선사 받는 것과 같은 하나의 의식처럼 생각하였다. 김춘자라는 예명을 쓴 여성은 ''위안부'의 기억'이라는 장에서 그녀가 조선여자근로정신대를 위해 일할 거라는 속임수에 넘어간 후 다른 네 명의 한국 소녀와 함께 순결을 잃었던 일을 설명하였다.[12] 한 일본인 부부가 소녀들을 서울로 데려갔고, 그곳의 한 옷가게에서 한복과 기모노 그리고 속옷과 화장품을 샀다. 소녀들은 그런 큰 도시를 처음으로 방문했기에 무척 신기해 했다. 동시에 그들은 이 모든 것들이 왜 필요한지 이해하지 못했다. "이건 너희들의 무기야."라며 한 남자가 물건을 나누어 주었다. "이것들을 잘 간수해야 해. 병사들이 총과 실탄을 다루는 것처럼." 일본 여자는 자신을 아름답게 가꾸고 군인들을 위로해주는 것이 우리의 임무라고 설명하였다. "들어봐, 군인들은 긴 전쟁으로 지쳐있어. 그러니 네가 예쁘게 보이고 그들을 환영하면 매우 기뻐할 거야. 그것이 애국 봉사단이 하는 일이야." 소녀 중 한 명이었던 김춘자가 물었다. "저희가 그들을 위해 춤추고 노래를 한다는 말씀이세요?" "그런 거지." 그는 회피하는 듯 대답하였다. 소녀들은 일본 이름을 받았고, 일본식 여관으로 가게 되었다. 그곳은 반도 사람들(한국인)은 갈 수 없는 곳이라고 일본 여자가 말하였다. 그녀는 소녀들을 목욕탕에 데려갔고, 그곳에서 소녀들을 직접 깨끗이 씻기고 그들의 아름다운 몸을 칭찬해주었다. 그런 다음 일본식 목욕 가운으로 갈아입히고, 장교 다섯 명이 술을 마시고 있던 방으로 데려갔다. 소녀들은 이 장교들이 자기가 모셔야 할 남자들이라는 말을 들었다. '대접을 잘하기 위해' 그들은 장교들의 이름을 암기해야 했다. 우선 그들에게 일본 쌀로 만든 술, 사케를 따라야 했다. 일본 여자는 계급이 가장 높은 장교에게 전쟁을 성공적으로 수행하고 승리하여 안전하게 집에 돌아갈 수 있도록 소녀들이 봉사해줄 것이라고 말하였다. 소녀들은 그 순간 아무것도 알아차리지 못했지만, 그 말은 전투 전에 여성의 순결을 빼앗으면 일종의 부적과도 같이 전투 중 부상이나 전사를 막아준다는 미신을 포함하고 있었다. 그 장교는 한 번 해보겠다고 대답하였다.

소녀들은 순식간에 '독수리 발톱에 채인 참새'처럼 붙잡혀 별도의 방으로 끌려갔다. 김춘자의 몸을 만지던 남자는 자신의 옷을 벗기라고 명령했다. 그는 술에 취했지만, 표범의 눈처럼 맹렬한 눈으로 그녀를 쳐다보고 있었다. 다음 차례는 그녀가 가운을 벗는 것이었다. 그녀가 처한 상황이 어떤 것인지를 알게 되었을 때, 그녀는 얼음처럼 굳어버렸다. 남자는 그녀가 자신에게 반했을 거라고 농담을 하였다. 그다음 김춘자는 모든 옷을 벗어야 했다. 그녀가 알몸으로 장교 앞에 섰을 때 그는 그녀를 머리끝에서 발끝까지 살펴보더니 자신의 대대 병력에게 위안을 주기에 적합하다고 평가하였다. 그는 4시간에 걸쳐 쉬지 않고 그녀의 순결을 짓밟았다. 통증과 수치심과 슬픔으로 울고 있는 김춘자에게 그는 끊임없이 많은 다양한 자세를 취하도록 강요하였다. 이와 같은 의식은 이후 사흘간 계속해서 반복되었고, 소녀들은 번갈아 가며 다른 남성들을 받아야 했다. "말 훈련도 그렇듯이, 군인들은 처음 훈련과 테스트가 가장 중요해. 첫날부터 강하게 단련시키지 않으면 전장에서 아무런 가치가 없어."라는 말을 들었다. 그 순간 소녀들은 자신이 맞이할 매일매일의 삶이 어떨지 정확히 깨달았다. 그들은 마치 밀수품처럼 화물 열차의 맨 뒤 칸에 실려 중국으로 수송되었다.

다른 점령 지역

대만, 중국, 필리핀, 말레이시아, 그리고 일본이 점령한 다른 지역의 여성도 일본 군인들의 성욕을 피할 수 없었다. 한국에서와 마찬가지로 다른 곳에서도 빈곤한 가정의 소녀들이 희생양이 되었다. 그리고 저항군의 딸들과 일본 제국에 골칫거리가 되는 사람들의 딸들은 더욱 큰 위험에 처했다. 인도네시아의 섬 모아에서는 헌병을 공격한 남자의 딸 5명 모두를 일본 군인들이 매춘업소로 넘겼다.[13] 이러한 일은 중국과 필리핀에서 흔히 일어났다.

동남아시아 지역의 모집 방법은 식민지 한국과 대만에서 사용된 것과 달랐다. 일본, 한국, 대만에서는 여성 인신매매 경험이 많은 개인을 통해 모집되었지만, 다른 점령지에서는 그 임무를 대부분 일본 헌병과 군인이 맡았다. 일본군은 종종 현지 토호들에게 여성을 공급하라고 명령했고, 토호들은 마을에서 가장 가난한 가정의 소녀들을 내세웠다. 말라카(현재의 말레이시아)와 같은 나라에서는 종종 그곳에서 일하는 가라유키상, 즉 일본인 해외 매춘부들에게 모집의 임무가

주어졌다. 그들은 이와 같은 방법으로 '위안부' 마담 역할을 할 수 있었고, 소녀들에게 불결한 일을 맡겼다. 일본 마담들은 지역 신문에 광고를 게재하였다. 모집 광고에 지원한 소녀들은 아마도 사전에 어떤 종류의 일을 하게 될지 알았을 것이다. 하지만 일단 취업을 하게 되면 모든 자기 결정권을 상실하게 되었다. 싱가포르에서 근무했던 전직 장교는 한 소녀를 알게 되었는데, 그녀는 처음 생각한 것보다 일이 훨씬 힘들었다고 말했다. 그리고 그녀가 일을 그만두려 했을 때 위안소 관리병들은 그녀를 침대에 묶고 계속 일하도록 강요하였다.

대만 그리고 중국: 수출 상품으로서의 일본군 '위안부'

모집 방법은 나라마다 달랐다. 대만에서 시행된 모집 제도는 한국의 제도와 가장 많이 닮았다. 대만은 1895년부터 일본의 식민지였고, 식민지 상태는 제2차 세계 대전이 끝날 때까지 계속되었다. 수많은 대만 여성이 한국 여성처럼 아시아의 전장으로 끌려갔다. 한국 여성들은 일본어를 구사하였으나 다른 국가 여성들은 그렇지 못했으며, 극심한 외로움을 느끼고 고향을 그리워하였다. 그들이 탈출할 수 있는 가능성은 극히 적었다. 그럼에도 군인들은 그런 가능성을 아예 차단하기 위해 모든 조치를 취하였다. 배에 타고 있던 한 여성의 팔에는 일행과 쉽게 구별되도록 대만의 수도인 '타이페이'라는 단어가 문신으로 새겨졌다. 그녀는 이후 평생 동안 짧은 소매의 옷을 전혀 입을 수가 없었다.

대만에서 일본군은 가난하고 교육을 받지 못한 현지 여성들을 이용하였고, 이 여성들의 오빠와 남편은 일본 군대에 강제 징집되었다. 일본군은 전쟁으로 인해 여성들이 경제적으로 어려움에 처해 있다는 것을 알고 있었다. 그래서 일본 헌병들은 가사도우미로 일하게 될거라는 거짓말을 하고 그들을 데려갔다. 일단 도착하게 되면, 여성들은 위안소의 방에서 그들을 기다리던 군인들에게 종종 순결을 잃었다. 또 다른 여성들은 해어진 군복을 수선하는 일을 한다고 데려갔지만 결국 벙커와 동굴 안에서 성 노예가 되었다.[14]

중국은 인구수를 고려할 때, 가장 많은 일본군 '위안부'가 있었던 국가일 것이다. 대도시의 위안소는 군부대 본부가 직접 관장하였다. 일본 여성은 일반적으로 대도시로 보내졌는데, 그곳에는 대장과 지휘관들이 주재하고 있었기 때문이다. 소도시에는 한국 여성들이 많았다. 시골 마을에서는 주둔군 부대가 위안소를 운영하였다. 그들은 현지 여성들을 위안소로 강제 연행하였다. 특히 시골 마을에서는 많은 폭력이 사용되었다. 그곳은 위안소라기 보다는 아주 원시적인 건물에 자리 잡은 강간 센터였다.

일본군은 직접 여성들을 납치했을 뿐만 아니라 마을 책임자들에게 '위안부' 동원 책임 할당량을 주었다. 이러한 상황은 무엇보다 일본 변호사 가와구치 가즈코가 산시성의 한 마을에서 일어난 일본군의 만행을 조사한 자료에서 분명히 밝혀졌다.[15] 일본군은 군대를 위해 현지 여성들을 바치라고 마을의 중국인 꼭두각시들에게 명령하였다. 마을 책임자들은 여성들을 최대한 보호하려고 했으나 결국 몇 명을 선발하지 않을 수 없었다. 이 사건은 마을 주민에게 크나큰 충격을 주었다. 모든 주민이 형제처럼 서로를 위하며 살았던 그 마을은 그때부터 '가해자'와 '피해자'로 영원히 나뉘게 되었다. 그것은 일본군이 정확히 원하던 것이었다. 다시 말해, 일본군은 주민들의 저항을 막기 위해 그들의 단결을 무너뜨렸다.

필리핀 - 보복으로 성 노예가 된 여성들

필리핀에서는 중국과 마찬가지로 여성에 대한 일본군의 만행이 특히 심했다. 필리핀 국민은 처음부터 일본인에게 강한 증오심을 품고 있었다. 1941년 12월 시작된 일본의 지배를 필리핀 국민은 원하지 않았다. 당시 종주국이던 미국은 이 섬나라의 독립을 위해 만반의 준비를 하고 있었다. 일본의 점령은 자유라는 밥에 재를 뿌렸을 뿐만 아니라 그때까지 쌓아온 것들을 무너뜨리고 말았다. 저항은 컸다. 일본은 필리핀의 이러한 적대적 태도에 대한 응답으로 대규모 강간과 같은 가장 잔인한 테러 행위를 저질렀다. 예를 들어, 시민들이 어느 날 마닐라에 있는 독일 클럽에 몸을 숨겼으나, 일본군은 건물 아래에 폭탄과 수류탄을 설치하고 폭파했다. 탈출에 성공한 여성들은 붙잡혀 강간을 당했다. 그런 다음 일본 군인들은 여성의 머리에 휘발유를 붓고 불을 붙였다. '팜팡가' 마을의 모든 남성은 피살되었고 여성은 강간 당했다. 또 다른 곳에서는 일본 군인들이 교회와 수도원에 들어가 수녀들을 성폭행했고, 학교에서는 어린이를, 농장에서는 여성 농부를 겁탈하였다. 강간 당한 여성의 외모가 준수하면 위안소로 끌려갔다.

필리핀에서 매춘은 항상 번성했지만, 일본 군인은 기존의 매춘업소 이용을 기피하였다. 그들은 저항이 심한 나라에서 종종 행해지던 대적 첩보 활동을 두려워했다. 그들은 확실히 감시할 수 있도록 평범한 여성을 데려와 가두어 두길 원했다. 일본군은 이전 식민지 시대 스페인 사람들이 살던 집, 병영, 병원, 방앗간 그리고 밀림 지대에 있는 오두막집과 같은 외부와 차단된 위안소에 필리핀 여성을 가둬 놓았다. 게릴라 투쟁 대원들과 관계가 있는 여성들은 종종 희생자가 되었다.

자신의 이야기를 가장 처음 공개한 필리핀 여성 롤라 로사가 바로 그런 피해자였다. 다른 한 여성은 게릴라 대원인 남편이 눈앞에서 살해된 후 홀로 감금되어 성 노예가 되었다.

대부분의 필리핀 여성은 인질로 잡혔다. 어떤 여인은 강에서 빨래하고 있었고, 어떤 여성은 쌀을 배급받기 위해 줄을 서 있었다. 가끔 군인들이 집으로 왔고, 한 여성은 그녀의 아버지가 군인들과 싸우다 목이 잘렸다고 말했다. 일단 소녀들을 붙잡으면, 일본 장교가 숲속이든 집이든 그 자리에서 바로 그녀를 겁탈하는 일이 빈번하였다. 그 다음은 병사들의 차례였다.

말레이시아와 버마 여성을 위한 '독립'

일본은 '자치'와 '독립'이라는 기치를 내걸고 말라카 반도와 버마로 밀고 들어왔다. 이 두 나라는 마침내 일본이 자기 나라를 영국의 식민지 통치로부터 해방시켜 주었기 때문에 약간의 희열을 느꼈다. 새로운 점령자에 대한 증오가 그다지 깊지 않았으며, 일본은 중국과 필리핀에 있는 여성보다 버마와 말레이시아 여성에게 더 잘 대해 주었다. 버마 여성은 일본 군인을 위해 다른 나라 여성보다 더 쉽게 자신을 내주었다고 한다. 버마 북부의 한 위안소에 관한 이야기는 마치 바캉스 캠프에서 장교들이 '위안부' 여성들과 함께 운동 경기, 피크닉 그리고 저녁을 함께 즐기는 것 같은 모습을 담고 있다. 이러한 이유로 연구자들은 버마 여성들이 비정상적인 열정까지 보였다는 결론에 도달한다. 하지만 그러한 판단은 조심스럽게 내리는 것이 좋다. 많은 버마 여성뿐만 아니라 한국, 대만, 중국 여성들도 그들의 슬픔을 잘 숨겼다.

일본의 하야시 히로후미 교수는 다음과 같이 말한다. "많은 여성이 겉으로 보기에 쾌활한 태도를 가졌기 때문에 당시 군인들은 강제 동원이 아닌 줄 알았습니다. 하지만 많은 퇴역 군인의 증언에 따르면, 행복하게 보이는 여성도 가깝게 지내던 군인에게는 눈물을 쏟았다고 합니다." 현재 미얀마 여성들은 자신의 이야기를 직접 할 수 없다. 미얀마의 인권 상황이 장애물로 놓여있기 때문이다.

말라카에서 말레이시아 여성들은 비교적 피해를 보지 않았다. 그러나 중국인의 상황은 전혀 달랐다. 그들은 수도인 쿠알라룸푸르에서 인구 대부분을 차지하였다. 일본은 이미 1937년부터 중국과 전쟁 중이었다. 그리고 아시아 대륙 곳곳에 흩어져 있던 중국인들은 어디에서든 일본에 저항하였다. 중국인은 일본에 반대하는 사람들로 간주되었기 때문에 적대감의 표적이었다. 따라서 말라카의 중국 여성들은 강간 캠프로 끌려왔다. 이것은 중국 남성에 대한 보복 행위처럼 보였다. 일본 점령 초기에 중국인 공동체의 지도자들은 대략 5천만 해협달러 상당의 '전쟁 부담금'을 납부해야 했으며, 군대에 '위로'를 제공해야 했다. 이 '위로'가 무엇을 담고 있는지는 어디에도 기록되어 있지 않다. 당시 중국인의 관심사는 주로 돈에 있었기 때문이다. 그렇지만 의혹은 여전히 남아있다.[16] 많은 중국인의 집이 압류되었고 위안소와 식당으로 개조되었다. 1942년 8월 쿠알라룸푸르에는 위안소 16곳에 약 150명의 '위안부' 여성이 있었다. 그들 중 대부분은 중국 여성이었고, 한국 여성이 약 20명 그리고 나머지는 태국, 자바섬, 인도 그리고 유럽계 아시아인이었다.[17] 70세의 중국계 말레이시아 여성 루스 레옹의 말에 따르면, 중국계 말레이시아인 부모들은 자신의 딸이 일본군의 눈에 띄지 않게 하기 위해 모든 것을 다했다.[18]

일본 군인들이 강간하고 약탈한다는 소문이 말라카에 사는 중국인 사회에서 들불처럼 번졌다. "어머니께서 미용사를 '콩시'로 데려와서 우리의 머리를 깎게 하셨어요. 우리는 남성용 재킷과 바지를 입었어요. 그 색을 아직도 기억하고 있습니다. 군청색이었는데 거의 검은색에 가까웠어요. 우리의 곱던 머리카락이 바닥에 떨어질 때 눈물을 줄줄 흘렸어요. 처음에 그 옷을 입는 것을 거부했습니다. 그렇지만 어머니께서 일본 군인들이 오면 가장 먼저 하는 것이 약탈과 강간이라고 하셨어요." 중국 어머니들은 천으로 딸의 가슴을 꽉 동여매고 뒷방에 숨겼다. 그들은 길에 나갈 수도 없었다. 학교가 일본 통제하에 들어가자 루스와 그녀의 여동생은 학교에 가지 않았다. "일본 군인들이 예쁜 소녀를 보면 장교에게 바치려고 저녁에 데리러 왔습니다." 그녀는 어느 날 밤 학교에서 가장 예뻤던 같은 반 친구가 어떻게 끌려갔는지 기억하고 있다. 일본이 항복한 후에 배가 불룩한 그녀를 다시 보았다.

현재 파푸아뉴기니인 라바울 섬에서 현지 여성들은 특이한 방법으로 행운을 가졌다. 피부병과 피부 궤양 그리고 모기를 쫓는 데 도움이 되는 코코넛 오일 냄새 때문에 일본 군인들은 현지 여성을 기피하였다. 병을 두려워하는 일본 군인들은 그 냄새를 견디기 힘들었다. 일본은 라바울 점령 후 엄청나게 빠른 속도로 한국 여성들을 마치 실탄을 나르듯 이송해 왔다. 나중에 연합군의 공습이 심해지자 라바울의 일본군은 한국 여성들을 다른 섬들로 보냈다. 그 후 일본 부대에서는 동성애가 많이 늘어났고 병사들은 다시 현지 여성들과 '관계'를 가졌다.

제3장 포주로서의 제국

태평양에서 전쟁이 진행되는 동안 상하이의 위안소 벽에 걸린 현판에는 이렇게 적혀있었다. "성전에 참여하는 용감한 장병 여러분을 환영합니다. 우리 일본의 꽃다운 여성들이 당신에게 순종하며 몸과 마음을 바칩니다." 그러나 그곳에 일본 여성은 없었고 일본 식민 지배를 받았던 한국 여성들만 있었다. 그곳에서 한국어를 한마디만 하더라도 그녀는 목숨을 잃을 수 있었다. 그리고 순종적인 '꽃'으로 행동하지 않는 이들도 같은 위험을 감수해야 했다.

한국, 중국, 대만, 필리핀, 버마, 말레이시아, 베트남, 캄보디아, 태국, 러시아 그리고 태평양 제도에서 군인들을 위한 여성 인신매매가 번창했다. 여성들은 3주에서 길게는 8년까지 외부 세계와 철저히 격리된 채 군인들의 성 노리개로 지내야 했다. 이 불행은 종종 매우 비위생적인 환경 속에서, 겨우 1.5m x 0.9m밖에 되지 않는 작고 비참한 칸막이 속에서 일어났다. 밤낮으로 숨을 헐떡이는 병사들이 조급한 모습으로 '위안'을 기다리며 긴 줄을 서 있었고, 이후 여성들의 몸은 반복적으로 억압당했다. 한국인 이영숙 할머니가 개탄하며 말한다.[1] "살아있지만 죽은 사람처럼 느껴졌어요." 신랄한 지적이 아닐 수 없다. 추산에 따르면, 모든 성 노예 중 3분의 1만이 실제로 위안소에서 살아남을 수 있었기 때문이다.

기차 안, 배 그리고 전선의 위안소

일본군 '위안부' 모집에 관해 남아 있는 문서는 매우 적지만, 1990년대 이후 위안소 관리에 관한 정보는 더 많이 공개되었다. 일본군은 그 당시 군 위안소의 모든 것, 즉 규칙부터 운송 목록까지 상세히 기록으로 남겼다. 그들은 심지어 여성들의 전체 사진 등록부까지 만들었다. 모든 것을 기록하는 것은 일본에서 아주 흔히 볼 수 있는 일이다. 위안소는 당연히 있어야 할 군대 필수 시설이었다. 위안소는 대부분 개인 사업자나 연금 생활을 하던 퇴역 장교에게 위탁하여 운영한 것으로 문서에 기록되어 있다. 이로 인해 밖에서 볼 때 일본군의 역할이 다소 모호하게 감춰져 있다. 일본군은 감독을 했고, 필요한 경우 운송, 물류 시설 및 의약품을 제공하였고, 건물을 빌리거나 몰수하였다. 또는 건축 자재를 공급하기도 하였다. 게다가 군은 여성과 감시자의 생활용품을 제공하고 의약품과 콘돔과 같은 물품도 공급하였다. 현지 부대는 위안소 규정도 마련했다.

이러한 종류의 규정은 1990년대 일본 기록 보관소에서 확인되었다. 이를 통해 여성에게 허용된 근무 시간, 다양한 계급에 적용되던 요금 등을 추정할 수 있다. '위안부' 제도가 태동한 장소인 상하이에서의 위안소 규정이 기본 규정으로 적용되었다. 전쟁이 진행되면서 점점 더 많은 규정이 마련되었다. 이는 일본군이 마닐라에서처럼 지속적으로 축적된 경험으로부터 교훈을 얻었다는 것을 말해 준다. 내부 규정에 따르면 군인들은 '위안부'에게 키스할 수 없었다. 그리고 폭력 사용은 엄격히 금지되었다. 군인들의 공격성은 분명히 큰 문제였다. 일본군이 작성한 규정을 통해 위안소의 운영 실태를 알 수 있다. 위안소를 이용하기 위해 지불하던 금액은 계급에 따라 약간씩 차이가 있었다. 일본의 오키나와 규정에 의하면 40분 동안의 이용을 위해 장교는 3엔, 부사관은 2.5엔 그리고 사병은 2엔을 지불했다. 모두에게 허용된 섹스 시간은 40분이었다. 사병은 대부분 낮에 위안소를 이용할 수 있었고, 그 다음에는 부사관이 그리고 저녁에는 장교들이 방문하였다. 장교가 사병과 같은 줄에 서 있는 것은 상상할 수 없는 일이었다. 장교들은 밤새도록 여성과 함께 머물 수 있었는데, 그런 경우 오키나와에서는 7엔을 지불해야 했다. 오직 일본 군인만 위안소를 이용할 수 있었다. 그러나 일부 군인은 자신의 입장권을 일본 군대에 징집된 한국인과 대만 남자들에게 비싼 값을 주고 되팔기도 했다. 여러 위안소에서는 '위안부'와 함께 머물 수 있는 시간이 계급에 따라

정해졌다. 예를 들면, 사병은 30분, 장교는 1시간을 할당받았다. 일부 위안소에서 사병은 단 1엔만 지불했다. 그 금액은 매우 낮았으나 사병의 월급은 15엔이었다. 군인들은 입구에서 입장권을 사고 콘돔을 배급받았다. 가끔은 사진이 담긴 안내판이 걸려 있었다. 군인들은 사진을 보고 여성을 선택할 수 있었고, 또 다른 곳에서는 무작위로 여성을 배정받았다. 군인은 입장권을 '위안부' 여성에게 주었고, '위안부' 여성은 나중에 포주에게 돈을 받을 수 있었다. 여성이 하루에 몇 명의 남성을 받는지 표시된 표가 종종 입구에 걸려 있었다. 규정에 따라서 술은 금지되었다. 그렇지만 규정은 규정으로만 남았고 위반 사례가 많았다.

위안소의 실제 상황은 각양각색이라고 할 수 있었다. 어떤 위안소에서는 여성들을 잘 돌보았다. 여성들은 남자들에게 매혹적으로 보이기 위해 일본 기모노, 화장 분, 립스틱, 머리핀 그리고 빗을 지급받았다. 또한 춤을 배우거나 일본 군가를 배워야 했다. 다른 여성들은 시간이 지나면서 간호사로서 부상병을 간호해야 했다. 버마에서는 '위안부' 여성들이 피크닉에 함께 가고 저녁 식사나 사교 모임에도 참석했다. 그곳의 군인들은 섹스 이외에 여성을 동반하는 것에도 가치를 두었다.

그러나 대부분의 여성은 버마에서와 같은 '좋은' 대우를 받지 못했다. 그들 대부분은 비참한 환경에서 생활하였다. 더럽고 찢어진 옷이나 전사한 군인의 군복 외에는 아무것도 소유하지 않았다. 쥐가 들끓는 곳에서 잠을 잤고, 방은 겨우 판자로 칸막이가 나누어져 있기도 했다. 아니면 커튼이나 담요로 구분되었다. 그리고 철책과 철조망 뒤에서 갇힌 채 살았다. 많은 여성들이 바깥으로 나갈 수 없었으며, 밤낮으로 퀴퀴한 방 안에 머물렀고 다른 여성들과 이야기도 할 수 없었고 심지어 눈빛조차도 교환할 수도 없었다. 음식은 대부분 형편없었으며 맛도 없었다. 필리핀에서는 향신료에 담가둔 생고기만을 제공하였다. 강제로 끌려온 다른 여성들은 매일 묽은 죽 또는 밥 두 공기만 먹었다. 그들의 머리와 음모에는 이가 생겼다. 육군 장교였던 스즈키 요시오는 여성들이 군 부대에서 끔찍한 빈곤 속에서 살았다고 말해 주었다. 그들은 정기적으로 군 건물에 들어가 비누와 옷을 구했다.[2]

일부 여성들은 막사와 벙커 안에서 외롭게 홀로 지냈다. 필리핀 출신의 프란시스카 오스타리는 군부대 한쪽 구석에 설치된 칸막이에서 8개월 동안 성 노예로 생활하며 혼자 살았다. 그녀는 저녁에는 성적으로 학대당하고 낮에는 혼자 방치되었다. 그래서 그녀는 혼잣말을 하기 시작했다. 그녀의 유일한 대화 상대는 그녀를 가둔 친일파 필리핀 사람 마카필리였다. 또 다른 여성은 8개월간 한 벙커에서 수건으로 몸을 감싼 채 살았다. 그녀의 옷이 완전히 해어졌기 때문이었다. 낮에는 자기가 쓰던 수건을 군인들을 위해 삶아야 했으며, 밤에는 성적으로 학대를 당했다. '상설' 형태의 위안소 이외에도 군의 파견 부대와 함께 떠나는 이동식 위안소도 있었다. 이 이동식 위안소는 여성들이 군대와 함께 이동하고 땅에 바로 설치할 수 있는 텐트와 막사를 말한다. 작은 규모의 부대는 상설 위안소로부터 여성들을 단기간 '보급'받았다. 그들은 '위문품 주머니'와 함께 실려 수송되었는데, 여기엔 군을 동정하는 일본인들이 보낸 식료품 통조림, 잡지, 칫솔 등의 물건이 담겨 있었다. 그 악명 높은 버마 철도 공사장과 만주에도 기차 칸에 이동식 위안소가 있었다. 만주에 있던 열차 위안소는 범죄 집단인 일본과 한국의 야쿠자가 관리했다. 야쿠자들은 서커스 소녀들을 인질로 잡아 매춘을 강요했다. 버마 철로를 달리던 열차 위안소는 한국에서 강제로 끌려온 '위안부'로 채워졌다. 그 위안 기차는 1943년부터 달리기 시작했다. 시간이 지나면서 모든 역에 위안소가 설치되었다. 한 호주인의 증인에 따르면, 일본은 포로들을 잘 대우해준다는 것을 외국에 보여주려고 포로들에게 '위안부' 여성의 서비스를 제공하기도 했다. 하지만 포로들은 그 제안을 거부하며 차라리 먹을 것을 원했다.[3]

강제로 끌려온 '위안부' 중 일부는 해군을 위한 특별 위안소에서 일했다. 해군은 육군보다 일반적으로 문명화된 사람들처럼 행동했다. 그들은 덜 거칠었다. 하지만 수 개월간 여성을 보지 못하고 섹스에 굶주려 있는 남자를 가득 태운 배들이 계속 그곳으로 들어왔다. 일본 제국은 많은 '위안부' 여성을 정기적으로 해군 함선에 태워 제국 전역으로 수송했다. 그러나 이러한 방법은 바다에 설치된 연합군의 해저 지뢰와 일본 전함에 가해진 폭격으로 추가적인 위험을 수반했다. 일본군 '위안부' 여성의 삶은 붙잡힌 순간부터 풀려날 때까지 위협의 연속이었다.

강제 동원 노동자를 위한 산업 '위안부'

단지 군인만 위안소를 이용한 것은 아니다. 순종적이고 근면한 한국의 강제 동원 노동자도 가끔 강요를 받고 '위안부'를 찾았다. 수백만 명의 한국인이 일본의 군수 산업 현장에 끌려가 강제 노동을 해야 했다. 그들의 임무는 방공호 건설부터 광산 노동까지 다양했다. 많은 노동자가 탈출을 시도하거나 파업을 했다. 노동 여건은 비참했으며 강제 동원 노동자들은 초과 근무를 해야 했고 영양도 부족한 상태였다. 그들 중 일을 가장 잘하는 사람은 위로라는 명목의 보너스로 위안소를 방문할 수 있었다. 산업 현장에는 수십 개의 위안소가 있었고, 어쩌면 그 수는 수백 개에 달했을 것이다. 그곳에는 당연히 한국과 중국 출신 '산업 '위안부''[4]가 강제 투입되었다. 군인을 위한 위안소와는 달리 이러한 위안소는 기업과 탄광에서 관리하였지만, 일본군과의 긴밀한 협력 아래 이루어졌음은 물론이다.

강제 동원 '위안부' 분야의 전문가인 윤정옥 교수[5]는 1999년 11월 석탄 탄광에서 일했던 박 씨[6]와 이야기를 나누었다. 그의 말에 따르면, 특정 요일에 감독자가 안으로 들어와서 노동자 몇 명의 번호를 불렀다. 그들은 정해진 시간에 집결 장소로 모여야 했다. 다른 탄광의 징용 노동자들도 그곳에 왔다. 그들은 모두 트럭으로 위안소에 보내졌고 그곳에서 '위안부' 여성들을 취하도록 강요받았다. 그 탄광 주변에는 위안소가 두 군데 있었다. 한 곳에는 일본 여성들, 다른 한 곳에는 한국 여성들이 있었다. 그 노동자들은 한국 여성들에게로 가야 했다. 갑자기 들어온 강제 동원 노동자들은 너무 많았고, '위안부' 여성은 부족했다.

윤정옥 교수: "박 씨는 위안소 입구에 여성들의 사진이 어떻게 걸려 있었는지 기억했어요. 아주 아름다운 한국 여성이 그의 마음에 들었습니다. 그가 그녀의 방에 들어갔을 때, 사진에 있는 그녀의 모습은 거의 찾을 수 없었어요. 그 여성은 너무 말라서 가시만 남은 생선과 같았다고 했어요. 그는 그 '위안부' 여성이 밤에 강제 동원 노동자의 욕구를 충족시키기 위해 여섯 또는 일곱 개의 방에 들어가야만 했다고 설명했습니다." 지금까지는 '산업 '위안부''에 대하여 거의 알려지지 않았다. 기업들은 위안소와 관련하여 그들의 역할을 부정하고 있다. 피해 배상 역시 아직 거론된 바가 없다.

성 노예, 천황의 이름으로

위안소에 도착한 여성들을 기다리는 것은 암울함이었다. 한 한국 여성은 다른 여성들이 문에 서서 그녀를 기다리며 "왜 여기에 왔어? 죽기 전에는 이 더러운 곳을 떠날 수 없는데"[7]라고 한탄했던 것을 기억한다. 여성들은 위안소에 도착한 후 매트리스나 요가 깔린 작은 방에 배정되었는데, 때로는 그곳에 화장품 몇 개와 거울이 있기도 했다. 새로 온 여성은 일본 이름을 얻었고, 문에는 그 이름이 적혔다. 아이코, 후미하라, 나미코, 나부코 혹은 스즈키. 이로써 군인들은 여성에게 더 쉽게 접근할 수 있었다. 한국 이름을 일본 이름으로 개명한 심리적인 요인 중 하나는 여성의 정체성을 파괴하는 데 있었다. 그것은 군대에서 여성은 아무런 가치도 없다는 일본식 사고방식에 적합했을 뿐만 아니라, 새로 온 여성들이 조국과 인연을 끊는 데도 도움이 되었다. 그렇게 여성들은 자신의 역할을 더 쉽게 맡을 수 있을 것으로 생각했다. 게다가 이러한 전략은 소위 한국인의 '황민화'에 적합했다. 피해자의 원래 이름을 없애는 또 다른 장점은 그들의 실명을 쉽게 은폐할 수 있다는 점이었다.

위안소에 한번 들어오면 돌아갈 길이 없었다. 일을 거부한 여성들은 쓰레기처럼 버려졌고, 발로 차이고 매를 맞거나 머리카락, 다리 혹은 팔을 붙잡힌 채 바닥에 질질 끌려다녔다. 이용수 할머니는 그녀가 위안소 방에 들어가기를 거부했을 때 위안소 주인이 전화선으로 그녀에게 전기 자극을 주었던 일에 대해 설명하였다. 여성들은 도착 후 대부분 곧바로 일을 시작했다. 그들은 하루에 20명에서 30명 정도의 군인을 상대해야 했다. 장교들이 이용한 고급 클럽에서는 10명 이하였지만 전선의 막사 안에서는 가끔 100명도 상대해야 했다. 대만 출신의 한 여성은 3시간에 입장권 60장을 받았다. 매 3분마다 다른 남성이 차례로 들어왔다.[8]

군대가 전선에서 돌아오면, 여성들은 종종 하루에 오십 명 이상의 남자를 상대해야 했다. 주말에도 늘 붐볐으며, 성욕으로 가득 찬 많은 남자가 위안소 앞에 줄을 섰다. 일본군 '위안부' 피해자 황금주 할머니는 말했다. "종종 그들은 이미 바지를 내리고 팬티도 벗은 상태로 줄을 서 있었어요. 때로는 인내심이 없어 다른 동료가 아직 끝나지 않았는데도 커튼을 올리고 방으로 들어왔어요. 누군가 시간이 조금이라도 길어지면 그들은 소리를 질렀어요. '하야쿠! 하야쿠!', '서둘러, 서둘라고!'라는 뜻이죠." 다른 피해자 여성이 기억했다. "줄을 서 있는 상태에서 이미 자위를 하는 남자들도 있었어요. 차례가 되었을 때 너무 빨리 사정하지 않으려고요." 라바울의 위안소와 같은 몇몇 곳에서는 5분마다 종이 울렸다.

군인들 또한 그러한 조급함을 기억하고 있다. 우에하 부이치로는 말했다. "위안소에 모여 있을 때, '밀지마, 밀지마'라고 하는 소리를 들었어요. 제 생각에 한 사람당 3-5분 정도 걸렸어요. 말하자면 이런 거죠. 군화를 벗고, 바지를 내리고 그냥 섹스하고." 다른 퇴역군인의 증언도 비슷하다. "저와 여성 간의 접촉은 약 2분이었어요. 바지를 이미 내리고 콘돔을 낀 군인들이 내 뒤에 서서 빨리 서둘라고 소리를 질렀습니다."[9]

공식적인 영업시간이 있었지만 많은 여성들이 마치 공장의 생산 라인처럼 성적 학대를 받았다. 여성들은 휴식을 거의 갖지 못해 자주 기진맥진했다. 장교들이 밤새도록 머물 수 있었던 것이 그 원인이었다.

한국인 문필기 할머니는 그런 장교들을 저주하면서 말했다. "그들은 여러 차례 섹스를 원했고 잠을 못 자게 했어요. 한번은 술 취한 장교가 들어와서 밤새도록 토를 했어요. 그러면서 동시에 내 위에 올라타려고 했어요." 새로운 여성들이 도착하면, 이미 그곳에 있던 여성들은 잠시나마 휴식을 얻을 수 있었다. 그럴 때는 장교들이 새로운 여성들을 선호했기 때문이다.

탈출은 불가능했다. 대나무 담장으로 둘러싸여 있었고, 철조망 울타리와 삼엄한 감시가 있었다. 탈출한다고 해도 집에 돌아가는 것은 불가능했다. 한 한국 피해자 여성이 말했다. "상하이에서 일 년을 보낸 후 눈이 내린 겨울 어느 날 위안소를 도망쳐 나왔어요. 그리고 인력거 터미널로 달렸습니다. 늦은 시간이었지만 달리 갈 곳이 없었어요. 중국어를 모르기 때문에 누구와 이야기를 할 수도 없었죠." 이 여성은 터미널 한쪽 구석에서 잠을 잤다. 다음날 그녀는 절망에 빠져 위안소로 돌아왔다. 위안소 주인은 그녀의 탈출 시도를 알아채고 그녀를 구타했다. 상처가 거의 아물었을 때 군인들은 다시 섹스를 위해 줄을 서 있었다.

다른 한 여성의 경우, 위안소 주인이 그녀가 더 이상 쓸모없다고 판단했을 때 그곳을 벗어날 수 있었다. 그녀는 중국에서 무릎과 사타구니에 총상을 입었다. 그녀는 어떤 약이나 붕대도 받지 않았다. 그녀가 위안소에 새로 왔기 때문에 모든 남자가 그녀와 잠자리를 하길 원했다. 그러나 그녀의 사타구니가 완전히 부어올라서 군인들을 받을 수 없었다. 군인 다섯 명이 그녀를 호수에 던졌지만, 다행히도 물이 깊지 않은 곳에 떨어졌다. 그녀는 몸을 끌며 4km 떨어진 마을로 갔고 그곳에서 동정심이 많은 한 중국 노인을 만났다. 노인은 그녀에게 몸을 가릴 수 있는 바지와 외투를 주었다. 그리고 그녀는 계속해서 기차역으로 기어갔다. 그러나 그녀는 상처 때문에 기차 탑승이 거부되었다. 한 남자가 그녀에게 고통을 줄이기 위해 아편을 주었다. 그 후 상처가 회복되기 시작했고, 그녀는 마침내 지팡이를 짚고 걸을 수 있었다. 그 때가 되어서야 기차를 타고 고향 집으로 갈 수 있었다.

겨우 소수만이 도망칠 수 있는 행운을 가졌다. 이런 행운의 여성들은 자신에게 음식과 휴식처를 제공했던 친절한 농부들에 관하여 얘기했다. 전선에 있던 막사에서 탈출한 여성들도 있었다. 하지만 그들은 대부분 자신이 어디에 있는지 전혀 알 수 없었다. 십중팔구는 산이나 정글 어딘가에 있었다. 한 여성은 폭격 중에 도망쳤고, 전쟁이 끝날 때까지 정글에서 감자를 재배하면서 살아남을 수 있었다고 말했다. 그녀는 운이 좋았다. 탈출한 많은 여성들은 아마도 정글에서 마을로 이어지는 길을 찾지 못했을 것이다.

한국 여성들은 마마상이라고 불리는 한국어를 구사하는 일본 포주의 감시를 받는 경우가 많았다. 위안소 주인이나 마마상은 여성들에게 '위안부'가 갖추어야 하는 정교한 기술을 가르치려고 했다. 주인이나 마마상이 그로 인하여 이익을 얻기 때문이었다. 이들은 여성들에게 손님의 입맛에 맞게 행동해야 한다고 말했다. 여성들은 나이 든 장교에게 그의 성적 테크닉을 칭찬해주고 젊은 장교에게는 로맨틱한 태도를 취해야 했다. 많은 여성은 군인과 대화를 할 수 있도록, 예를 들어 '이랏샤이마세(어서 오십시오)'와 같은 일본어 단어 몇 개를 배워야 했다. 여성들은 미소를 지으며 몸을 깊게 숙여 인사해야 했다. 버마 여성들은 "마스터, 고응데라?(만족하셨습니까, 주인님?)"라고 물어야 했다. 이것은 여성들에게 분명히 굴욕적인 것이었다. 군인들은 종종 온갖 종류의 자세를 취할 것을 강요했다. 그리고 여성들은 천황의 이름으로 절대적으로 복종해야 한다는 말을 들었다. 한 피해자 할머니는 육군 군인들이 그녀에게 그 말을 어떻게 각인시켰는지 기억하고 있다. "군인들이 말했어요. '너는 군인의 명령에 순종해야 한다. 이것은 천황에 대한 네 의무라는 걸 기억해라. 순종하지 않는 여성들은 목이 달아날 거다'라고 말이죠."

황금주 할머니는 일본 군인들이 그녀를 대하는 방법에 신물이 났다. 당시 17살이던 그녀는 위안소에서 6개월을 보낸 후 대령에게 말했다. "우리가 종이고 창녀라고 생각합니까? 우리를 이렇게 만들어 놓고서 당신들은 스스로 사람이라고 생각합니까? 우리는 공장에 일하러 간다는 말을 듣고 왔어요. 우리가 '위안부'로 일을 해야 한다는 것을 몰랐다고요." 그녀는 그의 얼굴에 침을 뱉었다. 장교는 간단하게 대답했다. "그것은 군의 명령이다. 국가의 명령은 천황의 명령이다. 네가 할 말이 있으면 천황에게 할 수 있다." 그런 다음 그는 그녀를 마구 구타했다. 이후 황금주 할머니는 3일간 의식 불명 상태에 빠졌다.

일본군 '위안부' 여성이 그 일을 하고 돈을 벌었을까? 많은 사람은 이 논의가 과연 적절한 것인지 의문을 제기하지만, 이 질문은 지금까지 계속 제기되고 있다. 이론상으로 '위안부' 여성은 군인과 비교할 때 돈을 제법 벌 수 있었다. 한 여성이 하루에 군인 25명을 받았다고 가정해 보자. 예를 들어, 사병 15명(일인당 1.5엔), 부사관 5명(일인당 2엔) 그리고 장교 5명(일인당 2.5엔)을 한 여성이 받았다고 가정할 때, 그 여성이 절반을 가질 수 있었다면 하루에 22.5엔을 벌 수 있었다. 그리고 한 달 평균 28일을 일했다면, 월 630엔이라는 금액이 나온다. 만주에서 근무했던 한 군의관은 그곳에 있던 여성들이 800엔을 기본적으로 벌었다고 기억한다.[10] 이 계산 방법이 추정에 근거한다고 가정할 때 요금이 더 높았거나 군인의 수나 근무 일이 더 많았을 것이다. 그렇지만 이 모든 돈이 여성들이 겪은 테러나 폭력을 무마시키지는 못한다.

"하지만 그들은 돈을 받지 않았습니까?"라고 반론하는 의견도 있다. 하지만 이것은 '위안부' 여성들이 직업 매춘부였다고 주장하기 위해 퇴역 군인과 일본 정부가 펼친 논리다. 자바섬 서부 치마히의 위안소에서 일했던 수하나는 이렇게 반응한다. "뭐라고요? 우리가 일본 군인에게서 돈을 받은 매춘부였다고요? 말도 안 되는 소리예요! 비열하고 인색한 일본인들. 뭐, 남들보다 좀 더 인간적인 사람은 있었어요. 그 사람들이 우리에게 돈을 주다니요! 우리는 돈이나 선물을 받는 것이 엄격히 금지되었어요. 우리는 단지 노예에 불과했어요."[11]

대부분의 여성은 돈을 한 번도 본 적이 없었다고 증언한다. 돈을 받은 경우에는 임금이 낮았고, 일용품을 직접 구매해야 했다. 여성들이 위안소 밖으로 나올 수 없었기 때문에, 그들은 철저히 위안소 주인에게 의지해야 했다. 여성들을 착취하고 비누나 옷에 터무니없이 비싼 금액을 요구하는 부패한 주인들이 많았다. 위안소를 통해 많은 돈을 벌었던 유일한 당사자는 포주와 여기서 세금을 거둬들이는 일본 정부였다.

건강

여성들은 한 번씩 쉬는 시간을 가졌는데, 예를 들어 일주일에 반나절 정도 건강 검진을 받을 때 그러했다. 생리 기간에는 이틀간 문 앞에 안내판이 붙었고, 때로는 이름을 붉은색으로 적기도 했다. 그렇지만 실제로는 여성들 대부분이 생리 중에도 군인을 계속 받아야 했다. "그럴 때는 솜을 받았어요. 그걸 공처럼 만들어서 질 안에 깊숙이 넣었죠. 그런데 그것을 다시 꺼낼 수가 없었고, 두려웠어요. 저는 결국 병원에 가서 그것을 꺼냈습니다." 윤두리 할머니가 말해 주었다. 일부 여성들은 생식기 일부가 제거되었고 더 이상 생리를 못 하게 되어 끊임없이 일을 해야 했다. 여성들은 대부분 생리대나 면으로 된 천이 없어서 헌 옷을 사용했다. 일부 군 막사에는 헌 옷조차 없었다. 그래서 여성들은 위험을 무릅쓰고 병사들의 오래된 옷을 훔쳤다. 어떤 여성은 몸 안이 완전히 망가져서 매일 하혈을 했다. 또 다른 여성들은 더 이상 생리를 하지 않았다. 그들은 굶주리고 쇠약해졌다.

성병 예방은 군 위안소의 최우선 과제였다. 여성들의 방에는 과망간산염 용액이 담긴 대야가 있었고, 군인들이 성기를 씻을 수 있는 일종의 고무 노즐이 부착되어 있었다. 여성들은 공식적으로 매번 성적 접촉을 한 후 질을 씻어야 했다. 그러나 실제로는 아무도 이러한 규정을 엄격하게 준수하지 않았다. 성병에 대한 가장 중요한 조치는 콘돔 사용이었고 모든 군인은 규정에 따라 콘돔을 반드시 사용해야 했다. 1942년에만 3,200만 개 이상의 콘돔이 일본 밖에 있는 군부대로 보내졌다.[12] 그러나 많은 군인이 콘돔을 끼지 않거나 삽입 직전에 뺐다. 일부 지역에서는 콘돔이 너무 부족하였다. 여성들은 사용한 콘돔을 세척했고, 이것은 종종 5회까지 재사용되었다.

또한, 사용할 콘돔이 전혀 없는 경우도 빈번했다. 특히 외딴 지역이나 전쟁 말기에는 군수 물자가 형편없이 부족했다. 여성과 마찬가지로 군인도 성병 방지를 위해 엄격한 통제를 받았다. 매달 검진이 있었으며, 그것은 '짧은 팔 퍼레이드'라고 불렸다. 검진에서 군인들은 감염 사실을 알게 되었다. 이렇게 성병 감염 사실이 확인되면 고위 장교들까지도 처벌받았다. 처벌에는 한 계급 강등도 포함되어 있었다. 장교들은 처벌을 회피하기 위해 자바섬 수라바야에 있는 병원에서 가명으로 입원하고 치료를 받았다.[13] 또한 군인들은 돌팔이의 치료를 찾기도 했다. 그래서 사람의 뇌를 삶은 수프를 마시면 매독을 치료할 수 있다고 믿는 군인들도 많았다. 여성들의 증언에서도 그러한 수프를 먹은 사실이 밝혀졌다.

몇몇 아버지뻘 장교들은 젊은 사병들에게 자위를 하거나 서로 동성애를 하라고 충고했다. 그것은 사무라이 전통에서 낯선 것은 아니었다. 한국에서 신병들에게 성 위생에 대하여 강의를 한 나카무라 이사무 군의관이 말했다. "위안소는 잊어라. 그리고 전우에게 사랑하는 마음을 가지고 자위를 해줘라. 온통 성병으로 가득한 '위안부'를 방문하는 것보다 그렇게 하는 편이 낫다."[14]

"일 년 후 우리 모두 건강이 나빠졌어요." 중국에 머물렀던 황금주 할머니가 말했다. "대부분 두세 번씩 임신을 했고, 온갖 병에 걸렸어요. 건강 문제가 심각했던 여성들은 방에 격리되었고 별도의 욕실과 화장실을 이용했어요. 그들은 회복이 되면 다시 돌아와야 했습니다. 두 번은 치료를 받았지만, 세 번째로 병에 걸리게 되면 군인에게 끌려가 다시는 보지 못했어요. 한 여자의 아랫배에 궤양이 생겨 누런 고름이 나오기 시작했어요. 그녀의 얼굴도 노랗게 변하고 부었어요. 그리고 그녀는 흔적도 없이 사라졌어요. 함께 위안소로 끌려온 여자 20명 중에 제가 마지막까지 살아남은 유일한 사람이에요."

여성의 건강은 큰 문제였다. 건강 검진은 있었지만, 그것으로 부족한 경우가 대부분이었다. 검진 횟수도 위안소마다 달랐다. 일부 지역에서는 군의관이 매주 찾아왔지만, 다른 지역에서는 한 달에 한 번 그리고 야전에서는 전혀 검진이 없는 경우가 많았다. 의사도 언제나 전문적이지는 않았다. 그리고 포주들은 때때로 규정을 위반하며 여성들에게 계속 일을 시켰다. "자궁이 쓰라리고 붉게 부어오르고, 냄새가 나기 시작했지요." 최명순(가명) 할머니가 말했다. "군의관이 와서 주사를 놓아주었어요. 그런데 아무런 도움도 안 됐어요. 심지어 그 상태에서도 남자들을 받아야 했어요. 한번은 군인 한 명이 행위를 '시작'하려고 했을 때, 너무 빨갛게 부어있는 제 몸을 봤어요. 그는 저주를 퍼부으며 제 몸을 날카로운 무언가로 찔렀어요. 아마 못이었던 것 같아요. 상처는 염증이 되었고 피고름이 가득했어요. 그래도 저는 계속 남자들을 받아야 했어요. 군인들은 더 이상 사람이 아니었어요. 그들은 심지어 염증을 보고서도 삽입하려 했어요."

성병과 군인에게 위협이 될 수 있는 질병에 대해서만 여성들은 검사를 받았다. 의사들은 대검에 찔린 상처나 차이고 학대받은 상처는 무시했다. 1941년부터 1944년 사이 만주에서 군의관으로 일한 나카야마 미쓰요시는 말했다. "의사들은 임질과 매독과 같이 눈에 보이는 증세만 검사했습니다. 몇몇 여성들은 자궁벽 염증이나 나팔관 협착과 같은 부인과 질병을 가지고 있었어요. 우리는 그러한 병을 검사하지 않았습니다. 많은 여성이 불임이 되었을 것으로 생각됩니다." 다른 군의관 켄 유아사는 그 일로 인하여 여성의 몸이 얼마나 고통을 겪는지를 마침내 깨달았다고 말했다.[15]

여성이 성병을 얻으면 일을 할 수 없었고 문에는 "건강하지 않음"

이라고 쓰여 있는 안내판이 걸렸다. 퇴역 장교 스즈키는 일본군 '위안부'의 건강 검진 결과에 따라 '위안부'별로 평가 점수를 부여하여 부대에 통보했다고 말했다.[16] 의사가 비정상적인 상태를 발견하면, 여성 환자들은 악명 높은 '606 주사'를 맞았다. 그 약은 살바르산 혹은 테라마이신이었다. 몸은 부었고 질에서는 피가 흐르기 시작했다. "그 주사액은 너무 독해서 저는 일주일 동안 물 한 모금도 마시지 못했어요." 이영숙 할머니가 설명했다. 다른 여성들은 음식을 입에 댈 수가 없었다. 너무 독한 주사액 때문에 몸에서 자궁이 빠질 수 있다는 소문이 돌았다. 그 주사는 유산을 유도하기 위해서도 사용되었다. 그 약을 서너 번 주사하게 되면 나중에 아이를 가질 수 없는 원인이 되기도 했다. 물론 그들의 생식기 손상과도 모두 관련이 있었다. 사실 많은 여성들이 계속된 강간으로 고통을 겪었다. 그들은 자궁과 질 그리고 배에 끔찍한 통증을 겪었고, 가끔 하혈이 멈추지 않는 일도 있었다. 아직 가슴이 자라지 않은 어린 소녀들은 며칠이 지나고 몇 주가 지나도 통증 때문에 거의 걷지 못 하는 일이 자주 일어났다. "질이 너무 붓고 출혈이 너무 심해서 심지어 바늘 하나도 삽입할 수 없는 여성들이 있었어요." 김덕진(가명) 할머니가 말했다. 많은 여성들의 생식기가 훼손되거나 기형이 된 것도 분명했다. 18살 필리핀 소녀는 하혈을 너무 많이 해서 병원으로 이송되었다. 그곳에서 그녀의 자궁이 제거되었는데, 그 상처는 치료를 잘 받지 못해 또 감염되었다.

질병은 도처에 도사리고 있었다. 부대에는 말라리아와 각기병이 퍼졌고 추운 중국 북부에서는 결핵이 돌았다. 콜레라와 장티푸스 같은 전염병이 도처에서 발생했다. 전쟁 말기 물품 조달이 잘 이루어지지 않고 통신이 두절되었을 즈음, 의약품도 점점 부족해졌고 영양실조는 증가했다. 의약품이 확보되면 가장 먼저 군인들에게 공급되었다. 여성들이 죽거나 병에 걸리면 다른 여성들이 그들의 군인을 대신 받거나 새로운 처녀들이 트럭으로 공급되었다.

병든 여성들은 쓰다 버리는 물건처럼 취급되는 경우가 많았다. 그들을 계속 돌보는 것은 힘들었다. 상하이 위안소에서 한국 '위안부'들이 전염병에 감염되었을 때 일본 군인들은 위안소에 불을 질렀다고 한국 여성이 증언했다. 그것은 부상자와 환자를 존중하지 않는 일본인의 전형적인 사고방식에서 나온 것이다. 서양 문화에서 볼 수 있는 '약자에 대한 호의'와 같은 개념은 존재하지 않았다. 심지어 일본 군인에게도 마찬가지였다. 전쟁터에서 부상자를 데려와 응급조치를 할 수 있는 훈련된 의무 병력이 없었다. 의약품 재고는 언제나 부족했고, 의료 시스템도 열악했다. 어떤 경우에는 군인들이 병원에서 살해당하기도 했는데, 특히 적의 공격 때문에 일본군이 후퇴해야 할 경우 그러했다. 의사가 군인들의 머리에 총을 쏘거나 수류탄으로 자살을 했다. 다친 군인은 완전하지 않았으므로 쓸모가 없었다. 이와 같은 사고방식은 '위안부' 여성에게도 적용되었다. 군인들은 무슨 수를 써서라도 포로로 잡히는 것을 피해야 했다. 그래서 그들은 죽음을 선택했다. 여성들도 이러한 관습의 희생자가 되었다.

성병에 걸린 일부 여성들이 몽둥이로 맞아 죽거나 총살을 당한 경우도 알려져 있다. 북한 출신 정옥순 할머니에 의하면 그녀가 일하던 위안소에서 병에 걸린 여성이 산 채로 매장당했다. 환자인 여성의 질에 총을 쏴서 죽인 경우도 있었다. 할머니 한 분이 증언했다. "일본인들이 매주 건강 검진을 실시했어요 그리고 아픈 여자들은 우리가 알지 못하는 사이 살해당했어요. 빈자리를 채우기 위해 새로운 한국 소녀들을 데려왔어요. 나는 26명의 여자들과 함께 그곳에 도착했는데, 그들 중 겨우 4명만 살아남았어요." 전쟁터에서 아픈 여성들은 부대가 그곳을 떠날 때 폐허에 남겨지거나 시신들과 함께 버려지곤 했다. 일본의 오키나와에서는 여성 환자가 마시는 우유에 청산가리를 탔다. 시신은 동굴로 옮겨졌고 나중에 수류탄으로 폭파되었다.

정신적·육체적 후유증

일본군 '위안부'들이 이러한 환경에서 정신적으로 심각하게 피폐해졌다는 것은 두말할 필요도 없다. 그들 중 일부는 몇 달, 심지어 몇 년 동안 정신적인 문제로 고생했다. "내가 정신을 잃기 시작해서 얼마나 오랫동안 그 유령의 집에 있었는지 모르겠어요." 필리핀 여성 토마사 살리노그가 한탄했다.[17] 그녀의 눈에는 계속 아버지의 허상이 나타났다. 토마사가 잡혔을 때 아버지는 칼에 목이 베였다. 토마사가 위안소에 팔려 갔을 때 그녀의 나이는 겨우 13살이었다.

많은 여성들이 완전히 길을 잃고 헤맸다. 이용녀 할머니는 말했다. "이따금 저는 밤에 물가로 갔어요. 그곳에 있는 판자에 앉아서 팔을 노 젓듯이 이리저리 움직였어요. 사람들에게 한국으로 배를 타고 간다고 말했답니다. 사람들이 저를 방에 데려다 놓자마자 저는 다시 밖으로 나갔다고 해요. 제가 나중에 정신이 돌아왔을 때 이 모든 이야기를 들었어요." 그녀가 머물던 위안소에서 약 50명의 여성 중 서너 명이 자살을 시도하였다. "우리는 서로 마음을 털어놓고 이야기해보려고 했지만, 그런데도 자살을 시도한 사람들이 있었어요." 중국으로 끌려갔던 황금주 할머니가 말했다. "아편을 훔쳐서 먹은 여성들도 있었어요. 그들은 아편을 과다 복용하고 피를 토하며 죽었어요. 어디에 쓰이는지도 모르는 약을 삼키고 죽은 여성도 있었어요. 그리고 화장실에서 옷을 찢어 목을 매단 여성들도 있었습니다. 줄처럼 생긴 것은 발견하기라도 하면 자살하려고 했기 때문에 우리는 그러한 것들을 서로를 위해 숨겼어요." 여성들은 펄펄 끓는 기름, 소독제, 알 수 없는 알약 등 구할 수 있는 것이라면 무엇이든 고통에서 벗어나기 위해 스스로 목숨을 끊는 데 사용했다. 말레이시아 동부에 있는 산다칸에서는 한 여성이 임신을 했고, 아이의 아버지를 영영 알 수 없을 거라는 사실에 완전히 미쳐버렸다. 어느 날 밤 그녀는 군인 한 명을 받은 후에 그의 총을 꺼내 스스로 목숨을 끊었다.

어떤 여성들은 강제로 투약 받은 아편이나 모르핀 혹은 다른 약물에 중독되었다. 모르핀에 중독된 한 여성이 육군 병원으로 이송되었다. 의사는 그녀의 팔에 모르핀을 주사하면서 말했다. “이것은 일본을 위해서이다.” 의사는 그것이 몸에 해롭고 더욱이 중국에서는 불법인 것을 너무나 잘 알고 있었다. 그러나 모든 것은 일본 제국을 위해, 그리고 승리를 위해 감내해야만 했다. 의사는 그녀가 군인들과 섹스를 해야 하므로 필요한 처방이라고 판단했고, 그녀가 다시 일을 할 수 있도록 마약을 줘야만 했다.

‘위안부’ 여성에게 일어날 수 있는 최악의 상황은 임신이었다. 10명의 여성 중 최소 한 명은 임신했다고 하지만, 실제로는 훨씬 더 많았을 것이다.[18] 대만 출신 여성들을 대상으로 한 조사에서 그들 중 3분의 2가 임신을 했던 것으로 밝혀졌다. 그리고 잦은 낙태가 뒤따랐다. 구 헌법에서 일본 여성은 국가 부강을 위해 많은 아이를 출산해야 한다는 인식이 있었기에 낙태는 엄격히 통제되었다. 1941년 독일 나치의 피임법을 모델로 한 국가우생학법이 도입되었다. 이 법은 일본인의 유전적 특성을 강화하고 열성 유전병을 예방하는 것이 목적이었다. 하지만 이 법은 ‘위안부’들에게 잘못 적용되었는데, 이들의 임신이 성병처럼 간주되었기 때문이다.

네덜란드어로 번역된 노라 옥자 켈러의 다큐멘터리 소설 『Comfort Woman(‘위안부’)』의 다음 인용문은 낙태의 끔찍한 모습을 선명하게 묘사한다. 이것은 실제 사실과 크게 다르지 않음을 시사한다.

“의사는 내 다리와 팔을 묶고 헝겊으로 내 입을 틀어막았다. 그러고

나서 막대기를 이용해 아직 아기도 아닌 아기를 밖으로 꺼내며 말했다. 그는 인종 간의 진화론적 차이와 생물학적 기벽으로 인해 어떤 인종의 여성은 매우 순수하고 다른 인종의 여성은 성적으로 문란하다고 말했다. '그냥 원시적이지. 거의 동물이나 마찬가지야.'라는 말도 덧붙였다.

'쥐는 짝짓기 파트너가 있는 한 물과 음식을 거부하고 죽을 때까지 계속 그 짓을 할 거야.' 의사는 수술을 하며 키득거렸다. 그리고 무엇인가를 밀어 넣고, 파고, 찔렀다. '다행히도 이런 인종을 위해서 자연은 우세한 수컷 하나를 내려주시지. 그리고 다른 수컷들을 밀어내고, 암컷을 복종하게 만든단 말이지. 암컷들은 항상 그런 수컷을 추종하게 되어 있어.' 그는 내 유두가 단단해질 때까지 손으로 주무르며 말했다. '맞지?'

나는 고통의 파장이 일으키는 빛을 따라 내 육신을 떠나려고 시도했다. 하지만 의사는 막대기로 나를 찌르고 말을 시키며 나를 이 세상에 묶어 두었다. 마침내 그가 일어나며 허리를 곧게 펴더니 막대기를 쓰레기통에 던졌다. 그는 물 대야에 손을 씻은 후 내 손을 풀어주고 입에 물린 것도 빼냈다. 그는 내 다리 사이에 붕대를 끼워 넣었다.

'정말 재밌다니까.' 그는 텐트를 떠나며 생각에 잠긴 듯 말했다. '두 나라 여자들이 도덕적으로 그렇게 극단적인 차이를 보이는 건 아마도 지리적인 차이에서 비롯되었을지 몰라.'"

이러한 낙태 시술 중에 목숨을 잃은 여성들도 있었다. 게다가 많은 여성들이 잦은 구타와 발길질로 인해 유산을 하기도 했다. 여성들은 자신이 임신했다는 사실을 모른 채 '606주사'를 투여받아 몸은 붓고 질에서 피가 흘러나왔다. 그러면 병원 수술대에서 치료를 받아야 했다. 이런 일이 세 번 이상 반복되면 그들은 대부분 불임이 되었다.

그럼에도 많은 아이들이 태어났다. 그들 중 다수는 나중에 온갖 종류의 질병으로 생명을 잃었다. 아무도 완전하게 인정하진 않겠지만, 아이들이 방치되어 사망했을 수도 있다. 대만 여성 16명을 조사한 결과, 그들 중 7명이 임신을 했으며 의료 검진은 받지 않은 것으로 나타났다. 한 소녀는 세 번이나 임신을 했지만 아기 셋을 모두 잃었다. 둘은 2개월이 되었을 때, 한 아이는 4개월이 되었을 때였다.[19]

태어난 아기들은 버려지거나 빼앗겼다. 한국 여성들은 중국 가정에 돈을 주고 아이를 보호해달라고 부탁했고, 나중에 아기를 다시 찾아가기도 했다. 이따금 여성들은 아이와 함께 그냥 사라졌다. 김영실 할머니가 다음과 같이 설명했다. "정옥이라고 하는 여자가 임신을 했는데, 군인들은 신경을 안 썼어요. 그녀가 아기를 출산했을 때 장교가 그녀와 아기를 어디론가 데려갔고, 다시는 소식을 듣지 못했어요."

끝없는 가학

강제 동원 '위안부' 일은 그 자체만으로도 끔찍했다. 그러나 여성들이 실제로 견뎌야 했던 학대는 말로 표현할 수 없을 정도로 잔인하다. 조금이라도 저항을 하거나 일본군의 성적 환상에 따르지 않으면 여성들은 잔인한 처벌을 받았다. 갈비뼈가 부러지고, 성기와 손에 담뱃불 흉터가 생기고, 구타와 칼에 찔린 상처는 '위안부' 여성들이 일상적으로 당하는 폭력의 흔적이었다. 그들은 끊임없이 괴롭힘을 당했다. 뺨을 맞기도 했고, 칼이나 뜨겁게 달구어진 쇠붙이로 위협받기도 했다.

한국의 한 위안소에서 일했던 김영실 할머니가 이야기를 들려준다.

"어느 일요일, 나를 그곳으로 유인했던 장교가 술에 취한 채 저에게 찾아왔습니다. 그리고 자신을 상대하라고 강요했습니다. 나는 거부했어요. 몸 상태가 좋지 않았거든요. 그가 나를 깔고 앉더니 머리카락을 쥐어 잡고서 머리를 바닥에 내리쳤어요. 나는 그의 팔을 물었어요. 그렇지만 그는 주먹으로 내 앞니 두 개를 쳐서 부러뜨리고 물러났어요. 다음날 여러 명의 깡패 같은 놈들이 와서는 나를 거꾸로 매달고 콧구멍에 물을 집어넣어 물이 뱃속으로 들어가게 했어요. 배가 부풀어 오르자 그 위에 판자를 놓고 제 배를 밟기 시작했어요. 제가 의식을 되찾을 때마다 그 짓을 반복했어요. 다른 여자들은 그 잔혹한 광경을 바라볼 수밖에 없었어요. 그런 일은 매일 일어나는 일상이었어요."

군인들은 협박에 그치지 않았고, 살인도 서슴지 않았다고 김 할머니가 말한다. "어느 날 도키코라는 이름의 여자가 한국말로 뭐라고 했어요. 그러자 한 장교가 우리를 훈계한다고 정원에 모이게 한 후 그녀의 목을 긴 칼로 베었어요. 우리는 완전히 겁에 질려 비명을 지르며 도망쳤어요." 윤경애 할머니도 군인들이 여성을 가혹하게 다루는 장면을 목격했다. "한 여자가 필사적으로 저항했고, 일본군들이 그녀의 다리와 팔, 목을 다섯 마리의 말에 묶고는 그녀의 몸을 갈기갈기 찢어 버렸어요. 그리고 다른 여자들에게 말했어요. '너희들이 일본 제국의 군대에 순종하지 않으면 이렇게 죽을 것이다'라고요."

일본 군인들은 성욕을 채우는 데 극도로 과격했다. "시키는 대로 하지 않았다는 이유로 자주 폭행을 당했어요." 일본에서 성 노예로 일한 최명순 할머니가 말했다. "저는 자주 기절을 했어요. 그리고 기절해 있으면 일어나라고 물을 뿌렸어요. 움직이지 못하고 누워 있어도, 제가 소변을 참지 못하고 누어도, 자궁에서 흘러나오는 피가 바닥에 흘러내려도 어떤 병사들은 나를 발로 차고 그냥 가버렸어요. 저는 엄청 맞았어요. 제가 그들에게 구강성교를 못하게 치마로 얼굴을 가렸다는 이유로, 또 일본말을 하지 않고 한국말을 했다는 이유 등으로 구타를 당했죠. 저는 너무 자주 맞아서 기력을 잃기 시작했어요. 시체처럼 누워서 멍하니 눈만 뜨고 있었어요. 공습을 알리는 사이렌이 울리면 군인들은 제 방문을 밖에서 잠그고 달아났어요. 처음에는 무서워서 문을 열어달라고 두드렸지요. 그러나 곧 천정을 바라보며 누워있기만 했습니다." 그녀는 입을 속옷도 없었고, 밖으로 나갈 수도 없었다. "제가 살아남을 거라고는 생각도 못했어요."

"저의 찢어진 원피스는 말라빠진 군인들의 정액으로 뻣뻣해졌어요." 자신의 어머니를 강간한 지주의 딸이기도 했던 필리핀의 마리아 로사 헨슨이 이야기했다. 그녀는 자기의 이야기를 최초로 공개한 필리핀 여성이며 그사이 세상을 떠났다. "군인들이 저를 강간할 때면 제가 돼지처럼 느껴졌어요. 그들이 저의 오른발을 높이 들어 허리띠로 묶고 벽에 박힌 못에 고정한 후 저를 욕보였어요. 저는 계속 분노가 치밀어 미칠 것 같았지만, 제가 할 수 있는 건 아무것도 없었습니다."

몽고 출신 완 아이화도 그녀가 어떻게 일본 군인의 성 노리개가 되었는지 설명했다. 가난한 가정에서 태어난 13살 소녀였던 그녀는 마을을 침략한 일본군에게 세 번이나 성 노예로 붙잡혀 갔다. 그녀가 가까스로 두 번의 탈출에 성공한 후 세 번째로 일본군이 마을을 습격했다. 일본군은 그녀를 당나귀 뒤에 묶어 남자들에게 데려갔다. 그 뒤로 그녀는 끊임없는 강간과 고문을 당해야 했다. "어느 날 군인 한 명이 저를 강간했을 때 다른 군인이 저의 팔을 위로 잡아당겼고, 세 번째 군인은 겨드랑이털과 음모를 뽑기 시작했어요. 저는 계속 의식을 잃을 정도로 너무나 고통스러웠어요. 그들은 털을 거의 다 뽑더니 저를 때리고 발로 차면서 소리를 지르기 시작했어요. 갈비뼈와 골반이 부러질 때까지 그들의 고문은 계속되었고, 저는 거의 의식을 잃은 채 움직이지 못하고 누워 있었어요. 그 악마들은 내가 여전히 고통에 반응하는지 보려고 털을 더 뽑았지요. 내가 살아있는 반응이 없고, 더 이상 살 기운이 없다고 판단했을 때, 저의 알몸을 끌고 가서 근처 강에

다 내다 버렸어요." 한 노인이 그녀를 발견하고 목숨을 구해주었다. 완은 거의 움직일 수가 없어서 3년간 침대에 누워있어야 했다.

여성들은 일본 남성들의 포르노적인 호기심을 지독하게 증오했다. 많은 여성이 온갖 변태적인 행위를 하도록 강요받았다. "많은 일본 군인이 야만적이었어요." 윤두리 할머니는 회상했다. 그녀는 중간에 시간을 끌기 위해 몸을 꼼꼼하게 씻었다고 한다. "많은 군인이 제가 입으로 해주길 원했어요. 어떤 군인들은 서 있는 자세로 섹스를 원했어요. 온갖 종류의 남자들이 다 있었고, 그들이 한 행동은 말로는 다 설명할 수가 없습니다. 어떤 군인들은 일본판 에로 서적인 『48가지 규칙』이라는 책을 가져왔어요. 그리고 제가 그 규칙에 따라 자세를 취하길 바랐어요. 그럴 때면 저는 한국어로 욕을 퍼부었습니다. 저는 지금도 우유를 마시지 않아요. 우유를 보면 정액이 생각나기 때문이에요."

이것은 '위안부' 여성들을 온갖 끔찍한 방법으로 고문했던 군인들의 잔인함에 대해 알려진 수많은 이야기 중 일부에 불과하다. 수만 혹은 수십만 명의 여성은 자신이 겪은 끔찍한 이야기를 말하지 않았을 것이다. 커다란 고통이 만연해 있었을 것이라는 데는 의심의 여지가 없다. 수년이 지난 후 퇴역 육군 장교 스즈키 요시오는 여성들을 매우 잔인한 방법으로 대했다는 것을 인정했다. 그는 일본 군인들의 의식이 완전히 무감각하게 '마비'되어 어떠한 감정도 느끼지 못한 채 잔인한 행동을 저질렀다고 설명했다.

사무라이 정신

제2차 세계 대전 중 일본 군인들은 국제 인권에 대하여 거의 알지 못했다. 일본에는 근대 헌법이 있었지만, 국민 대부분은 자신의 의무만 알고 있었을 뿐 권리는 알지 못했다. 일본은 수 세기 동안 전쟁 중에 기본적인 인권이 침해받지 않도록 보장하는 고유의 제도를 가지고 있었는데, 그것은 무사도(武士道)라는 사무라이 무사에게 적용된 오랜 행동 지침이었다. 무사도는 정의, 인간성 그리고 정직을 미덕으로 삼았다. 세기가 교체된 후 무사도 원칙은 점점 잊혀 갔다. 그 이유 중 하나는 과거 사무라이 지도자들이 1905년 러일 전쟁 후에 은퇴하였지만 새로운 인물들이 빈자리를 채우지 않았기 때문이다. 그들은 서구 식민주의의 위협 속에서 타협의 가치를 이해한 사람들이었다. 그들의 지혜는 그들의 퇴장과 함께 사라졌고 순수한 무사도의 전통과 정신도 함께 사라졌다.

프랑스와 독일 모델을 기반으로 한 징병제와 훈련 교감과 함께 현대적인 군사 시스템이 도입되었다. '호전성' 그리고 어떤 대가를 치르더라도 '승리'하는 정신이 새로운 가치로 자리 잡았고, 타인에 대한 존중은 사라졌다. 현대적인 군사 학교를 막 졸업한 새로운 군사 계급의 군인들은 무사도의 실제 내용에 대해 아는 바가 거의 없었다. '상급자에 대한 충성'이라는 무사도의 원칙은 의미가 바뀌었다. 과거 무사도에서는 충성이 존중과 협력을 의미했지만, 이제는 특히 천황과 장교에 대한 맹목적인 순종이 규범이 되었다. "명령은 천황의 말씀처럼 순종하라"는 구호는 장교들이 전쟁 중에 계속 반복해서 외쳤던 구호였다. 병사들에게서는 국가나 군대에 대한 충성심을 거의 찾아볼 수 없었다. 그들은 1905년 러일 전쟁 후 징집된 신병들이었다. 그들은 대부분 시골 출신의 가난한 소년들이었고, 충성심을 중요하게 생각하던 과거 전쟁 계급과는 아무런 관련이 없었다. 장교들의 말에 따르면 부하의 충성과 훈육은 군홧발로 차고 허리띠로 때릴 때 생기는 것이었다. 그들은 부하가 작은 잘못을 저질러도 엄격하고 굴욕적인 방법으로 처벌했다. 병사가 올바른 군사 전문 용어를 사용하지 않거나, 학살 원정에서 연약한 마음을 가지거나, 총신이 반질거리게 윤이 나지 않으면 여지없이 처벌이 뒤따랐다. 군대는 다른 민족이나 강제 동원된 '위안부'에 대한 폭력의 온상이었다. 그 과정에서 자신의 삶뿐만 아니라 억압받는 민족 모두에 대한 생명 경시 현상이 생겨났다. 군인들은 비행기나 잠수함으로 자폭 공격을 감행하더라도 그들의 천황을 위해 죽을 때까지 싸워야 했다.

동시에 천황에 대한 강한 숭배는 일본 군인들이 전쟁 중 저지른 잔학 행위에 대해 아무런 책임감을 느끼지 못하게 했으며, 따라서 인권은 쉽게 짓밟힐 수 있었다. 모든 것이 '천황의 이름으로' 이루어졌고, 누구나 무엇이든 원하는 대로 할 수 있었고, 하도록 방관했다. "일본 군인들은 정말로 그러한 잔인한 행동을 몸소 실천한 가해자였다."라고 일본 작가인 유키 다나카는 『숨겨진 공포, 제2차 세계 대전에서 일본의 전쟁 범죄(Hidden Horrors. Japanese War Crimes in World War II)』라는 책에서 결론 내렸다. "심리적 그리고 이데올로기적 측면에서 보면, 그들 또한 황제의 이름으로 그러한 잔학 행위를 정당화한 제도의 희생자였다." 작가에 따르면, 일본 민족을 (자국에서는 친절하고 외국에서는 폭력적인) '조현병 환자'라고 소개한 연합군의 전쟁 선전 문구는 충분한 근거를 지니고 있었다.

전선의 천사들

성 노예 제도와 가학적인 학대 이외에도 일부 여성들은 더 많은 고난을 겪어야 했다. 여성의 삼분의 일 혹은 절반은 최전선으로 보내졌는데, 그곳에는 주변에 시체가 널려 있고 총알이 귀 옆으로 날아다녔다. "매일 총소리를 들었어요." 김덕진(가명) 할머니가 설명했다. "어디든지 죽은 사람이 있었고 개들이 시신을 끌고 다녔어요." 가학적인 구타와 강간만으로 이미 충분하지 않았던가? 최전선에서 일한 여성들은 위안소에서 머무는 것뿐만 아니라 전쟁 자체로 인한 악몽에 시달렸다. 그들은 텐트에서 자거나 밀림이나 산속 그리고 평야에 임시방편으로 마련된 폐허에서 잠을 잤다. 많은 사람이 부상을 입었다.

많은 여성들이 폭격 중에 숨졌고, 배가 침몰하여 목숨을 잃었다. 익명의 대만 여성은 전쟁이 끝날 무렵 열댓 명의 다른 대만 여성과 함께 인도네시아의 티모르로 보내진 사연을 들려주었다. "전쟁 마지막 달에 매일 밤 공습이 있었어요. 여자 세 명이 죽었죠. 우리 목숨은 우리 손에 달려 있는 게 아니었어요. 군인들은 원하기만 하면 언제든지 우리를 죽이고 학대할 수 있었어요. 인간성이라고는 전혀 찾을 수가 없었어요." 심지어 일부 여성은 미군의 총알받이로도 사용되었다. 팔라우 제도와 같은 일부 지역에서는 전쟁이 끝날 때까지 여성들이 전투에 참여해 싸워야 했다.

전선에서의 생활은 또 다른 면에서 '위안부' 여성들에게 더욱 힘든 시간이었다. 전투는 남성들을 성적 동물로 만들었다. 피와 상처로 가득한 전쟁터에서 막 돌아온 남자들은 저주의 눈빛으로 살아 있는 모든 것에 대해 과격하고 공격적인 태도를 가졌다. 그들은 허리에 총과 단검을 허리에 차고, 그들의 긴장감을 여인들에게 분풀이하듯 해소했다. 게다가 전선에 있던 여성들은 훨씬 더 많은 남자들을 상대해야 했다. 받아야 했던 군인의 수는 그 장소에 마련된 여성의 수에 따라 달라졌지만, 또한 전투의 강도와도 상관이 있었다. 전쟁이 막바지에 이르러 전투가 치열해졌을 때, 일부 여성들은 하루에 60명의 군인을 받았다. 미군 공습 당시 태평양의 팔라우 제도에 있었던 강순애 할머니가 설명했다. "대피소 밖에는 위안소로 쓰이는 텐트 20개가 마련되었어요. 우리는 그 시기에 매일 20-30명의 군인을 받아야 했어요. 말을 듣지 않으면 긴 칼로 내 오른쪽 눈과 이마, 목덜미 그리고 머리를 때리곤 했어요. 지금도 상처 자국이 남아 있습니다. 전쟁이 격렬해졌을 때 그들은 산에도 천막을 쳤어요. 그곳에서 우리는 매일 50-60명의 군인을 받아야 했습니다. 저녁 즈음에는 정신을 잃었어요. 오무라 중위가 우리가 다시 정신을 차리도록 도와주었는데 그때 우리는 그의 행동을 매우 고맙게 생각했어요."

이용수 할머니는 대만에서 공습이 있을 때마다 대피소에 숨어 있다가 바로 다시 일을 시작해야 했던 기억을 떠올린다. "폭격이 멈추면 군인들은 논과 밭두렁을 가리지 않고 천막을 쳤고, 우리는 그 안에서 섹스를 해야 했어요. 천막이 바람에 날아가 버려도 아무 일 없다는 듯이 계속했어요. 그 남자들은 개나 돼지보다도 못했어요."

여성들은 특히 진격 중인 부대를 증오했다. 그들은 오랫동안 여성의 몸을 보지 못했고, '위안부'와의 섹스가 마치 마지막 기회인 것처럼 행동했다. 또한, 상대할 남성의 수도 많았다. 여성들은 기계적이 되었고, 남성들은 폭력적이 되었다. 많은 여성이 기절하기 일쑤였다.

일본 군인들의 미신이 도를 넘기도 했다. 전투 전에 섹스를 하면 부상을 방지할 수 있다고 믿었다. 그들은 '위안부' 여성의 음모나 여성에게 속하는 다른 무엇인가를 행운의 부적으로 삼았다. 그러한 미신 때문에 여성들은 종종 옷이나 신발을 빼앗겼다. 외진 곳의 여성들은 새로운 물건을 구할 수 없었다. 결국, 포주에게 의존할 수밖에 없었고, 포주는 여성들로부터 더 많은 돈을 벌어들였다.[20]

일본 군인들은 금욕이 불행을 가져다준다고 생각했다. 일본 공군은 전투기 조종사가 성욕을 참으면 추락할 가능성이 더 크다고 믿었다. 그래서 일본 군인 중 성 경험이 없는 남자는 죽기 전에 최소한 한

번은 성 경험을 해야 한다고 생각했다. 가미카제 군단은 죽기 전 마지막 주에 무료로 섹스를 했다고 전해진다. 군인들은 종종 다른 동료에 의해 강제로 위안소에 이끌려 가거나 여성을 강간하도록 독려받았다. 재일동포 작가 김일면은 매일 저녁 위안소 방문에 집착했던 한 젊은 장교에 대하여 기술했다. 매일 하루하루가 그의 마지막 날일 수도 있는 상황에서, 그는 죽음 앞에 주어진 기회를 놓치고 싶지 않았다. 위안소를 방문하는 그의 집착은 얼굴이 죽은 사람처럼 창백해지고 발기부전이 될 때까지 계속되었다. 그러면서 자신의 '작은 녀석(성기)'이 말을 듣지 않는다고 불평했다.

패배와 죽음은 군인들을 성적으로 난잡하게 만들었다. 모든 생명체는 대량 살상되거나 멸종될 위협을 받으면, 자손을 번식하려는 강한 욕망을 가진다는 이론이 존재한다. 이러한 본능이 마지막으로 위안을 얻고자 하는 의식적인 욕구와 결합된다고 김일면은 말한다. "그러한 이유로 위험한 남부 전선과 같은 지역에서 이상한 일들이 일어났다. 남자들은 폭격으로 벌집처럼 구멍 난 지붕을 통해 별이 보이는 위안소에서 이 세상의 마지막 쾌락을 찾았다. 죽을 운명이 정해진 남자들의 집착은 대단했다. 심지어 열대성 폭우가 그들의 등을 적셔도 소용없었다."[21] 여성들도 위험한 작전에 동참했다. 여성들은 '대일본 여자 근로 정신대'라고 적힌 완장을 차거나 머리띠를 두르고 군인들을 뒤따랐다. 김일면은 목격자들의 증언을 바탕으로 군인의 시각에서 다음과 같이 여성들의 작전 참여를 재구성하였다.

"군용 트럭이 중국 북부 평야의 노란 먼지를 일으키며 우리 쪽으로 달려왔다. 우리는 빨간색, 노란색, 파란색과 같이 알록달록한 색깔의 수건을 두른 여자들이 트럭에 타고 있는 것을 보았다. 그들이 지뢰밭에 조심스럽게 다가올 때 한 여자가 팔에 총상을 입은 것을 목격했다. 그들은 하늘에서 내려온 천사처럼 보였다. 여성의 수는 열 명이 넘었고 대부분은 한국 여자였다. 일본에서 온 여자들은 규슈 출신이었다. 군인들은 몇 달 동안 여자들을 보지 못했기 때문에 매우 흥분하였다.

섹스는 우울했다. 막사 같은 건물들이 늘어서 있었고 들어가면 매트리스만 덜렁 놓여 있었다. 그것은 남자 수천 명의 땀과 기름이 스며들어 지저분했다. 여자가 그 위에 티셔츠만 입고 누워 있었다. 일본, 한국, 중국 여자들이 모두 똑같이 열악한 상황에 처해 있었다.

어느 날 밤 시간을 내어 위안소를 찾아갔다. 주인과 잠시 이야기를 나눈 후 돈을 지불하고 여자가 있는 방으로 들어갔다. 그녀는 작고 우울해 보였으며, 모든 것이 성가신 듯 기계적으로 행동했다. 신음은 없었다. 소리가 들린다고 해도 화장실에서 배변 보는 소리와 다르지 않았다. 그녀의 나이는 18살 혹은 19살로 보였다. 그리고 그녀의 부서질 것 같은 신체는 전혀 육감적이지 않았다. 몸은 아직 덜 발달한 것처럼 보였으며 가련한 느낌이 들었다. 행위를 하는 동안 그녀는 손으로 자신의 뺨을 조금 문질렀을 뿐이며, 어떤 소리도 흥분하는 표정도 없었다. 숨조차 빨리 쉬지 않았다.

그녀는 어떻게 행동해야 하는지 모르는 것 같았다. 만족스럽지 못했고 비참했다. 그녀 몸의 그 부분은 아직 익지 않은 과일처럼 단단했다. 마치 내가 어린아이를 강간하고 있는 듯했다. 나는 쾌감 없이 빨리 끝났다."[22]

여성들은 가끔 게릴라 활동을 추적하거나 진압하기 위한 특별 원정에 동행해야 했다. 목숨을 위협하는 특별 원정에서는 보급품 호송대와 함께 최전방에 있는 필박스라고 불린 작은 벙커까지 함께 갔다. 그곳에는 체포한 게릴라 대원을 가두는 감방이 있었는데, 그곳이 개조되어 위안소 방으로 사용되었다. 여성들이 보급품 호송대와 함께 다시 위안소로 보내지기 전 군인들은 모두 각자의 차례를 가졌다. 그리고 대대 전체가 이동하는 작전에도 여성들은 동행해야 했다. 중국에서 게릴라 활동 추적과 진압이 목적이었던 후난 작전에서는 '여자 근로 정신대'라고 적힌 완장을 팔에 두르고 열흘간 보급 열차 뒤를 따라갔다.[23] 도착했을 때 그들은 누런 먼지를 뒤집어쓰고 있었고, 긴 행군 끝에 발에서는 피가 났다. 그들은 즉시 일을 시작해야 했다. 그들 중 가장 예쁜 여성은 장교들을 위해 예약되었다. 포주 역할을 한 병장은 여성들에게 장교와 섹스를 하기 전에 절을 해야 한다고 명령했다. 장교가 여성과 섹스를 마치면, 여성은 장교에게 감사 인사를 해야 했다. 여정에 지친 내색을 보이면 안 됐다. 다음 장교를 받을 준비를 하는데 여성들에게 주어진 시간은 10분이었다.

몇몇 육군 지휘관들은 '위안부' 제도에 대해 다른 생각을 하고 있었다. "우리에게 여자 대신 배와 병력을 보내라." 마샬 섬 전선의 한 사령관은 짜증을 내며 말했다. 그리고는 자기에게 배당된 여성들을 캐롤라인 제도의 축섬으로 보냈다. 그렇지만 감히 그런 발언을 하는 장교는 많지 않았다. 그것은 황제에 대한 간접적인 비판으로 간주되었기 때문이다.

우정

군인과 강제 동원 '위안부' 사이에 우정, 애정, 사랑은 이해할 수 없는 것처럼 보이지만, 그런 일이 일어나기도 했다. 공식 규정에 의하면 군인들 사이에 질투와 분열을 막기 위해 연애는 금지되었다. 여성들은 공동 소유물이라는 말을 군인들은 종종 들었다. 그러나 모두가 그렇게 생각하진 않았다. 많은 군인이 위안소에서 첫 성관계를 가졌다. 때때로 그들은 '위안부' 여성을 인간적인 만남과 인간적인 감정을 나눌 수 있는 첫사랑으로 생각하기도 했다. 이러한 감정은 군인들이 서서히 잃어가고 있던 감정이었다. 여성들은 가끔 팁과 선물을 받았다. 그것은 대부분 훔쳐 오거나 약탈한 물건이었다. 그런 식으로 '위안부' 여성과 군인의 관계는 때로 기능적이고 상업적인 것이 아닌 개인적인 감정이 개입되기도 했다. 많은 군인들이 '위안부'에게 청혼을 했다.

가끔 여성들은 좋아하는 군인과 가까운 관계를 유지했다. 여성들은 자기를 강간하는 남자들을 증오했지만, 또 한편에선 마침내 그들을 인간으로 대하는 사람들을 만난 것이었다. 그들은 군인과의 짧은 로맨스에서 감정의 피난처를 찾을 수 있었다. 이렇게 여성들에게 우정의 감정이 생겨났다. 말레이시아의 강제 동원 '위안부' 마담 X[24]는 몇 명의 군인들과 친구가 되었다. "하마베는 저를 많이 좋아한 단골손님이었어요. 그는 저에게 닭고기와 다른 좋은 음식을 가져다주었어요. 그가 전직되어 떠날 때 그는 눈물을 흘렸습니다. 저에게 슬픈 작별 인사를 했던 몇 명 군인들은 가미카제 임무를 맡고 떠났어요." 어떤 여성들은 음식을 얻을 수 있었기 때문에 종종 그런 우정을 실용적인 측면에서 유지하기도 했다. 또한, 여성들은 탈출구를 찾기 위해 장교와 관계를 맺기도 하였다.

많은 여성이 장교의 첩이 되었다. 그들은 공식적으로 '위안부' 제도에 포함되지 않았지만, 명백한 성 노예였다. 예를 들어, 필리핀 여성 토마사 살리노그는 위안소에서 도망쳤지만, 한 장교에게 붙잡혔고 그는 그녀를 전쟁 내내 자신의 정부 겸 하녀로 삼았다. 그는 다른 남자들과 그녀를 공유하기도 했다. 가정부, 바텐더, 식당 종업원도 일본 남성 한 사람의 성 노예가 되는 일이 종종 있었다.

'강제 동원 '위안부'' 제도와 '강요된 첩' 제도 이외에도 중국에서는 1941년부터 1945년 사이에 그전에는 거의 존재하지 않던 성 노예 관행이 실행되었다. 일본 군인들은 한 마을을 공격하면서 여러 명의 소녀를 인질로 잡았다. 군인들은 그들을 일본군의 건물이나 동굴로 데려갔다. 일본 군인들은 그곳에서 매일 소녀들을 차례로 강간했다.

3-4주 후 소녀들은 풀려났지만, 몸 상태가 너무나 심각해서 더 이상 성관계를 가질 수 없게 되었다. 가족들은 피해자들을 풀려나게 하기 위해 재산 대부분을 군인들에게 줘야 했으며, 중국인 친일 협력자들을 통해 일본군에게 거액의 돈을 지불하는 경우도 빈번했다.[25]

일본군 '위안부' 제도와 마찬가지로 이러한 학대도 재판을 받았다. 피해자 열 명이 1992년 일본 검사단 5명의 도움을 받아 일본 정부를 고소했다. 이 소송에서 피해자들은 역사적 사실을 인정할 것과 공식적인 사과와 배상을 요구했다. 여기에서 군인 개인이 아닌 정부에 책임을 물어야 하는지에 대한 의문이 제기된다. 정부와의 직접적인 연관성은 아직 제시되지 않고 있다. 그러나 중국 산시성의 위현에서 조사를 마친 소송 검사 중 한 명인 가와구치 가즈코는 다음과 같이 설명했다: "산시성에 있는 위현은 1940년에서 1942년 사이 일본군과 공산군 등이 치열한 전투를 벌였던 지역이었다. 대량 학살은 의심의 여지없이 전쟁의 전략적인 것이었다. 이러한 유혈 참사는 일본군에 의해 시작되었으므로 사실상 일본 정부에 의해 시작된 것이었다. 성폭력은 성욕을 해소하려는 군인 개개인의 행동으로 치부될 수 없다. 이러한 범죄에는 저항하는 마을을 치욕스럽게 하고, 마을 주민으로부터 식량과 공산군의 작전에 대한 정보를 내놓게 하려는, 분명한 전략적 의도가 숨어 있었다는 것을 의심할 여지가 없다." 가와구치 가즈코는 '중국 전체에 그리고 아시아 전역에 걸쳐 이와 같은 범죄를 당한 여성 피해자 수가 엄청나게 많을 것'이라고 생각한다.

제4장 네덜란드령 동인도에서 일본의 강제 동원

오늘은 끔찍한 일이 일어났다. 그들이 소녀 8명을 데려갔다. 어디로 가는지, 무엇 때문인지 말하지 않았다. 하지만 술집이나 그런 종류의 장소에 보내질 것이라고 사람들이 말한다. 며칠 전이였다. 소녀들과 아이가 없는 여자들(16세부터 28세까지)은 모두 경비 사무실로 집합해야 했다. 그곳에는 하나같이 역겹고 음흉하게 생긴 일본인 다섯 명이 앉아 있었다. 여자들은 모두 한 명씩 그들 앞에서 행진을 해야 했고, 가축처럼 머리끝에서 발끝까지 검사를 받았다. 먼저 우리의 이름과 나이를 적은 후에 행진을 시작했다. 다음 날 다시 와야 할 여성의 이름이 호명되었다. 그 수는 상당히 줄어들었다. 같은 과정이 반복되었다. 그리고 오늘 선발된 8명에게 떠날 준비를 하라는 명령이 내려졌다. 가족들은 남아 있어야 했다. 엄마들은 모두 어쩔 줄 몰라 했지만, 수용소 운영진이 아무런 조처를 할 수 없었기 때문에 그들도 결국 포기해야 했다. 여성들은 방금 트럭에 실려 떠났다. 어디로 간 것일까? 아무도 알 수 없다. 그들은 소녀 7명과 아이가 없는 미혼 여성 한 명이었다. (1944년 2월 26일, 토요일, 자바섬 스마랑 암바라와 네덜란드 여성 수용소)[1]

인도네시아의 여성 수용소에 억류되었던 네덜란드 여성의 이 일기장 내용은, 추측은 했지만 말할 엄두조차 내지 못한 사건이 갑자기 일어났을 때 수용소의 여성들이 얼마나 당황했는지 잘 보여주고 있다. 그때까지 네덜란드 여성은 강간을 당하지 않았고, 비교적 안전하게 지내고 있었다.

점령 초기 거짓과 기만에 속아서 사설 매춘업소에 오게 된 유럽 여성들이 분명히 있었을 것이다. 하지만 알려진 바에 따르면 그들은 무력에 의해 강제로 끌려오지는 않았다. 1942년 일본군이 점령한 후 2년이 지나자 상황은 바뀌었다. 네덜란드와 인도네시아계 (인도유럽인) 여성들이 위안소로 강제 동원되는 강제 매춘이 등장하였다.

네덜란드령 동인도는 대규모의 서양 여성들이 강제 동원되어 '위안부'로 투입된 유일한 나라였다. 네덜란드 여성 약 400명이 일본 제국의 군 위안소에 성 노예로 갇혀 지낸 것으로 추정된다.[2] 이에 대한 정확한 숫자는 알 수 없다. 많은 증거물이 폐기되었고, 또 어떤 사건은 문서로 기록되지 않았다. 기록으로 남아 있던 문서는 파기되었다. 더욱이 강제 동원 일본군 '위안부' 제도의 네덜란드 피해자들은 거의 다 자신의 이야기를 혼자 간직하고 있었다. 그동안 많은 세월이 흘렀기에 이미 많은 여성이 자신의 이야기를 무덤 속으로 가져갔을 것이다.

황인종 남자를 위한 백인 성 노예

네덜란드령 동인도에서 벌어진 강제 동원 일본군 '위안부' 제도의 역사는 대부분 자바섬에 있는 도시 스마랑에서 시작되었다. 그곳의 위안소 4곳에 여성 35명이 갇혀 있었다. 자바섬뿐만 아니라 다른 지역에도 위안소가 존재했다. 따라서 여성들이 자바섬에서 플로레스와 티모르 같은 다른 지역으로 이송되었다.

일본군 지휘부는 원래 네덜란드와 다른 유럽 여성에게 매춘을 강요할 의도가 없었다. 백인 성 노예가 배치되었던 스마랑의 4개 위안소와 관련이 있었던 자바섬 주둔 제16군에 소속되었던 한 장교는 전쟁이 끝난 후 일어나지 말아야 할 일이 일어났었다고 말했다. "유럽인은 그 당시 세계적인 위상으로 볼 때 우리보다 높은 위치에 있었습니다. 따라서 유럽 여성을 '위안부'로 투입하는 것은 잘못이었습니다."[3]

일본군 지휘관들은 새로운 점령자로서 그들이 서양과 새로운 점령지 인도네시아에서 나쁜 명성을 얻게 될까 봐 두려워했다. 일본은 서양의 의견에 항상 민감했다. 일본인은 한편으로 서양을 경외하면서도 다른 한편으로는 그들에 대한 거부감이 있었다. 백인 인종을 존중하는 것은 분명했지만, 백인들은 그들 세계에만 머물러 있어야 한다고 생각하였다.

네덜란드령 동인도에 설치된 위안소의 최종 책임자가 누구인지를 밝히는 것은 여전히 어려운 문제로 남아 있다. 특히 백인 여성 성 노예에 관한 한 분명히 그러하다. 많은 경우 일본군 부대가 현지에서 주도하였지만 모든 것은 '천황의 이름'으로 이루어졌다. 바타비아와 도쿄에 근무하던 고위 장교들은 서양 여성의 매춘을 승인하지 않았지만, 항상 반대했던 것도 아니었다. 그래서 군부 지도층에서 이 제도를 관용적으로 용인했는지의 여부는 확실하지 않다.

그렇다면 왜 백인 여성을 이용했을까? 실용적인 면에서 네덜란드 성 노예를 투입하는 것은 신의 한 수였다. 1943년경 현지인 및 네덜란드인 '위안부' 자원자를 모집하는 것이 점점 어려워졌다. 그 당시 수용소에는 젊고 아름다운 네덜란드 소녀가 많았다. 강제로든 아니든 이 '전리품'을 일본인을 위해 이용한다는 것은 유혹적인 발상이었다. 네덜란드 여성들은 어디에도 갈 수 없는 처지였기 때문에 손쉬운 먹잇감이 되었다. 그렇지만 다른 동기도 있었다. 그것은 네덜란드인과 백인에 대한 복수였다. 전쟁 후 한 피의자가 말했다. "황인종이 백인에게 복수한 것입니다." 네덜란드령 동인도에 살던 일본인들은 네덜란드가 항복하기 전 3개월간 좋지 않은 대우를 받았기 때문에, 네덜란드를 향한 복수의 유혹은 매우 컸다. 네덜란드인 의사 지컬 씨와 함께 스마랑의 위안소에서 네덜란드 여성들을 도운 한 일본인은 다른 세 번째 이유를 언급했다. 그는 의사 지컬에게서 들은 소문을 얘기해

주었다. 그 소문에 의하면 일본이 미군 잠수함을 나포했을 때 그 안에 강제로 끌려온 일본인 여성들이 발견되었고, 그래서 이에 대한 보복으로 스마랑에서 네덜란드 여성들에게 '위안부' 일을 강요했다고 했다.

따라서 인종 문제는 '위안부'와 관련해서도 중요한 역할을 하였다. 일본 장교들은 가능한 한 일본인을 닮은 여성을 선호했지만, 일부 일본 군인들은 서양 여성이 이국적이고 관능적이라고 여겼다. 엘런 판 데어 플룩은 금발의 '위안부'가 매우 인기 있었다고 말한다. 그녀는 금발이 아니었고 인도네시아인의 외모를 가지고 있었다. "위안소 안에서 앞쪽에 있던 어린 소녀들이 아주 힘들었어요. 그들은 손님을 더 많이 받았어요. 아름다운 금발과 파란 눈을 가진 예쁜 소녀들이었죠. 그들은 하룻밤에 6명씩 가장 많은 손님을 받았어요. 손님이 많을 때만 남자들은 뒤쪽에 있는 여자들에게로 갔어요."[4] 낯선 것은 동시에 매력적이기도 했다. 서양 여성은 대부분 고위 장교들이 예약했다. 오늘날에도 여전히 일본에서는 서양 여성, 특히 금발의 매춘부와 호스티스는 매우 매력적인 여자로 여겨진다. 클럽 입구에 그들은 마치 '이국적인 과일'처럼 진열되곤 한다.

네덜란드 여성에 대해서는 상반된 두 가지 태도가 존재했다. 그것은 황인종 군인과 백인 여성과의 관계를 복잡하게 만들었다. 일본 군인들은 한편으로는 네덜란드 여성이 더 좋고, 더 고급스럽고 관능적이라고 여겼다. 그 여성은 식민주의자이고 인도네시아인의 주인이며 서양 문명을 가진 백인의 딸이었다. 다른 한편으로 일본군은 바로 그 이유로 네덜란드 여성을 증오했다. 그들은 이방인, 여자, 적이었다. "일본인은 네덜란드인에 대하여 열등감이 있었습니다."라고 일본군 '위안부'에 관하여 여러 권의 책을 낸 일본인 저널리스트 가와다 후미코가 말했다. "그들은 어린 소녀를 강간함으로써 백인 여성에 대한 열등감을 극복할 수 있었어요. 백인 여성은 일본군 장교를 위한 특별한 선물로 제공되었습니다. 그러나 그들은 적의 여자였기 때문에 일본군 장교들은 동시에 갈등에 빠졌어요. 결론적으로 그들에게 백인 여성은 아시아 여성보다 더 좋지도 나쁘지도 않았죠. 무엇보다 그 방법과 횟수에 상관없이 그들이 저지른 것은 강간이었습니다."

그래도 많은 서양 여성은 아시아 여성보다 '운'이 더 좋았다고 할 수 있다. 그들 중 다수는 '위안부'로 동원되지는 않았다. 그들은 서류에 자발적인 참여를 명확히 표시해야 했다. 많은 여성들이 억류된 상태로 서명을 강요받았다. 반면 호주 간호사들은 '위안부'로 일하라는 일본 장교의 압력을 거부할 수 있었다. 아시아 여성에게는 허락조차 구하지 않았다. 또 다른 차이는 네덜란드 여성이 있던 위안소에 대한 정보가 도쿄에 알려지자 이 위안소는 즉시 문을 닫아야 했다는 것이다. 아시아 여성이 일하는 곳이 영업 정지를 받은 사례는 한 번도 없었다. 아시아 여성은 분명히 차별을 받았다.

문화적 측면에서 일본 남성과 네덜란드 여성 사이에는 커다란 차이가 있었다. 서양 여성에게 일본 남자는 신경질적인 목소리를 가진 매력 없고 작은 남자였다. 서양 여성들은 그 목소리를 혐오했다.[5] 일본 남성은 자기주장이 강한 서양 여성을 힘들어했다. 그들의 눈에 서양 여성은 까칠하고 반항적으로 행동하였다. 서양 여성은 불평하지 않고 순종하는 일본 여성과는 완전히 달랐다. 일본 장교들은 서양 여성들의 행동을 거만하고 불쾌하게 여겼다. 그러한 태도는 일본군에 대한 모욕이자 도발이기에 무자비하고 폭력적으로 대응해야 한다고 생각하였다.[6]

'소년 '위안부''

수용소에 있던 어리고 잘생긴 소년들도 성적으로 학대를 받았다. 이들 대부분은 이 사실을 공개할 엄두를 내지 못한다. 그동안 네덜란드 남성 두 명이 다수의 일본 군인에게 성적 학대를 당했다고 익명으로 폭로하였다. 두 소년은 금발이었기 때문에 일본군 동성애자와 소아성애자 남성에게 매우 매력적이었다. 두 소년 중 한 명은 12살이었고 청년 수용소에서 지내고 있었다. 다른 소년은 8살이었고 어머니와 함께 수용소에 있었다. 일본인들은 두 소년에게 협조하지 않으면 가족 전체를 몰살시키겠다고 위협하였다. 두 네덜란드인 '소년 '위안부''는 현재 네덜란드에 설립된 과거 강제 동원 일본군 '위안부'를 후원하는 일본의 민간 재단으로부터 지원을 받고 있다.

일본의 점령

네덜란드 여성이 강제 동원 '위안부' 제도의 피해자가 된 원인은 부분적으로 그들이 아시아 식민지에 거주하고 있었기 때문이다. 네덜란드령 동인도의 네덜란드인 36만 명이 대부분 자바섬에 살고 있었다. 이로써 아시아의 다른 어느 식민지보다 네덜란드령 동인도에 훨씬 많은 유럽인이 거주하고 있었으며, 서양 여성들의 수도 많았다. 1942년 3월 8일 네덜란드가 항복하고 일본의 점령이 시작되었다. 네덜란드 군인들은 투옥되었지만, 점령 초기 네덜란드 민간인들은 안정과 질서 유지를 위해 일을 계속할 수 있었다. 하지만 머지않아 일본군은 많은 수의 네덜란드인들이 오히려 안정과 질서를 위협할까봐 두려워졌다. 그래서 일본군은 식민주의자들의 집과 차량을 압류하고 재산을 강탈하였다. 그리고 네덜란드인이 더 이상 경제 활동을 하지 못하도록 했으며, 이후 거의 모든 네덜란드인을 해고하였다. 일본군은 대부분의 네덜란드인과 유럽인을 집단 수용소에 억류시켰다. 처음에는 남자들이 수용되었고, 1942년 후반 여성과 어린아이들도 철조망과 대나무 담장으로 둘러싸인 별도의 수용소 구역으로 이송되었다. 일본군은 독일 여성을 동맹국 국민으로 간주했으므로 그들은 건들지 않았다. 동맹국이라는 특별한 지위는 나중에 강제 매춘으로부터 그들을 보호해 주기도 하였다.

일본군은 마치 토네이도처럼 아시아 전역을 휩쓸며 집을 불태우고,

강탈과 약탈을 일삼았으며 강간을 저질렀다. 난징 강간 사건과 같이 심각한 사건들과 비교해 볼 때, 분명히 서양 여성들은 어느 정도 성폭력에서 안전했다. 도쿄의 일본 당국은 이를 위해 엄격한 명령을 내렸다. 그들은 그렇게 인도네시아에서 권위를 세우길 희망했다. 나중에 네덜란드 여성들이 수용소로 이송되었을 때도 그곳에 근무하는 직원을 제외하고는 일본 군인들이 여성 수용소에 출입하는 것이 금지되었다. 여성을 겁탈하는 자는 처벌을 받았다.

도쿄에서 내려온 강력한 명령에도 불구하고 점령 초기에 여러 강간 사건이 일어났다. 예를 들어, 자바섬의 블로라라는 마을에서는 두 의사의 집이 극적인 사건의 무대가 되었다. 네덜란드가 항복한 직후 약 20~30명의 유럽 여성들이 이곳에 감금되었다. 이들 중 미성년자 딸을 둔 엄마를 포함해 최소 15명의 여성은 지나가는 일본 군인들에게 3주간 매일같이 지속해서 강간을 당했다. 이들 중 한 명은 13살이었다. 여성들이 해당 부대 지휘관들에게 항의했으나 소용이 없었다. 일본군 고위 장교가 이 사실을 알게 된 후에야 강간은 멈추었다. 이러한 사건은 예외적일 수 있으나 아직 수용소에 수용되지 않은 네덜란드 여성들은 두려움과 불신에 휩싸였다. 네덜란드 여성들이 집에 홀로 머물고 그들의 남편들은 수용소에 갇혀 있는 동안, 새로운 정복자들의 몸은 성욕으로 타올랐다. 그것은 바타비아에 살았던 한 네덜란드 남성의 일기장에 분명히 나타나 있다.[7] '술에 만취한 일본군이 실수로 집안에 들어올까 봐 끊임없이 긴장하고 두려움에 떨어야 했다. 그들은 쉽게 몸을 내줄지도 모를 여성과의 쾌락을 찾고 있었다 [...] 그런 술 취한 "신의 아들"에게 집을 잘못 들어왔다고 분명히 말하는 것이 항상 쉬운 것은 아니었다. 그런 일이 있을 때마다 헌병대에 도움을 요청했다. 다행히 이러한 문제에 있어서는 일본 헌병이 반쪽짜리 조처로써 분쟁을 악화시키지 않았고, 피해를 당한 시민을 대부분 보호하고 방어해 주었다. 하지만 그러한 사건들은 혼자 사는 여성들을 무척 불안에 떨게 했다. 시민들은 주로 목요일에 특별히 조심해야 했다. 보초를 서는 일부 병력을 제외하고 모든 일본 군인은 목요일이면 마음껏 놀 수 있었고, 지갑이 허락하는 한 사케와 맥주 또는 도수가 높은 술도 원하는 대로 마실 수 있었다. 그래서 사람들은 목요일을 "바리 마복(술주정꾼의 날)"이라고 불렀다'.

네덜란드령 동인도를 점령한 일본은 블로라에서 발생한 불미스러운 사건을 방지하기 위해서 군인들의 성욕을 최대한 빨리 충족시켜 주려고 하였다. 일본군은 네덜란드가 항복한 직후 여성들을 모집하기 시작했다. 그들은 서양 여성과 현지 여성이 자발적으로 지원하도록 독려했다. 일본군은 술집과 식당에서 일할 소녀들을 구한다는 광고를 냈지만, 그 일은 종종 사설 매춘업소에서 일하는 것으로 탈바꿈했다. 성매매는 번창했다. 일본 군인들은 사설 매춘업소, 식당, 클럽 혹은 호텔에서 여성들을 찾았다. 일본이 점령하기 전 네덜란드령 동인도에서는 네덜란드에서와 마찬가지로 공식적으로 매춘은 허용되지 않았다. 물론 실제로는 매춘이 성행하였다. 여기엔 현지 주민들의 가난이 큰 이유로 작용했다. 그들은 대부분 인도네시아 혹은 중국 출신 여성이었으나, 네덜란드인들도 매춘업소 주인이나 매춘부로 일했다. 네덜란드령 동인도에는 많은 수의 네덜란드인 정착민이 살았기 때문에 백인뿐만 아니라 혼혈인 매춘부도 있었다. 일본군이 처음에 유럽 여성 모집책으로 이용한 것은 바로 이 네덜란드인 매춘부와 사설 매춘업소 운영자였다. 이렇게 그들은 당분간 수용소로 보내지는 것을 피할 수 있었다.

점령 초기에는 군 위안소가 설립되지 않았다. 단지 헌병의 감독 아래 있던 사설 매춘업소인 요시와라만 존재하였다. 현지에서 매춘은 금지되었지만, 지역 주둔 헌병은 이를 용인해 주었다. 유럽인 매춘업소 운영자들은 일본 군부와 좋은 관계를 유지하며 업소를 계속 운영할 수 있기를 바랐다. 그들은 후에 일본군 위안소에 여성을 공급하기도 했다.

군 위안소의 네덜란드인 성 노예

일본군과 그 조력자들의 압력에도 불구하고 네덜란드인과 유라시안 여성들은 매춘부로 일해 달라는 요청에 거의 응하지 않았다. 이들은 일본인의 정부(첩)가 되는 일이 더 흔했는데, 이는 대개 긴급한 경제적 상황에서 비롯된 것이었다. 여성들은 마치 생산 라인 벨트에 놓인 것처럼 성욕에 가득 찬 남자들을 상대하는 것보다 한 남자와 살기를 원했다. 실제로 고위 장교, 기업인, 그리고 공무원은 매춘업소를 방문하는 것보다 정부(첩) 한 명을 두는 것을 선호하였다. 이들의 정부(첩) 선호 현상은 1943년에 매춘부가 상당히 부족하게 된 원인 중 하나였다. 그사이 일본 당국은 사설 매춘업소를 이용하는 것에 대한 회의감을 갖게 되었다. 하급 장교와 사병들 사이에서 성병이 크게 확산하였다. 건강 검진은 거의 시행되지 않았다.

이러한 이유로 일본군은 네덜란드령 동인도에도 위안소를 설립하기로 결정하였다. 이에 관한 일반적인 법령은 존재하지 않았다. 일부 섬에는 자체 규정이 마련되었다. 일본 해군이 통치하던 보르네오섬에서 해병대 헌병은 1943년 9월부터 일본군이 현지 여성과 관계를 맺는 것을 금지했는데, 설립 예정이던 군 위안소의 '위안부'를 방문하는 것은 예외였다. 일본 기업 연합이 위안소를 설립하였고, 그 후 여성의 모집과 관리는 일본군이 통제하였다.

일본군 지휘부는 네덜란드인이 많이 살고 있던 자바섬에 위안소를 설립하려면 허가가 필요하다는 결론을 내렸다. 건강 검진은 정기적으로 실시해야 했고, 여성들은 돈을 받고 자발적으로 일을 해야 했다. 자원 사실은 서명을 한 확인서에서 분명히 나타나야 했다. 일본군은 일본인과 한국인 모집책을 고용해 유럽 여성을 모집하고, 바타비아, 마가랑, 페카롱간, 스마랑, 반둥 그리고 본도보소에 군 위안소를 설립하는 데 협조하도록 했다. 주로 자바섬 출신의 유럽 여성 다수가 그곳으로 보내졌는데, 대부분 일본 점령군의 주둔지였다.

그러나 이렇게 일본군이 설립한 위안소도 머지않아 건강한 여성이 부족한 사태를 겪게 된다. "'위안부'로 일하려는 여성을 수용소 밖에서 구하는 것이 어려웠다."고 퇴역 일본군 장교가 증언하였다. 그는 "수용소 내에 '위안부'로 일할 의사가 있는 여성들이 있다는 소문"이 담긴 보고서를 받았다.

일본의 강제 동원 '위안부'에 관하여 유일하게 철저히 문서화된 사건은 소위 스마랑의 강제 동원 '위안부' 사건이다. 이것은 자바섬 중부에 있는 스마랑에서 일본군이 여성 약 35명을 성 노예로 학대한 사건이다. 사관학교에 근무한 오쿠보 대령은 동료 이케다 대령에게 수용소에 있는 네덜란드 여성들을 위안소로 보내 일을 시키자는 제안을 하였다. 그는 네덜란드 여성을 "처녀 매춘부"라고 불렀다. 오쿠노와 그의 동료는 수용된 네덜란드와 유럽 여성 2만 명 중 자원자가 족히 100명은 될 것으로 판단하였다. 당시 다른 일본 군인들은 그 제안에 대해 의구심을 가졌다.

이 두 대령은 그들의 상관들을 설득하는 데 성공하였다. 또한, 바타비아에 있던 사령부 지휘부도 여성들이 자발적으로 일을 하겠다고 서면으로 서약을 하면, 실행 가능하다고 판단했다. 오카다 소령은 이 계획을 실행하는 책임자가 되었다. 그는 작전을 준비하기 위하여 반둥에 있는 유럽 여성들이 일하는 군 위안소를 방문하였다. 바타비아 사령부에서 허가가 나왔을 때 작전은 바로 추진되었다. 오카다 소령과 참모들은 그 계획을 단지 자원자로 국한하지 않았다. 그들은 자바섬 중부에 있는 스마랑 근처 여성 수용소 7곳에서 여성들을 데려오기로 했다. 다음은 그 상황을 재구성한 것이다.[8]

1944년 2월 23일 암바라와 여성 수용소. 낯선 일본인 일행이 도착했다. 17세부터 28세까지의 모든 여성은 즉시 한 명씩 사무실에서 보고를 해야 했다. 그 일본인들은 여성의 나이와 결혼 여부, 그리고 아이가 있는지를 물었다. 수용소에는 긴장감이 돌았다. 일행은 다시 떠났지만, 분위기는 나아지지 않았다. 무언가 나쁜 일이 일어날 것 같은 예감이 들었다.

며칠이 지나고 그 일행이 다시 수용소를 찾았다. 20명의 젊은 미혼 여성이 줄을 서 대기해야 했다. 그중에는 당시 21살이던 얀 루프 오헤른도 있었다. 네덜란드인 수용소 여성 책임자가 격렬하게 맞섰지만, 일본인들은 그녀를 거칠게 한쪽으로 밀쳐냈다. 얀 루프 오헤른은 가능한 한 밉게 보이려고 자신의 머리를 얼굴 위로 쓸어내렸다. 소녀들은 앞으로 걸어 나왔고, 그들의 어머니들은 걱정하고 초조해하며 딸들 뒤에 가까이 서 있었다. 일본인들은 마치 미인 선발 대회라도 되는 듯 돌아다니며 소녀들의 몸을 위아래로 살피고 평가했고, 음흉한 미소를 지은 채 소녀들을 머리끝부터 발끝까지 눈으로 훑으며 검사했다. 소녀들이 겁에 질린 채 고개를 숙여 땅만 쳐다보고 있는 동안, 일본인들은 웃었고 손가락으로 가리켰으며 소녀들의 몸을 만졌다. 그리고 소녀들에게 고개를 들라고 소리쳤다. 그런 다음 소녀 몇 명을 되돌려 보내고, 다시 몇 명을 보내고, 그리고 또다시 몇 명을 보냈다. 외모가 아름다운 얀과 다른 9명의 소녀가 남았다. 그들은 서로의 손을 잡고 두려움에 몸이 마비된 채 서 있었다. 수용소 여성들은 울면서 비명을 지르고 모든 힘을 다해 저항하였다. 밖에서는 수용소 운영진과 수녀 몇 명이 군인들에게 소녀들을 데려가지 말라고 애원했다. 그들은 무슨 일이 일어날지 예상하고 있었다.

소녀들은 어디로 가는지도 모른 채 짐을 싸야만 했다. 얀은 어머니가 신경 써서 고른 성경책, 십자가, 기도서 그리고 묵주를 떨리는 손으로 가방에 넣었다. 많은 나이로 인해 예외적으로 여성 수용소에 머물 수 있었던 남성 중 한 명인 디더리히 신부님은 얀에게 종교 서적 한 권을 더 건네주었다. 어린 얀은 몇 달 전 그녀가 수녀가 되고 싶다고 신부님께 말했다. 그녀는 평생 순결을 지키겠다고 서약까지 했었다.

일본인들은 소녀들에게 조용하지 않으면 다른 여성 몇 명을 총살하겠다고 위협했다. 그들은 소녀들에게 안 좋은 일이 생기지 않을 것이고 공장이나 사무실에서 일할 거라고 약속했다. 한 일본군이 안니[9]라는 소녀의 어머니에게 말했다. "당신이 이 아이들에게 무슨 일이 생길 거로 생각하는지 알고 있다. 그렇지만 우리 일본인은 네덜란드 사람들만큼 비열하지 않다. 당신들, 네덜란드 여성이 그런 생각을 하는 것이 나쁘다." 그 이후에는 가슴 찢어지는 광경들이 이어졌다. 소녀들이 그들의 어머니에게서 떨어지지 않으려고 발버둥 쳤다. 하지만 일본인들과 경찰이 그들을 떼어놓고 군용 트럭에 실었다.[10]

일본인 일행은 다른 여성 수용소 세 곳에서도 소녀들을 차출해 갔다. 할마헤이라 수용소에서는 여성 몇 명이 선발된 소녀들을 대신해 가겠다고 자원했다. 그러나 일본인들은 반드시 소녀들을 데려가겠다고 고집했다. 그때까지도 일본인들은 그들의 의도를 밝히지 않았다. 한 인도네시아 운전사가 끔찍한 일을 예상한 어떤 어머니에게 간략히 설명해 주었다. "부인, 저들은 담배 공장으로 가지 않습니다. 저 아이들은 위안소로 끌려갈 것입니다." 그 어머니는 다른 어머니들에게 그 말을 전할 엄두를 내지 못했다.

일본인 모집책은 다른 수용소 네 곳을 방문했지만, 의도한 바를 이루지 못했다. 수모보노, 방콩 그리고 람페르사리 근처 수용소에서는 수용소 운영진의 저항이 너무 거세어 일본인 모집책은 빈손으로 떠나야 했다. 또한, 헤단간 수용소 주민들은 무력을 동원해 소녀들이 인질로 잡히는 것을 막을 수 있었다. "토요일은 결승전이었어요." 나중에 수용소의 한 여성이 승리감에 도취하여 설명했다. "엄마든 아니든 상관없이 모든 여자는 하나같이 단 한 명의 소녀도 수용소를 떠나게 할 수 없다고 결심했어요. 차들이 준비되어 있었고, 긴장감은 팽팽했습니다. 추가로 경비병이 배치되어 있었고, 희생양들을 도살장으로 끌고 갈 일본인들이 가득했어요. 여자들 모두 몽둥이나 가스 파이프 같은 것을 들고 나와 위험에 맞섰어요. 일본인들이 긴 칼을 휘두르며 우리들 사이로 걸어왔지만, 그 누구도 1cm도 물러나지 않았습니다. 모두 고함을 지르며 정문으로 달려갔어요. […] 다행히 우리는 그 위험을 막을 수 있었으나, 그로 인하여 우리는 일 년 반 정도 더 심한 탄압을 당했습니다. 그래도 헤단간의 소녀들은 구할 수 있었습니다." 결국 일본인들은 자원자 몇 명을 데리고 헤단간을 떠날 수 있었다. 그들 중 일부는 이미 전쟁 전에 '그 업종에' 종사하던 여성들이었다.[11]

군용 트럭과 버스는 소녀들을 스마랑의 카나리 거리에 있는 큰 건물로 데려갔다. 마침내 그곳에는 약 70명의 소녀와 성인 여성이 모였다. 그들은 오카다 소령의 강압 아래 일본어로 작성된 서류에 서명해야 했으나, 소녀들은 그 서류의 내용을 알지 못했다. 그리고 오카다는 여성들을 그룹으로 분류했다. 그들은 세 곳의 위안소로 따로따로 보내졌다. 그 업소들은 오래된 호텔 그리고 네덜란드 외과 의사와 신경외과 의사들이 살던 부유한 네덜란드 촌의 저택들이었다. 즉, 이곳은 과거 스플렌디드 호텔 안에 있던 스마랑 클럽, 장교 클럽, 쇼코의 히노마루(떠오르는 태양) 위안소 그리고 푸타바수(새로운 꽃) 위안소였다. 이 위안소 중 두 곳은 이미 영업 중이었고 중국계 그리고 인도네시아계 '위안부'들이 일하고 있었지만, 새로운 여성들이 들어와서 해고되었다. 이 위안소들은 3월 1일 새로운 여성들과 함께 공식적으로 다시 문을 열었다.

여성들은 그때까지도 아무것도 알지 못했다. 자기가 매춘부로 일을 하게 되리라는 것도, 그곳에서 업주와 장교 그리고 의사가 자신을 강간하리라는 것도 알지 못했다. 많은 여성은 섹스가 무엇인지도 몰랐으며, 그때까지도 담배 공장에서 일할 것으로 기대하고 있었다. 일부 여성은 다시 수용소로 보내졌다. 심장이 너무 약하거나 다른 질환이 있는 것으로 밝혀졌기 때문이었다. 또는 그들이 독일계거나 아직 너무 어리기 때문이었다. 여성들은 침묵을 강요당했다. 그렇지 않으면 그들에게 '커다란 불행'이 일어날 것이라고 했다.

푸타바수

얀 루프 오헤른와 다른 7명의 소녀는 일본인들이 '7대양의 집(칠해정)'이라 부르던 장소에서 내렸다. 그곳은 원래 네덜란드 가족이 살던 집이었다. 집에는 기다란 L자형 베란다가 있었고 실내에는 델프트 도자기 장식품과 에담 치즈 시장의 사진이 담긴 네덜란드 달력이 걸려 있었다. 거실에는 가족사진이 놓여 있었는데 사진 속 그들은 즐겁고 아무 걱정 없는 모습이었다. 그러나 소녀들은 그 밖에 어떤 것에서도 편안하고 익숙한 네덜란드 분위기를 느낄 순 없었다. 집에는 방들이 있었고 부속 물건들이 있었다. 더블 침대와 모기장이 걸려 있는 침실, 욕실, 부엌, 나무가 있는 정원, 심지어 닭장과 집 주변에 둘러쳐진 철조망과 높은 담장은 영원히 기억 속에 각인되어 있을 것이다. 얀이 집 안으로 들어왔을 때 업소 주인과 능글능글한 웃음을 짓는 일본인을 보았다. 그는 소녀들에게 각자의 방을 배정해주었다. 그 방에는 세면대, 거울 그리고 대리석 테이블이 있었고 그 위에는 매일같이 새로운 꽃이 놓였다. 얀은 매일 그 꽃들을 창밖 정원 쪽으로 계속 던져 버렸다.

그날 저녁, 소녀들은 2년 전 수용소에 억류된 이후 처음으로 제대로 된 음식을 받았다. 인도네시아식 볶음밥 나시고랭이었다. 그러나 그들은 한 숟갈도 목으로 넘길 수 없었다. 인도네시아 집사들은 안쓰럽게 그들을 바라보았다. 그날 밤 소녀들은 모두 두려운 마음을 안고 더블 침대가 있는 한 방으로 모여들었다.

다음날 소녀들은 일본군의 군화 소리에 잠에서 깨었고, 진실의 시간이 다가오고 있었다. 그날 오후 '돌리'와 '이본'이라는 네덜란드 여성 두 명이 더 들어왔다. 그들은 스스로 자원해서 들어왔다고 했다. 두 여성은 소녀들에게 그곳에 온 이유를 말해 주었고, 소녀들은 비로소 예상했던 가장 공포스러운 상황에 직면했음을 깨닫게 되었다.

다음날 고위 장교 일행이 그 집으로 왔다. 장교들은 소녀들을 식당으로 불러서 그녀들이 여기로 온 이유는 단 하나의 목적을 위해서라고 설명하였다. 그것은 일본 장교들에게 성적 즐거움을 제공하는 것이었다. 탈출은 불가능하다고 경고하였다. 얀은 자신의 인생이 한순간에 파괴되었다고 느꼈다. 소녀들은 크게 당황하였고 항의하기 시작했다. 그것은 인권에 대한 완전한 침해이며, 제네바 협약 위반이라고 말했다. 그리고 그런 일을 당하느니 차라리 죽음을 선택하겠다고 소리쳤다. 그러나 일본 군인들은 웃으며 말했다. "너희들은 우리에게 붙잡힌 것이고, 우리가 원하는 건 무엇이든 할 수 있다"고 했다. 순식간에 베란다는 일본 장교들이 이야기를 나누고 입장권을 사는 장소로 변모했다. 소녀들의 사진을 찍어야 했는데, 이 사진은 손님을 맞을 리셉션 공간의 게시판에 걸릴 예정이었다. 아무도 카메라 앞에서 웃지 않았다. 그들은 모두 꽃 이름을 딴 일본식 이름을 받았다. 누구도 그 이름을 기억하고 싶지 않았다. 집은 매춘소로 꾸며졌고 욕실에는 이상한 물건이 담긴 상자 하나가 놓여 있었다. 개업일 저녁이 다가오고 있었고 두려움은 커져만 갔다.

드디어 3월 1일이 되었다. 위안소 책임자인 시모다는 소녀들에게 모두 방 안에 머물라고 지시했다. 그들은 모두 처녀였기 때문에 높은 가격이 책정되었다. 저녁이 되었다. 한 소녀가 히스테리 반응을 보였고 다른 소녀들은 두려움으로 몸이 굳어 버렸다. 일본 군인들이 웃고 이야기하며 안으로 들어왔다. 그들은 흥분했다. 소녀들은 방으로 가기를 거부하고 식당에 서로 붙어 앉아 있었다. 그러자 일본 군인들도 식당으로 들어왔다. 그들은 맨 먼저 미커를, 그다음 다른 소녀들을 식탁 아래서 끄집어냈다. 얀은 마치 흡혈귀를 쫓아 버리려는 듯 나무 십자가를 자신의 몸에 가져다 댔다. "키가 크고 역겹게 생긴 뚱뚱한 대머리 일본 남자가 내 앞에 서 있었다. 그는 음흉한 웃음을 지으며 나를 위아래로 훑어봤다." 얀은 후에 자서전에 기록했다. 그리고 미하시라는 이름은 그녀의 기억에 각인되었다. "나는 그의 종아리를 발로 찼다. 그는 웃으며 서 있었다. 그가 내 팔을 잡고 거칠게 끌어당겼다. 나는 그의 손에서 벗어나려고 했지만, 소용이 없었다. 몸부림치고 발을 구르고 울고 저항했지만, 아무 소용이 없었다." 그 장교는 얀을 침실로 끌고 들어갔다. 짜증이 난 그는 칼을 꺼내 얀의 몸에 대고 "죽여버리겠어. 죽여버리겠다고!" 소리쳤다. 얀은 그렇게 하라고 말했다. 그녀는 차라리 죽고 싶었다. 하지만 그가 바라는 건 그것이 아니었다. 그는 얀을 침대에 던지고 그녀가 입고 있던 옷을 찢었다. 얀은 발가벗겨진 채로 침대에 눕혀졌다. 그리고 일본 장교는 칼 끝으로 그녀의 목, 가슴, 배 그리고 다리를 훑어 내려갔다. 그런 다음 자신의 몸을 얀 위로 던졌다. 얀은 몸부림치고 손으로 할퀴며 그를 뿌리치려 안간힘을 썼다. 마침내 그가 얀을 강간했을 때, 그녀의 눈에선 눈물이 흘러내렸다. "죽는 거보다 더 끔찍했다. 몸에선 경련이 일었고, 나는 완전히 충격에 빠졌다. 내 몸이 차가워지더니 딱딱하게 굳어 버렸다. 그가 나중에 떠나는 소리를 들을 때까지 나는 베개에 얼굴을 파묻고 있었다."

얀은 샤워실로 갔다. 더러움과 수치심 그리고 고통을 몸에서 씻어 내려는 다른 소녀들을 그곳에서 만났다. 하지만 매춘소 방문자들의 파티는 아직 끝나지 않았다. 남자들이 또다시 줄을 서서 대기하고 있었다. 고양이와 쥐의 게임이 시작되었고 소녀들은 필사적으로 집안과 정원에 몸을 숨기려고 했다. 그러나 일본인들은 그들을 찾아내었고 공포는 다시 시작되었다.

그렇게 푸타바수에서 소녀들의 '위안부' 생활은 시작되었다. 낮 동안은 공식적으로 휴무 시간이었다. 그러나 일본 남자들은 항상 드나들었다. 그들은 유희와 섹스를 위해 그곳을 방문했다. 그들은 소녀들을 항상 머리끝에서 발끝까지 쳐다보았다. 소녀들은 가끔 낮에도 강간을 당했다. 그렇지만 방문자들이 매춘을 목적으로 오는 밤보다는 심하지는 않았다. 며칠이 지나자 소녀들은 통증으로 인해 똑바로 서서 걸을 수 없었다. 그들의 얼굴은 창백하고 아파 보였다. 밤에는 잠을 잘 수 없었고 낮에는 잠을 잘 엄두도 내지 못했기 때문이었다. 일요일은 더 힘들었다. 일요일은 군인을 위한 날이었고 소녀들은 컨베이어 벨트에 놓인 채 강간을 당하는 것과 같았다.

소녀들은 둔탁한 군홧발 소리와 일본인의 목소리를 들을 때면 그들 앞에 놓인 운명을 피하고자 안간힘을 다했다. 싸우고, 애원하고, 간절히 기도문을 암송하기도 했다. 하지만 이 모든 것이 아무 소용없었다. 얀은 항상 숨을 곳을 찾았다. 어느 날 저녁 그녀는 나무 위에 올라가 몸을 숨겼다. 그러나 30분이 지나 손전등 빛이 그녀를 찾아냈다. 그렇지만 얀은 한 차례 강간을 피할 수 있어서 기뻤다. 다른 날 저녁엔 손님을 받고 있던 직업 매춘부 이본의 침대 아래 숨었다.

소녀들은 처음에 직업 매춘부인 돌리와 이본을 천하게 생각했다. 그러나 돌리와 이본이 수용소에서 선발된 16세 소녀 두 명을 대신해 나섰다는 것을 알았을 때, 그 생각은 바뀌게 되었다. "물론 나도 굶어 죽고 싶지는 않았어"라고 돌리가 말했다. 두 여성은 가끔 소녀들을 대신해 매우 잔인하고 가장 두려운 장교들을 받기도 했다. 돌리는 소녀들에게 연인을 뜻하는 '친타'를 고르라고 조언했다. "문제를 일으키지 않는다고 알려진 남자 중에서 몇 명을 골라. 그들과 놀아주고 잘한다고 말해. 그래서 그들이 매일 다시 오게 해. 매일 밤 같은 남자를 상대하는 게 매번 새로운 남자를 받는 것보다 나으니까. 정말이야 그게 한결 쉽단다." 그 조언이 아무리 현명했더라도 얀과 다른 소녀들은 그런 생각을 할 수가 없었다.

소녀 중 한 명은 첫 번째 밤을 보낸 이후 완전히 히스테리 반응을 보이며 구토하기 시작했다. 질병을 극도로 무서워하는 일본인들은 그녀를 두려워했다. 그 순간부터 그녀는 실제로 미친 척 했고 정신 질환 요양원에 입원했다. 얀은 그렇게 따라 해보기로 했다. 그녀는 역겹게 보이도록 머리를 완전히 다 깎아버렸다. 그리고 모든 사람에게 싸움을 걸었다. 그녀는 '미친 행동'을 열흘간 계속하였다. 그녀는 일부러 가장 끔찍한 일본인을 상대했으며 심하게 구타를 당했다. 위안소 주인은 그녀가 계속 이상한 행동을 하면 사병 클럽으로 보내겠다고 위협하였다. 그곳은 인도네시아 여성 50명이 일하는 곳으로 하루에 최소한 15명의 손님을 받아야만 하는 곳이었다. 그곳에서는 밤낮으로 일해야 했고 여건은 훨씬 더 열악했다. 얀은 결국 그녀의 '미친 행동'을 그만두어야 했다. 소녀들은 자신들이 처한 상황을 어떻게 대처해야 할지 서로 이야기하곤 했다. 그리고 두려움과 치욕을 함께 나누었다. 서로 의지했고 전쟁 전 이야기를 하면서 서로의 기분을 북돋아 주었다. 그들은 고통에서 벗어나기 위한 방법에 대해서도 이야기했다. 얀은 고위 장교들과도 이야기했지만 그들의 대답은 할 수 있는 일이 아무것도 없다는 것이었다.

어느 날 아침 일본 의사가 위안소를 방문하였다. 얀은 그 의사가 자신을 불쌍히 여길 거라 생각했다. 그리고 그에게 사무실에서 이야기를 할 수 있는지 물었다. "그 의사가 손을 머리 뒤로 깍지를 낀 채 의자를 뒤로 젖히고 나를 위아래로 훑어보았다. 그는 내가 한 말에 전혀 관심이 없었고 동정이나 미안함의 모습도 전혀 찾아볼 수 없었다. 나는 크게 낙담하였지만, 그래도 시도해 보았다. 그는 갑자기 일어서더니 나에게로 왔다. 그가 나를 붙잡으려고 했을 때, 나는 그보다 더 빠르게 그 방에서 튀어나와 몸을 숨기기 위해 정원으로 달려갔다. 나는 작고 상당히 낮은 닭장으로 달려갔다. 그는 키가 크고 비만해서 나를 따라잡지 못했다. 나는 소리 내어 우는 닭들 사이로 기어 들어갔고 깃털이 공중에 날렸다. 몇 분 후 크고 살찐 몸이 숨을 헐떡거리며 작은 입구를 비집고 들어왔다. 구경꾼들은 그의 모습을 보면서 끔찍한 듯 웃고 있었다. 나는 언제나 그랬던 것처럼 패배자가 되었다. 그 의사가 그 집에 온 첫날 그는 나를 잔인하게 강간했다."

그 후 며칠이 지나고 그 의사는 방 하나에 부인과 의료 장비를 설치하였고 소녀들은 그에게 성병 검사를 받았다. 그 의사는 정기적으로 위안소를 방문하였고, 그때마다 공식 업무라도 되는 듯 낮 시간에 얀을 강간하였다. 검사 공간에는 문이 없어서 여성이 탁자 위에 앉아 다리를 벌리고 있는 동안 다른 남자들이 그 광경을 바라보았다. "그 검사는 강간만큼이나 끔찍했다."라고 얀은 회고했다.

예를 들어, 미프와 같은 일부 소녀들에게 '그런 삶'은 견디기 힘들 만큼 버거웠다. 그녀는 칼로 팔목을 그어 자살을 시도하였다. 그리고 병원에서 회복하고 며칠이 지나 다시 위안소로 돌아와야 했다. 전쟁 말기에 소녀들은 모두 신경 쇠약으로 망가진 것처럼 보였다. 미프는 의식 불명의 상태로 걸어 다녔다. 헤르다는 어느 때보다도 많이 울었고, 리스와 얀은 믿음을 통해 기운을 냈고 끊임없이 묵주 기도를 했다. 베티는 긴장감을 이기기 위해 계속 뜨개질을 했다. 그리고 엘스와 안니는 요리법에 대한 이야기만 했다.

스마랑의 위안소들

다른 아시아 여성들과 마찬가지로 스마랑의 네덜란드 여성들은 일본군 '위안부' 제도의 비인간적인 소굴에 떨어졌다. 그들은 스마랑의 위안소 네 곳에서 온갖 방법으로 학대당했다. 위안소 방문자와 위안소 주인은 그들을 죽이거나 가족을 나쁘게 대우하거나 사병 위안소에 보내거나 혹은 더 많은 일을 시키겠다며 위협하였다. "모든 방문자는 여성이 협조하지 않는 경우에 그녀를 구타해도 합법이었어요." 스마랑 클럽에서 일한 한 여성이 말했다. "그리고 방문자들은 많이들 그렇게 했죠."

콘돔 사용이 의무라고 적힌 일본어 안내문이 붙어 있었다. 그러나 모든 남자들이 그 규정을 지키는 것은 아니었고, 소녀들 역시 그 어린 나이에 성교육을 제대로 받지 못하였다. 따라서 많은 소녀들이 성병에 걸렸고, 위생과 의학적 치료가 기준 이하였던 데도 그 원인이 있다. 또한 임신을 하게 된 소녀들도 있었다. 얀 루프 오헤른도 그중 한 명이었다. 그들의 종교적 신념에 반하는 것이었으나, 낙태하거나 약으로 유산을 유도하도록 강요받았다. 물론 일본은 증거 자료를 남길 수 없었다. 스마랑 위안소는 장교 이외에 일본 민간인도 이용했다. 군인은 입장권 한 장을 1.5길더(68유로센트)에 구매했고 이중 45센트(20유로센트)는 여성 몫이었다. 민간인은 3길더(1.36유로)를 지불했다. 여성들은 낮시간에 버젓이 자행된 강간 이외에도 매일 밤 7명 이상의 남자를 받아야 했다. 장교 클럽은 예외였다. 그곳은 고위 장교만이 방문자와 함께 입장할 수 있었다. 방문자는 사무실에서 4길더(1.82유로)에 입장권을 샀으며 이 중 1.1길더는 여성의 몫이었다. 그곳에서 일하던 여성들은 하루에 남자 한 명만 받았다. 그들은 금요일에 휴가를 얻었고 건강 검진도 받았다. 검진을 받으면서 치료를 받는 경우는 거의 없었다. 또한 생리 중에는 휴가를 얻었다. 그러나 네덜란드 여성 대부분은 영양실조로 더 이상 생리를 하지 않았기 때문에 계속 일을 해야 했다.

얀 루프 오헤른과 같은 일부 여성들은 돈을 받는 것을 거부했지만, 돈은 절실히 필요했다. 시간이 지날수록 음식은 점점 더 나빠졌다. 그들은 받은 돈으로 영양을 보충할 수 있는 음식을 살 수 있었고, 위안소에서 공급하지 않은 비누나 다른 개인 위생용품을 구매했다.

스마랑의 세 위안소 - 스마랑 클럽, 장교 클럽 그리고 히노마루 - 중에서 히노마루는 가장 악명 높았다. 그곳의 악몽은 가학성 변태 성욕자인 업주 모리모토가 직접 어린 소녀 몇 명을 강간했던 첫날부터 시작되었다. 그때는 위안소가 공식적으로 문을 열기 한참 전이었다. "어린 소녀들이 끔찍하게 비명을 질렀어요. 소름 끼치게 잔인했지요." 린다가 말했다.[12] 그녀는 카린과 함께 가장 나이 많은 여성 중 한 명이었다. 15살, 16살 된 어린 소녀들이 강간을 당한 후 린다와 카린을 찾았다. "피가 다리를 따라 흘러내리고 있었고, 그들은 완전히 패닉 상태였지요. 위안소가 공식적으로 문을 연 지 사흘이 되자 많은 소녀들이 쓰러졌어요." 카린과 린다는 업주에게 어린아이들이 그 일을 할 수 없으며 자신들이 그 일을 대신하겠다고 분명히 밝혔다. 린다는 두 살짜리 딸과 함께 그 위안소에서 지냈다. 아이는 문을 열기 하루 전 귀가 아팠다. 왕진을 다녀간 나이 든 일본 의사는 심각한 염증이고 치료를 위해 병원에 가야 한다고 말했다. 딸이 6주 후 병원에서 돌아왔을 때 그 불쌍한 아이는 임질에 걸려 다시 병원으로 가야 했다. 아이는 성폭행을 당했다. 나중에 그녀의 딸이 그 일을 아주 희미하게 기억하고 있는 것으로 밝혀졌다.

히노마루 위안소는 끔찍했다. 이곳에는 전선으로 가는 군인들과 사병이 찾아왔기 때문이었다. 문 앞에는 군인들이 길게 줄을 서 있었다. 진행 속도는 매우 빨랐다. 그래서 마지막에 여성들의 몸은 망가져 있었다. "정말 쓰레기들이었어요." 린다가 말했다. "그들은 역겨운 행동을 했어요. 무례하고, 소리를 지르고, 대부분 취해 있었죠. 콘돔 사용이 의무였지만, 그들은 거부했어요. 놀랍게도 그 위안소에서 일하던 여성 중 임신한 여성은 거의 없었어요. 그리고 성병에 걸린 여성도 비교적 적었어요." 그 위안소에서 일하던 여성들은 음식과 술 시중까지 들어야 했다.

네덜란드 여성이 가졌던 신분을 고려할 때, 그들이 사병 위안소로 가게 된 것은 놀라운 일이다. 그 위안소는 고위 장교들만 이용하던 장교 클럽과는 완전히 대조적이었다. 하지만 바로 이 장교들 또한 종종 거친 폭력을 행사하기도 했다. 그것은 군대의 고질적인 관습이었다.

장교 클럽의 개장일 저녁에 일어난 일에 관해서는 증언들이 많이 있다. 우선 소녀들은 적극적으로 따르지 않을 경우 죽게 될 거라는 위협을 받았다. 하지만 소녀들 대부분은 꿈쩍하지 않았다. "그러자 그들은 우리를 서로 떼어 놓았고, 위안소 생활에 저항하면 끔찍한 일을 당할 거라는 위협을 받았습니다." 그곳에서 일한 피해자 여성 한 명이 말했다. "우리가 계속 거부하면 잔인한 방법으로 없애버린다고 협박했어요. 그리고 우리 부모님에게도 같은 방법으로 보복을 할 거라는 말을 들었습니다. 그래도 우리는 계속 거부했어요." 그렇게 위협하던 일본인들이 떠났지만, 저녁이 되자 그들은 한 무리의 장교들과 함께 돌아왔다. 우선 의사가 소녀들의 심장과 폐를 검사했고, 그런 다음 소녀는 한 남자와 함께 방에 들어가야 했다. "저는 저에게 배정된 후지모토를 제 몸에서 떼어놓으려고 안간힘을 썼어요." 소녀 중 한 명이었던 여성의 증언이다. "나는 발로 차고 때렸어요. 가능한 한 오랫동안 버티며 싸웠어요. 그러고는 완전히 탈진했죠. 그는 결국 나를 침대로 데려갔고 강제로 제 순결을 빼앗았습니다. 나는 그때까지 한 번도 성관계를 가진 적이 없었어요. 그 일이 있고 난 뒤 나는 완전히 정신이 나간 상태였고 신경은 극도로 예민해졌습니다." 다른 소녀들도 이러한 운명을 피할 수는 없었다. 한 소녀는 일본 남자가 그녀의 순결을 빼앗을 때 남자의 얼굴을 물어 버렸다.

바타비아에서 열린 임시 군사 재판에서 전 일본 장교가 장교 클럽 개장일 저녁에 일어난 일에 대해 증언한 내용은 너무나 달랐다.

"먼저 저녁 식사가 있었습니다. 저는 규정상 음주가 금지되어 있으므로 사전에 매니저에게 술을 마시지 않겠다고 분명히 말했습니다. 하지만 여직원 중 한 명이 왜 안 되냐고 물었고, 여직원의 특별한 요청으로 결국 술을 마시게 되었습니다. 그들도 스스로 동참했습니다. 유쾌한 분위기였습니다. 제가 손님들에게 저녁 식사 시간에 여성과 미리 접촉을 시도하라고 조언했습니다. 또한, 이곳의 모든 소녀는 장교 클럽에서 일하는 것을 완전히 자발적으로 지원했다고도 말했습니다. 저녁 식사가 끝나고 손님들은 제가 그들을 위해 선정한 소녀와 함께 일어나 각자 자리를 떴습니다. 안니는 남아 있었고, 저는 안니에게 같이 가도 되냐고 물었습니다. 그녀는 반대하지 않았습니다."[13]

또 다른 장교는 한 소녀가 자신에게 다가와서는 그녀가 그를 위해 예약된 사람이라고 말했다고 설명했다.

"우리는 그녀의 방 쪽으로 갔습니다. 그녀 방 앞에 있는 복도에서 잠시 이야기를 나눴습니다. 쉽지는 않았습니다. 그러나 우리는 몸짓으로 의사소통을 할 수 있었습니다(소녀가 그에게 방으로 가자고 했습니다). 분위기가 좋았습니다. 그리고 저의 옆 방에서 – 그곳에는 일본인 동료가 있었던 것으로 기억합니다 – 즐거워하는 소리가 우리 방안까지 들렸습니다. 우리는 종교에 관해 이야기를 나누었고, 저는 그녀에게 다음에는 피아노 음악을 들려주겠다고 약속했습니다."[14]

손짓으로 종교적 문제와 피아노 음악에 관한 이야기를 나누었을 가능성은 희박해 보인다.

엘스 – 일본 가명 '후미코' – 를 강간한 일본 군의관은 그녀를 배정받게 되었을 때 상황을 다음과 같이 증언하였다.

"제가 콘돔을 가지러 갔다가 방으로 돌아왔습니다. 저는 옷을 벗고 침대에 누웠습니다. 후미코도 옷을 벗었습니다. 그녀에게 침대로 와서 같이 자겠냐고 물었습니다. 그녀는 어떠한 저항도 없이 그렇게 했습니다. 저는 성교 전에 일본 의사들이 의례히 하는 것처럼 그녀의 성기를 살펴보았습니다. 저는 콘돔을 사용했습니다. 일을 마친 후 후미코와 목욕을 했습니다. 그 후 장교 클럽을 두 번 더 방문했습니다. 후미코는 젊은 장교들 사이에서 인기가 매우 많았습니다. 그리고 저에게는 더 이상 차례가 오지 않았습니다. 제가 그렇게 매력적이지 않기 때문이기도 했습니다. 저는 두 번 모두 나이 든 여성들과 만족했습니다."[15]

덧붙이자면, 모든 일본 장교들이 장교 클럽에서 여성의 순결을 빼앗는 것을 간절히 바랐던 것은 아니다. 예를 들어, 일본인 이시다는 오카다의 명령으로 한 여성의 순결을 빼앗아야 했지만 그녀와의 섹스를 비밀스럽게 거부했다. 그녀가 처녀가 아니었기 때문에, 그는 그녀를 가만히 놔둘 수 있었다. 그리고 그것을 아무에게도 말하지 말라고 당부했다. 그는 여성들이 '위안부' 일을 강요받는 것이 끔찍하다고 생각하지만, 장교로서 상관의 명령에 복종하는 것 이외에는 달리 방도가 없었다고 말했다. 이것은 군 '위안부' 제도에 동참시키기 위해 일본군인을 대상으로 한 강압이 있었다는 것을 말해준다.

일본군 '위안부' 피해자 중 한 명인 엘런 판 데어 플룩은 나중에 회고록 『명령에는 감정이 없다』에서 자신의 경험을 이야기했다. 그녀는 스플렌디드 호텔의 스마랑 클럽에서 일하게 되었다. 푸타바수에 있던 얀 루프 오헤른은 자기주장이 강했지만, 엘렌은 자신에게 닥친 성폭력을 눈을 질끈 감은 채 받아들였다. "결정적인 순간마다 내 자신이 내 몸에서 빠져나오는 것만 같았어요." 그녀는 처음 순결을 잃었을 때를 제외하고는 아무것도 느끼지 못했다. 그것은 악몽 같은 상황을 감당하는 자신만의 방법이었다. 그녀의 생존 본능은 자살 의지보다 더 강했다. 그녀는 '사바르, 사바르'라는 말을 배웠다. "참아내고, 순종하고, 침착하고, 인내하라"라는 뜻을 지닌 이 말은 인도네시아 국민성의 하나이며, 순수 인도네시아 혈통을 가진 어머니가 그녀에게 가르쳐준 말이었다. 나중에 엘런은 그러한 권위에 순종하는 태도를 혐오하게 되었다. 그것은 어머니가 무슨 대가를 치르더라도 딸이 인질로 잡혀가는 것을 끝까지 막지 않은 것과 같은 태도였기 때문이다. 또한, 어머니가 나중에 그 악몽을 잊는 것이 나을 거라고 말한 것도 같은 태도였다. 전쟁이 끝난 후 엘런은 얀 루프 오헤른과 함께 강제 동원 일본군 '위안부'가 겪어야 했던 불의에 맞써 싸우는 투쟁심 강한 여성으로 바뀌었다.

엘런은 옷을 입은 채 죽은 듯이 침대 위에 누웠다. "나에게 드레스 한 벌이 있었어요. 나는 이곳에 있는 동안 옷을 갈아입지 않으리라 생각했어요. 그것은 녹색 양치식물이 프린트 된 퍼프소매의 흰색 드레스였어요. 나는 내 임무를 수행했어요. 그 드레스를 입은 채, 마치 감자 포대처럼 가만히 누워있었죠. 눈을 감고 있다고 맞기도 했죠. 키스를 안 한다고 구타를 당하기도 하고요. 나는 그 드레스를 매일 세탁했고, 그 옷은 끝까지 버텨주었어요." 나중에 그녀가 자유의 몸이 되었을 때, 자신의 추악한 과거를 벗어 던지듯 그 드레스를 버스 밖으로 던져버렸다.

때때로 엘런을 방문한 한 남자가 있었는데, 그는 자기 아내와 아이들 사진을 보여주었다. "나는 그에게 말해 주었어요. 우리가 사진을 가져올 순 없었지만, 나에게도 아버지가 있다고. 어머니도 여동생도 그리고 남동생도 있다고 말했죠. 그들은 모두 수용소에 있지만, 남동생은 어디에 있는지도 모른다고 말했어요. '나는 당신들에게 사진 한 장도 보여줄 수가 없다. 당신들은 도대체 왜 이런 짓을 하느냐'고 말이죠. 나는 침대에 누워야 한다는 사실보다 그 대화 때문에 더 많이 울었습니다."

남자들은 단지 섹스를 위해 온 것뿐이지 다른 것에는 관심이 전혀 없었다고 엘렌은 말한다. "그들에게는 우리가 실망스러웠겠죠. 우리는 대화를 나누거나, 함께 놀 수 있는 사람들이 아니었어요. 섹스 이외에는 아무것도 할 수 없었죠. 섹스 역시 아주 빨리 끝났어요. 나는 그 어떤 일본 사람도 완전히 옷을 벗는 사람을 본 적이 없어요. 매우 특이했죠. 그들은 두꺼운 군용 외투만 벗었어요. 그 이상은 제가 보지 않았어요. 그들이 일본 여성 같은 순종적인 모습을 우리에게 기대하진 않았겠지만, 우리의 태도 역시 기대하지 못했을 거예요. 그들은 유럽 여성에 대해 이야기를 들었을지도 모르죠. 온갖 방법으로 섹스를 할 수 있다고. 그렇게 접대받는 상대방도 끔찍했을 것으로 생각해요. 진심입니다. 남자의 옷을 벗기고, 기분 좋게 만드는 일을 할 수는 있습니다. 그러나 일본 남자에게는 그렇게 하면 안 되죠. 그건 양쪽 모두에게 가치 없는 행동이었을 테니까요. 남자들은 무엇인가를 기대했겠지만, 아무것도 얻지 못했어요. 그래서 그들은 화풀이를 했고, 우리는 다시 매를 맞았습니다."

일요일에는 여성들이 버스를 타고 이동해서 군인들을 받아야 했다. 그것은 훨씬 더 혹독한 일이었다. 엘런은 다음과 같이 말한다. "내 몸에는 항상 그들의 땀과 가죽에서 나오는 더러운 악취가 남아 있었어요. 지금도 욕실에 갈 때마다 생각합니다. 나는 왜 매일같이 30분 동안 욕탕에 앉아 있는 걸까 하고요. 시계로 잰 것처럼 정확히 30분이죠. 군인들은 매번 군복을 입고 왔고, 그들이 오는 소리를 들을 수 있었어요. 그 묵직한 군화 소리. 그리고 지저분한 모자를 눌러쓴 땀에 젖은 머리들." 여성들은 매일 손님을 위해 의무적으로 화장을 해야 했다. 그것은 마치 그들의 고통과 슬픔을 반드시 감추기라도 해야 해서 군인을 위해 가면을 쓰는 것만 같았다. 위안소 주인 푸리아는 오후에 직접 찾아와 그들의 우울한 얼굴에 화장이 잘 묻어 있는지 하나하나 확인했다.

닥터 지킬과 친절한 일본인 '요디'

스마랑 위안소에서 강제 성 노예 생활을 해야 했던 네덜란드 소녀들을 가끔씩 방문해 위로해 주고 또 그들에게 물건과 편지를 가져다준 친절한 일본인 '요디'가 있었다.[16] 요디는 닥터 지킬을 통해 그곳을 방문할 수 있었다. 지컬은 네덜란드인 의사였으나 루마니아 귀족 출신 배경 덕분에 병원을 계속 운영할 수 있었다. 1944년 2월 닥터 지컬은 스플렌디드호텔 스마랑 클럽 바에서 일하는 한 소녀의 방문을 받았다. 그녀는 소녀들이 수용소에서 지내다 스마랑 클럽에 '위안부'로 끌려왔다고 말해 주었다. 며칠 후 그녀는 다시 닥터 지컬의 병원을 방문했다. 그녀는 소녀들의 비명 소리를 들었고, 심지어 한 소녀는 비를 맞으며 몇 시간이나 나무에 앉아 있는 걸 보았다고 말해 주었다. 닥터 지컬은 의심스러운 생각이 들었다.

그는 친분이 있는 일본인과 접촉하기로 마음먹었다. 그리고 이 일본인이 자신을 배신할 경우 헌병이 자신을 체포할 수 있다는 것도 알았다. 그러나 다행히도 지컬의 환자였던 아오야기 마사오는 정직한 사람이었다. 다음날 그는 의사 지컬에게 추측이 옳았다고 말해 주었다. 지컬은 위안소에 절대 들어갈 수 없었다. 그래서 마사오가 위안소를 방문하여 소녀들 중 한 명을 쉬게 해 주기 위해 예약을 하고, 돈을 지불했다. 그는 소녀들에게 '요디'라는 가명을 사용했다.

그런 다음 자신의 친구 이름으로 다른 소녀들을 예약하고 자신과 닥터 지컬의 돈으로 도움을 주었다. 얀 루프 오헤른도 그들과 함께 이야기하고, 네덜란드와 일본 카드 게임을 서로에게 가르쳐 주고, 그리고 틱택토 게임을 한 것을 기억했다. "그는 이해심이 많았고 일본인들이 우리에게 저지른 행동을 아주 많이 부끄러워했어요. 그는 겸손한 태도로 사과를 했고, 아무것도 두려워할 필요가 없다고 말해 주었어요. 그리고 그날 밤 모든 시간을 샀다며 티켓을 보여주었어요." 시간이 지나자 그의 방문 횟수는 줄었다. 그의 친구들이 그가 매일 밤 사창가에 가서 몇 시간씩 보낸다고 놀렸기 때문이었다.

소녀 여러 명이 요디를 통해 닥터 지컬에게 부탁을 했다. 닥터 지컬은 요디에게 약과 주사, 옷 그리고 음식을 주면서 필요한 경우 먹을 것을 사 먹을 수 있게 돈도 함께 주었다. 그들은 스마랑 클럽에 있는 일부 소녀들이 쉴 수 있도록 서로를 위해 돈을 사용하기도 했다. 그 호텔에는 기회주의적인 마나도 출신 두 사람이 입장권을 팔았다. 그들이 일본인 방문자를 소녀들에게 데려갔지만, 소녀들은 닥터 지컬로부터 받은 돈으로 그들을 쉽게 매수할 수 있었다. 그래서 휴식을 가질 수 있었다. 그렇게 소녀들이 휴식을 얻게 하려고 총 천 길더(450유로) 정도가 사용되었다.

지컬과 요디는 편지를 통해서 소녀들에게 정신적 도움을 주었다. 몇 주 후에 소녀 두 명이 요디의 도움을 받아 자유의 몸이 되었다. 그들이 어떻게 그렇게 할 수 있었는지는 불확실하다. 그 후 일본군 부대가 스마랑에서 사라지면서 그의 방문도 중단되었다.

'일본군 창녀'를 위한 수용소

스마랑의 위안소들이 일본군 고위층의 허락 없이 세워진 것은 분명했다. 가끔 군 장성이 장교 클럽을 방문했다. 그러나 그는 식당만 이용했다. 소녀들은 자신들이 군 장성에게 들키면 안 된다는 인상을 받았다. 그가 오자마자 소녀들은 자기 방에 머물러 있어야 했다. 그럴 때면 외부에서 인도네시아 소녀들을 데려와 그와 다른 손님의 시중을 들게 했다. 그 인도네시아 소녀들은 예전에 식당의 바에서 일한 적이 있었다. 바타비아나 수라바야에서 고위층 일본인들이 방문할 때도 창문과 문은 닫혀 있어야 했고 여성들은 정원에 나올 수 없었다.

1944년 4월 도쿄에 있는 육군성 대령이 검열차 자바섬에 있는 수용소를 방문했다. 암바라와 9 수용소에서 한 여인이 자기 딸이 인질로 잡혀간 사실을 그 대령에게 알리는 데 성공했다. 그는 도쿄와 바타비아 그리고 싱가포르에 이 사실을 알리며, 허가 없이 설립된 위안소를 폐쇄하라는 권고 명령을 내렸다. 4월 말 스마랑의 위안소 업주들이 함께 낚시하러 떠나있을 때 일본인 두 명이 히노마루 위안소에 나타나서 소녀들에게 그곳에 어떻게 오게 되었는지, 그리고 자발적으로 머물고 있는지 물었다. 히노마루에서 일했던 한 여성은 업주 모리모토가 낚시 여행에서 돌아왔을 때 얼마나 화를 냈는지 그리고 일본인을 들여보낸 경비를 얼마나 심하게 다루었는지 기억했다.

며칠이 지나 도쿄에서 내려온 명령으로 자바섬에 있던 위안소들은 문을 닫았다. 두 달간 지속되었던 공포가 막을 내렸다. 참고로 수용된 여성들의 강제 성 노예 생활은 대부분 1943년 11월 7일부터 1944년 4월 사이에 일어났다. 그때는 수용소에 대한 책임이 일본 내무성에서 육군성으로 이전되던 시기였다. 1944년 4월 이후 민간인 수용소는 제16군의 직접 지휘를 받게 되었다. 이 군대는 수용소에 억류된 사람들을 바타비아, 반둥 그리고 스마랑 근처의 수용소에 집중적으로 수용하기 시작했다. 수용소에서 여성을 자발적으로 혹은 강제로 동원하려는 시도는 더 이상 없었다. 도쿄 당국이 공식적으로 이를 금지했기 때문이었다.

1944년 5월 스마랑 위안소에서 일하던 모든 강제 동원 '위안부'들은 코타 파리 수용소로 이송되었다. 그곳은 일본군 위안소에서 일하던 여성들을 위한 수용소였으며 네덜란드식 가옥 몇 채로 이루어져 있었다. 또한 바타비아, 반둥, 마레랑, 페카롱간에 있던 위안소에서 일하던 서양 여성들이 이곳에 수용되었다. 또한 말랑 위안소에서 일하던 소녀들도 있었으나, 이들에 관한 정보는 존재하지 않는다. 그들 중에는 자발적 매춘부와 강제 동원된 '위안부'가 모두 포함되어 있었다. 일본인들은 강압에 의한 성 노예 제도가 범죄라는 사실을 아주 잘 알고 있었고 여성들을 한곳에 모아 격리함으로써 그 사실을 은폐하려고 했다. 그들은 여성들에게 그곳에서 겪은 일을 절대 말하면 안 된다고 말했고, 지켜지지 않을 경우 그들과 가족이 살해당할 수 있다고 했다. "우리 모두가 자원했다는 내용이 담긴 서류에 한 장 한 장 서명해야 했습니다"라고 판 데어 플룩은 말했다. "우리는 그렇지 않았어요. 서류를 읽을 수도 없었어요. 서류는 일본어로 적혀 있었습니다. 그들은 언제나 거짓말쟁이였어요."

나중에 그들의 어머니들도 수용소에서 이송되어 코타 파리로 보내졌다. 소녀들은 그들의 어머니와 여동생들과 재회했다. "재회는 말로는 형언할 수 없는 기쁨이었어요." 얀 루프 오헤른은 자신의 책 『50년간의 침묵』에 적고 있다. "어머니는 아무 말도 하지 않으셨어요. 나에게 무슨 일이 있었는지 알고 계신다는 느낌이 들었습니다. 그날 밤 어머니는 내가 잠들 때까지 내 머리를 쓰다듬어 주셨습니다." 많은 소녀들이 자신의 어머니에게 무슨 일이 있었는지 설명했다. 린다의 어머니는 두고 보자고 했으며, 엘런 판 데어 플룩의 어머니는 엘런에게 지난 일을 잊는 편이 낫다고 말했다. 대부분의 어머니들은 그것에 대해 다시는 이야기하지 않았고, 또 그럴 수도 없었다. 고통은 그들의 가슴속에 깊은 상처를 남겼다. 그들은 침묵했다. 소녀들은 스스로 인생을 헤쳐가야 했다. 그들이 겪은 일을 결코 잊을 수 없다는 것을 그들은 너무나 잘 알고 있었다.

강제로 위안소에서 일했던 소녀들은 정신적으로나 육체적으로 비참한 상태였다. 그들은 심각한 자궁 염증과 성병을 가졌고 트라우마에 시달렸다. 건강 검진을 한 결과, 여성 100명 중 약 40명이 성병에 걸린 것으로 드러났다. 그러나 이제 지옥에서 해방된 그들의 인생은 따뜻하고 근심 없는 천국처럼 보였다. 물론 나중에 밝혀지듯이 현실은 전혀 그렇지 않았다.

소녀들은 일본인 강간범들을 더 이상 두려워할 필요가 없었다. 어느 날 '위안부'였던 여성을 쉬운 먹잇감으로 생각한 한 일본 경비가 여성을 강간하려 했다. 사람들이 소리를 질러댔고 그 경비는 사라졌다. 다음날 일본 수용소 지휘관의 명령으로 모든 여성과 아이들이 지켜보는 앞에서 그는 자신의 머리에 스스로 방아쇠를 당겨야 했다.

그 후 소녀들은 1944년 9월에 다시 이송되었다. 이번에는 바타비아에 있던 크라마트 수용소였다. 그 수용소는 유럽인들이 살던 지역의 대저택들에 위치해 있었다. 하지만 그곳의 여건은 심각하게 나빠진 상태였다. 여성들은 쥐와 달팽이와 함께 살아야 했고, 이질은 커다란 위협이었다. 그곳에 갇혀 있던 사람들은 말라리아, 영양실조 그리고 탈진으로 목숨을 잃었다. 일본군은 이 여성들을 수용소 내의 분리된 구역에 격리시켰다. 그곳은 위안소에서 일하던 여성만을 위해 특별히 마련되었다. 이곳에서도 자발적 매춘부와 강제 동원된 '위안부' 사이에 구분은 전혀 없었다. 일본인은 여전히 그들의 범죄가 누설되는 것을 두려워했다.

담장으로 둘러싸인 이 수용소는 순식간에 매춘부 수용소 혹은 토끼굴로 불렸고, 모두가 그곳에 있는 여자들은 자원한 여성들이고, 그래서 더 나은 대우를 받는다고 생각했다. 사람들은 일본인에게 몸을 바친 여자들이 있는 그 구역에는 가지 말라고 서로 충고하기도 했다. 담장 건너편에 살던 여성들은 '창녀', '배신자' 혹은 '토끼'라고 적힌 종이를 돌에 싸서 던지기도 했다. 전쟁이 끝난 후 한 여성이 다음과 같이 증언했다. "우리 구역 바깥쪽에 살던 여자들은 우리를 괴롭히고, 욕설을 퍼붓고, 침을 뱉고 했어요. 자원한 사람 중에는 강제로 동원된

'위안부'도 있다는 사실을 믿고 싶지 않았던 거죠. 그곳에서 사는 것은 우리에겐 지옥이었어요. 평화가 온 후에도, 심지어 지금도 많은 사람이 우리가 자원해서 일본군을 위해 몸을 바친 매춘부였다고 손가락질을 합니다."

나중에 전쟁이 끝나고 담장이 철거되었을 때 카마라트 수용소 내에 분리된 경계가 사라지고, 여성들은 다른 쪽으로도 갈 수 있었다. 그곳의 여성들은 '위안부' 피해자 여성들을 냉혹한 눈빛으로 쳐다보았다. 얀은 당시 14살, 11살이었던 어린 여동생들도 자신이 겪은 일로 욕설을 들었다고 말했다. 그녀는 다시 천주교 신부님을 볼 수 있어 기뻤다. 그리고 여전히 수도원에 들어가 살기를 원한다고 말했다. 그러나 신부님은 엄격하고 단호하게 말했다. "사랑하는 자매님, 주어진 상황과 당신에게 일어난 일을 고려할 때 수녀가 되지 않는 것이 나을 것 같군요." 얀은 슬픔에 억장이 무너졌다. 이제 그녀가 더 이상 종교인으로서의 삶을 살 자격이 없다는 의미였다.

자발적 매춘부 혹은 강제 동원 '위안부'?

여성 수용소 생활은 고문이나 다름없었다. 생활 여건은 매일 같이 나빠졌고 수용된 사람들은 지속적으로 굶주린 상태였다. 여성들은 기아 부종과 이질, 말라리아 혹은 발진티푸스로 목숨을 잃었다. 의약품도 없었다. 그들은 비위생적이고 비좁은 공간에서 엄청난 육체적, 정신적 압박을 받으며 살았다. 일본 군인들은 그들을 심하게 대우했다. 치뎅 여성 수용소의 괴물 같은 일본인 지휘관 소네는 '수용소 폭군' 혹은 '악마의 아들'로 불렸다. 수용소에 있던 많은 여성은 네덜란드령 동인도의 엘리트 집단에 속했으며, 이전에는 깨끗이 청소된 시원한 베란다에서 하인의 접대를 받는 데 익숙한 여성들이었다. 트라우마에서 벗어나길 원하던 이 여성들의 책이 세계 전역에서 출간되었다. 책에는 그들이 열대 태양 아래 몇 시간이고 서 있어야 했던 벌칙이나, 누가 하루에 사망자 수를 가장 많이 셀 수 있는지와 같은 기괴한 놀이를 하던 아이들에 관한 이야기가 실려있다.

아마도 이러한 요인들 때문에 1944년 1월 일본인 시장의 요청으로 바타비아에 테레시아 클럽이 문을 열었을 때, 반둥의 치나핏 수용소에 억류되어 있던 많은 여성이 이곳에 자원했던 것 같다. 클럽에 일하러 온 여성 20명 중 11명이 자발적 지원자였다. 그들은 모두 아이들과 함께 그곳에 들어왔다. 한 명은 몸이 허약한 세 살배기 아들에게 약을 먹이기 위해, 다른 한 명은 아이들에게 먹을 것을 주기 위해서 그곳으로 왔다. 그 어떤 것도 수용소 생활보다 비참한 것은 없을 것 같았다. 그 일이 있기 일 년 전에도 치나핏 수용소에서 일본 군인들은 중국 음식으로 여성들을 유혹해서 위안소로 데려가려고 했다. 그 때는 여성들 가운데 위안소에서 일하려는 사람이 많지 않았다. 그 사이 상황은 심각하게 악화되었던 것으로 보인다. 일 년 후 네덜란드인 모집책 두 명이 접근해 왔고, 서약한 11명의 여성들은 바에서 시중을 들며 한 남자의 고정적인 정부로서 지낼 수 있다고 말했다. 그들은 그 말에 속았다. 테레시아 클럽은 단순히 식당만이 아니라 위안소이기도 했다. 그들은 이튿날 밤부터 방문자와 침대로 가야 했다. 그들은 매일 밤 3명의 손님을 받으며 최소 50길더(22.7유로)의 수입을 올려야 했다. 하지만 실제로는 더 많은 남자를 받아야 했다. 이 때문에 '자원한' 여성 대부분이 곧바로 계약 해지를 요청하였다는 사실이 전쟁 후 증언을 통해 밝혀졌다.[17] 그들 중 두 명은 근무를 거부했다는 이유로 헌병과 정치 정보국에 의해 체포되었다.

그 위안소에는 수용소 밖에 살던 여성들도 있었고, 그들 중에는 12살, 14살 그리고 15살 된 소녀들도 있었다. 14살 된 소녀는 스마랑에서 그녀의 어머니와 살고 있었다. 랍과 비어호르스트라는 두 명의 모집책 여성이 그녀에게 시중드는 일을 해보라고 말했다. 그녀는 거절했지만, 정치 정보국이 그녀를 위협했다. 결국 그녀는 받아들이고 말았다. 누구에게도 실제 나이를 말하면 안 된다고 했다. 그녀는 처음엔 바타비아에 있던 식당에서 일본인 손님 서빙부터 시작했지만, 머지않아 비어호르스트는 그녀에게 손님과 침대로 가라고 강요했다.

자발적 지원과 강제 동원의 경계를 나누는 지점은 어디일까? 우리는 이 질문을 매번 반복해 제기하게 된다. 강압으로 위안소에 보내진 소녀들이 강제 성매매 피해자라는 것을 부정할 사람은 없을 것이다. 또한, 전쟁 전 매춘업에 종사하다가 나중에 일본군 위안소에서 일하게 된 여성은 직업 매춘부라는 것도 분명하다. 그렇지만 그렇게 쉽게 분류할 수 없는 다른 모든 여성을 우리는 어떻게 불러야 할까? 테레시아 클럽에는 그런 여성이 많았다. 술집 바에서 일하기로 했던 14살 소녀는 결국 매춘부 역할을 해야 했다. 그리고 아들의 의약품을 살 돈을 마련하기 위해 어쩔 수 없이 한 남자에게 의지해 지내길 원하던 여성도 있었다.

자발적 지원과 강제 동원의 경계를 규정하는 것은 어려운 일이다. 여성을 모집할 때 위협과 속임수는 흔한 일이었다. 일본인과 관계를 맺고 있던 여성들이 강제로 위안소에 투입되기도 했다. 하지만 그러한 관계를 맺은 것이 과연 범죄였을까? 또 다른 여성들은 자발적으로 지원했으나 곧 혐오감을 느꼈다. 호랑이 굴에 한번 들어간 이상 더는 빠져나올 길이 없었다. "자발적으로 시작했지만, 결국 포로가 되어 끝났다"고 흔히 말하곤 했다.

여성이 성매매에 발을 들여놓는다는 것을 알고 선택하게 되었다면 우리는 이것을 자발적 지원이라고 부를 수 있는 것일까? 항상 그런 것은 아니다. 전쟁 중에는 편의주의와 목숨 보전 사이의 경계가 모호해진다. 어린아이들의 경우도 마찬가지다. 바타비아에서 열린 임시 군사 재판에서 유럽 여성을 모집한 피의자에게 검사가 물었다. "이 여성들은 일본군에 의해 수용소에서 기아 상태에 처했습니다. 만일 연합군이 감독하던 일본 여성들이 굶어 죽어가고 있었고, '몸을 팔 것인지 아니면 수용소에서 굶어 죽을 것인지', 둘 중에서 하나를 선택하라고 했다면 어떻게 했을까요?" 일본군은 수용소 밖에 살던 유라시안 여성들을 '위안부'로 끌어들이기 위해 고의로 빈곤 상태로 내몰았다. 성매매라는 선택지는 여성들의 원칙을 어려운 실험대에 올려놓았다.

성매매를 선택함으로써 혹독한 결과가 뒤따랐고, '자원자'들은 대부분 그것을 잘 알고 있었다. 여성이 위안소를 선택했다면, 미래에 따라올 결과는 명백했다. 예를 들어, 그녀는 남편을 잃을 위험을 감수해야 했다. 지독한 낙인 때문에 정상적인 삶을 살아가는 것도 불가능했다. 수용소 내 다른 여성들조차도 이들을 '일본군 창녀'라고 혐오했다. 사람들은 모두가 견뎌야 했던 고난을 '위안부'들이 회피했다고 생각했으며, 따라서 그들을 친일 협력자로 여겼다.

강제 동원 '위안부'는 경계가 모호한 중간 영역에 놓여 있다. 그럼에도 불구하고 네덜란드 여성 피해자 수를 정확히 파악하기 위해 이에 관한 논의는 의미가 있다. 바르트 판 풀헤이스트는 네덜란드령 동인도에서 강제로 동원된 유럽 여성 '위안부'에 관한 보고서를 작성했을 때 이미 이 문제로 고심한 바 있다. 그는 자신이 적용한 기준을 근거로 65명의 여성은 의심할 여지없이 강제 성매매를 당했다는 결론에 도달했고, 그것은 최소한의 수치였다. 판 풀헤이스트는 1992년 8월 8일 『NRC 한덜스블라트』 신문에 실린 기사 〈동양의 조용한 강요〉에서 "아이들과 함께 비참한 생활을 하는 것보다 성매매를 선택한 여성들을 무조건 자원자라고 분류할 수는 없다"고 언급하였다. 역사학자 빈 린제마는 저서 『상처 난 이미지(Het geschonden beeld)』에서 강제 성매매에 대하여 미묘하게 다른 정의를 내리고 있다. "아시아와 네덜란드령 동인도에서 행해진 강제 성매매에 대한 정의를 내릴 때, 반드시 속임수라는 요소가 포함되어야 한다. 따라서 '제2차 세계대전 중 강요, 속임수 혹은 극단의 빈곤으로 매춘부 생활을 할 수밖에 없었고, 그 후 정상적인 사회 참여가 불가능해진 경우'라고 정의할 수 있다."[18]

그렇다면 이제 남게 되는 진정한 의미의 자원자는 직업 매춘부이다. 그들은 나쁜 여성이고, 완전히 잘못된 사람들이며, 일본의 협조자들일까? 이 지점에서도 좋은 여성과 나쁜 여성의 구분은 쉽지 않다. 여성들이 강제로 위안소로 끌려갈 때 그들 대신 가겠다고 나섰던 여성들은 어떠한가? 어린 소녀들을 위해 자원하고 직접 힘든 일을 도맡은 직업 매춘부를 두고 도덕성이 부족했다고 비난할 수 있는가? 문티란 수용소에서 끌려간 여성 중에는 수라바야의 댄스 클럽 타베린에서 일하던 티네커 혹은 '타베린의 여자'라고 불리던 여성이 있었다. 어느 날 어린 소녀들이 군용 트럭에 실려 강제로 끌려갈 때, 그녀는 사람들을 향해 "내가 당신들 아이들을 돌봐줄게요."라고 외쳤고, 실제로 소녀들을 위해서 발 벗고 나섰다. 나중에 문티란 수용소로 돌아온 한 소녀는 밤에 방문객이 왔을 때 티네커가 '얌전한' 소녀 8명을 목욕탕에 숨겨줬다고 말했다. 그녀는 소녀 몇 명을 풀려나게 해주기까지 했다. 과연 이런 여성을 나쁜 사람이라고 할 수 있을까?

수용소 운영진

수용소를 관리하던 일본 군인들은 반장(班長) 여인들의 도움을 받았는데, 이들은 네덜란드 여성과 점령자 사이에서 중개자 역할을 했다. 이 수용소 대표들은 스마랑의 비극과 다른 수용소에서 일어난 납치 사건에서 결정적인 역할을 했다. 위안소 강제 연행이 수용소 사람들의 저항으로 저지된 대표적인 사례는 수마트라섬의 파당 근처 수용소에서 일어났다. 일본군은 이미 1943년 2월, 이 수용소에서 여성들을 차출해 가려고 했으나, 대규모 저항이 일어났고 일본 헌병도 여성들의 편을 들어주었다. 그러나 그해 10월 수용소 대표는 100명의 여성을 보내야 했고, 그들은 파당의 한 건물로 이송되었다. 일본군은 위안소 '포트 더 콕'에서 일할 자원자 30명을 찾고 있었다. 결국 그들 중 4명이 자원하였다. 얼마 지나지 않아, 여성 25명을 거짓된 구실로 속여 수용소에서 데려와 버스에 태웠다. 수용소 대표는 이것을 용납하지 않았고, 버스에 올라 여성들을 데리고 나오려고 했다. 이러한 행동은 일본 군인들의 큰 분노를 샀다. 버스는 달리기 시작했다. 그러나 그 버스가 갑자기 포트 더 콕 방향으로 틀자, 수용소 대표가 버스 운전사를 가로막고 수용소로 돌아가도록 윽박질렀다. 아찔한 장면이 벌어진 후, 11명의 여성은 비교적 자발적으로 포트 더 콕으로 향했고, 나머지 여성들은 수용소에 남을 수 있었다.

다른 반장들의 역할은 모호한 경우가 더 많았는데, 이들의 방임이 비난받을 수 있다는 점에서 그렇다. 강제로 동원된 '위안부' 중 한 명은 그들이 강제 연행되는 것에 대해 암바라와 수용소의 대표가 일본인에게 항의했다는 느낌을 받았다. 그러나 공동 취사장의 네덜란드인 반장의 얘기는 달랐다. 그녀에 따르면, 대표는 어머니들에게 저항하지 말라고 설득했다는 것이다. 저항할 경우, 소녀들이 짐 가방을 가져갈 수 없을까 봐 걱정했기 때문이었다. 소녀들이 짐을 챙기는 동안 많은 사람이 수용소로 모였다. 취사장 반장을 비롯한 3명의 여성이 대표에게 소녀들을 보내는 것에 대해 항의했다. 대표의 답은 "안타깝지만, 아무것도 할 수 없다."였다. 수용소 경비병들이 사람들을 해산시켰고, 버스는 출발했다. 같은 날 저녁 항의했던 세 명의 여성은 수용소 운영진에게 소환되었다. 대표는 소녀들이 떠나기 전에 이들이 왜 수용소 주민들을 모았는지 이유를 물었다. 그녀는 모욕감을 느꼈다고 말하며, 자신이 어떤 다른 조처를 해야 했었는지 물었다. 이에 세 명 중 한 명이 대답했다. "하느님은 우리 소녀들을 포기하지 않도록 힘을 주셨을 것 같습니다." 또 다른 수용소 대표가 물었다. "그런데도 일본군이 소녀들을 요구했다면 어떻게 했을 건데요?" 그 질문에 대해 공동 취사장 반장이 말했다. "상황이 그렇게 수습 못 할 정도는 아니었고 […] 부인이 주먹 한 방 정도만 맞으면 될 일이었잖습니까."

그러한 방관적 태도는 암바라와-위르쉬린더 수도원에 억류되었던 한 여성의 수용소 일기에서도 드러난다. 다음은 1944년 2월 26일 일기이다. "우리 수용소 대표는 나약한 것으로 유명하다. 그녀가 굳건

하게 버텼더라면 소녀들이 수용소를 떠나지 못했을 것이다. 우리 모두의 책임이다. 오늘 소녀 15명이 위안소로 보내졌다. 이것을 용인한 수용소 운영진은 무거운 책임을 져야 한다. 어머니와 딸이 헤어지면서 우는 동안 일본 군인들은 웃고 있었다."

할마헤이라의 반장도 일본군이 소녀들을 선발할 때 참석하고 있었다. 수용소 사람들이 무슨 일 때문이냐고 물었을 때 그녀는 소녀들이 바에서 일할 거라고 대답했다. 어머니들은 그녀를 믿지 않았고 힘을 합쳐 저항했다. 엘런 판 데어 플룩은 회고록에 썼다. "성격상 어떠한 저항도 하지 않은 우리의 반장을 책망할 수밖에 없다. 다른 수용소에는 여성 영웅들이 있었다. 그들의 행동이 효과가 있을지 확실하지 않았으나 그들은 과감하게 말했다. '저 애들은 데리고 갈 수 없다. 차라리 우리를 쏴 죽여라.' 그것이 바로 개인의 인성이다." 문티란 수용소에서도 네덜란드인 수용소 대표들의 나약한 태도에 대해 불만이 있었다. 한 간호보조원이 다음과 같이 말했다. "우리 수용소 운영진은 우리에게 좋은 소리를 듣지 못했습니다. 사람들은 그들이 일본군에게 너무 우호적이라고 생각했어요. 우리 수용소 대표는 [⋯] 소녀들이 끌려갈 때 충분히 대응하지 않았습니다."

스마랑의 습격

스마랑 시내에서도 강제 매춘 사건이 일어났다.[19] 1944년 4월에 그곳에 있던 위안소 4곳이 문을 닫기 직전 경찰과 헌병은 여러 장소를 급습하여 약 100명의 소녀와 미혼 여성들을 체포했다. 그들 중 3분의 1은 유럽 여성이었고 나머지는 인도네시아인 그리고 중국 여성이었다. 그들은 모두 바와 식당에서 일한 적이 있었다. 그리고 어떤 이유에서든 헌병은 그들을 좋아하지 않았다. 13살이던 루스는 바로 그 전까지 스마랑에 있던 바스바니 식품점에서 일했다.[20] 1944년 4월 15일 새벽 2시 인도네시아 경찰관 5명이 그녀를 집에서 연행해 갔다. 또 다른 소녀 헨리커는 어머니와 함께 가난하게 살고 있었는데, 당시 여성에게는 돈 벌 기회가 많지 않았기 때문에 바텐더로 일하게 되었다고 했다. 그러나 일본 군인들은 수시로 그녀의 가슴을 만졌고 가게 주인은 그녀에게 돈을 받고 일본군과 잠자리를 하지 않겠냐고 반복해서 물었다. 일주일 후 그녀는 견디다 못해 사직서를 제출했고, 같은 날 경찰서로 출두해야 했다.

결국 이 소녀들은 스플렌디드 호텔로 이송되었다. 그곳에 있던 다른 네덜란드 여성들은 이미 떠난 상태였다. 약 20명의 소녀가 선발되어 성병 검사를 받았고 그들은 '인위적'으로 처녀성을 파괴당했다. 미이커가 말했다. "내 차례가 되었을 때 그 방에는 일본인 의사 두 명과 간호사 한 명이 있었어요. 의사 한 명이 저에게 바지를 내리라고 했습니다. 그렇지만 나는 그럴 마음이 없었어요. 그러자 그는 저를 거칠게 잡아당기더니 바지를 벗기고 여물통처럼 생긴 것 위에 눕혔어요." 다리를 벌린 채 깊은 수치심을 느끼며 누워있으니 이내 기구 하나가 몸속으로 들어오는 것을 느꼈다. 몸속 깊이 들어온 기구는 이리저리 회전했고, 그녀는 극심한 고통을 느꼈다. 허벅지 위로 피가 흘러내렸다. 그리고 그녀는 다시 방을 나와야 했다. “저 다음에 다른 소녀들의 차례가 되었고, 그들도 같은 고통을 겪었습니다. 그들이 비명을 지르고, 고통으로 신음하는 소리를 들었습니다.”[21] 소녀들은 50길더(22.3유로)를 '착수금'으로 받아야 했다. 거부하는 사람은 구타와 발길질을 당했다. 같은 날 저녁, 분노한 많은 가족과 지인들이 스플렌디드 호텔 밖에 모여들었다. 하지만 그들의 항의는 소용없었다. 다음날 소녀들은 수라바야로 이송되었는데, 이는 친일 네덜란드인 협력자들 또한 공조한 작전이었다. 여성 한 명이 병에 걸렸고, 두 명은 탈출에 성공했다. 이 두 여성 중 한 명인 네덜란드 여성이 후에 증언하길, 자신이 '위안부'가 되어야 했던 것은 일본 천황의 명령 때문이라고 했다. 그들은 내용을 알 수 없는 서류에 서명해야 했다. 서명하지 않으면, 다른 자술서에 서명해야 했다. 여기에는 서명한 사람이 죽임을 당하더라도 이의가 없다는 내용이 담겼다는 것을 그들은 나중에 알게 되었다. 그녀가 탈출하는 과정에서 인도네시아, 베트남, 한국 여성이 일하는 위안소를 이곳저곳에서 목격했다.

두 달이 지난 후 수라바야에 남아 있던 네덜란드 여성 17명은 다른 7명의 유럽 소녀와 함께 배를 타고 플로레스로 이송되었다. 플로레스는 외곽 지역에 속했고 그곳은 일본이 비행장을 건설하고 있었으며 '위안부'가 부족한 상황이었다. 일본군은 강제로 소녀들을 그곳 위안소에서 일하게 했다. 소녀들은 일주일에 최소 100장의 티켓을 모아야만 했다. 헨리커는 세 번의 탈출을 시도했고, 한 번은 스스로 목숨을 끊으려고도 했다. 하지만 결국 병에 걸려 위로금 450길더(204,55유로)를 받고 어머니에게 돌아갈 수 있었다.

루스는 일 년 반 동안 일본 군인 니노미야와 함께 살아야 했다. 그는 그녀를 비교적 인간적으로 대우했다. 그리고 전쟁 말기인 1945년 8월 그녀를 스마랑으로 돌려보냈다. 한 달 후 그녀는 한 아이를 출산했다. 플로레스 위안소에서 일하던 다른 '위안부'는 루스가 출산한 이틀 뒤인 1945년 9월 3일 한 아이를 출산했다. 그녀를 좋아했던 나이 든 일본군 방문자의 아이라고 그녀는 확신했다. 그녀의 말을 빌리면, 그 남자는 개를 닮았고 콘돔을 사용하지 않으려 했다.[22] 이 아이들은 해방 후 태어났지만, 그들은 강제로 임신된 아이들이었다.

스마랑 외곽 위안소

'위안소의 도시' 스마랑 이외에도 일본이 점령한 네덜란드령 동인도에는 네덜란드 소녀들이 성 노예로 일해야 했던 다른 위안소들이 많이 있었다.

1943년 1월 일본군 일행이 여성들을 차출하기 위해 자바섬의 도시 메게랑에 있는 문티란 수용소를 방문했다. 그들은 40명의 여성과 소녀를 어머니들과 함께 교회로 몰아넣었다. 그곳에서 일본군은 여성들을 머리끝에서 발끝까지 검사했다. 그들은 치마를 들어 올려 여성들의 다리를 살펴봤다. 소녀 중 한 명은 다리에 커다란 흉터가 있어 선발되지 않았다. 결국 15명의 소녀와 여성들이 버스에 올라야 했다. 그들은 대부분 어찌할 바를 모른 채 울면서 떠났다. 심지어 한 어머니는 딸과 함께 동원되었다. 수용소에서는 반대 시위가 일어났다.

며칠이 지나 일본인들이 돌아왔다. 그들은 수용소 운영진에게 수라바야에서 '방탕한' 여자들로 알려졌던 여성들의 명단을 손에 쥐여줬다. 그들은 자원자를 요구했다. 자원자가 나서준다면 어린 소녀 두 명을 – 그중 한 명은 겨우 14살에 불과했다 – 다시 수용소로 돌려보내겠다고 했다. 이렇게 일본 군인들이 데려간 여성 6명 중 한 명은 분명히 자신의 의지와 관계없이 가게 되었다. 남아 있던 13명의 소녀와 자원자들은 1943년 1월 28일 마게랑의 한 위안소에 투입되었다. 한 달 후, 끌려간 딸들의 어머니들 앞으로 우유와 쿠키가 포함된 식료품 소포가 수용소에 도착했다.

시토본도에서는 헌병이 매우 비겁한 방법으로 자바섬 본도오소에 있는 바루 호텔로 소녀들을 데려가려 했다. 그곳에는 1943년 초부터 유럽 여성 8명이 일하고 있었는데 그중 최소 4명은 분명히 그들의 의사와 상관없이 강제로 온 것이었다. 그러나 헌병은 더 많은 여성을 모집해야 했다. 1943년 8월 네덜란드 여성 4명이 헌병대에 소환되었고, 헌병은 그들을 위안소에 투입하기 전 이틀간 파시르 푸티에 있는 호텔 제이지히트에 감금하고 강간했다. 그 사건으로 소녀 두 명이 충격을 받아 자살을 시도했다. 두 달 후 헌병은 다른 두 소녀를 또 다른 여성 몇 명과 함께 바루 호텔로 데려갔다. 4명 중 세 명은 단식 투쟁에 들어갔고 그들은 2주 후 집으로 돌아갈 수 있었다.

이 도시의 다른 위안소였던 본도우오소 호텔에서는 한 여성이 강간 후유증으로 목숨을 잃었다. 1943년 8월부터 4달간 여성 10명이 그곳에서 일했다. 그들 중 한 명은 나중에 바타비아의 임시 군사 재판에서 증언했는데, 그녀는 장교 한 명에게 강간당한 후 지속적으로 매춘을 강요당했다고 말했다. 군사 재판부는 그녀가 충분히 저항하지 않은 것으로 판단했다. 그 군사 재판부가 남성으로만 구성되었고 그 상황 속에서 여성이 느꼈을 감정을 전혀 이해하지 못했다는 점은 분명히 밝혀둘 필요가 있다.

자바섬의 반둥시에 있던 웰허레이헌 호텔은 장교 클럽으로 변신했다. 일본군은 이곳에서 일할 굶주린 여성들을 수용소 안팎에서 모집했다. 1943년 점령군은 치하핏 수용소의 여성들에게 신분증 발급을 약속하고 중국 식당에서 음식을 제공하며 여성들을 모집하려 했다. 중국요리는 일 년 동안 밋밋한 죽만 먹어온 여성들에게는 유혹적인 제안이었다. 하지만 여성들이 장교 클럽에 도착했을 때 이미 그들은 속았다는 것을 깨달았다. 위안소에 있던 네덜란드 여성과 현지 여성들이 곧 닥칠 일에 대해 귀띔해 주었다. 다행히도 모든 것을 되돌릴 수 없는 상황은 아니었다. 한 여성이 스스로 희생하여 그곳에 남기로 했고, 겁에 질린 다른 여성들은 풀려나게 되었다. 장교 클럽은 반둥의 다른 호텔인 메트로폴리스처럼 현지인 헤이호(보충병)와 카이보단이 경비를 맡았다. 그곳에서도 강제 동원 네덜란드인 '위안부'들이 일하고 있었다. 두 위안소에서 일하던 여성들은 매일 아침 11시 이전에 잠시 대로변으로 나와 걸어 다닐 수 있었지만, 왼쪽 팔 위쪽에 일본어로 '국가의 적'이라고 적힌 빨간 완장을 반드시 차고 다녀야 했다.[23] 여성들은 숙식 이외에 약간의 돈과 수용소에 수감된 네덜란드인의 집에서 훔쳐 온 옷을 제공받았다. 웰허레이헌과 메트로폴리스에서 일한 여성들이 맞닥뜨린 상황은 비참했다. 일본군은 네덜란드 여성들에게 달콤한 약속을 했지만, 비참한 상황은 일본군 위안소에서 너무도 빈번히 발생했다.

인도네시아 여성

증인 진술서에 인도네시아인의 증언은 거의 나타나지 않는다. 그들은 바타비아 임시 군사 재판 문서에서 단지 엑스트라 등장인물에 지나지 않는다. 네덜란드의 눈에는 그 전쟁이 인도네시아인들과는 거의 관계없는 싸움이었기 때문이다. 인도네시아 사회 내에서도 일본군 '위안부' 문제는 오랫동안 목소리를 내지 못했다. 이것은 부분적으로 '아닷'과 연관 있다. 아닷은 이런 종류의 아프고 민감한 사건은 오히려 자기 혼자만 간직하고 참으려는 인도네시아의 도덕적 행동 규범이라고 할 수 있다. 강제 매춘은 실제로 발생하였다고 암본에 주둔한 일본 해병대의 전직 급여 관리인이 회고하며 증언했다. 그는 마을의 여성들이 위안소로 끌려가던 일본군 '위안부' 사냥을 기억했다. "제가 군인 클럽을 방문했을 때 젊은 인도네시아 여성들의 비명을 여러 번 들었습니다. 그때마다 매번 끔찍한 기분이 들었습니다."

특히 네덜란드령 동인도에서 일본군 '위안부' 제도는 대규모로 시행되었다.[24] 1995년 일본인 가와다 후미코는 연구 끝에 일본군에 의한 성폭력 피해자가 22,234명에 달한다는 결론을 내렸다. 이 숫자는 일본군의 정부(첩) 수와 강간 건수도 포함한 것이다. 인도네시아의 잡지 『템포(Tempo)』는 1992년 출처에 대한 언급 없이 피해자 숫자를 6만 명으로 보도했다. 일본군 '위안부' 제도가 네덜란드령 동인도에서 대규모로 활성화되었다는 사실은 놀라운 일이 아니다. 일본은 이미 오랫동안 인도네시아 군도에 발판을 마련하고 있었다. 일본은 인도네시아와 좋은 무역 관계를 유지하고 있었고, 많은 일본인이 그곳에 살고 있었으며, 그들은 스파이로서 현지 주민과 접촉하고 있었다. 1941년 7월, 일본이 네덜란드령 동인도를 침공하기 5개월 전 일본 육군성은 인도네시아의 촌장들에게 할당량을 부여하여 여성을 성 노예로 모집하도록 하는 방안을 검토했다.[25] 의무대 지휘관은 '위생 상태'를 조사하기 위해 특별히 자바섬으로 출장을 떠났다. 7월 26일 육군성에서 열린 회의에서 그는 다음과 같이 보고했다. "우리는 강간이 일어나지 않도록 매우 조심해야 합니다. 그렇지 않으면 현지인들이 일본군의 기강을 불신하게 될 것이기 때문입니다. 매우 열악한 환경에서 살고 있는 많은 현지 여성이 매춘에 빠지고 있습니다. 반둥과 다른 지역에는 성병이 만연해 있습니다. 그래서 촌장들에게 '위안부' 여성을 공급하게 하고, 엄격하게 성병 검사를 받도록 하며, 위안소를 설치하는 것이 중요합니다."[26]

일본 점령군은 특히 초기에 인도네시아의 '위안부'에 대해 분명히 이중적인 태도를 보였다. 한편으로 일본은 점령군 부대를 위해 '위안부'가 필요했다. 특히 인도네시아에는 해상 이송에 대한 위험이 커서 한국과 중국 여성이 적었기 때문이다. 다른 한편으로 일본은 아시아 대륙에서 그랬던 것처럼 현지인의 저항을 유발하는 것을 원하지 않았다. 일본은 과거 경험에서 교훈을 얻었기에 인도네시아인의 마음을 얻으려고 했다. 인도네시아 여성을 납치하고 위안소에 투입하는 점령군의 이미지는 이러한 의도에 부합하지 않았다. 인도네시아인들은 처음에는 네덜란드 식민주의자로부터 그들을 해방해 줄 일본군을 반갑게 맞이했다.

그러나 큰 기대감은 곧 부정적인 감정으로 바뀌었다. 전쟁과 새로운 경제 정책으로 인한 빈곤과 식량 부족으로 일본의 인기는 하락했고 불안감은 고조되었다. 반년이 지나 새로 부임한 하라다 육군 중장은 인도네시아 군대가 현지 주민의 질서를 유지해야 한다고 결정했다. 일본은 현지인을 대상으로 '헤이호(보충병)'를 모집하기 시작했다. 이 모집은 사설 위안소를 위한 '자원' '위안부' 모집과 병행되었다. 여기에서도 일부 소녀들은 교묘한 잔꾀에 속아 넘어갔다. 다른 여성들은 인도네시아인들이 점점 더 비참한 상황에 직면함에 따라 자발적으로 지원했다. '위안부'들은 거의 언제나 빈곤한 가정 출신이었다.

위안소는 주로 개인이 관리했으며 악명 높은 헌병의 감독 아래에 놓였다. 헌병은 인도네시아에서 막강한 권력을 가지고 있었으며 어디에든 존재했다. '위안부' 모집은 공무원, 촌장 그리고 여성 단체를 통해 이루어졌다. 일본 전범과 정보원에 관한 자료가 담긴 한 보고서에 따르면, 보르네오에서는 일본인들이 자신들의 인도네시아인 여성 직원까지 해군 위안소에 동원하였다고 한다.[27]

"여성을 모집하는 것과 관련하여 해병대 헌병은 민정부(해병대 군속 행정처)의 모든 여성 근로자와 일본 회사의 여성 근로자들에게 해병대 헌병 사무실에 집합하라는 명령을 내렸고, 일부 직원의 옷을 완전히 벗기고 일본 군인과 관계한다는 이유로 비난했다."라고 보고서에 명시되어 있다. "그 뒤에 이어진 건강 검진 결과 다수의 여성이 처녀였음이 밝혀졌다. 이 불행한 여성 중 몇 명이나 위안소에 강제로 끌려갔는지는 확실하지 않다. 여성들은 위안소에서 감히 탈출할 용기를 내지 못했다. 탈출하는 경우에는 해병대 헌병이 가족 중 한 명을 체포하여 심하게 고문했기 때문이었다. 이로 인해, 한 소녀의 어머니가 죽게 된 사건이 알려져 있다."

정부 그리고 진정한 사랑

네덜란드령 동인도에서 많은 장교가 유라시안, 유럽인 혹은 인도네시아인 정부를 두었다. 현지 소녀들은 대부분 집안일을 하며 밤에는 침대에서 다른 임무를 맡는 가정부로 일했다. 일본 군인들은 가끔 공장에서 정부를 찾기도 했다. 또 다른 여성들은 강압에 의해 일본 군인과 결혼해야 했다. 18살 된 한 소녀는 일본 군인이 그녀의 아버지를 죽인다고 협박했기 때문에 그에게 결혼 서약을 했다. 그 일본 군인은 그녀를 비교적 잘 대해 주었다. 그는 전쟁이 끝나고 일본으로 돌아가야 했을 때, 그녀와 자신의 딸에게 1년 동안 살 수 있는 충분한 돈과 옷 그리고 식량을 마련해주고 떠났다.[28] 인도네시아 국민은 일본 점령군을 해방군으로 간주했기 때문에 일본인과의 그러한 관계를 네덜란드인과의 관계보다 어렵지 않게 수용했다.

네덜란드 여성들 역시 물리적 강요는 없었지만, 일본 군인의 정부가 되라는 압박을 끊임없이 받았다. 많은 네덜란드 여성이 경제적 궁핍으로 인해 그러한 선택을 할 수밖에 없었다. 이는 네덜란드인 공동체의 관점에서 볼 때 적에 협조하는 것이었기 때문에 그들에겐 어려운 결단이었다. 네덜란드인 남편을 둔 인도네시아 현지인 아내들과 마찬가지로 혼혈인 여성들도 어려운 상황에 처했다. 그들의 아버지와 남편이 수용소에 있거나 실종되었음에도 네덜란드인 '지배자'와의 관계 때문에, 이들은 인도네시아 사회에서 외면받았다. 따라서 그들은 종종 고립된 채 빈곤 속에서 살았다. 가난은 많은 여성에게 어려운 선택을 강요했다. 일 년간 인도네시아에서 연구한 일본 여성 가와다 후미코는 다음과 같이 설명한다. "그들은 아주 아름다운 소녀였기 때문에 특별히 인기가 있었습니다. 그들은 종종 강제적으로 혹은 다른 어떤 이유로 일본인들을 위한 매춘소에서 일하게 되었습니다. 많은 이들은 매춘에 발을 들여놓지 않기로 마음먹었으나, 억압적인 상황으로 인해 특정 일본인의 애인이 되기도 했습니다."[29]

일본인과 진짜 사랑에 빠지는 일이 실제로 일어나기도 했다. 자바섬 솔로에 살던 야네커는 그녀의 어머니가 사망하고 네덜란드 육군에 복무하던 아버지가 실종된 후 세푸에 있던 일본 식당에서 종업원으로 일했다. 한 젊은 군인이 그녀를 유혹했고, 화장실에서 성관계를 가졌다. 얼마 지나지 않아 그들은 동거를 시작했다. 그 일본군이 전출된 지 얼마 지나지 않아 그녀는 딸을 출산했다. 그는 그녀에게 다시 돌아오지 않았다. 그녀는 자신의 가정을 꾸렸다.

일본 점령군이 퇴각한 후 일본군의 정부였던 여성들은 어려움을 겪었다. 그 여성들은 많은 지탄을 받았다. 현지 여성 중 일부는 속죄의 의미로 독립 투쟁에 동참했다. 다른 이들은 망연자실하여 자살하기도 했다.

강제적인 노예 관계든, 자발적인 사랑의 관계든 이들 관계 속에서 수많은 아이가 태어났다. 강제 동원 일본군 '위안부'의 이익을 대변하는 인도네시아 단체인 전 인도네시아 헤이호의 커뮤니케이션 포럼

(The Communication Forum of the ex-Indonesian Heiho)은 성 노예 생활로 인해 태어나거나 일본군 정부의 아이로 태어난 자녀 800명의 문제에 관심을 기울이고 있다. 이 숫자는 빙산의 일각에 불과하다. 네덜란드에서는 거의 40년이 지나서야 강압이나 사랑으로 일본군 사이에서 태어난 자녀들이 사쿠라 재단을 설립했다. 그들은 적에 '협력'한 여성의 자녀로서 사회로부터 소외되었기 때문이다. 자바섬 출신 야네커의 딸처럼 자신의 출생의 비밀을 알게 되어 아버지를 찾아 나선 이들도 있었다.

제5장 무기로서의 남성 성기

일본군 '위안부' 제도는 실패한 것으로 밝혀졌다. 이 제도의 설계자였던 오카무라 장군도 결국 이를 충분히 인정했다. 특히 '위안부' 제도를 만든 중요한 이유가 집단 강간을 방지하기 위한 것이었다는 점에서 더욱 그러하다. 실제로 일본 군인들은 여전히 대규모 강간을 저질렀다. 일본군 중위이자 교수인 하야오 도라오에 따르면, 강간은 심지어 필수적인 것으로 여겨졌는데, 이는 1939년 작성된 전장의 문제점에 관한 비밀 보고서에서 밝혀졌다. 위안소 시스템이 막 공식적으로 도입되었을 때, 이 고위 자문관은 즉시 이를 비난하였다. 일본에서는 절대로 여자를 강간하지 않았을 일본 군인들이 전쟁으로 인해 매우 과격해졌고 중국 여성은 마음대로 제압해도 되는 대상으로 여겼다. 더욱이 지휘관들은 이러한 행동을 눈감아 주었는데, 하야오 도라오 교수에 따르면, 이는 지휘관들이 병사의 전투 의지를 북돋우는 데

강간이 필요하다고 생각했기 때문이다.[1]

그의 주장이 중국에만 적용되는 건 아니었다. 다른 나라에서도 군인들에게 성적인 통제력을 기대하는 건 어려운 일이었다. 군대에 '위안부' 제도를 도입한 시점에서 군 지도부는 이러한 상황을 전혀 예상하지 못했다. 일본군 '위안부' 제도의 실패 원인은 그 제도를 뒷받침하던 논리가 맞지 않았기 때문이다. 이 제도 때문에 병사들이 적국의 여성을 성폭행하는 것을 정상으로 여겼고, 위안소 밖에서 여성을 강간하는 것은 아무렇지도 않은 것이 되었다.

전쟁은 성폭력의 온상지다. 하지만 일본만 탓하는 것은 옳지 않다. 비슷한 시기에 일본과 유사한 제도를 도입한 독일처럼 20세기 다른 국가들도 전쟁 상황에서 강제 매춘과 대규모 강간을 저지른 바 있다.

성병

일본군 '위안부' 제도의 도입에도 불구하고 일본은 강간을 막을 수 없었다. 또한, 성병을 막으려는 노력도 대부분 효과를 거두지 못했다. 중국 북부에 주둔하던 제15군 의무 장교의 보고서에 따르면 매달 '위안부' 여성의 15%에서 20%가 성병에 걸렸다. 그러나 그 비율은 실제로는 훨씬 더 높았을 것이라고 '위안부' 피해자들은 증언한다.[2] 퇴역 장교 스즈키 요시오는 위안소에서 일한 여성 중 완벽하게 건강한 여성은 단 한 명도 없었다고 말한다.[3] 그들은 모두 여러 가지 질병을 앓고 있었다. 위안소에 도착했을 때 여성들이 대부분 처녀였다는 점을 고려한다면, 그들이 성병을 옮겼다고 주장하기엔 무리가 있다. 따라서 위안소 자체가 군대에 성병을 확산시킨 책임이 있으며, 실제로 위안소는 성병의 온상이었다.

성병 확산의 가장 큰 원인은 군인들에게 있었다. 그들은 위안소 밖에서 현지 여성을 성폭행했고, 위안소 내에서는 콘돔을 사용하지 않았다. 한 장교는 부하들이 "어차피 전쟁터에서 죽을 몸이니, 성병이 두렵지 않다."라고 하는 말을 종종 들었다. 군인들은 매독이나 임질에 걸리면 그 사실을 숨기기 위해 모든 수단과 방법을 가리지 않았다. 많은 장교와 사병이 성병에 걸린 사실을 군의관이나 병원에 알리려고 하지 않았기 때문에, 그들은 현지 시장에서 약을 구했다.

그렇지만 '606 주사약'은 너무 비쌌고 군인들의 박봉으로는 쉽게 살 수 없었다. 퇴역 장교 스즈키에 따르면, 이것은 기이한 현상을 가져왔다. 많은 군인이 자발적으로 군사 작전에 지원하였고, 약값을 마련하기 위해 현지 주민의 집을 약탈하였다. 스즈키가 소속된 부대에서는 주목할 만큼 이러한 현상이 늘어났고, 마침내 모든 병사는 부대 입구에서 큰 금액의 돈을 소지하고 있는지 몸수색을 당하기도 하였다. 중국에서 어린 소녀를 인질로 잡고 거금을 요구하는 인질극을 통해 많은 돈이 나왔을 가능성이 크다.

전쟁과 섹스

전쟁과 섹스는 서로 공통점이 없는 것처럼 보인다. 전쟁은 젊고 건강한 남자를 오랜 기간 여성과 분리하는 유일한 상황이다. 모든 전직 군인들은 엄격한 규칙과 제재 속에서 살아야 하는 남성 공동체의 맹목적인 성도착증을 기억한다. 전쟁은 남성적인 현상으로, 그 안에서 남성은 오직 육체적 힘과 용기로만 인정과 평가를 받는다. 이 경우 여성은 외부인, 열등한 성으로 간주된다.

전쟁은 우리가 상상할 수 있는 스트레스가 가장 심한 상황이다. 죽음은 매 순간 도사리고 있다. 한 일본 군의관의 말에 따르면, 전쟁은 군인들에게 '일시적인 광기'를 일으켜,[4] 남자가 가정에서 부인이나 자녀를 대하는 것과는 전혀 다른 방식으로 행동하게 만든다. 섹스는 전투에서 잠시나마 생각을 벗어나게 할 수 있는 방법이며, 이는 순전히 원초적인 욕구다. 이러한 원초적인 성욕을 해결하기 위해 군인들은 모든 시대에 걸쳐 확실한 해결책을 찾았다. 그들은 여성을 강간하거나 매춘부에게로 갔다.

역사적으로 군대는 언제나 매춘부를 끌어들였다. 16세기 스페인 알바 공이 네덜란드를 침공했을 때 매춘부 1,200명을 휘하에 두었고, 이 중 400명은 말을 타고, 나머지 800명은 걸어서 이동했다. 20세기에 들어서는 미국이 대표적인 예를 보여 주었다. 미국이 제2차 세계대전에 참전하게 되었을 때, 조지 패터슨 장군은 미국 육군을 위한 공식 군용 위안소 설립을 고려하였다. 이는 '의심의 여지 없이 많은 강간 사건이 발생할 것'이라는 이유에서였다. 결국 그는 미국 국민의 반발을 예상하여 자신의 계획을 단념하기로 했다.

1960년대 미군은 베트남에서 사단장의 책임 아래 육군 베이스캠프에 '죄악의 도시', '붐 붐 살롱' 혹은 '디즈니랜드'라고 불렸던 군용 위안소를 설치했다. 걸프전과 베트남 종군 기자로 유명한 미국의 피터 아르네트 기자는[5] '라이 케' 위안소를 기억한다. 이 위안소는 60개의 작은 방으로 이루어져 있었는데, 각 방에는 테이블과 매트리스가 놓여 있었고, 벽에는 병사들을 흥분시키기 위한 플레이보이 사진이 붙어 있었다. 이 위안소에서는 베트남 소녀들이 일했고, 그들은 미국인의 욕망을 충족시키기 위해 가슴에 실리콘 주사를 맞는 경우가 많았다. 소녀들은 전쟁 중에 집과 가족을 잃은 난민이었다. 이 경우에도 과연 어디까지 자발적이라고 할 수 있을지 자문해 볼 수 있다. 베트남 지방 관료가 소녀들을 모집했기 때문에 미군은 그 더러운 일에 직접 나설 필요가 없었다. 미군 군의관 한 명이 여성들을 대상으로 매주 성병 검사를 했다. 군인의 성병을 예방하기 위한 교육 영상물이 넘쳐났다. 그러나 성폭력 예방에 대한 교육 자료는 존재하지 않았다. 미군 병사들은 베트남에서 대규모로 성폭력을 자행했다.

강간과 매춘은 서로 완전히 다른 별개의 개념이다. 전쟁이라는 상황에서 섹스는 그 자체로 양면적인 특성을 갖는다. 한편으로는 삶과 사랑을 위한 것이다. 한 베트남전 참전 용사는 말한다. "전쟁이 군인들을 섹스에 집착하게 만듭니다. '내일이 오지 않을 수도 있느니 지금 당장 사랑을 나누겠다'라는 생각은 죽음을 전제로 한 것입니다." 죽음이 다가올 때 마지막으로 쾌락과 사랑을 느끼고 싶은 욕망은 치열한 전쟁에 참전했던 군인들의 여러 증언에서 분명히 드러난다. 물론 번식을 위한 순전히 생물학적 욕구도 여기에 한 역할을 했다.

다른 한편으로 전쟁 중 섹스는 증오와 파괴 그리고 죽음의 가면을 쓰고 있다. 특히 적군의 여성을 강간하는 경우 그러하다. 여성은 거의 비무장 상태로 무장한 군인에 의해 정복된다. 베트남 전쟁에 참전한 미군 병사는 말했다. "많은 남자는 여럿이 함께 있을 때만 그렇게 합니다. 그러면 기분이 좋아지죠. 그들은 서로에게 '나도 할 수 있다'는 것을 보여 주려고 합니다. 그들이 혼자 있었다면 강간은 하지 않았을 것입니다."[6] 일본 군인들은 여자를 강간할 수 없으면 진짜 군인이 아니라고 종종 말하곤 했다.

강간은 전쟁 중 적이나 다른 나라, 다른 인종 그리고 다른 집단을 파괴하는 수단으로 사용된다. 남성 성기는 무기로 사용되며 게릴라 전사와 공산주의자, 유대인의 어린 딸과 아내를 표적으로 삼는다. 여기서 강간은 섹스에 대한 욕구보다 폭력과 더 깊은 관련이 있다. 그것은 적에 대한 적개심의 표현이며, 적을 지배하고 민간인을 통제하려는 의지의 표출이다. 일본군과 독일군 같은 국수주의적이고 공격적인 군대는 극단적 행태까지도 보여준다. 작가 수잔 브라운밀러는 1975년 출간된 강간에 관한 책에서 다음과 같이 주장했다. "독일군과 일본군에게 강간은 그들의 궁극적인 목표를 달성하기 위한 진지하고 합리적인 것이었다. 즉, 이들은 '열등한 인종'을 완전히 굴욕과 파괴로 몰아넣고, 자신의 우월성을 확립하고자 하였다."[7] 그 후 수십 년이 지난 지금, 일본과 독일 이외에도 수많은 국가가 '민족 말살을 위한 강간'을 자행한 피고인 명단에 오를 수 있다. 구 유고슬라비아, 르완다, 미얀마, 멕시코 등을 그 예로 들 수 있다.

군인들이 여성을 살해하지 않았다고 해도 강간은 적에게 커다란 타격을 준다. 강간은 적국의 사회 전체를 분열시키는 영향력을 가진다. 따라서 강간범은 아버지가 보는 앞에서 딸을, 남편이 보는 앞에서 부인을, 오빠 앞에서 여동생을, 심지어 아들 앞에서 어머니를 욕되게 하는 것은 우연이 아니다. 그러므로 강간은 단순한 폭력의 범주를 넘어선다. 강간은 여성 한 개인에 대한 고문이며, 동시에 그 사회에 정신적 타격을 주려는 의도를 가진다. 여성 당사자에게 강간은 엄청난 트라우마를 남길 수 있다. 순결을 빼앗기는 충격적인 행위가 적에 의해 자행되기 때문이다. 그리고 여성은 때때로 적의 아이를 임신하게 되고 결국 출산할 가능성도 가지게 된다.

평상시에는 그러한 욕망과 공격성이 법과 국제적으로 통용되는 행동 규범에 따라 억제된다. 하지만 전쟁 중에는 그 가치가 상실되는 경우가 많다. 더욱이 군 지휘관은 부하의 만행을 문제 삼지 않는다. 일부 일본군 장교들은 군인들에게 주어지는 '보상'의 하나로 여성을 강간할 권리가 있다고 생각한다.[8] 성폭력은 전투 중에 공격성을 자극하고 군 지휘자는 이로부터 이득을 얻는다. 1982년 포클랜드 전쟁에서 배를 타고 전쟁터로 이동했던 영국 군인들에게 폭력적인 포르노 영화가 상영되었다. 이는 전투를 위한 군인들의 공격성을 높이기 위함이었다. 똑같은 전략이 1971년 방글라데시에서 싸운 파키스탄 군인들에게도 사용되었다.

강간 캠프

"독일군이 우리나라에 온 지 1년이 지났습니다." 제1차 세계 대전 중 프랑스 군인 한 명이 어느 신부에게 말했다. "우리 집은 없어졌고 제 가게도 없어졌어요! 제 아내는 아직 젊습니다! 제 딸은 겨우 어린 소녀랍니다! 왜 제가 그 아이도 여자라는 생각을 하지 못했을까요! 제가 다니던 성당 신부님이 지금 저에게 편지를 보내왔습니다. 저의 젊은 아내와 어린 딸이 두 달 안에 적군의 아이를 낳는다고 말이죠!" 이 군인만이 이러한 비극을 경험한 것은 아니었다. 지금까지 알려진 바로는 한 국가가 대규모 강간을 의도적인 무기로써 사용한 것은 제1차 세계 대전이 처음이었다. 당시 가해자는 독일이었다. 피해자 여성의 수는 수만 명 또는 수십만 명에 달했다. '훈족의 강간'은 벨기에와 프랑스에서 피해자들 사이에 통용된 개념이었다. 제2차 세계 대전 기간 독일은 또다시 대규모 성폭력 테러를 저질렀다.

대규모 강간은 피해자 여성이 대부분 신고할 엄두를 내지 못하기 때문에 정확한 숫자를 밝힐 수 없는 경우가 많다. 하지만 전쟁터에서 집단 강간은 늘 일어나는 의례와도 같다. 그 추정치는 너무나 커서 할 말을 잃을 정도다. 1971년 파키스탄 병사들은 9개월간 20만 명의 벵갈 여성을 강간했다. 피해자 여성들의 모국인 방글라데시에서는 한국, 중국, 대만과 마찬가지로 순결을 중시하는 풍습이 있었고, 피해자 여성은 나중에 가족과 마을에 수치라는 이유로 추방되었다. 성폭력을 당한 수십만 명의 여성들은 이후 또 다른 치욕을 감당해야 했다. 전쟁이 끝난 후 무지 부루라만 수상은 강간 피해자를 국민 영웅으로 선포하는 캠페인을 벌이기 시작했다. 이 캠페인은 남편이 피해자인 아내를 다시 받아들이고 미혼 여성은 남자를 만날 수 있도록 하기 위해서였다. 수상은 남성들에게 강간을 당한 여성과 결혼할 것을 호소했다. 단지 몇 사람만이 이에 응하였고, 이들은 정부로부터 상당한 결혼 지참금을 받았다. "남자들의 요구는 빨간색 최신형 일본 자동차부터 그때까지 출간되지 않은 시집의 출판까지 다양했습니다."라고 한 공무원은 말해 주었다.[9]

전쟁에 참전한 미군들은 일본 여성을 대규모로 강간했으며, 수년 후에는 한국과 베트남 여성을 강간하였다. 후투족과 투치족은 자국 내 타민족 여성을 성폭행하였다. 세르비아의 남성들은 포로수용소에서 구 보스니아 여성들을 강간하였다. 대규모 강간은 전쟁으로 인한 무정부 상태의 필수 불가결한 부분이기 때문에 '위안부'가 필요하다고 일본은 주장하였다. 위안소는 폭력을 행사하기 위함이 아니라 섹스의 필요성 때문에 설립되었고, 남성은 성욕을 해소해야 한다는 것이 일본의 논리였다.

강간이 자행된 수용소에서 여성들은 성 노예로서 조직적인 학대를 당했을 뿐만 아니라 군인들의 폭력을 받아내는 총알받이 역할로 이용되었다. 이런 식으로 대규모 강간과 폭력이 자행되었다. 군인들은 적군의 여성을 확실히 능욕함으로써 자신의 힘을 과시할 수 있었다. 이것은 그들이 군인으로서의 자부심과 우월감을 느끼게 해 주었다. 이곳에서 그들은 전투를 위해 체계적으로 '충전'하고 전투욕을 불태우는 동시에 두려움과 좌절감을 해소할 수 있었다. 그렇기에 설사 그들이 양심의 가책을 느꼈다 하더라도, 여성을 강간하는 것은 일본 군인의 의무 사항이었다.

일본군 '위안부' 제도가 "나치가 저지른 그 어떤 범죄보다 더 큰 범죄"라고 직설적으로 표현한 북한의 한 보고서는 "과거와 현재, 동서양을 막론하고 여성을 성 노예로 전장에 끌고 간 전쟁은 역사상 없었다."고 주장한다. 첫 번째 주장에 의심의 여지가 있다는 사실을 차치하더라도 실제로 그와 같은 대규모 성 노예 제도가 역사상 최초였는지는 의문이다. 아주 오래전 로마 군대가 일본군과 아주 비슷한 제도를 도입했었다. 붙잡힌 여성 포로들은 모든 로마 주둔지 혹은 로마 군대와 연결된 군 위안소에서 일했다.

20세기에도 수많은 강제 매춘의 사례가 있었다. 제2차 세계 대전 중 독일은 이러한 점에서 서양의 일본과도 같았다. 또 다른 예는 이미 언급한 1971년 방글라데시에서 일어난 전쟁이다. 파키스탄 군인들은 당시 수백 명의 여성을 성적으로 이용하기 위해 몇 달간 가두었고, 탈출을 막기 위해 나체로 만들었다. 13세 소녀 카디가는 네 명의 친구와 등교하던 중 한 무리의 파키스탄 군인들에게 강간을 당했다. 그녀는 나중에 수도 다카의 낙태 클리닉에서 사진 기자 베렌제르 드라공에게 이 사실을 말했다. 다섯 명의 여학생은 모두 6개월 동안 모하메트푸르에 있는 군 위안소에 갇혀 있었다. 소녀들은 매일 일정한 수의 남자를 받아야 했다. 그렇지 않으면 밥을 주지 않겠다는 협박을 받았다. 카디가는 매일 두 명의 남자를 받았다.

1990년대는 성폭력으로 얼룩진 시기였다. 냉전의 시대가 끝나고 발생한 여러 민족 간의 분쟁 속에서 군대 성 노예 제도가 다시 부활하는 것 같았다. 구 유고 연방에서는 보스니아 여성들이 세르비아 군인에게 인질로 잡혀 수용소에서 성 노예로 일해야 했다. 그들은 종종 임신했고 적군의 아기를 낳아야 했다. 미얀마에서는 오늘날에도 소수 민족 여성이 군인들을 위한 강제 노동에 시달리고 있으며, 군인들을 위한 성 상납을 강요받는 일이 아직도 발생하고 있다. 그 이외에도 소수 민족 여성은 '순수 혈통'의 미얀마인과 강제 결혼을 해야 하는데, 이 역시 노예제의 범주에 속한다. 미얀마의 성폭력을 조사한 'Earthrights International'의 베치 애플은 "버마에서 강간은 인종적 균형을 바꾸는 방법"이라고 말한다. "버마 군인은 소수 민족의 여성들을 강제로 임신시킴으로써 더욱더 많은 '버마인을 낳게' 하여 버

상하이 양자자이 위안소. 모든 출입문 위에 방 번호와 여성의 성이 적힌 명판이 걸려 있다.

군의관 아소 테츠오와 여성들의 성병 검사를 담당한 일부 간호사들 (상하이).

위안소 내부 (나가노, 일본)

위안소 앞에 서 있는 일본 군인들. 뒷 배경에는 위안소 규정이 적혀있다 (후난, 중국).

목적지로 가고 있는 일본군 '위안부' 여성들

중국 윈난성 송산(Sung Shan)에서 중국군에 의해 포로로 잡힌 임신 상태의 일본군 '위안부' 여성 (만삭 여성인 박영심 사진으로도 알려져 있다)

자살 바위(홋카이도).
많은 한국인 여성이 이곳에서 몸을 던졌다.

이들 역시 일본군이 버리고 떠난 여성들이다. 이들은 어떤 의미에서 운이 좋았다. 많은 또래 여성들이 일본군이 철수할 때 죽임을 당하거나 자살을 강요받았기 때문이다.

중국군이 윈난에서 발견한 일본군 '위안부' 여성 옆에 있다.

건강 검진을 받기 위해 줄 서 있는 조선인 여성들. 이들은 '위안부'가 되었다. (중국 상하이)

중국 윈난의 송산에서 발견된 일본군 '위안부' 여성들이 중국군의 심문을 받고 있다. 뒤에는 미군이 서 있다.

자신의 이야기를 전하고 싶었던
일본군 '위안부' 피해자 중 한 명인 이옥금 할머니.

일본군 '위안부' 역사관과 '위안부' 피해자들의 거처, 나눔의 집(광주, 대한민국)

역사관에 재현된 일본군 '위안부'의 방.

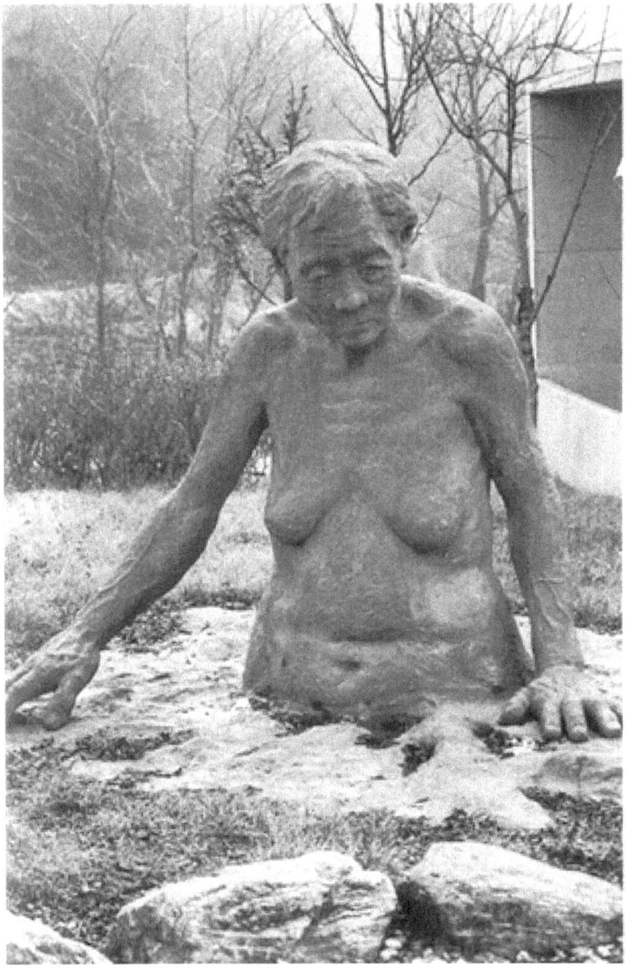

역사관에 전시된 일본군 '위안부' 추모 조각상.

일본군 '위안부' 피해자 할머니들의 집회 모습.

마인 인구를 늘립니다. 그리고 성병과 유산, 자살, 강간 등으로 상처를 주어 소수 민족의 인구를 감소시킬 수도 있지요."[10]

최근까지지도 '군대의 강제 매춘' 현상에 관하여 알려진 바가 거의 없었다. 이해할 만하다. 얼마 전까지만 해도 강간은 전쟁의 부수 현상, 불가피한 범죄 행위로 여겨졌기 때문이었다. 더욱이 군인의 성생활과 전쟁 중 여성의 역할은 대부분의 전쟁 사학자들과 종군 기자들이 오랫동안 무시해 온 주제이다. 남성 중심의 역사학계와 전쟁 저널리즘에서 여성의 이야기는 뉴스거리가 되지 않았다. AP통신의 종군 기자로서 베트남에서 8년간 취재하고 퓰리처 상을 수상한 피터 아르네트도 강간에 대한 기사를 전혀 쓰지 않은 것은 이를 잘 설명해준다. 1972년 작가 수잔 브라운밀러가 이 주제와 관련해 그를 인터뷰했을 때, 아르네트는 강간에 관한 수많은 이야기들을 알고 있었다.

다행히도 일본군 '위안부'에 관한 관심이 높아지면서 1990년대에 전쟁 중 성폭력에 관한 토론이 가능하게 되었다. 일본과 한국의 강제 동원 '위안부'에 관한 연구 덕분에 앞으로 이러한 제도를 방지하기 위한 새로운 법안 연구가 전 세계적으로 진행되고 있다. 여기에서 중요한 점은 피해자 여성들도 이 문제를 어느 정도 논의할 수 있게 되었다는 것이다. 독일의 경우를 그 예로 들 수 있다.

포주로서 독일

독일 파시즘에 영감을 준 철학자 니체는 "남자는 전쟁을 위한 훈련을 받아야 하고 여자는 전사를 위로해 주는 교육을 받아야 한다."라고 주장하였다. 나치는 그 말을 곧이곧대로 진지하게 받아들였다. 일본처럼 독일도 제2차 세계 대전 중 포주 역할을 했다. 국가 사회주의자들은 이중적인 도덕의 잣대를 들이댔다. 한편으로 나치 독일은 매춘부를 탄압하고 멸시했지만, 다른 한편으로 친위대원과 병사 그리고 수용소에 수감된 강제 노동자 대표들을 위해 군 매춘소를 운영하였다.

국가 사회주의자들은 양심의 가책 없이 최소 35,000명의 여성을 전쟁 매춘소에 투입했는데 이 숫자는 1990년대가 되어서야 밝혀졌다. 그전까지는 독일의 강제 동원 '위안부' 제도에 관하여 거의 알려진 바가 없었다. 강제 수용소에 설립된 박물관들은 이 주제를 철저히 회피하였다. 편견과 무관심 그리고 정치적 교리 때문에 이처럼 여성들이 파시스트의 희생자가 되었다는 사실은 침묵되었다. 그 후 50년이 지나서야 몇몇 용기 있는 여성들이 상상도 할 수 없는 자신의 경험을 공개할 수 있게 되었다. 당시 일본에서는 강제 동원 '위안부' 사건이 때마침 뉴스를 장식하였다. 먼저 1991년 자신의 과거를 용감하게 공개한 독일인 강제 매춘 피해자는 독일 텔레비전 방송이 아닌 일본 방송에 처음 출연하였다. 그녀는 게르다 브렌델이었으며 2년간 친위대 매춘소에서 감금 생활을 하였다. 독일 여성들은 같은 운명을 겪은 아시아와 네덜란드 여성들보다 더 오래 침묵하였다.

일본의 여성 저널리스트 이케나가는 말했다. "독일에서 인터뷰 요청을 한 번도 받지 못했다는 사실이 믿기지 않아요. 일본에서는 1991년 이후 강제 동원 일본군 '위안부' 제도가 뜨거운 이슈입니다. 우리는 독일도 비슷한 제도를 운용했는지 몰랐어요. 우리는 항상 그러한 제도가 오직 일본과 아시아에만 존재했다고 생각했었죠. 독일은 아닐 거라고 생각했어요."[11]

독일 제도가 일본 제도를 얼마나 많이 닮았는지 알면 거의 무서울 정도다. 매춘소는 고위 장교, 사병 그리고 포로의 리더 그룹을 위해 각각 구분되어 설치되었다. 문이 달린 작은 방들이 있는 기다란 막사조차도 일본의 것과 동일한 형태를 하고 있었다. 막사는 철조망으로 차단되었다. 여성들은 그곳에서 나갈 수 없었고 오직 손님들만 드나들 수 있었다. 독일은 최소 화폐 단위인 페니히까지 기록하며 극도로 정확하게 회계 장부를 관리하였다. 여성의 이름, 손님 숫자 그리고 수입을 모두 기록하였다. 여성 한 명당 평균 고객의 수는 20명에서 50명까지 다양했다. 방문자는 2마르크를 지불했다. 그중에서 1.8마르크는 현지 친위대에 전달되었고 0.2마르크만 매춘부 여성에게 돌아갔다. 그렇지만 여성들은 이 돈조차 보지 못했다. 그리고 많은 여성들은 시간이 지남에 따라 폐기되는 중고품처럼 죽임을 당했고, 살아남아서 이 제도에 대해 증언을 하면 안 되었기에 그들은 살해당했다. 일본과 마찬가지로 독일에서도 이 제도는 외부에 공개하기엔 너무도 추악해서 비밀 작전처럼 행해졌다. 매춘소는 수용소의 가장자리나 수용소 바로 바깥쪽에 있었다. 매춘부들의 존재는 어떤 일이 있어도 비밀에 부쳐져야 했다. 이는 여러 수용소의 나치 친위대 지도부의 극비 문서에서 확인되었다. "누군가가 수용소를 방문할 때 매춘소 시설과 가스실은 절대 공개하면 안 됩니다. 방문자에게 이러한 시설에 관해 이야기해서도 안 됩니다. 이를 위해서는 나치 친위대 총통의 명시적인 승인이 필요합니다."[12]

일본과 독일의 시스템은 국가의 이상적인 면에서도 비슷했다. 두 국가는 여성과 다른 인종에 대한 강한 편견에 사로잡혀 있었다. 그리고 그들이 생각하는 이상적인 사회는 역할 분담 형태와 일반화에 의해 결정되는 것이었다. 두 국가에서 여성은 선량하고 순수하며 순종하는 여성과 천박하고 성적 매력을 지닌 열등한 여성으로 구분되었다. 게다가 일본뿐만 아니라 독일에서도 성폭력을 당한 피해자는 적의 아내라는 이유뿐만 아니라, 단순히 여자라는 이유로 학대의 대상이 되었다. 그러므로 여성이 곧 이들의 적이었다고 1975년 미국 작가 수잔 브라운밀러는 지적한다. "나는 제2차 세계 대전에서 해방군의 태도와 행동이 피정복군과 패전국 군인의 행동과 명확한 차이가 있었다고 확신한다. 뉘른베르크와 도쿄에서 열린 국제 군사 재판에 제출된 증거 자료는 이를 충분히 뒷받침해준다. 독일과 일본의 지배 패턴을 보면, 인종우월주의 철학의 일부이자 매우 실용적인 테러의 방법으로 여성에 대한 경멸을 공공연하게 표현한다. 강간은 파시스트의 지배 패턴에 완벽하게 들어맞았다."[13]

강제 동원 성매매 제도에 대해 두 나라 사이에 접촉이 있었을 가능성도 있다. 이미 제1차 세계 대전 당시 병사와 장교를 위한 매춘소를 운영했었던 독일군이 일본군에게 영향을 주었을 수 있다.[14] 두 파시스트 국가 사이에는 활발한 정보 교환이 있었다. 일본은 1940년 독일, 이탈리아와 삼국동맹을 결성했다. 이 국가들은 각자가 지배하는 지역에서 지도자임을 서로 인정하고 존중하였다. 독일과 일본의 군 '위안부' 제도에 대해 자세히 조사한 요시미 요시아키 교수는 '독일이 일본에 힌트를 주었을 수 있다'고 확신했다.

철의 장막의 붕괴는 독일군의 강제 성매매 제도가 더 많이 알려지는 계기가 되었다. 1994년 크리스타 파울의 『Zwangprostitution. Staatlicherrichtete Bordelle im Nationalsozialismus (강제 매춘. 국가 사회주의 체제하의 국영 매춘소)』가 출간되었다. 당시 서독의 카셀시에 사는 여성 몇 명이 1989년 폴란드 아우슈비츠를 방문한 후 크리스타 파울에게 연락을 했다. 이 여성들이 수용소 지역을 둘러보던 중 과거 수용소 생활을 했던 한 여성이 전쟁 당시 그 건물에 매춘소가 있었다고 말한 것이다. 자세히 물어본 결과 그곳은 포로들을 위한 매춘소였던 것으로 확인되었다. 크리스타 파울은 여러 수용소의 문헌을 철저히 조사하고 증인들을 인터뷰했다. 그녀는 아주 많은 여성이 매춘소에서 친위대, 군인, 포로 그리고 강제 동원 노동자를 위해 일했다는 사실을 발견했다. 나중에 동독 텔레비전 다큐멘터리 프로그램 〈Das grosse Schweigen. Bordelle im Komzentrationslager(커다란 침묵. 강제 수용소의 매춘소)〉[15]에서 새로운 피해자와 증인의 인터뷰가 방송되었다. 책이 출간되고 다큐멘터리 프로그램이 방송된 후 나치의 강제 동원 매춘부에 대한 이야기는 또다시 조용해졌다. "또다시 커다란 침묵이 시작된 것이죠."라고 34살의 다큐멘터리 제작자 마런 니마이어는 말한다. 강제 매춘 또는 '위안부' 제도는 나치 정권의 아직 깨지지 않은 가장 마지막 금기 사항인 듯 보인다.

강제로 매춘부 생활을 해야했고 아직 생존해 있는 여성 중 한 명은 단치히에 사는 안니 크라머이다. 그녀는 아이들이 많은 노동자 가정 출신이었고 실탄 제조 공장에서 태업했다는 이유로 체포되었다. "저는 언제나 노동자의 자식이라고 생각했습니다. 하지만 군수 공장에서는 일하고 싶지 않았어요. 그들이 저를 그곳에 보냈고 저더러 반사회적이라고 했습니다. 제가 23살에 감옥에 수감되었는데 처음에는 라벤스부르크에 수감되어 지내다 나중에는 마우트하우젠으로 이감되었어요. 그곳에서 저를 기다리던 것은 상상도 못 할 일이었습니다. 저는 매춘소에 들어가 성 노예로 남자들을 받아야 했어요. 우리는 모두 한 방에서 함께 잠을 잤습니다. 침실 이외에 남자를 기다리던 공용 공간이 있었습니다. 그 일을 위한 방에는 방 번호가 붙어 있었습니다. 남자들은 매번 방문하기 전에 감염 예방 주사를 맞았습니다. 매일 10명에서 20명의 남자가 찾아왔어요. 우리는 작은 방 안에 있었고 친위대가 구멍을 통해 우리를 감시했습니다. 허용된 시간은 15분이었습니다. 남자들은 돈을 내야 했지만, 우리는 그 돈을 한 푼도 받지 못했습니다."

'반사회적인 여성들'

안니 크라머는 나치주의자들이 1930년대에 고안한 새로운 이상형을 충족시키지 못하는 여성이었다. 나치의 이상적인 여성상은 금발의 아리아족 여성으로서, 가정을 돌보는 어머니 그리고 내조하는 아내로서의 삶을 살아가는 여성이었다. 이러한 이상형에서 벗어난 여성은 안니뿐만이 아니었다. 동유럽 출신 여성 중 주로 유대인 여성이 수용소에 수감되었다. 수만 명의 여성이 체포되었고, 그들은 팔에 '반사회분자"라고 적힌 검은 완장을 차고 다녀야 했다. 이는 매춘부, 다른 사상을 추종하는 자, 집시 여성, 불우한 유년기를 겪은 소녀, 극빈층 여성, 그리고 아이가 많은 노동자 가정 출신의 소녀들도 마찬가지였다.

'반사회적 여성'으로 낙인찍는 기준은 점점 늘어났다. 나치 치하에서 매춘부라는 개념의 정의는 점점 확대되었고, '남성 손님과 유흥 또는 쾌락을 목적으로 술집 혹은 이와 유사한 시설에 있는 여성'으로 정의되었다. 방탕의 또 다른 기준은 성병의 유무였다. 술집을 급습할 때, 예를 들어, 남성과 동석하지 않은 여성은 체포되었고 성병 검사를 강제로 받아야 했다. 한 여성이 여러 번 체포되면 그녀는 공식적으로 매춘부로 등록되었고 국가의 감시를 받았다. 이러한 '매춘부' 수만 명은 그렇게 집단 수용소와 교화소에 갇혔다. 나치는 그들을 기소하였고, '범죄 예방'이라는 명목으로 체포하였다. 그러나 매춘을 폐지하는 것은 나치의 목적이 아니었다. "그들을 억압하면 할수록 더 빨리 뿌리 뽑을 수 있게 되니 더 좋은 일이다."라고 한 나치 추종자가 말하였다.[16]

다른 나라 출신의 남성 혹은 다른 인종과 성관계를 갖는 여성은 '인종 모욕'이라는 명목으로 체포되었다. 그들은 1935년 이래 독일인의 혈통 및 독일 명예 보호에 관한 법률이 시행되어 형사 처벌을 받을 수 있게 되었다. 외국 여성과 관계를 맺는 독일 남자에 대해서는 일반적으로 관대했다. 많은 여성들이 지배적인 성 규범과 '비독일계' 남성과의 관계 때문에 라벤스부르크와 같은 집단 수용소에 수감되었다. 이 여성 수용소에는 '반사회적 여성'의 수가 매우 많았다. 1940년 4월, 체포된 11만 명의 비유대인 여성 중 3분의 2가 검은 완장을 두르고 있었다. 그들 중 3분의 1은 로마와 신티 즉, 집시 여성들이었다.

강제 불임 수술은 나치가 '반사회적 여성'에게 취한 조치 중 하나였다. 성을 대하는 여성의 태도는 그녀에게 불임 수술을 할 것인지를 판단하는 중요한 근거가 되었다. 독일인들이 말하는 '도덕성이 결여된' 여성은, '에로틱한 인상이 강하다', '여러 사람과 많은 성관계를 가졌다' 혹은 '성에 대한 관심이 많다'와 같은 독특하고 주관적인 기준으로 판단되었다.

남성에게는 다른 성 규범이 적용되었다. 남성이 매춘부를 방문하고 돈을 내는 것은 '정상적'이고 '자연스러운' 것이었다. 아돌프 히틀러의 오른팔이던 하인리히 힘러는 다음과 같이 말했다. "그것이 좋은 해결책은 아니지만, 자연스러운 것이고 본능을 이용해 우수한 성과를 거둘 수 있다면, 그것을 이용하는 것은 우리의 의무라고 생각한다. 하이 히틀러!"

매춘소 혹은 가스실

힘러의 매춘소 계획을 실현하기 위해서는 수만 명의 여성이 필요했다. 가장 좋은 후보자는 나치에 고발당해 투옥된 '매춘부'들이었다. 그러나 수요는 너무나 컸고, '반사회적'이라고 낙인이 찍힌 부류의 여성들은 쉬운 먹잇감이 되었다. 그들은 대부분 보육원에서 비참한 어린 시절을 보낸 경우가 많았다. 그 결과 그들은 외부 세계와 격리되어 자랐고 자신에게 어떤 일이 기다리고 있을지 알지 못했다. 그들 중 몇 명은 이미 강제 불임 수술을 받은 상태였다.

라벤스부르크 여성 수용소에서 많은 여성이 선발되어 마우트하우젠과 부흐발트 집단 수용소 내 매춘소에 투입되었다. 의사와 책임자는 수감자를 조사하고 적합한 '자질'에 따라 선별하여 목적지로 보냈다. "가장 젊고 아름다운 여성은 친위대 매춘소로 보내졌어요." 과거 수용소에서 머문 적이 있었던 간호사 안토니아 브루하가 말했다.[17]

"덜 예쁜 여성들은 군 매춘소로 갔고요. 그건 '위안부'들이 제게 해 준 얘기예요. 그리고 나머지는 수용소 내 매춘소에 배치되었습니다. 주로 마우트하우젠 수용소였어요" 나치는 성병을 두려워했고, 라벤스부르크 여성들은 치욕적인 절차를 거쳐야 했다. 브루하의 말을 빌리면 다음과 같다. "젊고 아름다운 여성들이 의무실로 끌려갔어요. 그리고 임질과 매독 검사를 받았어요. 건강한 여성은 별도의 구역으로 옮겨졌어요. 그때 우리는 모두 피곤한 기색이 역력했죠. 하지만 그들은 쇠약한 모습을 없애기 위해 좀 더 나은 음식을 받았어요. 더 좋은 음식을 먹었고, 더 건강하게 보이기 위해 더 오랜 시간 햇볕을 쬘 수 있었어요. 그리고 제 눈으로도 직접 확인할 수 있을 정도로 그들의 상태가 좋아졌을 때 그들은 수술실로 불려갔어요. 그곳에서 무슨 일이 벌어졌는지 알 수는 없었어요. 하지만 그곳에 많은 친위대원이 들어간다는 것은 알고 있었지요. 한 여자가 그곳에서 나오면서 내게 말해 주었습니다. 거기에 들어가지 말라고. 그래서 무슨 일이 있었는지 물었죠. 그녀는 '놈들이 우리를 시험하고 있다'고 말했습니다."

강제 매춘부들은 극도로 고립된 삶을 살았다. 그들은 대부분 피임약을 얻지 못했고, 임신하면 낙태 수술을 받았다. 수술 후유증으로 많은 여성이 목숨을 잃었다. 안토니아 브루하는 말한다. "많은 여성이 몇 달 후 라벤스부르크로 돌아왔습니다. 거의 모두가 병들어 있었고, 많은 사람들이 죽었어요."[18]

아우슈비츠에서도 여성들이 선발되었다. 그들은 또다시 공정한 선택권을 갖지 못했다. 가스실과 매춘소 둘 중 하나를 선택해야 했다. 많은 여성이 강압에 의해 매춘소에 배치되었다. 정치적인 이유로 체포된 프레드리히는 아우슈비츠 매춘소에서 여성들과 이야기를 나눈 적이 있었다.[19] "아우슈비츠와 아주 가까운 곳에 비르케나우가 있었고, 그곳에 여성들이 있었지요. 거기서 선발이 한창이었어요. 그들은 가장 아름답고, 건강한 여자를 선발했습니다. 선발된 여자들은 좋은 옷을 받았고, 매춘소에서는 생존할 가능성이 더 컸습니다. 선발 절차는 보통 "저쪽으로 가!"라는 명령이었죠. 무엇 때문에 선택을 받는지 아무도 몰랐어요. 그곳은 수용소였고, 당신이 무엇을 원하는지, 무엇을 하고 싶은지, 혹은 그 일이 당신에게 적합한 일인지 따위는 묻지 않았어요. 선발 위원회가 와서 철저히 선별해 냈습니다. - 찾아, 찾아, 찾아 - 질문은 할 수도 없었어요. 그것은 일반적인 업무 명령이었고, 명령은 명령이었으니까요."

집단 수용소에는 '자발적'으로 매춘부 일을 선택한 여성들도 있었다. 그들은 3개월 혹은 6개월 동안 매춘소에서 일한 후에는 수용소로 다시 돌아올 필요가 없다는 약속을 받았다. 그들은 자유를 다시 얻을 수도 있었다. "6개월간 매춘소 '일'을 하면 자유를 주겠다는 약속은 물론 지켜지지 않았어요."라고 에리카 부흐만은 말했다.[20] "그와 반대로 대부분의 여성은 다시 수용되거나 징벌 수용소로 가게 되었어요. 성병에 걸렸거나 임신을 한 경우, 절멸 수용소로 보내졌습니다."

독일군은 여성들을 죽이겠다고 위협하거나 자유를 주겠다고 유혹을 하지 않으면 자원자를 구하는 데 어려움을 겪었다. 프랑스 출신 포로 수잔 가탈리는 말한다. "독일군은 여자들에게 나치 남성들에게 몸을 바칠 지원자가 있는지 물었습니다. 그들은 우리에게 매춘소에 가겠냐고 물었어요. '보르데일(매춘소)'이라는 독일어를 우리는 프랑스 도시 '보르도'로 잘못 이해했고 그래서 우리는 '예'라고 대답했지요. 독일군은 그것을 이상하게 여기고 다시 한번 물었습니다. 그때는 아무도 '예'라고 대답하지 않았어요. 그런 다음 독일 군인들은 가장 예쁜 여성 몇 명을 직접 골라 매춘소로 데려갔어요. 단 한 명의 여성도 자발적으로 지원하지 않았습니다."

나치 친위대 매춘부

독일은 성병과 강간을 예방하기 위해 군인들을 위한 매춘소를 설립하고자 했다. 군인들의 성폭력은 빈번히 발생했고, 주로 유대인 여성을 대상으로 자행되었다. 이러한 행동으로 인해 군인들이 기소되는 경우는 거의 없었다. 군 매춘소가 설립된 후에야 외부에서 저지르는 강간은 처벌을 받았다.

독일이 군 매춘소를 설립하려던 또 다른 이유는 동성애를 막기 위해서였다. 동성애는 남성들이 주를 이루는 군대에서 흔하게 일어나는 일이었다. 동성애 행위는 비정상적인 것으로 간주되었으며, 나치의 이상에 부합하지 않는 모든 것은 제거되어야 했다. 동성애를 방지하기 위해서 강간은 허용되어야 했다. 일본 문화는 동성애를 큰 문제로 삼지 않았다. 성도덕은 매우 개방적이어서 아주 오래전에는 동성애 불교 종파도 존재했었다.

군 매춘소의 설립은 1940년경 최고 사령부의 명령으로 시작되었다. 이 당시 매춘부 대부분이 막사에 감금되어 있었고, 군대의 작전 지역은 크게 확대되던 때이다. 1942년 독일군은 사병 매춘소 500곳을 운영하고 있었고, 나치 친위대를 위한 매춘소를 여럿 만들었으나 그 수는 알 수 없다. 친위대 매춘소는 수용소 안이나 그 근처에 위치했다. 이에 관하여는 알려진 것이 많지 않다. 분명한 것은 부흐발트와, 도라 미텔바우 그리고 플로센뷔르그에는 수용소를 감시하는 나치 친위대를 위한 매춘소가 있었다는 사실이다.

친위대 매춘소에는 나치 체제의 엄격한 인종차별법이 적용되었다. 오직 독일계 비유대인 여성만이 선발될 수 있었지만, 아주 많은 수의 러시아, 폴란드, 유고슬라비아, 그리스, 프랑스 출신의 여성들이 그곳에서 일했다. "동유럽에서는 야전 사령관이 매춘부 모집을 주선했어요. 종종 강압에 의해 이루어졌습니다." 한 증인이 말했다. "독일에서 강제 노동을 거부한 젊은 여성들에게는 대안으로 군 매춘소에서 임시로 봉사하는 것을 제안했어요." 유대인 여성, 흑인 여성, 집시 여성과의 성관계는 법으로 엄격히 금지되어 있었다. 하지만 군인들은 그러한 명령을 따르지 않았다. 친위대는 유대인 출신의 매춘부와 집시 여성들을 상당히 자주 이용했다.[21]

과거 아우슈비츠에 수감되었던 한 유대인 여성은 카제트닉 135633이라는 가명으로 책을 썼는데, 유대인 여성과 소녀들이 군 매춘소에 강제로 이송된 이야기를 담고 있었다. 1942년 당시 교황은 나치가 젊은 유대인 여성들을 가족과 떼어놓고 강제 연행한다는 소식을 교황청에 우호적이던 프레스뷔르그(현재 브라티스라바)의 주민들로부터 듣게 되었다. 이 여성들은 동부전선의 군인들을 위한 매춘부로 이용되고 있다고 했다.[22] 네덜란드에서와 마찬가지로 독일 서부의 군 매춘소에 대해서는 알려진 바가 적다. 작가 프란츠 자이들러의 말에 따르면, 그곳에 있던 기존 매춘업소들을 독일군이 인수했을 가능성이 있다.

게르다 브렌델: "그들은 저와 같은 독일인이었지만 믿을 수 없을 정도로 야만적이었습니다."[23]

게르다 브렌델은 함부르크의 한 저렴한 임대 아파트에 혼자서 살고 있다. 그녀는 남편도 아이들도 없으며, 평생 홀로 살았다. 그녀는 1943년부터 1945년까지 집단 수용소의 친위대 매춘소에서 강제 매춘부로 일하며 지냈다. 그녀는 자신의 이야기를 오랫동안 숨기고 침묵해 왔었다. 그리고 1991년 독일 여성 최초로 강제 매춘에 대한 자신의 이야기를 일본에서 공개했다. 게르다와 같은 여성의 운명은 일본에서 화제가 되었지만, 독일에서는 무시되었다. 1995년이 되어서야 다큐멘터리 프로그램 〈Das grosse Schweigen. Bordelle im Konzentrationlager(커다란 침묵. 강제 수용소의 매춘소)〉를 통해서 독일 텔레비젼에 자신의 모습을 드러낼 수 있었다.

"제가 어디서 그런 용기를 얻었겠습니까! 제 안에는 저를 보호하는 무언가가 있습니다. 그러나 당시에는 스스로를 보호할 수 없었어요. 그래서 입을 다물고 있어야 한다고 생각했지요. 하지만 이젠 더 이상 침묵하지 않아도 된다고 제 자신에게 말했습니다. 이제 침묵을 깨고 제 자신을 지켜낼 수 있습니다."

게르다 브렌델은 빈곤한 가정에서 자랐다. 그녀는 함부르크의 대가족에서 태어났다. 아버지는 알코올 중독자였으며, 얼마 되지 않은 돈조차 모두 술을 사는 데 탕진했다. 어머니는 독일 정부가 개입할 때까지 혼자서 아이들을 양육했다. 그녀의 어머니는 여호와의 증인이었고 오빠는 공산당원이었기 때문에 게르다 브렌델은 9살이던 해 어머니와 여동생과 함께 추방되어 보육원으로 가게 되었다. 그녀는 여러 보육원을 전전했다. 그녀가 성인이 되었을 때, 행동 장애 판정을 받고 감시의 대상이 되었다. 게르다와 여동생은 강제로 불임 수술을 받았다. 그녀는 이성과 교제를 해본 적도 없었다.

"저는 계속 갇혀있었어요. 어떻게 사람들을 만날 수 있었겠습니까? 불가능했어요. 우리는 남자를 쳐다볼 수도 없었어요. 섹스가 무엇인지도 알지 못했어요. 부모님은 저에게 그것에 대해 한 번도 이야기해준 적이 없었어요. 어머니는 섹스에 관한 생각을 전혀 하지 않으셨고,

아버지는 항상 집에 안 계셨죠."

1943년 7월과 8월 함부르크에 큰 폭격이 있은 뒤, 게르다 브렌델은 수용소에 있던 다른 소녀들과 함께 외국인 여성 수용소인 티프스택에 도착했다. 그곳에서 브렌델은 4주간 고된 노동을 했고, 그리고 다시 부흐발트 집단 수용소로 보내졌다.

"그들은 그 어떤 이유도 설명해주지 않았어요. 우리를 문제아로 간주했죠. 저는 항상 얌전하지 않았고, 그래서 그들은 제가 계속 옮겨 다니게 했어요. 우리는 티푸스택에서 도로 공사를 해야 했고, 돌을 가득 실은 무거운 수레를 운반했어요. 어느 날 그들은 우리를 다시 집합시켰어요. 많은 말이 필요 없었어요. 그들이 우리의 어깨를 툭 밀쳐내면, 우리는 걸어야 했습니다. 경찰차에 실려 우리는 부흐발트로 이송되었습니다. 그곳에 도착했을 때, 저는 크게 당황했어요. 주위를 둘러보며 이게 도대체 뭔지 혼란스러웠어요. 우리 일행이 사무실에 도착하자 각자 이름과 출신지를 말해야 했습니다. 그런 다음, 간수 두 명이 우리를 막사로 데려갔고 문이 뒤에서 걸어 잠겼고 그게 다였어요. 막사에는 많은 여성이 있었어요. 그들에게 여기가 어떤 클럽이냐고 물었을 때, 다음 날 아침이면 알게 될 거라고 했어요. 막사 안에는 목재로 된 간단한 가구가 놓여 있는 방들이 있었습니다. 대기실과 욕실 그리고 작은 방들이 있었는데, 잠자는 골방이었어요. 그곳이 우리가 살았던 곳이고, 나치 친위대원들이 들어온 곳이기도 합니다. 다른 막사도 있었는데, 그곳에는 더 많은 여성이 있었습니다. 그곳은 포로들을 위한 곳이었어요. 두 막사 건물은 나란히 서 있었지만, 주변에 다른 건물들은 없었습니다. 이 막사들은 다른 건물들과 떨어져 있었고, 구석에 위치했기 때문에 아무나 와서 안을 들여다볼 수는 없었어요. 다른 막사의 여성들은 한 번도 만나지 못했습니다. 전혀 교류가 없었죠. 우리는 그들로부터 분리되어 보호받고 있었어요. 어찌 됐거나 우리는 엘리트였고 더 나은 사람들이 우리를 방문하는 것이었어요.

이틀 후 드디어 터질 게 터졌어요. 제가 너무 어리석었던 거죠. 하지만 그곳에서 도대체 무슨 일이 벌어지는지, 그들이 저에게 무슨 짓을 할지 제가 어떻게 알 수 있었겠어요? 남자들이 안으로 들어왔고, 그들이 원하는 대로 모두 해야 했습니다. 그렇지 않으면 주먹이 날아왔어요. 저는 평생 잊지 못할 만큼 얻어맞았습니다. 저는 12살 때 이미 세상과 분리되어 살았었기 때문에 성 경험을 한 적이 없었어요. 집에서도 성에 대해 배운 적이 없었고요. 그래서 그들은 제가 너무 바보같이 행동한다는 이유로 폭행을 했고, 저의 청각과 모든 것을 망가뜨렸어요."

아리아족의 인종적 이념에 따르면 게르다는 '하등 국민'에 속했고, 그녀의 감정과 삶은 중요하지 않았다.

"우리는 하루 중 언제라도 항상 준비되어 있어야 했어요. 곤하게 깊은 잠을 자고 있을 때도 호출을 받았습니다. 그 누가 그런 곳에서 편안히 잠을 잘 수 있었겠습니까? 우리는 여름이든 겨울이든 밤낮으로 대기하고 있어야 했어요. 그리고 휴가철이 되면 다른 사람들이 들어왔어요. 온갖 망상을 즐기는 멧돼지들이었습니다. 대부분은 저녁 시간에 왔어요. 낮 동안에는 방을 청소하고 낮에 머무는 공간에서 지냈습니다. 그들의 행위는 저의 상상력을 초월했어요. 신이 그것을 허용한다고는 믿을 수 없었습니다. 그들은 저와 같은 독일인이었어요. 믿을 수 없을 정도로 너무나 변태적이었습니다. 말로 형언할 수 없을 정도였어요. 그건 제가 도저히 감당할 수 없는 행동들이었어요. 왜 그렇게까지 해야 했는지 이해할 수가 없어요. 도대체 왜?

그들 중에는 비정상적인 남자들이 너무나 많이 섞여 있었어요. 그들은 매우 교활했고 그들이 원하는 것은 무엇이든 했습니다. 우리에게는 아무도 없었고, 세상으로부터 고립되어 있었어요. 그들은 제가 살면서 본 가장 나쁜 놈들이었습니다. 그중에는 꽤 잘생긴 남자도 있었어요. 저는 항상 생각했어요. 저런 사람들이 어떻게 이런 짓을 할까? 분명히 다른 기회들도 있을 텐데. 그들이 나이 든 남자였다면 조금은 이해할 수도 있었겠죠. 그들은 우리가 건강한 상태고, 아이를 낳을 수 없다는 것을 알고 있었습니다. 그것을 장점으로 여겼어요.

개인적인 감정은 전혀 없었어요. 제가 로봇처럼 느껴졌으니까요. 그들은 우리를 신경 쓰지도 않았습니다. 가장 천한 존재였으니까요. 우리는 우리의 일만 하면 되었죠. 이야기나 대화는 전혀 없었어요. 날씨에 관한 이야기도 없었어요. 모든 것이 너무나 기계적이었고 무감각했어요. 남자들은 이미 시작하면서 기계적으로 움직였고, 그때서야 옷을 벗었어요. 일이 끝나면 사라졌어요. 모든 것이 아주 빠른 속도로 진행되었지요. 우리는 저항할 수도, 거부할 수도 없었어요. 그럴 경우 그들은 화가 났다는 걸 우리에게 보여주었어요.

그곳에서는 우리 여자들도 서로 거리를 두었어요. 배신을 당할까 두려웠거든요. 단 한 번도 서로 진지한 대화를 나눈 적이 없었어요. 누군가 울면 무슨 일이 일어났다는 걸 알았죠. 하지만 아무도 그것에 관해 묻지 않았어요. 그건 불가능했어요. 저는 이야기하는 걸 좋아하는 사람이지만, 관심을 두지 말자고 스스로 미리 다짐했습니다. 저는 그곳에서 수다를 떨지 않는 것을 배웠어요. 제 자신에게 '아무것도 묻지 않으면 아무 문제도 없을 거라고' 말했어요. 그리고는 제 방식대로 지냈어요. 우리 여자들은 당시 있었던 일을 얘기하고, 그런 양심없는 행동을 하고 어떻게 잠이 오는지에 대해 이야기했지만, 개인적인 집안일이나 서로의 과거에 대해서는 이야기하지 않았어요. 우리는 모두 악몽이라는 같은 배를 함께 타고 있는 사람들이었어요. 그 악몽은 우리를 괴롭혔고, 여전히 나를 힘들게 하고 있습니다. 우리는 슬픔을 함께 나누었고 서로를 위로했습니다. 많은 것을 잊기 위해 서로를 즐겁게 해 주었어요. 하지만 이 일은 결코 잊을 수가 없습니다. 우리 중 한 명이 더 이상 견디지 못하고 자살을 시도했어요. 모두가 예수님과 하나님께 도움을 청하지만, 막상 어려움이 닥치면 아무도 도와줄 사람이 없다는 생각이 들었어요. 가족에 대한 생각이 저를 견딜 수 있게 해 주었습니다. 어머니가 그리웠고, 여동생들을 간절히 다시 보고 싶었어요. 그것이 저를 강하게 해 주었고 버티게 해 주었어요."

2년 후 전쟁이 끝나기 직전 게르다는 경찰차에 실렸다. 그녀는 함부르크의 노동자들이 머무는 숙소 파름센으로 이송되었다. 그곳은 그녀가 예전에 머물던 곳이었다. 게르다는 여전히 행동 장애를 가진 것으로 판정받았다.

"전에 파름센에 살았었는데 그곳으로 다시 돌아왔어요. 파름센에서 저는 고분고분한 사람이 아니었고, 그래서 벌을 받았습니다. 저는 항상 약자의 편을 들었어요. 왜냐면 사람들이 약자는 보잘것없는 바보라서 마음대로 해도 된다고 말했기 때문이었죠. 저는 그 말에 언제나 항의했습니다. 그들은 저에게 파름센에 있기에는 너무 까다로운 여자라고 말하며 혼내주려고 했습니다. 그래서 저는 벌을 받았죠. 그런 벌이 있으리라고는 상상도 하지 못할 정도로 혹독한 벌이었습니다.

저는 보고를 해야 했고, 그때 테이벨(게르다의 감시자)이 왔어요. 저더러 입을 다물라고 하더군요. 그렇지 않으면 큰일이 날 거라고. 그럼 어쩌겠어요? 입을 다물 수밖에. 저는 이미 그들에게 일어난 일을 이야기했고, 조용히 있지 않으면 다른 조처를 하겠다고 협박을 받았기 때문에 아무 말도 하지 않았습니다."

게르다는 매춘소에서 오른쪽 가슴을 세게 물렸다. 하지만 처음엔 아무에게도 말하지 않았다. "그 상처가 점점 붓기 시작했지만, 그때 저는 이미 그곳에서 나온 후였어요. 그 해가 1945년이었어요. 결국 병원에 입원했고, 유방을 절제해야 했어요. 벌을 받은 것처럼 느꼈습니다. 더 이상 여자로 느껴지지 않았어요. 병원 사람들이 상처 원인을 물었고, 저는 '물린 상처'라고만 대답했습니다. 더는 말하지 않았습니다. 그때까지도 감시를 받던 상태였어요."

1957년이 되어서야 게르다 브렌델은 감시에서 완전히 벗어날 수 있었다. 당시 그녀의 나이는 36살이었다. "제 삶을 다시 찾게 되긴 했지만, 언제든 그들이 저를 다시 가둘 거라는 망상 속에서 살았어요. 저는 그 얘기를 혼자서만 간직하고 있었습니다. 밤이 되면 잠에서 깨었고 그럴 때는 두려움이 밀려와서 다시 눈을 감을 수 없었어요. 1980년 연금 생활을 하게 되었을 때 처음으로 과거 동료와 그 일에 관하여 이야기했습니다. 그녀가 저의 집을 방문했어요. 그날 저는 완전히 우울한 상태였어요. 그때 그녀가 말했어요. '이야기해야 해. 그렇지 않으면 결코 벗어날 수 없을 거야.' 그리고 저는 그 충고를 받아들였습니다.

저는 또다시 두려움에 침묵했고 아무것도 말하지 못했어요. 기억하는 것이 두려웠고, 상처가 되는 말을 듣게 될까 봐 두려웠죠. 여전히 극복해야 할 것들이 너무 많았고, 앞으로 더 많은 것을 견디며 살아야 할까 봐 두려웠어요. 사실 지금까지도 제가 감당하고 살아야 하는 것들이 저를 아주 힘들게 합니다. 그래서 종종 뜬눈으로 밤을 새우게 돼요. 바로 여기 앉아서 많은 밤을 보냅니다. 그럴 때면 무서워서 잠자리에 들지 못해요.

사실 말로 표현할 수 없을 정도로 구역질 나는 일들이 너무 많았어요. 제가 오늘 그 얘기를 하면, 미쳐버릴지도 몰라요. 그럼 당신은 도망가겠죠.

어떤 인간들이 원해서 시킨 일들을 저는 감히 되뇔 엄두조차 못하고 있어요. 그것만으로도 제가 극복하지 못하고 이유가 된다고 생각해요.

그럴 때면 이런 궁금증이 듭니다. 사람들은 왜 오랜 시간이 지난 후에야 과거의 것들을 알고 싶어 할까? 모든 것이 명명백백 다 들추어져야 할까? 좀 더 일찍 이런 기회가 있었다면 좋았겠지요. 좀 더 빨리 이렇게 했다면, 좀 더 일찍 사람들이 이 문제에 관해 이야기할 수 있었다면 좋았을 것 같습니다. 그런데 돈이나 다른 이득을 얻기 위해서 거짓말을 한다고 생각하는 젊은이들도 아주 많이 있답니다.

저는 잊으려고 애를 썼어요. 그러나 되지 않았습니다. 그 생각의 굴레에서 벗어날 수가 없었어요. 저는 점심을 먹다가 멈추어야 할 때가 종종 있습니다. 그럴 때면 끔찍한 기억이 떠오르고 저의 사고를 지배해 버립니다. 특히 흐리고 어두운 날은 더욱 그렇지요. 어둠과 함께 최악의 고통이 몰려옵니다. 그냥 그 모든 것을 견뎌낼 수가 없었고, 그래서 저는 이미 두 번 자살 시도를 했습니다.

아침 일찍부터 저녁 늦게까지 계속 그 일을 했던 날도 많았어요. 이른 아침부터 저녁까지 모든 종류의 남자들과 침대로 가야 한다고 한번 상상해보세요. 그런 기억들은 뇌리에 각인되고 사라지지 않아요. 문득문득 기억이 떠오를 때면, 미칠 것만 같고, 고통스러운 생각에 신음하게 됩니다. 그럴 때마다 떠오르는 생각들을 밀어내 보려 하지만,

그 환영은 저를 가만히 두지 않아요. 이런 일을 겪어본 사람이라면 누구나 알 수 있어요. 떠오르는 그 모습들은 절대로 사라지지 않고, 결국 무덤까지 가져가게 될 겁니다."

게르다 브렌델은 평생 남자와 교제한 적이 단 한 번도 없었다.

강제 동원 노동자의 매춘소 방문

1941년 친위대 국가 지도자인 하인리히 힘러는 마우트하우젠을 방문했다. 전면전을 위해 모든 남성들이 소집되었다. 힘러는 모든 수용소 수감자들이 일주일에 한두 번 수용소에 설치된 매춘소를 방문하도록 규정을 만들었다. 그러나 모든 수감자가 매춘소를 방문할 수 있었던 건 아니었고, 책임 권한을 가진 수감자들만 가능한 일이었다.[24] 그들은 수용소 내에서 오랜 기간 권력을 쌓아온 구역 담당자들, 수용소 리더들, 의무실 책임자 등 높은 계급에 속하는 사람들이었다. 나중에는 네덜란드, 스페인, 체코와 같은 다른 나라 출신도 매춘소를 이용할 수 있었다. 강제 노동자 중 다수가 나치 친위대에 협조한 기업들에서 일했다. 아직도 활발하게 활동을 하는 독일 기업 I.G. Farben과 같은 제조업 회사들은 노동자를 위한 매춘소 설립을 독려했다.

매춘소는 공식적으로 수용소 내 남자들의 동성애를 막고 수감자들이 더 나은 성과를 낼 수 있도록 장려하기 위해 설립되었다. 하지만 일부 수감자들은 이러한 '배려'의 이면에는 단순히 일을 열심히 하도록 만드는 것 이외에 더 많은 것이 숨어 있었다고 주장했다. 과거 부흐발트 집단 수용소에 있었던 유진 코곤에 따르면 '친위대는 정치범 수감자들을 타락하게 만들고, 도청하고, 정치에 관한 관심을 끊게 하려 했다고 언급했다.[25] 마우트하우젠과 부흐발트와 같은 수용소에는 공산주의자들이 많이 수용되어 있었다. 매춘소 문에는 작은 구멍이 뚫려 있어서 친위대원들이 방문한 수감자의 대화를 엿들을 수 있었다. 동독 정권의 붕괴 후에 발견된 문서 보관소 자료에 따르면, 제2차 세계 대전 후 동독의 공산주의자들은 매춘소를 방문한 혐의로 처벌을 받았다.

작가 크리스타 파울은 이러한 추론이 다소 명분이 약하다고 판단한다. 아마도 이 수감자들은 친위대에 매춘소를 방문할 수 있게 해달라고 강하게 요청했을 것이다. 정치범과 수감자 중 우두머리들은 다른 수감자들보다 더 나은 환경에서 생활했다. 수용소에서 권력을 가진 자들은 더 많은 특혜를 누렸다. 이것으로부터 나치 친위대가 이득을 보았을 것으로 생각한다. 선택받은 일부 수감자들만 매춘소를 방문할 수 있었다는 사실은 다른 수감자들과의 분열을 초래했고, 수용소 내 결집력을 약화시켰다. 매춘소 방문이 수감자들 간에 불화를 야기하자, 많은 정치범들은 매춘소 방문을 거부하고자 했다. 그들은 매춘소 방문이 쓸모없는 일이라 생각했다. 일부 사람들은 매춘소 방문을 거부했고, 방문하더라도 여성과 이야기만 나누었다. 그것은 친위대가 바라는 바가 아니었다. 친위대는 부흐발트와 같은 여러 수용소에서 수감자들이 매춘소를 이용하도록 강요했다. 유진 코겐은 말한다. "수용소의 친위대 지도부는 처음부터 수감자 리더들에게 '특별 건물'을 이용하도록 강요했습니다. 수감자 리더들은 결국 따를 수밖에 없었습니다. 지시를 따르지 않으면, 수용소 전체에 심각한 영향을 미칠 수 있었기 때문입니다."

노동자들의 매춘소 방문은 친위대 장교들에게 개인적인 즐거움을 선사했다. 아우슈비츠 모노비츠에 수감되었고 여성들에게 의료 서비스를 제공했던 한 수감자는 다음과 같이 확신한다. "친위대 장교들이 매춘소 문의 구멍을 통해서 여러 방에서 벌어지는 섹스 장면을 훔쳐보기도 했습니다. 그들은 엿보는 것을 즐기는 게 분명했습니다." 아무런 이득도 얻지 못한 사람들은 어쨌든 여성이었다. 그들은 동료 수감자들에게 지속적으로 강간을 당해야 했다. 여성들은 수감자가 더 열심히 일하도록 만들고, 그들의 유대감을 분열시키고, 심지어 방문자들로부터 정보를 빼내기 위한 도구로 전락했다.

실크 란제리와 향수

수감자들 사이에서는 강제 동원 매춘부에 대한 증오와 시기가 종종 있었다. 편견은 매우 심했다. 마우트하우젠의 한 수감자는 그 여자들은 '좋은 음식, 멋진 옷, 선물, 일광욕'을 즐기는 '달콤한 삶'을 즐겼다고 말했다. 다른 수감자들에게 매춘소는 귀한 향수를 뿌린 여성들이 실크 옷을 입고 다니며, 맛있는 술을 마시는 낙원의 이미지를 불러일으켰다. "저희는 그들에게 동정심이 전혀 없었어요. 할 수만 있었다면 기꺼이 그들과 자리를 바꾸고 싶었으니까요. 그들은 우리보다는 더 나은 처지였습니다."라고 수용되었던 여성 두 명이 말했다. 매춘소를 방문한 구역 리더 윌리 슈미트는 말했다. "그들은 모두 미인이었습니다. 어쨌든 그들이 괜찮은 음식을 제공받은 후에는 그랬어요. 한 집시 여인이 매우 아름다웠고 함부르크 출신의 두 소녀는 매우 매력적이었습니다. 예쁜 여자들이었죠. 잘 가꾼 금발을 하고 있었고요. 그들은 자신을 가꿀 시간이 있었어요. 다른 할 일이 없었거든요."[26]

현실은 전혀 달랐다. 강제 동원 매춘부의 옷은 다른 수감자들이 입던 것이었다. 많은 물건들은 가스실에서 죽거나 체포된 여성들이 남겨 놓고 간 것들이었다. 라벤스부르크에 수용됐던 에리카 부흐만이 이를 확인해 주었다. "여성들은 아우슈비츠 가스실에서 독살된 여성들의 물건 중 실크 란제리와 좋은 옷, 비누 그리고 향수를 받았습니다."[27] 친위대는 이런 새로운 물건의 반입을 문제 삼지 않았다. 수감자였고 '운반자'였던 이르마 트르스작이 말한다. "수용소에 도착하자마자 우리는 모든 옷을 벗어야 했어요. 우리는 여성도 인간도 아닌 단순한 번호였습니다. 멋진 물건들이 전시되었습니다. 지도부가 가장 좋은 것을 골랐습니다. 드레스, 멋진 옷, 털 옷, 예쁜 신발 그리고 란제리 등등. 그들은 브뤼셀 레이스로 장식된 프랑스식 네글리제를 발견했습니다. 온갖 나라의 물건이 다 있었어요. 매춘부는 그 물건들을 걸쳤고, 그래서 좋아 보였던 겁니다."

다른 수감자들의 편견은 이해할 만했다. 대부분의 사람들은 매춘소에서 무슨 일이 일어나는지 몰랐다. 그리고 매춘부 여성은 나치 협조자로서 자신의 안락을 위해 몸을 판다고 생각했다. 더욱이 그들은 매춘부 여성이 검은 완장을 차는 것을 정당하다고 생각했다. 매춘부들은 수용소에서 매춘을 했다는 사실 때문에 많은 비난을 받았다. 이미 수용소에서 시작된 그들의 무거운 침묵은 거의 반세기 동안 지속되었다. 하지만 쓰디쓴 진실을 아는 사람은 적었다. 수용소에 갇혔던 이르마 트르스작은 다음과 같이 말했다. "그들은 만신창이가 되어 집에 돌아왔습니다. 하루에 얼마나 많은 남자들을 강제로 받아야 했는지 하나님은 알 것입니다. 남자들이 컨베이어 벨트로 들어오는 것 같았다고 들었어요. 물론 그 일은 여성들을 처참히 망가뜨렸습니다."[28]

독일의 침묵

나치의 성 노예로 일했다고 기꺼이 증언한 몇 안되는 여성 중 한 명은 지금은 고인이 된 'W'다. 그녀는 당시 반유대인 남성과 관계를 맺었다는 이유로 부흐발트 수용소의 매춘소로 오게 되었다. 그것은 인종법으로 금지되어 있었다. 전쟁이 끝난 후 독일에 살게 된 그녀는 정치적 피해자로 인정받기 위해 노력했다. 국가를 상대로 한 피해 보상 신청은 수년간 거부되었다. 그녀가 '반사회적 행동'을 근거로 체포되었기 때문에, 정치적 피해자로 인정되기 어렵다는 이유였다. 수년 후, 여러 차례의 소송 끝에 그녀는 비로소 정치적 피해자로 인정받았다. 그녀는 일회성 배상금을 받았으나 더 이상의 재정적 지원은 받지 못했다. 그녀는 나치에 핍박받은 피해자를 위한 기금을 통해 2년간 지원을 받았고, 이후 뇌출혈로 사망하였다.

게르다 브렌델, 안니 크라머 그리고 'W'에게는 너무 늦은 일이었다. 그들의 인생은 완전히 황폐해졌다. 그들은 국가의 협박을 받았고, 두려웠으며, 수치심 때문에 감히 입을 열지 못했다. 수용소 내에서 막강한 권력을 가졌던 수감자 리더들은 가해자의 위치였기 때문에 전쟁 후 증인으로 나서지 않았고, 심지어 피해자 여성들을 '유죄'라고 비난했다. 철의 장막이 걷히면서 다른 정보들이 드러났다. 안니는 말했다. "수치심을 느꼈기 때문에 그 누구에게도 말하지 않았어요. 우리 모두 수치심을 느꼈어요. 그게 큰 역할을 했지요. 하지만 젊은이들은 무슨 일이 있었는지 알아야 합니다. 어쩌면 그들이 무엇인가를 할 수 있을 테니까요. 나 자신은 할 수 없을 것 같습니다."

아직 나치 독일의 성 노예 피해자 여성들은 강제 동원 일본군 '위안부' 제도의 피해자들처럼 세상에 드러나지 않았다. 유감 성명도 나온 적이 없고 피해자 여성들을 위한 배상도 정치적으로 매우 어려운 상황이다. 베를린에 일본 및 한국 '위안부' 피해자 단체가 있는 것은 괄목할만하다. 이 단체의 활동가에 따르면, 나치 독일 성 노예 피해자들의 이야기는 한국인 피해자 여성들의 이야기와 다르지 않다. 많은 여성들이 죽었거나 극심한 병으로 고통받고 있다. 그들은 수치심 때문에 결혼을 하지 않았다. 남은 가족이 없거나, 친척들이 그들을 받아들이지 않았다. 일부 여성은 영영 집으로 돌아가지 못했다.

제6장 침묵의 시작

"어느 날 잠에서 깨었을 때 우리를 감시하던 군인들이 사라지고 아무도 없다는 것을 알았어요. 너무 조용했어요. 무슨 일인지 궁금했어요. 아침 10시경 용기를 내어 위안소에서 걸어 나왔는데 아무도 없었어요. 그래서 근처 텐트에 있는 식당으로 가 보았어요. 역시 아무도 없었습니다. 그곳에서 음식을 찾다가 누군가 사용한 접시와 그릇이 쌓여있는 것을 보았습니다. 그리고 여기저기 군인들의 배낭이 놓여 있는 것을 보았어요. 물을 좀 찾으려고 하는데, 때마침 멀리서 군인 한 명이 소리쳤어요. '왜 여기 있어? 일본이 폭격당했고, 너희 나라는 해방되었어! 넌 이제 집에 가도 돼.'"

만주에 주둔하고 있던 민간인 복장의 군인이 황금주에게 다가와 말해주었다. 중국군이 도착하면 '위안부'들을 죽일 테니 한국으로 돌아가는 게 나을 거라고. 그러고는 다른 일본 군인들처럼 그도 떠났다. 황금주는 위안소로 돌아가 다른 여성들에게 "우리나라가 해방되었다"고 말했다. 그러나 그들의 몸은 너무 병들고 아파서 걸을 수조차 없었다. "그들은 나보고 자신들을 내버려 두고 저 혼자 떠나라고 했어요. 하지만 저는 옷도 신발도 돈도 없었어요. 군인들이 입던 낡은 옷을 발견했고, 그 옷을 입었습니다. 군인들이 버린 신발은 너무 컸어요. 그래도 신었습니다. 하지만 너무 커서 헐렁한 신발을 신고 걷기가 무척 힘들었어요." 그녀는 많은 고통을 함께했던 다른 7명의 여성들과 작별 인사를 나누었다. 그리고 근처의 군 수용소들을 찾아가 보았지만 그곳엔 아무도 남아있지 않았다. 그녀는 오랫동안 계속 걷기만 했다. "어느 순간 한국으로 가는 사람들의 무리를 발견했어요. '위안부', 군인, 노동자들, 그 모든 한국인들이 집으로 돌아가고 있었어요. 저는 그들에 합류했어요. 길가에서 음식을 만들거나 마을에 사는 주민들에게 먹을 것을 구걸하기도 했지요. 길에서 잠을 잤고, 다른 사람들이 피워 놓은 모닥불 옆으로 몸을 비집고 들어 갔어요."

5개월 후, 황금주는 한국의 수도 서울에 도착했다. 이투성이인 그녀에게 미군들이 DDT를 뿌려주었다. 다시는 가족들에게 돌아갈 수 없다고 판단한 황금주는 서울에 머물렀다. 그곳에서 그녀는 심각한 성병에 걸렸다는 사실을 알게 되었다. 수술을 하며 자궁이 제거되었고, 출혈이 멈추지 않아 수혈을 받았다. 어느 정도 회복될 때까지 2년의 시간이 걸렸다.

황금주는 평생 결혼하지 않았다. 그녀는 남자와의 섹스를 증오했다. "가능하다면 저는 남자에 대한 생각은 아예 안 하고 싶었어요." 그녀는 다섯 명의 전쟁고아를 돌보기 시작했다. 하지만 아이들이 자란 뒤에는 그녀를 버렸다. 고향 사람들이 서울에서 그녀를 본 뒤 어머니께 소식을 전했고, 어머니는 단 한 번, 딸을 찾아왔다. "어머니는 저에게 결혼하라고 하셨어요. 하지만 저는 싫다고 했죠. 어머니는 왜 결혼을 안 하려는지 물으셨고, 저는 제가 겪은 일이 수치스러워 말씀드리지 못했습니다." 그녀의 어머니는 딸이 말하지 못한 진실을 알고 있었음이 분명하다. 어머니는 황금주의 여동생이 언니와 같은 운명을 겪지 않도록 어린 나이에 결혼시켰다. "제 과거가 비정상적이라고 생각했고, 그것이 알려지면 집안에 수치스러운 일이 될 것 같았어요. 여자가 독신으로 지내는 것도 창피하기는 마찬가지였어요. 그것 때문에 가족이 비난받았죠. 여자는 결혼을 해야만 했어요. 고통스러운 경험을 한 후에도 남편이 없다는 이유로 사회에서 무시당했던 거죠. 저는 그러한 상황을 견뎌냈고 현재의 삶을 제 손으로 직접 이루어 냈습니다. 저는 식당을 운영하고 있어요. 그러나 술은 팔지 않습니다. 술에 취해서 위안소를 찾던 일본 군인들의 행동이 떠오르기 때문이지요."[1] 다른 피해자들에 비하면 황금주 할머니의 상황은 그리 나쁘지 않은 것이었다. 많은 피해자가 겪은 악몽은 전쟁이 끝난 후 또 다른 악몽으로 계속되었다.

일본 제국은 서서히 무너지고 있었다. 그러나 몇 차례 마지막 저항의 모습을 보였다. 1945년 7월 26일 미국, 영국, 중국 그리고 소련으로 구성된 연합군은 일본의 무조건적 항복을 요구했다. 포츠담 선언에서 이 4대 강국은 일본이 항복하지 않으면 순식간에 완전한 파멸을 맞게 될 것이라고 경고하였다. 그러나 이 위협은 쇠귀에 경 읽기나 마찬가지였다. 일본은 이 경고를 무시하고 아무런 대응도 하지 않았다. 일본 정부와 언론은 '묵살(默殺)'이라는 용어를 사용했다. 이 말은 '침묵으로 멸시하며 대응하고 관심을 주지 않는다'는 뜻이다. 일본은 벼랑 끝에 몰린 막바지 상황에서조차 체면을 잃을 수는 없었다.

1945년 8월 6일과 9일 나가사키와 히로시마에 투하된 원자 폭탄은 천황과 그의 군부 세력의 오만함에 종지부를 찍었고, 일반 시민들이 그 대가를 고스란히 치르게 되었다. 육군성 장관과 도쿄에 있던 헌병 대장의 명령으로 모든 군대 문서와 기록물은 즉시 소각 및 폐기되었다. 강제 동원 일본군 '위안부'에 관한 문서도 모두 함께 폐기되었다. 8월 15일 일본은 항복했다. 전쟁은 끝났고 '위안부' 피해자 여성들에게는 이후의 삶이 시작되었다. 그러나 그 혹독한 고난을 겪은 후 그들을 기다린 삶은 과연 어땠을까?

증거 자료 폐기

일본은 군 위안소에 대한 증거 자료를 폐기하면서 일본군 '위안부'의 흔적도 없애야 했다. 그동안 여러 곳에서 여성들에게 폭행을 행사했던 일본 군인들은 전쟁 말기 이 여성들을 살해했다. 살해 방법은 잔인했다. 일부 여성은 일본군이 잠수함에 가두고 배를 침몰시켜 익사시켰다. 버마 북부와 태평양 제도에서 일본군은 여성들을 동굴에 가두고 폭파시켰다. 얼마나 많은 여성이 죽었는지는 확인할 수 없다. 하지만 거의 15만 명에 이를 것으로 추산한다. '위안부'로 끌려간 여성의 약 30%가 살아남은 것으로 알려졌으나 이 역시 추정에 불과하다.

'교쿠사이(玉碎)'라는 용어는 '깨진 보석'이라는 의미다. 이 단어는 원래 '완전한 타일보다는 깨진 보석이 낫다'는 의미의 중국 속담에서 유래한다. '교쿠사이'는 패배가 불가피한 경우 집단 자살을 시도하거나 죽음을 각오하고 싸우는 전통을 표현하는 단어이기도 하다. 많은 부대가 '위안부' 여성도 그러한 집단 자살에 동참하길 원했다. 최전선의 토치카(소위 필박스)까지 끌려간 '위안부'들에게 총이 주어졌다. 그리고 마지막 총알은 자신을 위해 남겨두라는 말을 들었다.

특히 버마 북부와 미크로네시아에서는 많은 '교쿠사이'가 일어났다. 이곳에서 일어난 격렬한 전투로 일본군이 절박한 상황에 빠졌기 때문일 것이다. 버마의 미치나와 국경을 맞대고 있는 중국의 라멍에서는 일본군이 대규모 지하 조직망을 결성했다. 일본 여성 15명과 한국 여성 5명으로 구성된 '위안부' 그룹이 그곳에 있는 군인들에게 섹스를 제공하기 위해 떠났다. 1944년 봄부터 중국 병력의 수가 일본을 능가했고, 일본의 상황은 절망적으로 보였다. 그래서 일본군은 자살 특공대를 보내기 시작했다. 그들은 목숨을 걸고 위험한 임무를 수행하는 군인이었으며, 작전을 시작하기 전 마지막으로 섹스를 했다. 상황이 절망적인 국면에 처하자, '위안부'들은 부상자 간호, 실탄 운송 그리고 비상식량을 준비하는 데 투입되었다.

일본군 사령관은 '위안부' 여성들을 대피시킬 것을 잠시 고려했다. 그러나 그의 부관은 '위안부' 여성들이 군인들과 함께 죽기를 더 원한다고 말했다. 재일 조선인 작가 김일면에 따르면, 그것은 일본인 여성에게는 적용되었을지 몰라도 한국인 여성들은 그렇게 죽고 싶지 않았을 것이다. 김 작가는 한 일본인 '위안부'와 시력을 상실한 군인이 사령관에게 결혼을 청한 이야기를 들려준다. 그 여성은 '위안부'로서가 아니라, 한 남자의 아내로서 자신의 생을 마감하고 싶었다. 결혼식은 사케가 부족하여 물을 놓고 거행되었다. 일본이 항복을 피할 수 없게 되었을 때, 그들은 함께 마지막 수류탄 안전핀을 뽑았다.[2]

전쟁 말기에 한국 여성들은 간신히 살아남을 수 있었다. "너희들은 탈출해야 해."라고 같은 처지의 일본 여성들이 일러주었다. "너희는 중국 군인과 같은 동양인이니까 너희를 해치지 않을 거야. 우리는 우리 군인들과 남아 있을게." 그 일본 여성들은 청산가리를 먹고 자살했다. 한국 여성들은 가까스로 탈출할 수 있었고 하얀 천을 흔들며 투항했다.[3]

태평양 말레이시아 북부와 동북부의 군도 미크로네시아는 '위안부'의 '교쿠사이(집단 자살)', 그러나 실제로는 '집단 학살'이 일어난 또 다른 지역이다. 미크로네시아에서 가장 큰 해병대 기지가 있는 캐롤라인 제도의 축섬은 1944년 2월부터 연합군의 폭격을 받았다. 위안소 3곳을 포함한 모든 군대 건물이 순식간에 폐허로 변했다. 미군의 상륙은 피할 수 없는 상황이었고 일본 장교들은 '교쿠사이'가 유일한 해결책이라고 판단했다. 그들은 일본군 '위안부'가 미군의 손에 들어가는 것은 바람직하지 않고 부끄러운 일이라는 결론을 내리고 이들을 제거하기로 했다. 공군의 폭격이 잠시 중단된 사이, 부사관 한 명이 동료 두 명과 기관총으로 무장하고 '위안부' 여성들의 피신처로 갔다. 그가 피신처에 가까이 왔을 때 그 안에 사람이 있는지 궁금했다. 그는 확인하기 위해 일본 국가 '기미가요'를 휘파람으로 불었다. 여성 몇 명이 밖으로 나오자 그들을 총살하고 안으로 들어갔다.

김일면은 그다음 상황을 재구성한다. "그는 피난처의 어두운 내부에 무작위로 자동 사격을 가했다. 요란하고 귀를 먹게 할 정도로 큰 총성과 날카로운 비명, 낮은 신음 소리가 뒤섞였다. 그 소리는 군인들이 서서히 방아쇠를 놓고 미치광이 같은 총격을 멈출 때까지 계속되었다. 생명이 사라진 피난처 안에는 죽음의 침묵이 얼어버린 수의처럼 떠도는 것 같았다. 그는 사살 결과를 눈으로 확인하기 위해 손전등을 켰다. 그곳에는 약 70구의 시신이 있었다. 핏자국은 도마뱀과 같은 형상으로 토굴 벽에 튀어 있고, 목이 부러진 채 거칠게 자른 빵나무를 꼭 붙들고 있는 여성도 있었으며, 어떤 이들의 몸은 겹겹이 쌓여 있었고, 또 서로 부둥켜안고 있기도 했으며, 몇 명은 나무토막처럼 쓰러져 있었다. 그들 모두 피로 물들어 있었다."[4]

태평양의 마리아나 제도에 있는 섬 사이판에서는 '위안부' 여성들이 그 섬에 거주하던 대부분의 여성과 함께 물에 빠져 익사한 것으로 전해진다. 여성들은 적에게 체포되는 것보다 차라리 죽음을 택했다. 이것은 전쟁 중에 일어난 암울한 에피소드 중 하나다.[5] 연합군의 손에 들어온 강제 동원 '위안부'들도 있었다. 미군 심리전담팀이 버마 북부에서 20명의 한국인 '위안부'를 심문한 보고서에는 커다란 글씨로 '기밀문서'라고 도장 찍혀 있다. 일본인 포로들도 자세한 심문을 받았다. 일본인들은 자신들의 행동을 은폐하는 방법을 잘 알고 있었다. 미군 조사단이 마닐라 사찰을 앞두고 있었을 때, 일본군은 '위안부'들에게 간호사 유니폼을 입히고 하루 만에 간호 기본 지식을 배우도록 했다. 이 여성들은 일본군 '위안부'로 판정되지 않았다.[6] 간호사들을 포함한 한국인과 일본인 '위안부' 수는 500명이 되었고, 그들은 일본군과 함께 마닐라에서 철수하게 되었는데, 이 여정에는 많은 위험이 도사리고 있었다. 그들은 열대 우림의 열악한 환경에서 수개월 동안 생활해야 했고, 이 과정에서 수많은 이들이 목숨을 잃었다.[7] 1945년 1월 산타페 협곡에 도착한 생존자들은 야자나무의 잎으로 피신처를 만들어 생활했다. 4개월 후 진격하는 미군에게 쫓겨 그들은 다시 이동해야 했다. 우기가 시작되었고, 그들에게는 적당한 옷이 없었다. 식량도 바닥이 났다. 요리는 불가능했다. 모든 것을 날것으로 먹어야 했으며 쌀조차 생으로 먹었다. 그들은 야자 열매나 늪에 사는 게와 같이 정글에서 구할 수 있는 것들로 연명해야 했다. 시간이 좀 지난 후엔 어쩔 수 없이 인육을 먹었다. 처음에는 죽은 시신을 먹었으나 나중에는 '돌아다니는' 사람들을 도륙하여 먹었다. 필리핀 게릴라에게 발각된 남자와 여자는 살해당했다. 윤정모 작가의 다큐멘터리 소설 『에미 이름은 조센삐였다』에는, '일본군이 노략질한 것에 대한 대가로 땅을 비옥하게 하기 위해' 게릴라들은 그와 같은 일을 저질렀다고 기록되어 있다.

비참한 철수

1945년 미국에 의한 해방 소식은 아시아 전역에 들불처럼 번졌다. 사망자는 매장되었고 강제 동원 일본군 '위안부'들은 노예 신분에서 해방되었다. 그들은 집으로 갈 수 있었지만, 몸이 쇠약했고 병들고 탈진하였으며 정신적으로 피폐한 상태였다. 그들을 위한 의료 지원은 없었고 적십자사의 도움도 없었다. 하지만 일본의 항복 소식이 멀리 떨어진 외진 곳에 있던 위안소에는 도달하지도 못했거나, 단순히 일본인들이 '위안부' 여성들에게 알려주지 않았다. 도망치는 일본군은 일부 여성들을 정글에 버려두었고, 여성들은 행방도 모른 채 굶주려야 했다. 그렇게 많은 여성들이 죽어갔다. 싱가포르에서는 전쟁이 끝난 후 '위안부' 여성들이 산으로 피신하여 풀로 쑨 죽을 먹고 연명하였다. 다른 여성들은 해방군이 그들을 발견할 때까지 위안소에 머물렀다. 한 한국 여성은 러시아 군인이 '위안부' 여성을 해방시켜 주었다고 말했다. 그렇지만 그것은 러시아 군인들이 여성들을 상대로 마음껏 욕정을 해소하고 난 후였다. 이 여성들은 마침내 연합군의 수용소에 도착한 후 송환되었다.

그사이 한국인들은 한국 정부로부터 모두 귀국하라는 명령을 받았다. 또한, 중국, 타이완 그리고 다른 국가의 여성들도 집으로 돌아가기 시작하였다. 군복을 입고 여행 가방을 머리에 인 채 군용 화폐를 한 꾸러미 들고 걸어가는 여인들의 모습을 담은 사진 한 장이 책에 자주 등장한다. 나중에 밝혀진 바에 따르면 그 화폐는 더 이상 가치가 없었다.

일부 지역에서는 위안소 운영자들이 처벌을 받기도 했다. "조지 힉스와 인터뷰를 한 중국계 말레이시아 여성인 마담 X가 설명했다. '어느 날 저는 유럽 군인들이 도시로 행진하며 들어오는 것을 봤습니다. 우리는 위안소에서 풀려났고 위안소 주인들이 우리에게 도망가라고 말했어요. 중국인 배신자들과 일본인들은 그 누구도 유럽인들이 들어왔을 때 우리가 그들 곁에 있기를 원하지 않았어요. 그들은 우리가 자신들을 고발할까 봐 두려워했습니다. 그러나 우리가 있던 위안소의 여자들은 여주인인 마마상과 그녀의 남편을 붙잡아서 둘 다 익사시켰습니다." 위안소 운영자들이 '위안부'를 잡아둔 것에 대해 유럽인들을 두려워했다는 사실은 주목할 만하다. 그러나 연합군은 그들을 처벌한 적이 없다. '마담 X'와 같은 '위안부'들은 운이 좋게도 빨리 집으로 돌아갈 수 있었다. 하지만 일본군에 의해 제국의 가장 먼 외지로 보내졌던 여성들은 상황이 달랐다. 그들은 집으로 돌아가는 길을 알지 못했고, 현지 언어도 구사할 수 없었고 자신이 어디에 있는지조차 알지 못했다. 그들은 돈도 없었고 이동 수단도 없었다. 어떤 이들은 수년간 방황하며 떠돌아다녔다. 한 여성은 4년간 중국 전역을 떠돌다가 겨우 한국 집에 도착했다고 말했다. 다른 여성은 9년 후에야 집으로 돌아올 수 있었다. 그사이 그녀는 자궁 경부암을 앓아 자궁을 제거했다. 또 다른 한 여성은 한국이 남과 북으로 분단되어 어려움을 겪었다. 그녀의 고향은 북한에 있었기 때문에 집으로 갈 수 없었다. 일 년이 지나 그녀는 국경을 넘는 데 성공했다. 가족은 그녀를 따뜻이 받아주었고, 그녀는 버마에서 간호사로 일했다고 거짓말을 했다.

수많은 일본군 '위안부'가 고국으로 돌아가지 못했다. 그들에게는 수치심이 너무 컸기 때문이다. 또는 그 모든 일을 겪은 후 너무나 지치고 탈진해 현지에 정착한 경우도 있었다. 보르네오에서 한 호주 군인은 폐허가 된 일본군 위안소에서 살고 있던 인도네시아 여성 여러 명을 발견했다. 그들은 집으로 돌아갈 용기가 없었으며 그중 한 명은 자살을 선택했다. 다른 여성들도 성병, 말라리아 또는 부상으로 인해 목숨을 잃었다.

한국 여성들은 지금도 태평양, 필리핀, 중국, 미얀마, 태국 그리고 아시아의 여러 곳에서 살고 있다. 어쩌면 이들에게는 그곳에서의 삶이 더 나을지도 모른다. 한국의 문화는 처녀가 아니거나, 아이를 낳을 수 없는 여성에게 참으로 엄격했다.

다른 나라에서도 '위안부' 여성들은 그냥 남겨진 경우가 많았다. 말레이시아 쿠알라룸푸르의 위성 도시 암팡에는 서툰 네덜란드어를 사용하는 여성들이 살고 있었다. 이 여성 중에는 헌법에 따라 네덜란드 국적을 가진 인도네시아계 네덜란드인들이 포함되어 있었을 것으로 여겨진다.[8] 그들은 일본군 위안소에서 일하다가 일본군이 버리고 떠난 여성들이었다. "제가 말레이시아 쿠알라룸푸르에서 근무하던 중 서툰 네덜란드어를 사용하는 여성들을 만났습니다." 미국에 거주하는 한 네덜란드인이 1992년 로스앤젤레스 네덜란드 총영사관에 편지를 보냈다. "그때 그들이 일본군 '요시와라(공창 지역)', 즉 위안소에서 이용당한 후 버려진 여성이라는 이야기를 들었습니다. 그 여성들은 그사이 중국계 말레이인 혹은 본토 말레이인들과 결혼을 했습니다. 그들은 돈이 부족하고 운송 수단이 마땅치 않아 해방된 곳에 머무르게 되었습니다. 쿠알라룸푸르 근교에 있는 암팡 빌리지에서 저는 이 여성들을 만났습니다. 저는 그들에게 자세히 묻지 않았습니다. 제가 인도네시아 출신인 것을 그들이 알게 되어 그들의 아문 상처가 다시 덧나는 것을 원하지 않았기 때문입니다. 말레이시아, 싱가포르 그리고 버마의 여러 지역에서 이렇게 버려진 인도네시아 여성들을 만날 수 있습니다."

때로는 이렇게 남는 것이 이 여성들이 그토록 갈망하던 행복을 얻는 유일한 기회였다. 가끔은 어느 정도 평범한 삶을 살 수 있었다. 말레이시아 출신의 켕 시 레이는 말레이시아 출신의 다른 여성들과 함께 말루쿠 제도의 할마헤이라 섬 아주 외딴 곳으로 끌려갔다. 전쟁이 끝난 후 그 누구도 집으로 돌아가지 못했다. 켕 시 레이는 자바섬에서 결혼했다. 남편이 죽은 후 그녀는 비구니가 되었다.

많은 여성이 이름도 남기지 못한 채 사라졌다. 그리고 그들에게 무슨 일이 일어났는지 아무도 알지 못한다. 가장 비극적인 것은 '위안부' 출신 여성 대부분이 아마도 새로운 지배자들을 위한 매춘업에 종사했을 가능성이 크다는 것이다. 예를 들어, 전쟁 후 대규모 미군 기지가 설립된 일본 남부의 오키나와에서와 같은 경우다. 1950년부터 1953까지 한국에 주둔한 유엔군은 일본군 '위안부'였던 일부 여성들이 귀국 후에도 그 직업을 계속 가졌다고 보고했다. 그들은 다른 출구를 찾지 못했고, 그들이 살아남을 수 있는 유일한 방법은 스스로 낡은 '걸레'라고 여기던 자신의 몸을 파는 것뿐이었다.

전리품으로서 일본 여성

일본이 항복한 후 승자인 연합군은 전리품을 차지하고자 했다. 이제 해방군의 표적은 일본 여성이 되었다. 여성은 두 마초 문화 사이에 끼어 꼼짝달싹할 수 없었다. 전쟁 중 미국, 호주, 영국 군인은 강간을 거의 저지르지 않았지만, 전쟁이 끝난 후 그들은 인권을 짓밟는 행동을 했다. 전쟁 도발 국가 여성에 대한 그들의 보복은 가혹했다. 주로 미 점령군이 전쟁 후 일본 여성을 대규모로 강간하는 잘못을 저질렀다.

강간 피해자의 수는 수천 명 혹은 수만 명에 달할 것으로 추정된다.[9] 가해자 중 상당수는 기소되지 않았다. 영연방 군대도 그들이 주둔하였던 일부 일본 지역에서 현지 여성들을 폭행하였다. 호주 군인들의 잔인함은 악명 높았다.

중국에 주둔해 있던 소련군의 행동도 별반 다르지 않았다. 만주 출신의 고아였던 일본인 요시다 레이코는 이에 대해 증언한 몇 안 되는 사람 중 한 명이다. 그녀는 고국인 일본으로 돌아가고자 베이안 공항의 격납고에서 약 천 명의 다른 일본인과 귀국을 기다리고 있었다. "매일 러시아 군인들이 들어와 약 10명의 여성을 데려갔어요. 그 여성들은 아침에 다시 돌아왔어요. 어떤 이들은 목을 매어 자살했어요. 러시아 군인들에게 끌려가느니 차라리 죽는 게 낫다고 했지요. 그 여성들의 시신은 벌판에 매장되었습니다. 건물은 통나무로 둘러싸여 있었고 러시아 군인들은 여성들이 밖으로 나오지 않으면, 우리를 격납고에 가둔 채로 건물 전체를 불태워 버리겠다고 협박했습니다. 그래서 대부분 독신 여성이 일어나서 나갔어요. 당시에 저는 이 여성들에게 어떤 일이 일어날지 알지 못했습니다. 그러나 아이들과 함께 남아 있던 여성들이 밖으로 나간 여성들을 위해 희생에 감사하는 기도를 드렸던 모습은 아직도 선명하게 기억에 남아있습니다. 어떤 여성은 창고를 나간 후 다시는 돌아오지 못했습니다."[10]

일본군 장교들은 러시아 육군 본부에 강력하게 항의했지만 아무 소용이 없었다. 오히려 그와 같은 항의를 받은 러시아군 본부는 일본군 장교들에게 여성 몇 명을 '위안부'로 보내라고 대답했다. 그렇게 하면 러시아 군인들이 저지르는 강간 횟수가 저절로 줄어들 거라는 이유였다.

중국에서는 서로 전쟁 중이던 중국 공산당과 국민당 군대가 주로 일본 여성을 '위안부'로 데려갔다. "기차가 정차할 때마다 중국 공산당 군인들이 귀국하는 사람들의 귀중품을 빼앗았습니다." 한 일본인이 증언했다.[11] "군인들이 여성들을 기차에서 끌어내렸어요. 그들은 톈진에 있는 군 위안소로 끌려갔습니다. 그리고 그곳에서 2년간 밤낮으로 중국 공산당 군인을 위해 몸을 바쳐야 했어요."

연합군을 위한 '위안부'

전쟁 후 일본은 미국의 통치를 받았다. 일본은 항복하자마자, 고노에 국무대신이 1945년 8월 21일 내각 회의에서 발의한 안건을 채택했는데, 이는 '섹스에 굶주린 미군 병사들로부터 일본 여성의 처녀성을 보호한다'는 내용이었다. 이 내각 회의에는 히가시쿠니노미야 나루히코 총리대신도 참석했다. 이 회의는 〈'위안부' 회의〉라고 불렸다. 이제는 자국의 여성들이 피해자였다. 그들은 불과 얼마 전까지만 해도 일본의 적이었던 외국 군인들에게 몸을 제공하게 된 것이다.

일본이 항복한 지 13일이 지난 8월 28일, 일본 황궁 앞 광장에 '특수위안시설협회(직역하면 '레크리에션 및 엔터테인먼트 협회', RAA)'

가 설립되었다. 그것은 일본의 전쟁 전문 용어를 완곡하게 표현한 것인데, 이 단체는 사실상 미군을 위한 전국적인 섹스 클럽 체인망이었다. 이 프로젝트를 위해서 정부 특별 기금 3천만 엔이 투입되었다. 이를 위해 일본 정부와 성 산업이 각각 절반씩 비용을 부담했다. 일본 경찰 당국은 이 조직을 설립하는 데 필요한 모든 조치를 취하라는 명령을 받았다. 모든 현의 단체장과 경찰 수뇌부는 게이샤 하우스, 매춘업소 그리고 나이트클럽에서 일하는 여성을 매춘부로 전환하여 전국적인 매춘 조직의 일원으로 제공하라는 임무를 부여받았다.

이러한 방식으로 일본 정부는 위안소(매춘소) 운영자로서 역할을 계속했다. 더욱이 일본 정부는 미군의 위안소 이용을 장려했다. 이제 승자와 패자를 불문하고, 양측 모두의 남성 지도자들이 남성의 욕구를 충족시키기 위해 여성의 육체가 소비재로서 필요하다는 결론을 내린 것이다. 이는 관련 여성의 의견을 전혀 고려하지 않은 이기적인 결정이었다. 일본 출신 역사학자 유키 다나카는 이를 두고 완전한 위선의 극치였다고 평가한다. “정말 아이러니한 것은 일본이 제2차 세계대전 중 저지른 대규모 강간과 강제 매춘의 형태로 자행된 강간에 관한 보고서가 도쿄 재판에서 심리되고 가해자들이 법정에 세워지고 처벌받던 바로 그때, 피점령지 일본에서 연합군의 적극적인 참여와 연합군 최고 수뇌부의 승인 아래 동일한 관행이 계속되고 있었다는 점입니다.”[12]

특수위안시설협회의 첫 번째 위안소는 ‘사랑의 정원’이라고 불렸으며 1945년 8월 27일 도쿄 외곽 도시 오모리에서 문을 열었다. 이후 수익성이 좋은 매춘업소들이 우후죽순처럼 생겨났고, 수백 개의 업소들이 동시다발적으로 개업하였다. 성매매 수요가 직업 매춘부의 공급을 초과하자 다른 그룹의 여성들이 성매매에 투입되었다. 그중에는 전쟁 말기 군수품 공장에서 일하던 여대생들도 포함되어 있었다. 일본 정부의 지원을 받아 여성들이 스스로 지원하도록 설득하는 호소문이 신문에 실렸다. 일본 제국이 붕괴한 상태에서 더 이상 여성들은 이상적인 국민의 정체성을 부여받을 필요가 없었기 때문에 이제 매춘이라는 직업이 그들에게 열려있는 듯 보였다. 지역 신문인 『긴자 신문』에 실린 한 광고는 "현대 일본 여성에게"라는 문구로 시작했다. "우리는 당도하는 군대를 접대하는 중대한 임무를 위해 귀하의 협조를 구합니다. 해당 연령은 18세부터 25세까지입니다." 일본 여성의 순결을 지켜내기 위해 이 '현대적인' 여성들은 자신을 매춘부로 팔아야 하는 듯 보였다.

일본군 '위안부' 제도에서 그랬던 것처럼 많은 여성들이 완곡한 강압에 굴복하고 자신의 몸을 제공하는 데 동의했다. 전쟁으로 인해 일본에는 일자리가 거의 없었고, 수십만 명의 여성이 집을 잃었다. 가족이 굶어 죽는 것과 몸을 파는 것 사이의 선택은 여기서도 어렵지 않은 결정이었다. 특히 히로시마 출신 소녀들의 이야기는 비극적이다. 그들은 근처 쿠레에 있는 군수 공장에서 일했고 히로시마에 투하된 원자 폭탄에서 살아남았다. 가족은 사라졌고, 집은 파괴되어 갈 곳을 잃었다. 그들에게 남아있던 유일한 대안은 특수위안시설협회였다. 인도네시아 스마랑에 위치한 위안소 4곳에 네덜란드 '위안부'를 강제 동원하여 고발당한 일본군 대령[13]의 딸 역시 '미군의 품에 안기게 된' 사실은 가히 냉소적이라고 할 수 있다. 그는 딸에게 굴복하지 말라고 경고했었다.[14] 내부 보고서에 따르면, 1945년 말 거의 2만 명 이상의 일본 여성이 특수위안시설협회를 위해 동원되었으며, 최고 전성기에는 7만 명 이상이 동원되었다.[15] 제2차 세계 대전 때와 마찬가지로 일본 당국은 미군을 위한 위안소를 운영하여 자국민이 성병에 걸리거나 강간당하는 것을 막으려 했다. 그리고 이번에도 이러한 시도는 비참한 실패로 끝났다. 강간은 멈추지 않았고, 6개월 후 도쿄시 당국이 매춘부들을 상대로 실시한 조사에서 '특수위안시설 클럽' 종업원의 90%가 성병에 걸린 것으로 밝혀졌다. 두 달 후 미국은 자국민의 일본 국영 매춘업소 방문을 금지시켰다. 그 이외에 일본 경찰의 기록 문서에 따르면 점령군의 범죄는 증가한 것으로 나타났다. 여성 5만 5천 명 중 대부분은 미군의 첩으로 계속 일하고 있었다.

특수위안시설협회는 1946년 3월 27일 공식적으로 해산되었다. 이는 무엇보다 성병의 빠른 확산을 막으려는 이유였다. 그러나 이 협회가 설립된 것 또한 같은 이유에서였다. 또 다른 이유는, 그 협회가 미국의 맥아더 장군이 일본 정치권에 주문한 '새로운 민주주의' 원칙에 어긋난다고 판단했기 때문이다. 그전에는 분명 아무도 그러한 생각을 하지 못했던 것으로 보인다.

형식적 법정

과거 일본군 '위안부'들이 풀려나고 일본의 위안소가 새로운 매춘부로 채워지는 동안 아시아 전역의 법정에서는 일본과의 마지막 정산이 이루어지고 있었다. 상하이에서 바타비아 그리고 랑군에서 마닐라에 이르기까지 서양 국가들은 소위 B, C 등급으로 분류되는 전쟁 범죄자들에 대한 재판을 진행했다. 동시에 도쿄의 극동 국제 군사 재판에서는 가장 심각한 중범죄자들에 대한 판결이 이루어졌다. 강제 동원 '위안부'는 논의 주제에서 완전히 무시되었다. 연합군은 여성들을 심문했고 귀환시켰으므로 그 제도의 존재를 알고 있었지만, 피해자들이 서양 여성이 아니었기 때문에 더 이상 관심을 기울이지 않았다. 따라서 동원되었던 모든 아시아 여성들은 정의는 고사하고 존재조차도 인정받지 못했다.

강제 동원 일본군 '위안부' 제도에 관심을 보인 유일한 재판은 인도네시아 바타비아에서 열린 임시 군사 재판이다. 그 재판에서는 네덜란드 여성들의 증언이 증거 자료로 제출되었다. 이는 스마랑의 강제 동원 '위안부' 사건에 관한 것으로, 위안소 4곳에서 35명의 네덜란드 여성들을 강제 매춘에 동원한 혐의로 14명의 군 장교가 법정에 서게 되었다. 결국 오카다 소령이 여성들을 강제로 동원하고 강간한 죄로 사형을 선고받았다. 그는 여성들을 수용소에서 동원하는 계획을 실행한 가장 중요한 인물이었다. 이 재판의 다른 피고들은 2년에서 20

년 사이의 징역형을 선고받고, 도쿄에 있는 스가모 교도소에서 복역했다. 한 명은 무죄 판결을 받았고 다른 한 명은 자살했다. 자살하게 된 이유는 일본군 장교로서 전범 재판을 받는다는 것이 큰 치욕 중 하나이기 때문이었다. 오직 자결만이 그의 명예와 이름을 지킬 수 있었다.[16] 바타비아 임시 군사 재판은 단지 네덜란드 여성들에게 가해진 불의에 대해서만 판결이 이루어졌기 때문에 명백히 차별적이라고 할 수 있다. 네덜란드 여성과 마찬가지로 매춘을 강요받았던 인도네시아 여성의 운명은 철저히 무시되었다. 네덜란드가 인도네시아와 전쟁에 연루되었기 때문이기도 했다. 더욱이 스마랑 이외의 지역에서도 많은 네덜란드 여성들이 매춘을 강요받았다. 따라서 인도네시아인 '위안부'와 대다수의 네덜란드인 '위안부'는 결론적으로 정당한 대우를 받지 못한 것이다. 그럼에도 바타비아 재판에 제출된 많지 않은 증거들이 거의 50년이 지난 후 그 역할을 하게 되었다. 이는 여성들에게 매춘을 강요한 사실을 지속적으로 부인하는 일본에게 그 증거를 입증해 보이기 위함이었다.

도쿄 재판소라고도 불리는 극동 국제 군사 재판소는 잘 알려진 뉘른베르크 재판의 아시아 버전이었다. 여기서는 도조 총리와 같은 중범죄자인 A급 전범이 재판을 받았다. 당시 미국 검사였던 조지프 키넌은 "인류 역사상 가장 큰 재판"이라고 과장하며 말했다. 1946년 5월 3일에 시작된 도쿄 재판은 주로 미국과 유럽 국가의 전쟁 포로와 민간인에 대한 전쟁 범죄에 초점을 맞추었다.

도쿄에서 열린 군사 재판은 뉘른베르크 재판보다 규모가 크고 더 어려웠다. 이후 유엔 안전 보장 이사회가 다시 재판을 열기까지는 45년이라는 긴 시간이 걸렸다. 구 유고슬라비아 전쟁 직후였다. 네덜란드는 도쿄에 베르트 뢸링 교수를 판사로 보냈다. 그는 매우 양심적인 판사로 정평이 나 있었다. 뢸링 판사는 일본의 자연과 문화에 매료되었고, 판사로서 마주하게 된 대조적인 모습이 흥미로웠다. 그는 일본인을 일컬어 '자국에서는 양이지만 외국에서는 악마'라고 표현했던 얀 피터스존 쿤의 말을 종종 인용했다.

도쿄 국제 군사 재판은 '희대의 비극'으로 자주 묘사된다. 재판장 웹은 "이보다 중요한 형사 재판은 역사상 없었다."라고 주장했지만, 영국군 윌로비 육군 소장은 "이 재판은 역사의 가장 위선적인 재판이다."라고 직설적으로 반박했다. 이러한 상반된 반응에는 충분한 이유가 존재한다. 연합국들은 일본 지도자들과 부하들의 책임 정도에 대해 서로 공통된 의견을 가질 수 없었다. 결국 강대국 미국이 군사 재판을 이끌었고, 맥아더 장군이 지휘를 맡았다. 결과적으로 수많은 전범들이 책임을 피할 수 있었다.

특히 천황 히로히토의 역할은 연합군 사이에 주요 논의 사항이었다. 전범 재판을 위해 증거 자료를 제출한 유엔의 전쟁 범죄 위원회는 맥아더에게 긴 목록의 혐의자 명단을 보내왔다. 그 명단에는 히로히토의 이름도 있었다. 미국, 영국, 호주, 네덜란드 그리고 중국에서는 천황에 대한 여론이 극도로 좋지 않았다. 하지만 맥아더는 이 사항에 대해 워싱턴으로부터 아무런 지시를 받지 못했고, 천황을 향해 있는 화살을 피하게 해 줄 계획이었다.

사실, 천황의 운명은 전쟁이 끝나기도 전에 이미 워싱턴에서 결정되었다.[17] 반면, 호주는 천황이 왕위를 지킬 경우에만 항복하겠다고 한 일본에 대해서 미국과는 완전히 다른 반응을 보였다. 호주는 다음과 같은 내용을 전보로 보냈다. "우리는 천황이 국가 원수이자 일본군 통수권자로서 침공 행위와 일본의 전쟁 범죄에 대해 책임이 있다고 강력히 주장하는 바이다. 따라서 우리는 그의 폐위를 요구한다." 호주는 이어 보낸 전보에서 "천황은 면책특권을 누려서는 안된다."고 주장했다. 그러나 미국 정부는 친일 미국인들의 조언에 따라 일본의 재건과 치안을 위해 천황의 지위를 유지시키기로 결정했다. 맥아더는 천황을 개인적으로 만나 이야기를 나누었다. 맥아더는 천황이 폐위당하면 피폐해진 나라가 더 깊은 수렁에 빠지지 않을까 두려워했다. 더욱이 미국은 일본이 공산주의자들의 먹잇감이 될까 두려웠다. 그사이 냉전이 시작되었기 때문에 미국은 이제 다른 전선에서 싸워야 했다. 아시아 지역에서 진격하고 있는 공산주의에 맞서 싸우기 위해 미국은 일본을 동맹으로 삼고자 했고, 이를 위해 천황이 필요했다. 히로히토는 그 싸움에서 중요한 지원군이 될 수 있었다. 미국은 히로히토가 일본 국민의 분노를 통제할 수 있는 유일한 인물이라고 다른 연합국들을 설득했다. 이는 매우 이상한 논리였다. 일본인들의 분노에 대한 그 어떤 근거도 없었기 때문이다. 미국이 공정한 재판보다 자국의 정치적 이익을 우선시한 것은 분명했다.

네덜란드, 호주 그리고 중국만이 천황의 재판을 고집했다. 검사장 키넌은 반대하는 이들 국가에게 결정을 따르거나 그렇지 않으면 떠나는 것이 좋겠다는 뜻을 분명히 밝혔다.[18] 또한 법정에 선 일본인 피고인들 역시 왕에게 책임을 전가할 의향은 없어 보였다. 물론 일부는 천황을 최종 책임자로 본다고 조심스럽게 내비치기도 했다. 현대 일본인들조차도 그들의 부모, 조부모 그리고 천황이 어떤 일에 대해 책임져야 했는지 명확히 알지 못하고 있다.

히로히토, 왕립 위안소 책임자?

1999년 일본 총리는 히로히토 왕을 세기의 인물로 추대했다. 이 자의적인 선정은 일본 국내외에서 많은 항의를 불러일으켰다. 누군가가 잔혹한 전쟁 과정을 결정하고, 따라서 군 위안소를 승인하였다면, 그것은 바로 천황 히로히토이었기 때문이다. 적어도 많은 사람이 일반적으로 그렇게 생각한다. 전쟁에서 그의 역할은 안개 속에 가려져 있으므로 정확한 진실은 영원히 알 수 없을 것이다. 천황이 기소된 적도, 재판을 받은 적도, 심지어 사과할 필요도 없다는 사실은 네덜란드, 한국, 중국과 같은 국가의 전쟁 피해자들을 아직도 가슴 아프게 만든다. 그렇다면 히로히토는 실제로 어떤 역할을 했을까? 그는 과연 무대 뒤에 숨어 꼭두각시들을 조종하는 대단한 인형극 배우이자, 신적인 권력으로 모든 결정을 내렸던 악당이었을까? 그러한 역할을 했다면 그는 왕립 위안소의 주인이었을 것이다. 아니면, 반대로 그는 꼭두각시였을까? 전쟁 직후 히로히토는 자신은 힘이 없는 무력한 존재였고, 군 장성들의 손에 놀아난 노리개였다고 밝혔다. 왕의 죄를 스스로 뒤집어쓰는 데 익숙한 그의 장군들은 이러한 왕의 말에 반박하지 않을 것이다. 지금은 고인이 된 베르트 뢸링 판사는 네덜란드 여론과는 대치되지만, 천황이 '스피커 역할'을 했다고 믿는다고 말했다. "천황이 말하면, 일본 전체가 그것을 듣고 그의 말에 순종했습니다. 하지만 천황의 직책은 정책의 안건들을 직접 결정하는 것과는 거리가 있습니다. 그는 단지 왕명이라고 제시되는 것을 승인했을 뿐입니다."

천황을 비판하는 사람들은 이 말을 전혀 믿지 않는다. 리디아 차골은 그녀의 저서 『히로히토, 천황, 그는 잊힌 전범인가?』[19]에서 이러한 불신을 신랄하게 글로 옮겼다. "세속적이며 동시에 신성한 인물인 당신은 일본의 천황이자 국가 신도의 교주입니다. 신성불가침의 존재인 당신은 메이지 헌법에 따라 행정권을 쥐고 있지요. 그러한 당신이 꼭두각시로 이용되었을까요? 그러한 모순을 일본인들은 눈감을 수 있을지도 모르겠습니다. 그러나 '일본인이 아닌 사람들'은 그에 대해 무척 회의적입니다." 그녀의 책은 출판 당시 86세였던 천황에게 보낸 감정에 호소하는 장문의 편지 형식으로 집필되었다. 차골 자신도 자바섬의 여러 여성수용소에 있었던 경험이 있다.

"전쟁이 끝난 후 당신은 책임을 진다는 말을 한 번도 하지 않았습니다. 당신은 전쟁에 대해 그 어떤 설명도 하지 않았지요. 전쟁 기간 중 이루어진 모든 행동과 사실에 대해 당신은 항상 빠짐없이 매우 정확하게 보고를 받았습니다. 그리고 종종 직접 주도하기도 했지요. 하지만 그 모든 행위에 대해 당신은 아무것도 설명할 필요가 없었습니다. 당신은 극동 국제 군사 재판에서 한 번도 심문받지 않았으며, 심지어 증인으로도 서지 않았습니다. 당신이 스스로 증언을 자원한 적도 전혀 없습니다. 그리고 연합군의 일본 점령이 해제된 후에도 당신은 과거에 대해 아무런 설명도 하지 않았습니다. 그 후 당신은 회고록을 쓰지 않겠다고 세상에 알렸지요. 당신의 좌우명은 침묵인가요? 그렇게 하면 당신의 양심도 평온해지나요?"

1986년 천황 히로히토는 성명을 발표했다. "저의 이름으로 목숨을 잃은 180만 명에 대한 기억으로 저는 아직도 가슴이 아픕니다." 여기서 그는 자신의 이름으로 목숨을 빼앗긴 2천만 명의 사람들이 아니라, 일본인에 관한 이야기를 하고 있었다. 총검에 찔려 죽은 점령지의 민간인들에 대한 이야기는 하지 않았다. 또한, 그의 국민들에 의해 익사당하거나 대규모 자살에 동참해야 했던 일본군 '위안부'에 관한 이야기도 하지 않았다. 이러한 침묵은 전쟁에서 살아남은 피해자들의 가슴을 더욱 아프게 한다. 그들은 정의를 원하기 때문이다.

전쟁 피해국으로서의 일본

전쟁이 끝난 후 10년이 지난 1956년, 모든 일본 전범들은 종신형을 받았든 징역형을 받았든 간에 모두 풀려났다. 많은 전범이 형을 다 채울 필요가 없었다. 스마랑의 강제 매춘과 관련하여 수감된 10명 중 7명은 형이 끝나기 전 조기 사면을 받았다. 이유는 무엇일까? 일본은 히로시마와 나가사키에 투하된 원폭으로 인해 자신이 침략자가 아니라 전쟁 피해자라고 점점 확신하게 된 것과 관련이 있다. 일본은 또한 전 세계에 이를 설득하는 데도 성공했다.

이는 1952년 9월 주일 네덜란드 대사의 극비 외교 문서를 통해 드러났다.[20] "몇 주 전부터 일본어로 전범을 뜻하는 '센반샤(戰犯者)'라는 단어가 계속 접수되고 있는 (석방) 탄원서에서 사라졌다. 그리고 이 단어는 새로운 용어인 '센소유케이샤(戰爭受刑者)', 즉 '전쟁과 관련하여 처벌을 받은 자'로 대체되었다. 이는 관련자들이 실제로 범죄를 저질렀는지 여부를 불명확하게 한다. 이 용어의 사용을 통해 그들은 사실상 '범죄자'가 아닌 '피해자'로서의 신분을 이미 인정받은 셈이었다."

그들은 이제 '가해자'가 아니라 '전쟁 피해자'가 되었다. 그래서 한 국가의 양심이 더는 가책을 느낄 필요가 없게 되었다. 강제 매춘과 같은 범죄는 이제 숨겨지고 잊힐 수 있게 되었다. 연합군이 일본에 대한 통치권을 이양하기 시작했을 때 역사 교과서의 내용도 바뀌었다.

1956년 이후 젊은 세대는 일본인이 제2차 세계 대전의 피해자라고 배웠다. 당연히 어떤 나라도 자신의 추악한 과거를 기억하고 싶지는 않을 것이다. 그러나 일본의 경우 자국의 역사를 부정하는 것이 상당히 기괴했다. 일본인들의 피해의식은 오늘날까지도 오랫동안 이어지고 있다. 1990년대 초반 일본의 진보 저널리스트 혼다 가쓰이치는 "우리는 히로시마에 있었던 일을 끊임없이 세계에 상기시킵니다. 하지만 침략자였던 우리 자신의 과거에 대해서는 전혀 생각하지 않습니다."라고 지적한 바 있다.

수십 년간의 희생자 추도식이 끝난 1970년대에는 순교자 숭배의 물결이 일어나기 시작했다. 1978년 일본 당국은 사형 선고를 받은 전범들을 순교자라고 칭하고 그들의 이름과 유해를 도쿄에 있는 야스쿠니 신사에 안치했다. 그 신사는 일본 전쟁 영웅을 추모하는 장소로 그곳에는 수만 명에서 수십만 명을 죽인 수용소의 폭군들과 장군들도 안치되어 있다. 이곳은 참전 군인뿐만 아니라 우익 정치가, 극단주의자, 극단적 민족주의자 그리고 파시스트들도 참배하러 오는 곳이다. 따라서 신사에 안치된 이들은 가해자가 아니라 전쟁 피해자라는 것이다. 그렇게 일본은 양심의 가책 없이 미래로 나아갈 수 있었다.

전쟁 후 강제 동원 '위안부' 피해자의 삶

전범들이 자유롭게 돌아다니고 조기에 사면되는 동안, 고향으로 돌아온 일본군 '위안부' 피해자들은 점점 더 비극의 늪으로 빠지고 있었다. 네덜란드 여성과 아시아 여성 모두에게 귀향은 냉혹했다. 여성에 대한 존중과 권위가 거의 없었던 아시아뿐만 아니라 전후 네덜란드에서도 여성들은 어려움을 겪었다. 스스로 강간을 허락했다는 비난을 받은 것은 아시아 여성뿐만 아니라 네덜란드 여성들도 마찬가지였다. 일본의 강제 매춘 제도는 알려지지 않은 상태였다. 강제 매춘이라는 주제의 성격과 피해자 여성들의 수치심 때문에 그 문제는 공개적으로 논의될 수 없었다. 따라서 정의를 구하는 것도 불가능했다. 그들은 고립된 채 동정심조차 거의 얻지 못했다.

엘런 판 데어 플룩은 1년 더 인도네시아에 머물게 되었는데, 이번에는 인도네시아 민족주의자들 때문에 다시 수용소에 억류되었다. 그녀는 1946년에 수용소에서 나왔으나 그녀의 어머니가 인도네시아인이었음에도 불구하고 인도네시아에서 추방당했다. 그녀는 자카르타에서 네덜란드로 이주했다. "1945년 네덜란드인들은 빵과 초콜릿과 음악을 누릴 수 있었습니다. 하지만 전쟁이 끝나고 네덜란드로 돌아왔을 때 우리에게는 아무것도 없었습니다." 판 데어 플룩 가정은 푸르머렌드 보호소에서 지내기로 되어 있었지만, 그녀의 어머니는 이미 인도네시아에서 헤이그에 있는 엘런의 삼촌에게 연락해 집을 구해 달라고 부탁했다. 그의 대답은 단호했다. '창녀였던 엘렌만 제외하고 너희 가족은 모두 환영한다'는 것이었다. 이 비밀은 이미 새어 나가 귀국하는 지인을 통해서 바다 건너까지 전달되었다. 엘런의 어머니는 자카르타에 위치한 군 최고 사령부로 갔다. 그곳에서 그녀는 '위안부' 제도와 강제 매춘의 전모를 폭로했다. 그녀는 딸에 관한 거짓 소문을 없애기 위해 서류 하나를 요구했고, 그 요구는 받아들여졌다. "1946년에 작성된 그 서류를 저는 50년 동안 지니고 다닙니다."[21] 그 문서는 1990년대 다시 법적 가치를 얻게 되었다.

네덜란드로 귀국했을 때, 그들은 마치 냉수를 뒤집어쓴 듯 싸늘한 느낌을 받았다. 나치의 테러와 학살 수용소에 대한 국가적 트라우마 때문에 네덜란드령 동인도에서의 이들의 투쟁은 관심을 받지 못했다. 엘런 판 데어 플룩은 말했다. "우리에게 관심이 전혀 없었습니다. 네덜란드인들은 자신들의 상처를 치료하느라 바빴죠. 과거가 아니라 현재와 미래가 중요했어요. 마르가 클롬페 장관은 '가능한 한 빨리 적응하고 동화해야 한다.'고 말했어요. 저는 이렇게 말하고 싶었어요. 먼저 그곳에 사람을 보내 무슨 일이 있었는지 알아보라고. 전쟁 중에 그곳에서 어떤 일이 있었는지 네덜란드는 전혀 알지 못했습니다. 그러니 더 이상 이야기할 용기가 사라져 버렸어요." '강제 동원 '위안부'에 대해서도 네덜란드는 당연히 알고 있었을 것'이라고 그녀는 말했다.

"그때 비로소 지옥이 시작되었지요." 한 한국 할머니가 자신이 고향으로 돌아왔을 때 느낀 싸늘한 반응에 대해 이야기했다. 그리고 그것은 대부분의 피해자가 느낀 감정을 대변한 것이었다. 그들은 가정을 꾸리고 작은 행복을 누리는 그저 평범한 삶을 원했다. 그러나 그런 행복이 그들에게는 불가능했다. "나는 왜 남들처럼 수치심 없이 평범한 삶을 살지 못했을까요?" 여러 차례 자살을 시도했던, 이제는 고인이 된 김학순 할머니가 말했다. "다른 할머니들을 보면 그들과 나를 비교하게 됩니다. 그리고 난 결코 그들처럼 될 수 없다는 것을 깨닫게 되지요. 제 순수함을 빼앗아 가고, 저에게 이런 짓을 한 사람들을 나는 갈기갈기 찢어버릴 수 있을 것 같아요. 제 삶은 역겹고 혐오스러운 것이었어요." 이용수 할머니는 한국에 돌아온 후 몇 년 동안 주민등록을 할 엄두조차 내지 못했다. "깊은 산속에 있는 절에 숨어서 비구니가 되고 싶었던 적도 있었습니다."

과거는 '위안부' 피해자 여성들의 앞날에 어두운 그림자를 드리웠다. 그들은 자신의 가장 소중한 보석이자 행복을 위한 신분증인 처녀성을 상실했다. "동양 사회에서 처녀성은 불합리하지만 여성을 끈질기게 괴롭히는 노예 제도입니다." 왕 칭 펭 검사가 설명했다.[22] "반세기 전에 살았던 여성에게는 그것이 목숨처럼 중요했습니다. 어쩌면 그보다 더 중요했을지도 모르지요. 강간을 당해 순결을 잃은 여성은 자살을 시도했습니다. 강간을 당하고 수치심 속에 사는 여성은 그 비극을 알고 있는 다른 사람들을 언제나 두려워합니다. 이러한 비참함은 일생의 악몽으로 이어져 결국엔 남자 친구를 찾거나 결혼하려는 의향을 분명히 꺾었을 것입니다." 적대적인 세상의 눈을 피해 숨고 침묵하는 것이 이 여성들의 운명이었다.

이 여성들의 대부분은 더 이상 아이를 낳을 수 없었다. 일부 여성에게는 이것이 인생에서 가장 큰 상실감이었다. 얀 루프 오헤른은 자신의 몸이 입은 손상에 대해 다음과 같이 말한다. "저는 바로 가정을 갖고 싶었어요. 그러나 제 몸에 가해진 온갖 손상 때문에 임신을 끝까지 이어갈 수 없었어요. 제가 수술을 받기 전에 이미 세 번의 유산과 큰 수술을 겪었습니다. 그리고 마침내 에일린과 캐롤 두 딸을 낳게 되었어요." 불임 여성들은 자신의 외로움을 달래고 깊은 슬픔에서 벗어나기 위해 다른 사람의 자녀를 키우는 경우가 많았다. 아이를 가질 수 있었던 여성이라 하더라도 정신적 혹은 육체적 장애가 있는 아이를 낳는 경우가 드물지 않았다. 예를 들어, 한 한국인 여성은 트럭 운전사였던 아들이 있었는데 그는 40살에 정신 질환을 앓게 되었다. 의사는 그녀에게 혹시 매독을 앓았는지 물었다. 뇌를 상하게 할 수 있기 때문이었다. 그 이후로 그녀는 아들의 장애에 대해 자신을 탓했다. 그리고 아들은 공격성이 분출할 때마다 어머니를 폭행했다.

결혼은 대부분 실패할 운명이었다. 한국정신대문제대책협의회가 성 노예로 끌려간 여성 19명을 대상으로 실시한 설문 조사에 따르면, 결혼한 몇 안 되는 사례 모두 파경에 이른 것으로 밝혀졌다. '위안부'로서 불행했던 과거와 아내로서 행복한 미래는 서로 양립할 수 없는 듯 보였다. 엘런 판 데어 플룩은 자신의 실패한 결혼에 대해 매우 솔직하게 이야기했다. "우리 사이에는 부드러운 애정 표현이 없었어요. 저는 사랑을 나눌 수가 없었어요. 그냥 안 되었어요. 저는 망가진 사람이 되어 있었으니까요." 그녀는 아이를 갖지 못했다. 피해자 여성 대부분은 결혼을 원하지 않았다. 남자가 가까이 있는 것을 견딜 수 없었고 그와 침대를 공유해야 한다는 것은 생각도 할 수 없었기 때문이다. 일부 아시아 여성의 가족들은 그들에게 결혼을 강요했다. 그러나 결혼한 지 얼마 지나지 않아 남편이 아내가 일본군 '위안부'였다는 사실을 알게 되거나, 아기를 가질 수 없다는 사실을 알게 되자마자 이혼하는 경우가 많았다. 대만의 한 여성은 네 번이나 결혼하게 된 사연을 들려준다. 처음 세 번의 결혼은 남편들이 그녀의 과거를 알게 되어 이혼으로 끝났다. 다른 여성들은 배우자를 전혀 구할 수 없거나, 나이 든 남자의 두 번째 아내가 되었다.

필리핀 문화는 한국, 대만 그리고 중국 문화와는 달리 '위안부' 피해자 여성들에게 덜 가혹했다. 증언에 따르면, 자신을 강제 동원 '위안부'라고 밝힌 여성 중 90%가 나중에 결혼한 것으로 확인되었다. 필리핀 여성들은 그들을 잘 이해해주고, 과거에 일어난 일은 그녀의 잘못이 아니라 일본의 잘못이라고 말하는 배우자를 만났다고 한다.[23] 그럼에도 불구하고 과거는 전쟁 전에 이미 결혼한 부부에게 문제가 되기도 했다. 위안소에 있었던 한 여성을 미군이 그녀의 집으로 데려다주었다. 토목 기술자인 그녀의 남편은 그들이 살던 집에 살고 있었다. 하지만 그는 곧바로 그녀와 침실을 같이 쓰고 싶지 않다고 했고, 아이들과도 가까이 지내지 못하게 했다. 아이들이 다가와 그녀를 안으려 하면, 그는 가정부에게 아이들을 데려가라고 명령했다. "저는 집에서 고립되었습니다. 그러다 남편이 저를 '위안부'로 대한다는 것을 알게 되었습니다. 그는 섹스가 필요할 때 저에게 왔어요. 저를 일본군의 쓰레기라고 생각하기 때문에 원래의 부부 관계를 회복하고 싶지 않다고 말했습니다. 모든 것이 제 잘못이 아니라는 사실을 그 스스로 받아들일 수 없었던 것이지요." 그녀는 오직 아이들 때문에 모든 굴욕을 받아들였다. 그녀는 남편과의 사이에서 자녀 두 명을 더 낳았지만, 남편은 나중에 다른 여자에게 가버렸다.[24] 다른 아시아 여성들은 가족과 마을 사람들로부터 "넌 우리 집안의 수치다." 혹은 "더러운 년"이라는 말을 흔히 들었다. 대만의 한 여성은 일본군에게 몸으로 봉사했다는 비난을 자주 들었다. 그녀는 마을을 떠나 결혼하지 않고 세탁부로서 생계를 유지했다. 이들의 문화는 '위안부' 피해자 여성이 스스로 더럽고 열등하다고 느끼게 했다. 사람에 대한 두려움 때문에 그들은 외부 세계와 더욱 단절되었다. 한쪽에서 학대받고, 다른 쪽에서 외면당하며, 그들은 외로운 노인이 되었다. 어떤 이들은 외로움을 더 이상 견딜 수 없어 늦은 나이에 결혼하기도 했다. 그리고 특히 대만의 경우처럼 오래전부터 요양원에서 지내고 있는 여성들도 있다.

4대에 걸친 피해자

한국의 외진 곳에 살고 있던 김윤심은 13살 때 납치되었다. 어느 날 그녀는 집 앞에서 놀고 있던 중 트럭 한 대가 다가오는 것을 보았다. 마을에는 이런 트럭이 오는 일이 거의 없었기 때문에 호기심이 생겼다. 트럭에 타고 있던 군인 한 명을 포함한 세 명의 남자가 잠시 같이 타고 가겠느냐고 물었다. 함께 트럭에 타고 싶어 했던 사내아이는 남자들이 발로 걷어차서 타지 못했다. 잠시 시간이 지나 그녀가 울기 시작했지만, 이미 때는 늦은 뒤였다. 결국, 그녀는 만주에 도착했다.

위안소 생활은 견디기 힘들었다. 음식이라곤 신맛 나는 무언가를 얹은 밥 한 공기뿐이었다. 여름에는 밥이 쉬었고 겨울에는 얼었다. 어느 날 김윤심의 친구가 음식을 먹고 매우 아팠는데, 이후 아무도 그녀를 다시 보지 못했다. 며칠 후 김윤심은 다른 소녀들과 빨래를 하러 갔다. 위안소가 외진 곳에 있었기 때문에 가끔 외출이 허용되었다. 그들은 언덕 위로 나 있는 좁은 길을 따라 걸었다. 그러다 우연히 땅에서 툭 튀어나와 있는 사람 손을 김윤심이 발견했다. 소녀들은 무서웠지만 동시에 호기심이 생겨 시신을 파내기 시작했다. 바로 며칠 전 사라졌던 그 친구의 시신이었다.

너무 놀라고 두려웠던 김윤심은 겨울밤에 탈출하기로 마음먹었다. 그녀는 실험실에 숨어있다가 도망쳐 나왔다. 그리고 마침내 집 한 채를 발견했다. 지칠 대로 지친 그녀는 집안으로 들어갔지만, 그 집은 일본군의 집이었다. 일본군은 그녀를 무자비하게 고문했고, 지금도 그 후유증으로 머릿속에선 이명이 들린다. 고문으로 생긴 손의 상처를 조금이나마 감추기 위해 그녀는 커다란 반지를 끼고 다닌다. 그 군인은 그녀를 다시 위안소에 데려갔다. 나중에 그녀는 다시 탈출을 시도했고, 이번에는 성공했다. 그녀는 바다에 도착해서 배에 올라탔는데, 그곳에서 중국 어부들을 만났다. 그녀는 손짓발짓으로 자신의 이야기를 전달했고, 그들과 함께 떠날 수 있었다. 낮에는 어부들을 위해 요리와 빨래를 했고 밤에는 그들과 잠자리를 해야 했다. 오랫동안 바다를 떠돌아다니던 어느 날 중국 어부들이 그녀를 한국 어부들의 배에 넘겨주었다. 한국 어부들은 그녀를 어떤 섬으로 데려갔는데, 그곳은 한국의 한센병 환자촌이었다. 아주 이른 아침 그들은 그녀를 해변에 내려놓았다. 난생처음으로 한센병 환자를 본 그녀는 그의 훼손된 얼굴에 두려움을 느꼈다. 그러나 그 남자는 천사처럼 행동했고 그녀를 돌봐주었다. 김윤심은 한 부부와 함께 지내게 되었고, 그 부부는 어머니에게 편지를 보냈다. 하지만 어머니는 그녀가 집에 오지 않는 것이 좋겠다는 답장을 보내왔다. 어머니는 딸이 다시 끌려갈까 봐 두려웠기 때문이다. 그 후 얼마 지나지 않아 김윤심의 어머니는 암으로 세상을 떠났다. 김윤심에 따르면 어머니는 딸이 성 노예로 일했다는 사실에 너무 많이 힘들어 했다고 한다.

마침내 김윤심은 본토로 돌아와 언니와 함께 살게 되었다. 언니는 동생 김윤심을 별 능력이 없는 남자에게 시집을 보냈다. 그녀는 자신처럼 이쁘고 영리한 딸을 얻었다. 그러나 딸은 김윤심이 걸렸던 매독 때문에 청각 장애를 얻었다. 김윤심의 딸은 나중에 청각 장애 남자와 결혼을 하였고 그 부부는 아들을 낳았다.

몇 년 후 김윤심은 과거 '위안부' 생활에 대해 유엔에서 증언하였다. 그녀가 유엔으로 가기 직전 그녀의 손자는 아파트에서 뛰어내려 스스로 목숨을 끊었다.

그렇게 불행은 3세대에 걸쳐서 이어졌다. 김윤심 할머니는 자신의 이야기를 훌륭하게 글로 옮겨 전태일 문학상에 응모했다. 전태일 문학상은 한국 정부가 공장의 열악한 환경에 대한 항의의 목소리를 들어주지 않았기 때문에 몸에 기름을 붓고 분신한 노동자 전태일을 기리기 위해 제정한 문학상이다. 김윤심 할머니는 1등 상을 받았다. 그녀는 일본군 '위안부' 문제는 과거뿐만 아니라 현재의 문제라고 소감을 발표했다. 불행은 세대를 넘어 계속될 수 있다고 말했다. 바로 자신의 경험에서 우러나온 이야기였다.

기나긴 후유증

전쟁이 끝난 후 거의 모든 여성이 경제적으로 궁핍했다. 실제로 일부 여성들은 위안소에서 별도로 모아둔 돈을 가지고 있었다. 미미한 위로금으로나마 그 돈을 이용할 수 있기를 희망했다. 하지만 그러한 희망은 버려야 했다. 대부분이 군용 수표로 지급되었기 때문에, 그 돈은 일본의 패망과 함께 가치를 잃었다. 돈으로 지급받은 여성은 귀국한 후에 그 돈을 요구할 수 없었다. 현명했던 한 한국 여성은 일본에서 번 돈을 '야전 우체국'을 통해 일본에 있는 은행에 저금했다. 병사들의 팁으로 모은 그 돈의 금액은 상당히 컸다. 수년이 지나고 그녀가 돈을 찾으러 갔을 때 그 돈을 더 이상 찾을 수 없다는 사실을 알게 되었다. 한국 국민의 모든 청구권은 1965년 체결된 한일조약에 따라 한국에 일시불로 지급된 금액으로 해결되었다고 명문화되었다. 하지만 그 금액의 극히 일부만이 청구권자에게 지급되었다.[25] 다른 피해자들은 계좌에서 단 1원도 인출하지 않으려고 했다. 그들에게 그 돈은 더러운 돈이었다.

많은 여성은 남편도 없고 상속권도 지니고 있지 않았기 때문에 돈을 직접 벌어야 했지만, 아시아 문화는 이러한 상황에 아직 준비되어 있지 않았다. 일부 여성은 구걸에 나섰고, 다른 여성들은 공장이나, 암시장, 술집이나 매춘업소에서 일하며 겨우 생계를 유지했다. 대부분의 피해자 여성은 여전히 매우 빈곤한 상태였다. 그들 중 일부는 교육을 받았기 때문에 미래를 꿈꿀 수도 있었다. 하지만 그들이 겪은 과거 경험으로 인해 사회에 제대로 적응할 수 없었다. 티모르에 머물렀던 한 대만 여성은 설명했다. "저는 좋은 교육을 받았지만, 제가 겪은 일들이 인생을 송두리째 바꾸었습니다. 그 굴욕감과 수치심, 괴로움 그리고 고통스러운 경험은 평생 저를 따라다녔어요. 저는 사람들에게 인정받지 못했고, 제가 받은 것이라고는 위로 수당으로 받은 300엔이 전부였습니다." 전쟁이 끝난 후 그 돈은 아무런 가치가 없었다. 그녀는 항상 가난하게 살았고, 식당과 국수 노점상에서 일했다.[26]

그들이 입은 육체적, 정신적 상처는 깊었고 평생의 상처와 흉터로 남았다. 전선에서 심한 부상을 입고 그 결과 결혼을 할 수 없었던 한국인 강순애 할머니는 말했다. "저는 온몸이 다치고 상해서 온전한 여자로 사는 것은 거의 불가능했어요." 아직도 많은 여성들이 매독과 만

성적인 비뇨기 계통의 염증 그리고 자궁질환으로 고통을 겪고 있다. 그들의 척추와 청력은 구타로 손상되었다. 그들은 열대 지역의 강간 수용소에 머물면서 말라리아에 걸리기도 했다. 그들에게는 치료할 돈이 없었다. 이미 고인이 된 필리핀 여성 마리아 로사 헨슨은 폭행을 당한 후 두 달간 혼수상태에 빠졌으며, 걷지도 못하고, 목소리가 변형되는 증상을 겪었다. "자식들과 손주들이 없었다면, 저는 아마 미친 사람처럼 거리를 돌아다녔을 거예요."

일부 여성들은 우선 아편이나 마약 중독에서 벗어나야 했다. 여성들에게 일을 계속 시키기 위해 그러한 약물을 투여하는 경우가 많았다. 전씨 성을 가진 한국 여성은 전쟁이 끝난 후 어떻게 약물을 직접 주사했는지, 그리고 어떤 대가를 치르더라도 얼마나 약을 끊고 싶었는지 얘기해 주었다. 그녀는 작은 방에 자신을 가두고 입구를 막아 버렸다. 이렇게 스스로 약물 중독에서 벗어날 수 있었다.

밤낮으로 찾아오는 정신적인 고통은 가장 괴로운 것이었다. 모든 것을 갉아먹는 수치심, 우울증, 슬픔 그리고 두려움은 진통제와 술로도 진정되지 않았다. '내 분노가 화병이 되었다'고 말하는 이상옥 할머니는 두통약에 중독된 적이 있었고, 그래서 한겨울 추위에도 문을 열어 두어야 잠을 자야 한다.

열등감은 그 모든 것을 압도했다. 그들이 무엇을 잘못했기에 이런 고통을 받아야 할까? 엘렌 판 데어 플룩은 이렇게 말한다. "그들은 저에게서 빼앗을 수 있는 모든 것을 앗아갔습니다. 특히 초기에 그랬지요. 저의 자존감을 빼앗아 갔어요. 저 자신이 너무 더럽게 느껴졌어요. 온종일 목욕하고 싶었습니다. 전혀 도움이 되지 않는다는 것을 알면서도 그랬어요. 나중에는 열심히 일해서 제가 사람들이 생각하는 그런 부류의 사람이 아니라는 것을 보여주고 싶었어요. 알아주는 사람이 거의 없었지만, 저 자신이 그것을 알아야 했어요. 항상 제가 다른 사람보다 열등하다는 생각과 싸워야 했습니다. 나이가 일흔이 넘으니 이제는 극복하고 있답니다. 어쩔 수 없었다는 것을 알면서도 저는 그 수치심을 평생 안고 살았어요."

린다는 스마랑의 피해자이다. 당시 그녀의 아기도 성폭행을 당했고, 성병을 얻어 병원에서 치료를 받고 돌아왔다. "당시 두 살이었던 제 딸은 평생 정신적인 문제를 안고 살아왔지만 저는 아무것도 할 수 없었습니다. 제 딸에 대한 죄책감은 이루 말할 수 없고, 그 무엇으로도 갚을 수가 없습니다. 우리는 이야기를 나누었고, 저를 향해 있는 제 딸의 원망을 느꼈어요. 끔찍했어요. 저는 그 감정을 평생 안고 살아가겠지요."[27]

많은 아시아 여성들은 당시 자신의 순결을 지키기 위해 좀 더 힘껏 싸우지 못한 자신을 탓한다. 어떤 여성들은 종교가 마음의 안정을 가져다줄 거라는 희망으로 불교에 전념하기도 한다. 그러나 대부분의 여성들에게 과거의 슬픔은 일상의 고통으로 존재한다. 그 슬픔을 극복할 방법이 없기에 운명론자가 되기도 한다. '그냥 내 운명이 그랬던 것'이라고 합리화하는 것이다. 최근까지도 한국, 대만 그리고 중국 여성 중에서 자기 자신에게 잘못이 없다고 확신할 수 있었던 여성은 거의 없었다. “하지만 전쟁이 끝난 후에 만약 인도네시아 여성이 용기를 내어 고향으로 돌아갔다면, 그녀는 관습법인 아닷의 규율에 따라 극심한 고통을 겪었을 겁니다.”라고 역사학자 빈 린제마는 주장한다.[28]

그 결과, 완전히 미쳐버린 피해자도 있었다. 한국인 최명순이 그 예이다. 아직 전쟁 중이던 시기 그녀는 위안소에서 고향으로 돌아왔다. 얼마 후 그녀의 어머니는 마을에서 여자 근로 정신대가 다시 여자들을 모집한다는 소식을 들었다. 공포에 질린 어머니는 딸을 이웃 노인에게 시집보냈다. 몇 달 후 그 노인은 아내로부터 매독이 옮았다면서 그녀를 집에서 쫓아냈다. 그녀는 다른 남자와 결혼했지만, 이번에는 폭군을 만났다. 최명순은 그녀의 나이 서른에 정신 착란을 일으켰다. 집안에서 무릎으로 기어다니며 30년을 지내다 최근 들어서야 다시 걷기를 시작했다. “대부분의 여성들은 어떤 식으로든 정신적인 장애를 갖게 되었습니다.” 이 주제에 대해 책을 집필하고 있는 일본 작가 가와다 후미코가 말했다. “정신 병원에 입원한 여성들도 있었습니다.”[29]

두려움이 그들의 삶을 지배했다. 의사에 대한 두려움, 섹스에 대한 두려움 그리고 남자에 대한 두려움. 당시 13살의 필리핀 여성은 8개월간 강간을 당한 뒤 더 이상 잠들지 못하고 방에 꼿꼿이 앉아 있어야 했다고 말했다. 그녀는 집을 나설 엄두를 내지 못했다. 남자가 집 근처에 올 때면 그녀는 도망쳐서 숨었다.[30]

사람들과 삶에 대한 두려움, 일본인에 대한 두려움은 린다의 마음 속 깊이 증오를 심어주었다. "저는 그 이후로 일본인들을 지독히 증오합니다. 저는 몇 년간 샌프란시스코의 일본인 주거 지역 근처에 살았어요. 저 멀리서 일본인이 오는 것을 보면 속이 메스꺼웠고, 그러면 정말 길을 건너 다른 쪽으로 가야만 했어요. 그들과 마주하는 상황을 견딜 수 없었습니다."

아시아 여성들도 상황은 다르지 않았다. 중국 여성 완 아이화는 말했다. "그 악마들 중 몇 명은 제 또래의 딸도 있었습니다. 저는 겨우 15살이었어요. 그들은 왜 저를 그렇게 파괴해야만 했을까요? 저는 일본군을 죽이고 싶을 정도로 증오합니다. 일본군이 그런 끔찍한 만행을 저지른 것은 일본 정부가 승인했기 때문입니다." 또한, 한국인 이옥분(가명)은 매번 일본인으로부터 나쁜 짓을 당할 때마다 이를 악물며 다짐했던 말을 기억하고 있었다. "언젠가 너희들을 모두 죽여버릴 거야. 너희 자손까지도 모두 몰살시켜 버릴 거야." 이렇듯 증오의 골이 아무리 깊다 하더라도 그 누구도 마음먹은 복수를 하지 못했고 심지어 명예 회복이나 정의를 요구하지도 못했다.

엘런 판 데어 플룩은 말한다. "처음에는 네덜란드에서 아무도 이와 관련된 말을 하지 않는 것이 너무 바보 같다고 생각했어요. 저는 같은 처지의 사람들을 세상 밖으로 나오게 하려고 노력했어요. 그러나 아무도 원하지 않았습니다. 그 누구도 그렇게 할 수가 없었던 겁니다. 지금에야 몇몇은 마음의 준비가 되었고 세상으로 나올 수 있게 되었지요. 그들은 이제야 자신들이 어떤 가치가 있는지 알게 되었고, 더 이상 숨죽이려고 하지 않아요. 그렇게 하는 데 거의 50년이 걸렸습니다."[31]

제7장 폭로되는 만행

"저는 여자로 태어났으나 한 번도 여자로 살지 못했습니다. 저는 도저히 떨쳐낼 수 없는 고통에 시달리고 있습니다. 일본 정부에 다시는 전쟁을 일으키지 말라고 부탁하고 싶습니다. 저는 남자 옆에만 가면 구역질이 납니다. 일본 남자에게만 그런 것이 아니라 모든 남자, 심지어 저를 위안소에서 구해준 제 남편에게도 그런 느낌을 받습니다. 저는 일본 국기를 보면 몸이 떨립니다. 제가 일본에 타고 온 그 비행기가 증오스러웠습니다. 저는 계속해서 진실을 밝히고자 합니다. 제가 왜 부끄러워해야 합니까? 저는 부끄러울 것이 없습니다."

이 강력한 메시지를 전달한 여성은 당시 68세였던 김학순 할머니다. 그녀는 1991년 한국에서 처음으로 자신의 과거를 공개하고 일본 정부와의 투쟁을 선언한 최초의 강제 동원 일본군 '위안부' 피해자였다.

그녀는 눈물을 흘리며 일본군 '위안부'였던 자신의 경험을 전 세계에 알렸다. 그녀에게는 자신의 과거를 부끄러워할 가까운 가족이 더 이상 남아 있지 않았고, 그래서 자신의 이야기를 공개할 수 있었다. 김학순 할머니의 증언은 다른 피해자 할머니들을 세상 밖으로 이끌었다. 세계는 잠에서 깨어났다. 그렇게 되기까지는 40년이 걸렸다.

그동안 7천 명 이상의 강제 동원 '위안부' 피해자들이 전 세계에 자신의 이야기를 공개했다. 그들 중 많은 여성이 법정 싸움을 시작하였다. 지금은 고인이 된 '위안부' 피해자 강덕경 할머니에 따르면, 이들 중 다수는 '부분적인 배상이나 소위 말하는 사과 그 이상'을 요구하고 있다. 그들이 요구하는 것은 무엇일까? 첫째, 일본 정부의 솔직하고 분명한 사과가 우선이다. 이는 정치적 기회주의에 편승한 사과를 의미하지 않는다. 일본 정부가 왜 용서를 구하는지를 분명히 밝히고, 미래의 일본 정부가 쉽게 뒤집을 수 있는 미사여구가 가득한 애매모호한 유감 표명이 아닌 진정한 용서를 구할 것을 요구한다. 이것은 일본이 책임을 인정하는 것을 의미한다. 지금까지 일본 정부는 '관여'와 같은 애매모호한 용어를 사용하며 진실을 회피해 왔다.

피해자 여성들은 배상 또한 요구한다. 물론 그들에게 가해진 행위가 결코 돈으로 용서될 수는 없다. 그들의 청춘은 더 이상 돌아올 수 없으며, 돈으로 구할 수 있는 것도 아니다. 그들은 행복, 자존감, 관계, 자녀, 적절한 수입과 같은 중요한 모든 것을 일본에 의해 빼앗겼기 때문에 이러한 배상은 아주 미미한 위로에 불과할 것이다. 또한,

피해자 여성들의 연령대가 75세에서 85세이며 이들에게 많은 미래가 남아 있지 않기 때문에, 그들에게 중요한 것은 원칙이지 '위로금'이 아니다. 이제 그들의 싸움은 진실을 밝히고 인정받으려는 투쟁이 되었다. 따라서 이것은 금전 배상이라는 수단을 이용하여 진행하는 투쟁이다.

일본 정부는 일본 사회와 집권당인 자민당 내 보수층의 압력을 받기 때문에 지금도 과거를 감추려 하고 있다. 그것은 피해자 여성들의 영혼을 칼로 베어내는 것과 같다. 일본 정부는 여러 차례 거짓과 허구 속에 숨었고, 아직도 중요한 문서를 감추고 피해자 여성들을 증인으로 진지하게 받아들이지 않는다. '깊은 유감' 그리고 '진심 어린 사과'라는 말에도 불구하고 일본 정부는 피해자 여성의 슬픔을 거의 헤아리지 않았다. 특히 투쟁 초반에는 분명히 그랬다.

최고 부국 중 하나인 일본은 재정적인 면에만 신경을 쓰고 과거에 체결된 조약 뒤로 숨는 것 같다. 일본은 이러한 배상으로 인해 다른 전쟁 피해자들의 피해 배상 청구가 파도처럼 몰려올 것을 두려워한다. 또한, 일본 정부는 체면을 잃을까 두려워한다. 하지만 그들이 과거의 잘못을 감추고 부정함으로써 자신의 신뢰도를 더욱 약화시킨다는 사실을 깨닫지 못하는 것 같다.

진실 없는 화해는 이루어지기 어렵다. 그리고 피해자 여성들은 계속해서 정의를 요구할 것이다. '위안부' 피해자 여성들에 대한 일본의 태도는 외교 정책의 오점으로 남아 있으며, 특히 주변 아시아 국가들에 대해서는 변명의 여지가 없다. 그래서 네덜란드를 포함한 많은 국가의 국제 활동가와 정치가는 일본이 '위안부' 문제를 해결하지 않는 한 그들이 간절히 원하는 유엔 안전 보장 이사회 이사국의 자리를 차지해선 안 된다고 생각한다.

'성 노예는 일본의 마지막 해결책을 기다리고 있다.'는 1993년 네덜란드 신문 『알허메인 다흐블라트』가 얀 루프 오헤른과 가진 인터뷰 기사의 제목이다. 그녀는 스마랑의 위안소에 강제로 동원된 '위안부'였다. 그러나 그 마지막 해결책은 결국 제시되지 않았다. 그리고 이전의 해결책들도 사실상 제대로 실행된 적이 없다.

공공연한 비밀의 폭로

냉전이 시작되고 1952년 일본에 주둔하던 연합군이 철수하면서 일본군 '위안부'는 잊혀갔다. 전쟁이 끝난 후 일본에서는 '위안부'에 관한 생생한 증언들이 회자되었으나, 이러한 사안이 인권 침해 문제로 거론되지는 않았다. 수백만 명의 일본, 한국, 대만 남성들이 그 문제를 알고 있었지만, 공공연한 비밀이 되었다.

전쟁이 끝난 후 '위안부' 문제는 과거 일본의 점령지에서도 관심 밖으로 밀려났다. 정치가들은 가능한 한 그 문제에 대해 언급하지 않았다. 마찬가지로 한국, 대만, 중국, 말레이시아 그리고 인도네시아의 여성 단체들도 하나같이 침묵하였다. 이 지역의 독재자들이나 가부장적인 문화가 이들의 침묵을 강요했다.

오직 인도네시아에서만 이 내용이 표면화되어 가끔 소설이나 영화에 등장했다. 예를 들어, 슈만 자야의 1983년 영화 〈욕정의 노예〉에서는 일본인들이 집안에 들이닥쳐 아름답고 어린 소녀들을 납치하는 모습이 묘사되었다. 그 영화의 주인공 파티마는 자신의 딸을 따라 일본군 본부로 들어갔다가 그곳에서 강간을 당한다. 인도네시아 군인들이 결국 딸을 구출하지만, 파티마는 여전히 성 노예로 남게 된다. 하지만 이와 같은 영화들은 실제 상황을 사실적으로 표현하는 데 부족함이 있었다. 그러기에는 너무 선정적으로 묘사되었다.

1962년 일본군 '위안부' 문제를 처음으로 진지하게 조사한 사람은 일본 언론인 센다 가코오였다. 그는 25,000장의 검열을 통과하지 못한 전쟁 사진 중에 치마를 위로 걷어 올린 채 머리에는 여행 가방을 이고 메콩강을 건너는 두 여성의 사진을 발견했다. 센다가 전 종군 기자에게 그 사진이 실제로 어떤 상황을 담고 있는지 묻자, 종군 기자는 이들이 '한국에서 온 매춘부', 일본군 '위안부'라고 설명하였다. 센다는 계속해서 조사를 이어 나갔다. 그는 중국 상하이에 있던 첫 번째 공식 위안소 운영자를 추적할 수 있었다. 그리고 그곳에서 근무했던 군의관 아소 테츠오와도 연락이 닿았다. 센다는 그 후 수년간 외부에 공개하지 않은 채 일본군 '위안부'의 역사를 심층 조사해 나갔다. 기나긴 작업이었다. 이 민감한 주제와 연관된 사람들 모두가 갑자기 기억 상실증을 겪고 있는 것 같았기 때문이었다. 그의 저서 『일본군 '위안부'』[1]가 그가 조사를 시작한 지 11년이 지난 1973년에야 출판된 것은 이상한 일이 아니었다. 이 책은 일본 서점에서 날개 돋친 듯 팔렸으나 그 책을 가지고 있다고 인정하는 사람은 없었다. "그 책은 숨겨진 베스트셀러였습니다." 일본 여기자 마쓰이 야요리는 회상했다.[2] 그 책은 한국어로 번역되었지만, 한국에서의 반응은 미지근했다.

당시에는 생존자들을 추적할 수가 없었다. 하지만 1975년 전환점이 찾아왔다. 일본의 한 언론 매체가 일본 남쪽 오키나와에서 한국인 배봉기 할머니를 찾은 것이다. 그녀는 일본군이 그녀를 성 노예로 삼았다는 사실을 처음으로 공개한 여성이다. 배 할머니는 29살이던 해 '입만 벌리고 있으면 바나나가 입안에 떨어질 정도로 편한 지역'에서 일할 수 있다는 유혹에 넘어갔다. 그녀는 다른 여성 6명과 함께 오키나와의 도카시키 섬에 도착했다. 전쟁 말기 그곳에서는 인구의 4분의 1이 목숨을 잃을 정도로 전투가 치열했다. 배 할머니와 다른 여성들은 그 전투에서 살아남은 유일한 한국인 '위안부'였다. 전쟁이 끝난 후 오키나와는 미군의 주둔지가 되었다. 배 할머니는 일본군의 성 노예였던 다른 많은 여성처럼 미군과 오키나와 남성을 상대하는 매춘부로 일하게 되었다. 그녀는 결코 모국으로 돌아가지 못했다. 어떠한 생활 보조금도 거부한 채 그녀는 사탕수수밭의 작은 오두막에 숨어 가난과 고립 속에 살았다. 이 연약한 여성은 같은 운명을 지닌 많은 다른 여성처럼 정신적으로 불안했다.

배봉기 할머니가 1975년 이야기를 공개했을 때, 일본 변호사들은 그녀의 배상 요구를 일본 정부에 제기하는 것을 거부했다. 2년이 지나 야마타니 테츠오 감독은 배 할머니의 경험을 토대로 영화 〈오키나와의 할머니, 일본군 '위안부'의 증언〉을 제작하였다. 그 후 일본 작가 가와다 후미코는 배 할머니에 대한 이야기를 『빨간 기와집』이라는 책으로 출간하였다. "이 책의 제목은 오키나와와 인도네시아의 위안소 지붕이 붉은 기와로 되어 있던 것에서 따왔습니다."라고 인도네시아에서 오랫동안 자료 조사를 한 가와다 후미코가 설명했다. 배 할머니는 1991년 그녀의 거주지에서 숨진 채 발견되었다.

배 할머니가 공개적으로 모습을 드러낸 지 6년이 지난 1983년에 유유타 할머니가 두 번째로 발견되었다. 강제 동원되어 오랜 기간 태국에 살았던 그녀는 한국인 '위안부'였다. 그녀의 한국 이름은 노수복으로 알려졌다. 주태국 한국 대사관은 그녀를 우연히 찾게 되었다. 당시 싱가포르에서 아사히 신문 특파원이었던 일본인 마쓰이 야요리는 한국인 특파원에게서 정보를 얻은 후 그녀를 찾으러 태국으로 갔다. 유유타 할머니는 작은 마을에서 의붓아들 두 명과 함께 살고 있었다. 그녀는 결혼했으나 아기를 낳을 수 없었다. 그녀의 남편은 다른 여자에게서 두 아들을 낳았다. 그녀는 몸과 마음이 모두 망가졌지만, 일본인을 용서하고 싶었기에 불교에 입문했다. 그녀가 배봉기 할머니와는 전혀 다른 방법으로 과거를 견뎌내는 모습이 놀라웠다.

유유타 할머니는 처음에 마쓰이 기자와의 대화를 거부하며, 자신은 위안소가 있던 싱가포르 출신이라고 거짓말을 했다. 마쓰이 기자는 이렇게 말했다. "제가 일본 사람이라고 고백했을 때 할머니는 불안한 표정으로 저를 쳐다보더니 한동안 아무 말이 없었습니다. 할머니는 한국어를 더 이상 하지 못했고 일본어로 말하기 시작했습니다. 우리 둘 다 울었습니다. 할머니는 자신에게 일어난 일을 제대로 표현할 수 없었습니다. 그 오랜 세월이 지났지만, 고통은 여전히 너무도 컸습니다."

유유타 할머니에 대한 기사가 아사히 신문에 실렸을 때 때마침 일본 국민들에게 큰 충격을 가져다준 책 한 권이 출간되었다. 『나의 전쟁 범죄, 조선인 강제 연행』*에서 일본인 요시다 세이지가 일본군 '위안부'를 포함한 조선인 강제 동원에 자신이 연루되었다고 밝힌 것이다. 이 책은 그의 소속 부대가 마을에 들어가 여성들을 어떻게 구타해서 트럭에 태웠는지 자세히 묘사하고 있는 인상적인 증언이다. 요시다는 퇴역한 후 자신의 잔인한 행위에 대하여 깊이 생각할 시간을 가졌고 가책을 느꼈다. 책을 집필하면서 그는 정보가 부족해 과거 동료들에게 연락을 취했다. 하지만 거의 모든 사람이 협조를 거부하였고, 때로는 그에게 연하장을 보내지 않는 사람도 있었다. 오랫동안 요시다의 증언은 진지하게 받아들여진 유일한 것이었고, 그 결과, 이 퇴역 군인은 극우주의자들의 위협을 받기도 했다. 일본 정부는 그의 책을 무시했다.

1980년대 말 한국에 변화가 찾아왔다. 한국은 1987년까지 강력한 독재 정권 아래 있었다. 민주화 운동과 여성 운동의 등장으로 한국 사회는 한층 개방되었다. 여성 운동의 영향을 받은 한국 여성들은 '가부장제 타파'를 외치며 남성과 여성을 대하던 이중적 태도를 개선하겠다고 선언했다. 이는 강제 동원 '위안부'에게도 적용되었다. 그들은 지난 세월 주변으로부터 '더럽고, 아이를 낳지 못하니 쓸모없으며, 결혼할 가치가 없다'라는 말을 들어왔다. 한 한국 여성은 자신이 경찰서에서 수사관에게 성 고문을 당한 사실을 처음으로 공개했다. 성폭력의 문제가 공론화되었고, 마침내 이에 대해 투쟁할 수 있게 되었다.

한국 여성 운동 단체들은 이미 1970년대와 1980년대에 일본인들의 조직적인 한국 매춘 관광을 비판했다. 이는 일본의 게이샤와 비슷한 한국식 용어를 사용해 기생 관광이라고 불리었다. 이러한 매춘 관광을 통해 돈과 권력을 가진 남자들이 타민족의 가난한 여성을 돈으로 샀다. 이와 같은 매춘의 역사를 알아가는 과정에서 여성 단체는 우연히 일본군 '위안부' 문제를 맞닥뜨리게 되었다. 당시에는 이 주제가 그렇게 많은 결과를 가져올 줄 아무도 몰랐다. 역사상 가장 깊고 악취가 진동하는 시궁창의 뚜껑이 비로소 열렸다는 것을 그 누구도 추측하지 못했다.

1988년 매춘 관광에 대한 세미나 중 이화 여자 대학교 윤정옥 교수는 일본군 '위안부'에 관한 연구를 발표했다. 일본의 성 노예 제도에 반대하는 중심축 역할을 하게 된 윤정옥 교수는 1980년 이후 강제 동원 일본군 '위안부' 제도에 대해 연구했다. 그녀의 연구는 개인적인 관심에서 시작되었다. 윤 교수는 1943년 11월, 추웠던 어느 날 교직원 사무실의 난로가 어떻게 타오르고 있었는지 아직도 생생하게 기억한다. 1943년 그녀는 이화 여자 대학교 신입생이었다. 동시에 '위안부' 모집이 절정에 이르렀던 해이기도 했다. 윤정옥을 포함한 모든 여학생은 지하실로 불려가 일본어로 작성된 문서에 지장을 찍도록 강요받았다. "죄인들처럼 말이죠."라며, 윤 교수는 지금도 손으로 종이 크기를 정확히 기억할 수 있다고 말했다. 그날 저녁 그녀는 정치에 밝은 부모님에게 그 이야기를 했다. 부모님은 그다음 날부터 딸을 학교에 보내지 않고 집에 머물게 했다. 윤정옥 교수는 운이 좋았다.

윤 교수는 1980년대 연구를 진행하며 오키나와에서 고립되어 지내던 여성과 태국에서 불교에 입문한 여성을 방문했다. 강제 동원된 다른 '위안부' 피해자를 수소문해 보았으나 성과를 거두지 못했다. 1982년 한 일본군 '위안부'의 기억이 잡지에 실린 적이 있는데, 이남님이란 필명의 저자였다. 그녀는 부산에서 여러 위안소로 끌려간 수천 명의 여성 중 한 명이었고, 그녀의 경우 버마의 수도 랑군이었다. 책이 출간된 후 언론은 이남님을 수소문했으나 소용이 없었다. 그럼에도 윤정옥 교수는 많은 정보를 얻을 수 있었다. 일본 홋카이도에서 우연히 다치미치 곶 절벽에 관한 이야기를 들었다. 그 지역 주민들은 그 낭떠러지의 다른 이름이 '어머니 절벽'이라고 말해 주었다. 전쟁 당시 많은 한국 여성이 '어머니'를 외치며 절벽에서 뛰어내려 자살했기 때문이었다. 마을 주민들은 그곳 파도도 항상 '어머니'라는 소리를 낸다고 믿고 있었다.

'위안부' 문제가 한국에 본격적으로 주목받기 시작한 것은 윤정옥 교수가 1990년 초 한 일간지에 〈정신대의 자취를 따라〉라는 제목으로 일련의 기사를 기고한 후였다.[3] 기사는 많은 반향을 불러일으켰다. 몇 달 후 노태우 전 대통령이 일본을 방문했을 때 윤정옥 교수가 이끄는 한국 여성 단체들은 일본군 '위안부' 제도에 대한 철저한 조사를 일본에 독촉하였다.

일본에서는 사회 민주주의자 모토오카 쇼지 의원이 일본 국회에서 강제 동원 '위안부' 제도를 거론하였다. 모토오카 의원은 '위안부' 관련 문서가 보관되어 있을 것으로 가장 유력시되는 일본 노동성의 직업안정국장의 문을 두드렸다. 그러나 모토오카 의원이 조선인 강제 동원 노동자 중에 '위안부'가 있었는지 문의했을 때 국장은 증거가 없다고 답했다. 일본 정부 역시 '위안부' 제도와의 연관성을 부인하며, 그것은 일본 기업의 문제였다고 주장하였다.

한국 여성 단체들은 몇 달 후 일본 국회 회의록을 통해 이러한 사실을 알게 되었다. 분노한 한국의 37개 여성 단체는 윤정옥 교수를 중심으로 '한국정신대문제대책협의회(정대협)'를 설립했다. 정대협은 공개 서한을 통해 다음과 같은 요구 사항을 발표했는데, 이는 강제 동원 일본군 '위안부' 투쟁의 기초가 되었다.

1. 일본 정부는 조선인 여성들을 종군 '위안부'로서 강제 연행한 사실을 인정해야 한다.

2. 일본 정부는 공식적으로 사죄해야 한다.
3. 일본 정부는 그 잔인함에 대한 모든 정보를 공개해야 한다.
4. 일본 정부는 희생자들을 위한 추모비를 세워야 한다.
5. 일본 정부는 생존자 혹은 희생자의 유족에게 배상해야 한다.
6. 이러한 범죄가 반복되지 않도록 역사 교육에서 지속적으로 일본군 '위안부'에 관한 모든 사실을 다루어야 한다.

"그래야만 일본은 자신의 죄에서 벗어나 진정한 도덕성을 지닌 민주주의 국가로 거듭날 수 있다."라고 정대협은 탄원서에 명시했다.

정대협은 두 건의 증언을 함께 보냈다. 한 건은 당시 상하이 위안소에서 한국 여성들을 검진한 육군 군의관 아소 테츠오의 증언이었으며, 다른 한 건은 '위안부' 여성 사냥에 관해 서술한 전 모집책 요시다 세이지의 증언이었다. 이 탄원서는 서울에 있는 일본 대사관에 전달되었고 이후 도쿄 외무성으로도 전달되었다. "우리는 아무런 대답을 듣지 못했습니다. 그때 우리는 도덕적으로 승리했다는 것을 알았습니다."라고 윤정옥 교수는 말했다. 그녀는 독립운동가의 딸로서 전쟁 후 일본어를 한마디도 하지 않겠다고 엄숙히 맹세했지만, 많은 일본 여성도 같은 마음으로 '위안부'의 운명을 걱정한다는 사실을 알고 난 후 결국 일본어를 사용했다고 한다. 6개월 후인 1991년 4월 일본 대사관은 탄원서에 응답했다. 일본 정부는 증거 자료가 없고 따라서 어떤 요구 사항도 들어줄 수 없다고 공식적으로 선언했다. 긴 싸움이 될 것이 분명했다.

증거 자료

1991년 8월 어느 날 김학순 할머니가 살아있는 증거로 대중 앞에 나섰다. 일본 정부의 역사적 사실 부정이 그녀를 분노하게 했고 결국 밖으로 나와 투쟁을 펼치게 했다. 그녀의 공개 증언 이후 일본군 '위안부' 피해자를 위한 특별 전화번호가 개설되었다. 마침내 김학순 할머니의 용기와 사회적 고립에서 벗어나야 한다는 생각에 용기를 얻은 많은 여성이 비록 익명인 경우가 많았지만, 전화로 자신의 피해 사실을 털어놓았다. 1998년까지 한국에는 180명의 일본군 '위안부' 생존자가 있다고 보고되었다. 일본이 '위안부'의 존재를 증명할 만한 문서 대부분을 파기했거나 은폐했기 때문에 그들의 증언은 매우 중요했다. 그러나 일본 정부는 일본군 '위안부' 피해자들의 증언을 외면하고 오직 공문서에만 대응하겠다고 말했다. 일본 정부의 반응은 일본군 '위안부' 피해자들과 그들을 지원한 단체들을 더욱 분노하게 만들었다. 그들은 소송을 제기하기로 결정했다. 1991년 12월 6일 김학순 할머니를 포함한 세 명의 '위안부' 피해자 여성이 법정에서 일본 정부를 상대로 제2차 세계 대전 중 그들이 겪은 고통에 대한 배상을 요구했다. 나중에 다른 여성들도 합류했다. 1992년 7월에 열린 재판에서 65세 전후의 여성들이 손을 잡고 법정에 들어왔다. 그들 중 일부는 한복을 입었고 한 명은 선글라스와 두건으로 그녀의 얼굴을 가리고 있었다. 흥분한 대중이 그들을 격려했다. 이어진 재판은 감정의 도가니였다. 1992년 12월 7일에 열린 재판에서 이귀분 할머니는 진술 도중 눈물을 쏟았다. "제가 대만에서 어떻게 살았는지 상상이나 하실 수 있겠습니까? 저는 거지 행세를 하면서 얼굴과 몸에 진흙을 묻히고 옷을 찢어서 동정심으로 돈을 받으며 살아남았습니다. 제가 고향으로 돌아왔을 때, 아이들이 엄마를 부르는 소리를 견딜 수 없었습니다. 저는 평생 아이를 가질 수 없다는 사실을 깨달았기 때문입니다. 저의 고통을 이해하시겠습니까?"

일 년 후, 다른 6명의 여성이 합류했다. 그들 중 한 명인 심미자 할머니는 당시 학교에서 일본 국화인 벚꽃을 수놓아야 했지만, 그녀는 대신 나팔꽃을 수놓았다. 일본은 저녁이 되면 시들어 버린다는 상징의 의미로써 일제의 침략에 반대한 것이다. 그녀는 일본 경찰에게 끌려가서 강간을 당했다. 정신을 차렸을 때, 그녀는 위안소에 갇혀 있었다.

1993년 4월 송신도 할머니가 법정 소송을 시작했다. 그녀는 일본에 살면서 자신의 이야기를 공개한 최초이자 유일한 한국인이었다. 송 할머니는 중국의 위안소에서 아이 둘을 낳았다. 그리고 전쟁이 끝난 후 일본으로 갔다. 그녀의 두 아이는 중국에 남겨졌다. 처음에 그녀는 배상을 원하지 않았다. 하지만 권력 체제 아래서 이러한 성 착취가 다시는 일어나지 않기를 바라는 마음에서 소송을 진행했다. 그리고 나중에 배상도 요구했다. 재일 한국 여성으로서 그녀는 평생 차별이 무엇인지를 몸소 겪으며 살았다. 이웃들은 그녀가 '위안부'였다는 사실을 알게 되자 그녀에게 말했다. "당신의 질은 양동이처럼 크겠죠?"

일본 정부는 김학순 할머니를 포함한 '위안부' 피해자 할머니들의 증언에 거의 관심을 기울이지 않았었다. 그러나 일본 정부에 대한 재판이 시작된 지 한 달 후 새로운 폭로가 나왔다. 1992년 1월 일본의 역사학자 요시미 요시아키 교수는 일본군이 위안소를 운영했다는 전쟁 문서들을 발견했다. 그 문서에는 군 인사 책임자가 모든 부대에 위안소가 필요하다고 판단했다고 분명히 명시되어 있었다. 주오 대학교 교수인 그는 재판에 대한 소식을 들었을 때 일본 방위청 방위연구소 도서관을를 찾았다. 그는 도서관 문서 보관소에서 큰 어려움 없이 그 문서들을 찾았고, 이는 일본 정부의 소극적 태도를 증명해 준 또 다른 증거였다.

그 문서의 발견 소식은 일본 총리 미야자와 기이치가 한국을 방문하기 직전 일본의 진보 일간지 『아사히 신문』 1면 뉴스에 실렸다. 하루 만에 일본 정부는 마지못해 관련 사실을 인정했다. 언론은 많은 관심을 쏟았다. 아사히 신문의 사설 논조는 냉소적이기까지 했다. "천황의 육군이 위안소를 설립했다는 것은 이미 오랫동안 널리 알려져 있었다. 이와 관련해서 발견된 문서에 새삼 놀랄 필요가 없다."

일본의 인정은 여론에 커다란 파장을 일으켰다. 시민 단체들은 관련자들이 이야기를 털어놓을 수 있는 특별 전화번호를 개설했다. 수백 명의 퇴역군인이 일본군 '위안부'의 존재를 확인해주었다. "우리는 줄을 서서 바지를 내리도록 강요받았습니다. 그리고 한 명씩 여자에게 보내졌습니다. 거기서 우리는 '반자이(만세)!'라고 외쳐야 했습니다." 많은 퇴역 군인이 양심의 가책을 덜고 싶어 했다. 한 전직 군인은 다음과 같이 고백했다. "저는 이미 오랫동안 그 여성들에 관해 이야기하고 싶었습니다. 그러나 그것이 저의 성생활에 관계되는 것이라 말할 수가 없었습니다. 하지만 이제라도 전쟁 경험을 말할 수 있게 되어 다행입니다."[4] 군인들도 자신을 피해자로 느끼는 것이 분명했다.

『아사히 신문』은 길거리 인터뷰를 진행했다. 반응은 다양했다. "관심 없어요." 또는 "저는 일본인으로서 심하게 부끄럽습니다. 이에 합당한 방법이 있다면 배상입니다.", "배상은 매우 복잡합니다. 좋은 교육이 더 중요합니다." 다른 일본인들은 전혀 믿을 수 없다는 반응이었다. 전쟁을 경험한 노인들은 이를 부정했다. "우리 군대는 그런 짓을 하지 않았습니다. 그런 일이 있었다면, 그것은 예외적인 경우일 겁니다.", "그런 얘기를 꼭 해야 합니까? 전쟁 희생자들의 영혼을 더럽히지 마십시오!", "우리의 역사를 그렇게 자책하고 격하시키는 식으로 말하지 마십시오. 우리 자녀들이 조국에 대한 자부심을 잃어버립니다." 요시미 교수의 발견과 일본의 인정은 아시아 전역에서 '위안부' 피해자에 대한 태도를 상당히 변화시켰다. 일본군 '위안부' 피해자 여성들은 40년이 넘는 세월이 지나 마침내 약간의 존엄을 되찾을 수 있게 되었다.

때마침 은폐되어 오던 충격적인 사건 하나가 공개되었다. 전쟁 당시 11세였던 소녀가 전선으로 끌려갔다는 소식이 밝혀지자 한국에서는 항의 시위가 열렸고 사람들은 일본 대사관에 달걀을 투척했다. 1월 17일 한국을 방문하던 기간 중 사자 굴에 던져진 미야자와 일본 총리는 전쟁 중 일본이 한국에 준 '견딜 수 없는 고통과 아픔'에 대하여 몇 차례 사과했다. "특히 지금 밝혀지고 있는 '위안부' 문제에 대하여 저는 마음이 아프고 가책을 느낍니다." 미야자와는 철저한 조사를 약속했다. 동시에 그는 피해자들에게 배상금을 지급할 의사가 없다고 덧붙였는데, 이는 1965년 한일 청구권 협정에서 이미 해결된 사안이었기 때문이라고 했다. 여성 운동 단체는 격렬하게 반응했다. 일본에서도 진보 성향의 사회민주당이 분노를 표했다. 사회민주당은 평화주의적 철학과 인권에 대한 존중을 내세우며 전후 계속 집권해 온 보수 자유민주당에 맞섰다. 사회민주당은 일본의 재무장에 반대하기 때문에 이 문제는 유엔 평화 유지 활동에 일본군을 파병하는 데 대한 그들의 반대 입장과도 잘 맞아떨어졌다. 그들은 일본이 국제적인 신임을 되찾을 수 있도록 피해 배상에 돈을 쓰는 것이 낫다고 판단했다. 그러나 사회민주당은 일본 정부에서 소수에 불과했다.

일본 정부의 조사 보고서는 6개월 후인 1992년 7월 6일 발표되었다. 127개 문서에 근거한 이 보고서에서 새로운 내용은 많지 않았다. 보고서에 따르면, 일본군 '위안부' 여성의 대부분은 일본인이었으나,

일본 정부는 여기에 한국과 대만 여성을 포함시켰다고 했다. 또한, 필리핀 여성과 같은 아시아 여성도 포함된 것으로 알려졌다. 모든 사람이 예상했지만, 국적별로 분류된 정확한 숫자는 밝히지 않았다.

일본 정부의 조사는 부실하게 수행된 것이 분명했다. 예를 들어, '위안부' 모집에 관한 가장 중요한 정보를 찾을 수 있는 일본 경찰과 노동성의 문서 보관소 같은 주요 기관은 조사하지 않았다. 후에 일본 법무성에서 네덜란드 문서가 발견되었다. 퇴역 군인들의 일기장은 들여다보지 않았으며 증언은 수집되지 않았다. 일본 정부는 처음에는 퇴역 군인들의 증언을 조사에 포함하려 했으나 우익의 반대에 부딪혀 단념했다. 일본 정부에 따르면 책임질 만한 기관이 더 이상 존재하지 않았다.

한국정신대문제대책협의회는 미야자와 총리에게 보내는 편지에서 일본의 보고서를 철저히 비판했다. 그들은 이 보고서를 '단순한 자료의 나열에 지나지 않으며, 부당함에 대한 구체적인 내용도 없고, 지휘 책임의 소재도 보여주지 않는, 지극히 위선적인 것'으로 간주했다. 또한, 한국과 북한 정부도 그 보고서를 비판했다.

남북한 정부는 얼마 지나지 않아 자체 조사 결과를 발표했는데, 여기에는 증언 진술이 포함되어 있었다. 한국 정부는 일본군 '위안부' 모집은 '압박과 공포 분위기 속'에서 일어났다고 주장하고, 아울러 일본의 조사가 '진정성 있게' 실시되지 않았다고 비판했다. 이에 일본 정부는 조사는 계속하겠지만 조사 방법은 바꾸지 않겠다고 밝혔다.

아시아의 폭로

1992년 3월 10일 필리핀의 한 일간지는 과거에 일로일로 출신의 소녀 19명이 일본군 '위안부'로 강제로 동원되었다고 보도했다. 이 보도는 일본군 의사가 작성한 진단서에 근거한 것으로, 여기에는 13명의 필리핀인 이름이 적혀 있었다. 이 문서에는 일로일로에 있는 위안소의 위치가 그려져 있었다.

한국에서 불이 붙은 상황에서 필리핀에서도 연기가 나기 시작했다. 필리핀 정부는 호세 리카르도 교수에게 조사를 의뢰했다. 그는 공문서를 조사하기 시작했지만, 당연히 아무런 결과도 얻지 못했다. 몇 달 후 그는 필리핀 출신 일본군 '위안부'는 존재하지 않았다고 발표했다. 한편, 여성 운동 단체들은 직접 일본군 '위안부' 피해자 여성들을 찾아 나섰다. 일로일로에 있는 여성 단체는 필리핀에 살고 있던 70세 일본인을 발견했는데, 과거 헌병으로서 스파이 활동을 했던 그는 필리핀에서 다른 이름으로 살고 있었다. 그는 위안소의 존재를 확인해 주었다. 현지의 노인 여성들은 일본군이 필리핀, 한국 그리고 일본 여성을 트럭에 가득 태워 그 지역의 파리 호텔에 데려간 일을 기억하고 있었다. 그들 중 몇 명은 며칠 후 주민에 의해 시신으로 발견되었다.

마리아 로사 루나 헨슨은 공개 석상에 등장한 최초의 필리핀 출신 일본군 '위안부' 피해자였다. 그녀는 '롤라 로사'라는 이름으로 역사에 기록될 것이다. 회고록에서 그녀는 자신의 과거를 공개하기로 결심하게 된 과정을 감동적으로 서술하고 있다.[5] "1992년 6월 어느 날 아침, 빨래를 널고 있을 때 라디오에서 제2차 세계 대전 중 강간당하고 성 노예로 끌려간 여성들에 관한 이야기를 하는 한 여자의 목소리를 들었습니다. 저는 온몸이 떨리고 피가 창백해지는 느낌이 들었습니다. 저와 같은 여성들을 찾고 있는 〈필리핀 일본군 '위안부' 피해자 여성을 위한 투쟁 단체〉가 있다는 소식을 들었습니다. 나는 라디오에서 울려 나오던 그 말을 잊을 수가 없었습니다. '부끄러워하지 마십시오. '위안부' 과거는 당신의 잘못이 아닙니다. 그것은 일본 제국주의 군대의 책임입니다. 일어나 당신의 권리를 위해 싸우십시오.'"

그것은 그 단체의 대변인 바얀의 호소였다. "그녀는 피해자 여성들을 위해 전화번호를 알려 주었어요. 하지만 저는 그 번호를 적을 수도 없었습니다. 주위를 둘러볼 수도 없었습니다. 주변 사람들이 저의 비정상적인 반응을 볼까 봐 두려웠습니다. 집으로 가 바닥에 누워 버렸습니다. 눈물이 차올랐고, 심장 박동은 빨라졌습니다. 고통스러운 제 경험을 알려야 할지 고민했습니다. 내 아이들과 가족이 나를 더럽고 혐오스럽게 여기면 어떻게 하지?"

마리아 로사 헨슨은 매일 라디오의 같은 프로그램을 들으며 그 전화번호가 다시 반복되기를 바랐다. 수개월이 흘렀지만, 그 메시지는 다시 들을 수 없었다. 그러던 중 1992년 9월 3일 목요일, 마침내 다시 그 호소의 목소리가 흘러나왔다. "나는 라디오 앞에서 울면서 앉아 있었어요. 내 딸 로사리오가 위층으로 달려와 울고 있는 나를 발견했어요. '엄마, 무슨 일이에요? 왜 울고 계세요?' 그녀가 물었어요. 저는 대답을 못 한 채 그저 라디오만 가리켰습니다. 그 여자는 말을 이어가며 전화번호를 불러 주었어요. 나는 말했습니다. '내가 바로 저 여자가 말하는 사람이야.' 로사리오는 저를 껴안았습니다. 일본군이 저에게 한 짓에 대해 딸은 처음으로 듣게 된 것이었지요. 저는 딸에게 '위안부'였던 엄마를 받아들일 수 있는지 물었습니다. '엄마를 너무 사랑해요. 어두웠던 과거는 중요하지 않아요.' 그녀가 말해 주었습니다." 딸 로사리오의 말에 힘을 얻은 후, 마리아 로사는 딸에게 부탁해 『DZXL 라디오』 방송국 그 프로그램의 진행자인 더키 파레데스에게 편지를 쓰게 했다. 편지 내용은 다음과 같았다.

친애하는 파레데스 씨,

저는 당신의 프로그램에서 여성 한 분이 일본군 '위안부'에 관하여 말하는 것을 들었습니다. 저는 마리아 로사 루나 헨슨이며 제2차 세계 대전 중 일본군 '위안부'였습니다. 저에게 그 여성이 일하는 사무실 전화번호를 주십시오. 라디오에서 당신의 답변을 기다리고 있겠습니다. 방송에서 저를 그냥 롤라 로사라고 불러 주십시오.

감사합니다.

롤라 로사

'롤라'는 한국에서 '할머니' 그리고 대만에서 '아마'처럼 필리핀 출신의 강제 동원 '위안부' 피해자를 지칭하는 단어가 되었다. 2주 후인 1992년 9월 18일 마리아 로사 루나 헨슨은 그녀의 첫 기자 회견을 했다. 목멘 소리로 그녀는 젊은 시절의 투지를 불러일으켰다. 대중은 우호적이었나, 그렇지 못한 일부도 있었다. 어떤 여성 기자는 헨슨이 돈만 챙기려고 한다고 비판하였다. 강제 동원 일본군 '위안부' 피해자들은 이후 수년간 그러한 비난을 들어야 했다.

심지어 롤라 로사의 14살 된 손녀도 표적이 되었다. 이웃 남자는 로사의 사진이 담긴 신문 기사를 그녀의 코앞에 대고 "이게 네 할머니야? 대대 병력을 받아내려면 대단히 강했겠군."이라며 조롱했다.

롤라 로사는 그녀에게 가해진 심리적 테러에 좌절하지 않았다. 지역 여성 단체들과 진보적인 일본 판사들의 도움을 받아 1993년 다른 45명의 필리핀 여성과 함께 일본 정부를 상대로 소송을 제기했다. 일본 정부는 그때도 1951년에 체결된 샌프란시스코 평화 조약을 구실로 진실 뒤에 숨었다. 지금까지도 이 재판은 도쿄에서 항소심이 진행 중이다.[6]

1992년 강제 동원 일본군 '위안부' 피해자인 필리핀 여성 169명이 그 라디오 프로그램과 특별히 설치된 핫라인을 통해 자신의 신분을 밝혔다. 그 이후 대만, 중국, 인도네시아, 말레이시아 등 아시아 전역에서 수백 명의 여성이 침묵을 깨고 나왔다. 그들은 떨리는 손과 눈물을 글썽이며 자신의 이야기를 들려주었다. 무대에서 실신하거나 감정이 격해져서 인터뷰를 이어가지 못하는 여성들도 있었다. 많은 사람

앞에 그들의 인생 이야기를 공개하는 것은 또 다른 고문이었다. 하지만 그들은 그렇게 하는 것이 인생의 황혼기에 명예를 회복할 수 있는 마지막 기회라고 판단했다. 신원을 숨기지 않고 공개하는 것도 그들에게는 어려운 일이었다. 예를 들어, 대만 여성들은 가족의 명예를 보호하기 위해 자신을 아직도 익명으로 소개하고 있다. 한 국제 포럼에서 단 한 명의 대만 여성만이 용감하게 자신의 이야기를 들려주었지만, 그녀의 머리는 두건으로 가려져 있었다. 많은 어려움에도 불구하고 여성들은 여러 인권 및 여성 단체의 도움을 받아 자기 자신을 이겨내고 있다.

네덜란드의 50년간의 침묵

『아사히 신문』은 다시 한번 세계적인 뉴스를 보도했다. 1992년 7월, 이 신문은 1948년에 작성된 네덜란드 법원 판결문을 공개했다. 이 법원 문건은 12명의 일본 군인이 자바섬의 스마랑에서 네덜란드 여성 35명을 성적으로 학대한 혐의로 유죄 판결을 받은 사실을 보여주고 있었다. 이 기사는 일본 정부가 한국, 필리핀, 대만, 중국 여성을 대상으로 한 '위안부' 모집에 일본군이 관련되어 있었다는 사실을 인정한 직후에 나왔다. 그때까지 네덜란드 여성에 대한 언급은 없었다. "그것이 사실이라면 네덜란드 정부에 우리의 사과를 전하겠습니다." 일본의 내각관방장관인 가토 고이치는 상당히 당황하며 말했다. 일본 정부는 또다시 절반의 진실만을 말했다. 일본 정부는 나중에 네덜란드 재판 문서의 사본이 보관되어 있는 법무성의 문서들을 검토조차 하지 않았다고 시인했다. 네덜란드의 문서가 중요한 이유는 '위안부' 모집에 강제 동원이 있었다는 사실을 명백히 보여주기 때문이다.

네덜란드 여성 얀 오헤른은 스마랑에 감금되어 있었던 여성 35명 중 한 명이다. 그녀는 자신의 이야기를 공개한 최초의 네덜란드 여성이었다. 전쟁이 끝난 후 호주 애들레이드에 정착해 살고 있던 얀 루프 오헤른은 어느 날 텔레비전에서 일본 정부에 피해 배상을 요구하는 한국 여성 대표단을 본 후에 모든 것이 바뀌었다고 했다. 그들의 행동이 매우 용기 있다고 생각했고, 서양 여성으로서 자신도 가만히 있을 수 없다고 판단했다. "그들의 이야기를 아무도 들어주지 않았습니다." 오헤른은 주간지 『프레이 네덜란드』와의 인터뷰에서 이렇게 말했다. "그들이 너무도 연약해 보여서 안아주고 싶었어요. 그리고 어느 순간 생각했어요. 관계 당국은 사실을 알아야 한다고. 유럽 여성이 이야기하면 일본인들이 귀를 기울일 거라고 생각했어요. 그리고 실제로 그러했습니다."

얀은 심리적 장애를 극복하였고 자신에게 일어난 일을 자녀들에게 이야기했다. 자녀들은 어머니가 왜 밤에 몇 시간 밖에 잠을 자지 못하며 땀에 흠뻑 젖은 채로 깨는지, 그 이유를 마침내 알게 되었다. 또한, 어머니가 생일에 왜 꽃을 원치 않았는지도 드디어 이해하게 되었다. 얀은 자녀들의 격려로 전 세계를 향해 불편한 진실을 알릴 수 있었다.

일본 변호사 연합회 주최로 1992년 12월 9일 도쿄에서 일본의 전후 보상에 관한 국제 공청회가 열리기 하루 전날 밤, 그녀는 충격적인 내용의 인터뷰로 일본 전역을 쇼킹 상태에 빠뜨렸다. 이후에 그녀는 말했다. “나 자신뿐만 아니라 다른 여성들을 위해서 이 일을 하고 있습니다. 지금 이야기하지 않으면 영원히 밝혀지지 않을지도 모릅니다. 일단 이야기를 하고 나니 홀가분한 느낌입니다.”

그녀의 이야기는 전 세계 언론의 시선을 끌었다. “전 세계가 알아야 합니다. 지금 유고슬라비아에서도 그런 일이 일어나고 있으니까요.” 그녀가 말했다. “우리는 전쟁에서 여성이 계속 무기로써 사용되는 것을 봅니다. 여성들은 당연한 듯 학대를 받습니다. 그 끔찍한 관행은 이제 끝나야 합니다. 제 증언이 도움이 될 수 있다면, 그것으로 만족합니다.” 이후 그녀의 이야기는 탐사 다큐멘터리 영화 『50년간의 침묵』으로 만들어졌다. 또한, 그녀는 같은 제목으로 책을 출판하였다.

같은 운명의 여성들을 다시 만났을 때 북받치는 감정을 느꼈다고 그녀는 『프레이 네덜란드』와의 인터뷰에서 말했다. 처음 만난 여성은 한국 여성이었다. “서로가 서로를 안아줄 수 있었을 때 한결 해방된 느낌이었습니다. 마치 저의 모든 고통이 그녀에게 흐르고, 그녀의 고통이 저에게 흘러들어오는 것 같았어요. 그녀도 같은 것을 느꼈습니다. 마치 50년 만에 처음으로 그 고통을 함께 견딜 수 있을 것만 같았습니다. 그들은 또한 유럽 여성이 마침내 그들을 응원한다는 사실에 매우 기뻐했습니다. 그들이 저를 에워싸고 ‘네덜란드 천사’라고 불렀습니다."[7]

일본인들은 얀을 따뜻하게 맞아주었다. "저는 그곳에 증오의 마음을 품고 가지는 않았습니다. 그렇게 말하기도 했고요. 그러나 저는 두려웠습니다. 제가 사는 곳에서 일본 관광객들이 탄 버스를 보면 저는 속이 울렁거렸습니다. 그러니 도쿄에서는 어떠했겠습니까? 그런데 저는 따뜻한 환영을 받았습니다. 그리고 그곳에서 진실을 알고 싶어 하는 새로운 세대를 만났습니다. 젊은이들이 그들의 아버지가 저지른 죄를 갚고 싶어 한다는 느낌을 받았습니다." 그녀는 꽃과 선물을 받았다. 몇 명의 퇴역 군인들이 특별히 그녀를 찾아와 사과를 전했다. "한 명이 서툰 영어로 눈물을 흘리면서 기도문을 읽었습니다. 다른 사람은 저에게 말했어요. '그때의 행동이 얼마나 끔찍한 일이었는지 이제야 알겠습니다. 하지만 그때 우리는 원하는 대로 무엇이든 할 수 있다고 들었습니다'". 훗날 호소카와 내각에서 외무성 장관이 된 남자도 눈에 눈물이 맺힌 채 이야기를 들었다. 얀은 나중에 한 일본인 여교사로부터 역사와 종교 수업 시간에 그녀의 이야기를 인용하고 싶다는 편지를 받았다.

얀의 생각이 옳았다. 참으로 씁쓸하게도 서구 여성 한 명이 앞에 나선 후에야 일본과 세계가 진지하게 귀 기울여 경청하고 반응했다. 백인 여성 한 명의 목소리가 아시아 여성 수백 명의 목소리보다 진지하게 받아들여졌다. 다시 한번 아시아 여성은 서양 여성과 비교하여 차별받았고, 이러한 일은 일본군 '위안부' 역사에서 수없이 존재했다.

얀은 엘런 판 데어 플룩에게도 증언을 권유했다. 이들 이외에 앞에 나선 네덜란드 여성은 거의 없었다. 익명으로 자신의 이야기를 여러 신문에 전한 린다는 그 이유를 밝혔다. “대부분은 당혹감을 느낄 겁니다. 그것은 더럽고 미친 짓이라고 생각할 겁니다. 사실 그렇습니다. 그런데 왜 아무 말도 하지 않을까요? 단순히 위안소에서 일어난 일뿐만 아니라, 그 이후에 여성들이 겪은 일에 대해서요. 그 후에 여성들의 삶은 어땠을까요? 저는 다른 여성들이 어떤 인생을 살았는지 정말 듣고 싶습니다. 저의 후유증은 고통스러웠고 참으로 길었습니다.”

네덜란드에서는 엘런, 얀 그리고 린다와 같은 여성이 ‘일본의 도의적 책임을 묻는 재단(SJE)’을 대표했다. 이 재단은 처음부터 스마랑의 35명 피해자는 ‘훨씬 더 심각한 피해’의 작은 일부에 불과하다고 선언했으나, 이를 입증하기는 어려웠다. 일본군 ‘위안부’ 피해자들의 개인 정보를 보호하기 위하여 2025년까지는 많은 분량의 문서들이 비공개로 묶여 있다. 문서들은 네덜란드 전쟁 문서 연구소, 국립 문서보관소 그리고 외무부에 보관되어 있다. ‘일본의 도의적 책임을 묻는 재단’은 1992년 피해자들의 이름으로 일본 정부를 상대로 소송을 제기하고자 했기 때문에 그 문서들을 열람할 권리를 얻었다. 재단은 네덜란드 정부에 그 사건을 조사하도록 요청했다.

1994년 1월 25일 ‘일본의 도의적 책임을 묻는 재단’은 제2차 세계대전 중 네덜란드령 동인도에서 인권을 침해당한 76,000명의 네덜란드인을 대신해 일본 국가를 상대로 법정에 제소하여 손해배상을 요구하였다. 원고 8명이 재단을 대표했다. 그들 중 한 명은 강제 동원 '위안부' 피해자들을 대표하여 도쿄에서 자신의 이야기를 공개했던 엘런 판 데어 플룩이었다.

재판 전날 저녁 네덜란드 외무부와 보건 복지 체육부의 문헌 조사에 근거한 보고서가 발표되었다. 이 보고서는 네덜란드 여성 약 200에서 300명이 일본군의 위안소에서 일했다고 밝혔다. 그리고 그중 약 65명이 강제로 동원되었다고 보았다. 하지만 두 부처는 '어느 정도 자발적'이라는 분류에 대해 그 어떤 명확한 기준도 제시하지 못했다. 더욱이 피해자들의 증언이 제외되었기 때문에 그것은 명확하다고 볼 수 없었다. 일본의 강제 동원 '위안부'가 주요 주제였던 베이징 세계 여성 대회에 참석한 한 네덜란드 피해자는 네덜란드 정부의 조사에 대해 올바른 지적을 했다.

"일본군 '위안부'로 강제 동원된 여성 중에는 10대 소녀를 대신해 자발적으로 지원한 성인 여성과 직업 매춘부들도 있었습니다. 그러나 이 여성들은 그들이 자발적으로 '성 노예'가 되기로 했기 때문에, 네덜란드 정부는 그들을 일본군 '위안부' 피해자로 간주하지 않았습니다. 이것은 부당합니다."

과거 탐사

1993년 8월 퇴임을 앞둔 일본의 미야자와 총리는 일본이 제2차 세계 대전 동안 외국 여성들에게 매춘을 강요했다는 사실을 인정했다. 그의 발표는 새로운 조사 결과에 따른 것이었다. 일주일 후 신임 호소카와 총리는 이에 대한 일본의 마음을 잘 표현할 방법을 모색하겠다고 말했다. 전 세계는 일본 정부가 마침내 여성들에게 피해 배상을 할 것으로 기대했다. 그러나 그런 일은 일어나지 않았다. 어떤 면에서는 일본의 이러한 인정이 한 걸음 나아간 조치인 듯 보였다. 하지만 일본군 '위안부' 피해자 여성들과 그들의 권익을 대변하는 단체들은 이러한 일본의 사과가 부족하다고 느꼈다. 그들은 일본 정부가 공식적으로 책임을 인정하기를 희망했다.

1995년 사회당 출신 무라야마 총리는 일본의 전쟁 범죄에 대해 공식 사과를 발표했다. 『워싱턴 포스트』는 다소 냉소적으로 '거의 사과에 가까웠다'라는 표현을 사용했다. 네덜란드의 '일본의 도의적 책임을 묻는 재단'도 그 사과 성명을 인정하지 않았다. "일본 정부는 강제 매춘을 주도한 군인들 뒤에 숨고 있습니다. 일본 정부 자체에 책임이 있다는 사실은 쉽게 잊히는 것 같습니다. 일본 정부는 군대에 대한 책임이 있고, 군인들의 행동에 대한 책임도 있기 때문입니다. 우리는 현재 일본 정부를 과거 일본 정부의 법적 계승자로 간주합니다. 따라서 현 정부가 잘못을 인정해야 한다고 생각합니다. 무라야마의 성명은 충분하지 못하며, 일본 국민들에게 전하는 메시지였으며, 더욱이 일본 내각 전체의 지지를 받지 못했습니다."[8]

그동안 여러 연구 기관, 시민 단체 그리고 학자들이 진실을 찾기 위한 노력을 계속하고 있다. 오늘날까지도 일부 일본 학자들은 일본군 '위안부'와 난징 강간 사건에 대한 정보를 서로 교환하려 매달 모임을 하고 있다. 하지만 드러나는 정보들은 진실의 작은 일부에 불과하다. 그 이유 중 하나는 강제 매춘에 관한 많은 증거물이 아직도 일본 정부 부처의 문서 보관소에 있기 때문이다. 요시미 요시아키 교수와 같은 연구자들은 정부의 그러한 정보에 접근할 수 없다. '일본의 전쟁 책임 자료 센터'를 설립한 요시미 교수는 이미 수년간 정부 기록 보관소를 좀 더 개방해 달라고 요구하고 있으며, 역사적 사실에 대한 철저한 조사를 주장해 왔다. "완전한 조사 없이는 어떠한 해결도 논할 수 없습니다."

그동안 일본 정부는 자체 조사를 매듭지었다. 이는 일본과 외국의 학자들 그리고 강제 동원 '위안부' 피해자들과 권익 단체들의 심각한 우려를 낳았다. 요시미 교수와 그의 동료들의 영향을 받은 정치인들은 제2차 세계 대전 중 동아시아에서 행해진 일본군 '위안부' 제도에 대한 정확한 사실을 밝히기 위해 조사 위원회를 구성하는 법안을 발의했다. 일본 의회의 과반수의 찬성을 획득해야 조사권을 가질 수 있다. 현재까지는 과반수를 확보하지 못하고 있다. 요시미 교수는 그 이유를 알고 있다. "그 법이 통과되면 부끄러운 자료들이 드러날 것입니다. 정치인들은 그것이 두려운 것이지요." 요시미 교수는 외국으로부터의 압박이 법안 통과를 유리하게 만들 수 있다고 생각한다.

지난 10년간 미국, 호주, 네덜란드 그리고 중국과 같은 나라에서도 문서들이 발견되었지만, 외교 관계, 정치적 무관심 그리고 개인 정보를 보호하는 법률이 철저한 조사를 가로막고 있다. 1994년 이후 네덜란드에서는 조사가 중단되었다. 아울러 중국은 일본과의 외교 문제 때문에 그 문서들을 공개하지 않고 있다. 외국 정부들 역시 정보를 공개하지 않는 한, 일본의 강제 매춘에 대한 진실은 미완성으로 남아 있을 것이다. 불편한 점은 전쟁 후 연합군이 모집 정보 등을 포함한 상세한 문서와 기타 증거 자료를 보유하고 있었다는 사실이다. 연합군은 나중에 그 자료를 마이크로필름에 저장하지 않고 일본에 돌려주었다. 그들은 독일 자료도 그렇게 처리했다.

향수

'수치의 시간들'이 끝나면서 1990년대에는 많은 한국인 '위안부' 여성들이 조국으로 돌아올 수 있게 되었다. 1997년에는 중국과 캄보디아에서 4명의 여성이 거의 50여 년 만에 한국으로 돌아왔다. 그중 한 명은 훈 할머니다. 한국인들은 그녀를 그렇게 부른다. 그녀는 54년간 고향을 그리워하다 73세의 나이로 한국 땅을 다시 밟았다. 한국 언론은 훈 할머니를 죽기 전에 수천 km를 헤엄쳐 태어난 곳으로 돌아오는 연어에 비유했다.

일본군은 전쟁 중 훈 할머니를 '위안부'로 캄보디아로 데려갔다. 그곳에서 그녀는 일본 장교의 딸을 낳았다. 전쟁이 끝난 후 캄보디아인과 결혼하여 50년 동안 함께 살았으며 크메르루주 정권에서 살아남았다. 그러나 고향으로 돌아갈 수는 없었다.

한국에 도착한 훈 할머니가 손녀 3명과 함께 비행기에서 내렸을 때, 그녀는 한글이 적힌 표지판을 높이 들었다. 그녀가 한국말을 거의 구사할 수 없었기 때문이었다. 그 종이 위에는 '저의 이름은 남이입니다. 저의 가족과 고향을 찾게 도와주세요. 저를 불쌍히 여기시고 가족을 찾아주세요.'라고 적혀 있었다. "제가 이 순간을 얼마나 고대했는지 모르실 거예요." 그녀는 공항에 온 많은 기자에게 이렇게 말했다. 그들은 그녀에게 고향 마을의 모습을 기억하느냐고 물었다. "바다와 산 그리고 절이 있었던 것을 기억해요." 기자들은 그녀에게 한국 민요인 '아리랑'을 불러보라고 요청했다. 그녀는 노래를 부르는 동안 감정에 압도되어 정신을 잃고 쓰러졌다.

한국인들은 환호했다. 그러나 미심쩍음도 있었다. 훈 할머니가 정말 자신이 말하는 사람이 맞을까? 그녀의 이야기가 사실이었을까? 98세 할머니 한 분이 그녀의 어머니인 것 같다며 앞으로 나갔다. 하지만 나중에 사실이 아닌 것으로 밝혀졌다. 그녀의 여동생도 나타났다. 훈 할머니는 DNA 검사를 받게 되었다. 검사 결과 그녀는 61세 이순이로, 훈 할머니의 동생으로 밝혀졌다. 감동을 불러일으키는 만남이 이어졌다. 한 달이 채 지나지 않아 훈 할머니는 한국 국적을 얻어 '남은 인생을 모국에서 보내고 싶다'라고 밝혔다. 그녀는 여생을 다른 일본군 '위안부' 피해자 할머니들과 활동하며 보내기를 원했다.

훈 할머니와 다른 할머니들의 귀환은 수많은 가족에게 희망을 안겨 주었다. 언젠가는 그들의 자매나 딸이 다시 돌아올 수 있을지도 모른다는 희망을 품게 되었다. 그들은 가족이 전쟁 후 고국으로 돌아와 비구니의 삶을 살고 있는지 모르는 경우도 많다. 훈 할머니의 일이 있고 난 뒤, 여론은 전쟁에서 살아남아 아직 해외에 거주하고 있을지도 모르는 여성들을 철저히 조사해 달라고 한국 정부에 요구했다. 한국정신대문제대책협의회와 같은 권익 단체들은 해외에서 그러한 여성들을 찾기 위해 노력하고 있다.

제8장 역사를 위한 투쟁

일본의 유명한 전쟁 기념관인 야스쿠니 신사에는 경건한 침묵이 흐른다. 가끔 종소리만이 이곳의 정적을 깨뜨리곤 한다. '평화로운 땅'이라는 모호한 단어로 번역되는 야스쿠니는 이곳에 합사된 250만 명의 전사자를 추모하기 위해 방문하는 참전 용사와 그 가족을 위한 순례지이다. 신사 옆에는 낡은 군복, 누렇게 색이 바랜 많은 사진과 문서, 그리고 커다란 가미카제 비행기가 전시된 박물관이 있다. 그곳에는 일본의 전쟁 범죄나 책임에 관한 것은 아무것도 찾을 수 없다. 한쪽 구석에는 전쟁 중 동원된 여성들의 그림이 걸려있다. 그들은 간호사, 공장 노동자, 양을 치는 여성이다. 일본군 '위안부'의 모습은 찾아볼 수 없다.

야스쿠니 신사는 세대와 관계없이 우익들의 성지 순례 장소이기도 하다. 1978년 외국의 강력한 반대에도 불구하고 일본 우익의 영향력 때문에 가장 악랄한 전범 14명이 야스쿠니 신사에 합사되었다. 이들은 과거 도쿄 극동 국제 군사 재판에서 사형을 선고받았었다. 논란의 여지가 있는 이 신사에서 매년 추모식이 열린다. 정부와 정당 인사들도 참석한다. 외국의 신랄한 비난이 있었었고, 그 후 1985년부터 일본 총리의 모습은 이곳에서 사라졌다. 1996년 다시 신사를 방문한 첫 일본 총리는 하시모토였다. 그는 다름이 아닌 강제 동원 일본군 '위안부' 피해자들을 돕겠다고 약속한 인물이다. 비평가들은 그가 어떻게 이 '위안부' 제도의 가해자들에게 경의를 표할 수 있는지 의문을 제기했다.

마쓰이 야요리 기자와 같은 일본 여권 운동가들은 전쟁을 기념하는 신사를 지지하는 사람은 '위안부' 제도를 옹호하는 사람이라고 말한다. 1999년 연례 추모식에서 그녀와 다른 활동가들은 야스쿠니 신사를 방문한 50대 이상의 일본인을 대상으로 일본군 '위안부'에 관한 인터뷰를 가졌다. 인터뷰에 응한 54명 중 3분의 2는 일본군 '위안부'가 필수적이었다고 대답했다. 또한, 그들은 용서를 빌거나 피해를 배상할 이유가 전혀 없다고 생각했다. 마쓰이는 다음과 같이 말한다. "사람들은 우리가 돈을 지불했기 때문에 '위안부'를 매춘부라고 생각했습니다. 그들은 일말의 죄책감도 느끼지 않았습니다. '위안부' 제도는 일본군의 제도라고 말합니다. 따라서 허용해선 안 될 이유가 없는 거지요."

야스쿠니 신사 내에 불길하게 생긴 검은색 버스가 돌아다닌다. 귀가 먹을 정도로 요란한 일본군 군가가 확성기를 통해 울려 퍼진다. 비슷한 종류의 작은 버스들도 국립 기념관과 정류장 주변을 돌아다닌다. 그 버스들은 제2차 세계 대전 후 설립된 여러 극우 정당과 단체의 선전 도구다. 그들은 일본의 신나치주의자들이다. 그들은 일본이 군대를 증강해야 하고 천황이 다시 권력을 회복해야 한다고 생각한다. 그 이상한 버스들은 극우주의가 자신을 과시하는 여러 방법 중 하나다. 도쿄 시민들이 보기에 이들은 요란하게 짖어 대지만 이빨이 없는 극우 망나니에 불과하다. 더 위험한 것은 수많은 극우 정치인인데, 이들은 많은 경우 제2차 세계 대전 중 권력을 잡았던 남성들이다. 그들은 우익 집권당인 자유민주당의 고위직을 차지하고 있으므로 큰 영향력을 가지고 있다. 이 우익 정치인들은 일본군 '위안부' 제도를 거듭해서 옹호하고 있다.

강제 동원 '위안부' 문제와 관련하여 일본 정부는 주로 법률적인 논리 - 전쟁 후 피해국들과 체결한 조약으로 모든 배상이 완결되었음 - 에 집착하며 자신을 변호하지만, 자민당 정치인들은 한발 더 나아가 일본의 전쟁 범죄 자체를 완전히 부정하고 있다. 지난 수십 년간 장관을 포함한 일련의 정치가들이 질책을 받았고, 논란의 발언을 했다는 이유로 해임까지 당했다. 일부 정치인들은 일본이 '위안부' 제도에 연루되었음을 인정한다. 1982년부터 1987년까지 일본 총리를 역임한 나카소네 야스히로 총리는 1978년 회고록에서 자신이 전쟁 당시 해병대 중위로서 군인 3천 명을 위해 위안소를 설립한 사실을 자랑스럽게 기록했다. 일본에서 최고의 권력을 행사하는 남성은 자신이 포주이기도 했다는 사실을 한 번도 반성하지 않았다.

국가주의는 일본 사회의 모든 분야에서 나타난다. 그리고 이는 일본이 '위안부' 문제를 다루는 태도에도 커다란 영향을 미친다. 특히 최근 들어 증가하고 있는 국가주의 경향은 인권 단체와 강제 동원 '위안부' 피해자 그리고 불안한 마음으로 과거를 바라보는 다른 이들에게 커다란 충격을 주고 있다. 국가주의는 1990년대 일본처럼 한 나라의 경제가 침체기에 있을 때 인기를 얻는다. 국가주의자들의 시위는 '긍지', '명예', 그리고 '마조히즘에 빠진 일본인을 청산하라'와 같은 구호로 가득 차 있다. 그것은 일본 국민과 젊은 세대를 기꺼이 삼킬 수 있는 선전이다. 미결된 일본의 전쟁 범죄를 바라보는 전 세계의 비판적 시각은 일본의 국가주의에 더욱 힘을 실어 주었다. 일본은 우방국 미국에 점점 등을 돌리고 있고, 북한에서 날아오는 경고 미사일은 일본이 무기를 확충할 이유를 제공했다. 일본 국가주의자들은 '섬나라'의 보호막으로 들어가 과거의 고립 상태로 회귀하길 원했다. 일본이 1999년 제2차 세계 대전 중 사용하던 '히노마루 깃발(욱일기)'과 '기미가요(천황의 치세)'를 다시 채택한 것은 일본에 국가주의가 부상하고 있다는 신호다. 이것은 독일의 나치 깃발과 국가 'Deutsland über alles(독일 만세)'와 비교할 만하다.

갈라진 정치인들

국가주의가 서식하는 데 가장 중요한 토양 중 하나는 바로 일본 정부 자체다. 일본 정부는 제2차 세계 대전 중 저지른 만행과 같은 논란의 여지가 있는 문제에 대해 미온적 태도를 취한다. 해결책을 찾아야 할 일본 정부가 책임을 회피하는 한, 국가주의자들 역시 과거에 눈을 감을 것이다. 일본군 '위안부' 문제를 대하는 일본 정부의 태도처럼 그들도 연구 결과와 증언들을 무시하게 된다.

국가주의를 추종하는 일본 정치인들의 가장 핵심적인 주장은 '위안부' 강제 동원의 증거가 없다는 것이다. 그들은 '위안부' 여성들이 당시의 합법적인 절차대로 계약에 따라 일했다고 말한다. 따라서 자민당 의원들은 1996년 6월 4일 소위 '밝은 일본 국회 의원 연맹'이라는 조직을 결성하여, 일본이 침략 전쟁을 벌였다는 사실을 부정한다. 회장은 법무성 장관 출신인 오쿠노 세이스케였다. 정치인 이외에도 저명한 학자, 언론인 그리고 사업가들이 회원으로 등록했다. "일본군 '위안부'는 상업적 활동에 동참한 것이고 강제 동원되지 않았습니다."라고 오쿠노는 창립 기념 기자 회견에서 선언했다. 그들은 일본이 전쟁 행위에 대해 사죄하는 것은 비상식적이라고 생각한다. 그리고 "다른 국가들도 마찬가지로 잘못을 저질렀습니다."라고 말한다. 이 발언은 전적으로 맞는 말이다. 하지만 그 국가들은 과거에 대해 반성하고 있다.

오쿠노와 동료들의 발언은 일본 국내외 인권 단체들의 분노를 불러일으켰다. 한국인 일본군 '위안부' 피해자 김상희 할머니는 그때 마침 일본에 있었다. 그녀는 일본 활동가들과 함께 항의하기 위해 연맹 회원인 이타가키 다다시 의원을 방문했다. 김상희 할머니는 1937년 군인에게 잡혀가 8년간 중국의 쉬저우에 있는 위안소에서 일했다. 김상희 할머니는 면담 중 모욕적인 소리를 연이어 들었다. 한국정신대문제대책협의회가 녹취한 대화록은 다음과 같다.

이타가키 의원: 가난한 시대에는 매춘 허가 제도가 있었습니다. 애처로운 여자들이 있었고요. 일본군 '위안부' 문제는 자랑스러워할 만한 것은 아닙니다만, 일본 군대가 여성들의 목에 밧줄을 묶어 데려간 것은 아닙니다.

김상희 할머니: 저는 군인들과 최전방에 있었습니다. 우리를 데려간 사람은 모두 군인이었습니다. 우리가 위안소에서 탈출하려고 하면 군인들이 우리를 총으로 쐈습니다. 내 친구들은 자살했고요. 일본 때문이죠. 일본이 우리를 강제로 끌고 가지 않았다고 터무니없는 주장을 하므로 제 가슴은 찢어지듯 고통스럽습니다. 당신들이 진실을 절대 인정하지 않을 것 같아서 제 이름을 공개했습니다.

이타가키 의원: 그 모든 것을 군대가 그랬다고요? 저는 그렇게 생각하지 않습니다. 군대가 연루되었을 수도 있지만, 모든 것이 군대에 의해 이루어진 것은 아닙니다. 분명히 중개자들이 많은 역할을 했을

것입니다.

김상희 할머니 동행자: 군대가 직접 운영한 위안소들이 있었습니다.

이타가키 의원: (김상희 할머니에게) 돈은 어떻게 되었습니까? 돈은 받으셨나요?

김상희 할머니: 한 푼도 받지 못했습니다.

이타가키 의원: 제 생각은 전혀 다릅니다. 당시 상황에 견주어 판단해야 하겠지요. 저는 정치인으로서 신념이 있습니다. 일본인으로서 자부심이 있고요. 여성들이 강제로 끌려갔다는 객관적인 증거가 있습니까?

김상희 할머니 동행자: 김 할머니의 증언이 거짓이라고 말하는 것입니까?

이타가키 의원: 거짓말이라고 말하지는 않습니다. 하지만 그 모든 것이 사실인지 의문이 생깁니다. 의구심이 많이 드는 것입니다. 이건 감정적으로 다룰 문제가 아닙니다. 우리는 증거가 필요합니다. 판단할 수 있는 근거가 없다는 말입니다. 심지어 원폭 피해자 증명서를 발급하려면 증거가 필요합니다. 심하게 들릴지도 모르지만, 가져온 참고 자료를 검토해 볼 때, 당신들은 좀 더 객관적이어야 합니다. 저는 당신들의 미래에 희망이 없다고 봅니다.

김상희 할머니 동행자: 3년 전 고노 요헤이 관방장관은 담화에서 피해자들이 강제로 동원되었다고 인정했습니다.

이타가키 의원: 저는 고노 담화에 동의하지 않습니다.

김상희 할머니: 당신은 삶과 죽음이 엇갈리는 최전방에 가 본 적이 없지 않습니까? 제 온몸은 상처투성이입니다. (여러 곳에 있는 흉터를 보여준다).

이타가키 의원: 8년간 돈 한 푼 받지 못했다는 것을 말하고 싶으신 건가요?

김상희 할머니: 죽음을 눈앞에 둔 사람한테 어떻게 사실을 말하고 있는지를 물어볼 수가 있습니까? 당신들은 전쟁터에서 내 몸을 강간했고, 50년이 지난 지금 내 영혼을 모욕하고 있습니다. 저는 그 어떤 돈도 받은 적이 없다고 분명히 말하는 겁니다."

"일본은 아무런 반성도 하지 않습니다." 김상희 할머니와 이타가키 의원의 대화에 동석했던 한국정신대문제대책협의회의 윤정옥 교수는 한숨을 쉬며 말했다. "그들은 심지어 비열하기까지 합니다. 일본 정부의 반응은 터무니없고 눈에 띄게 무례합니다." 1999년 10월 오부치 게이조 총리가 대변인으로 특별히 내세운 니시무라 신고의 인터뷰 기사가 일본어판 플레이보이 잡지에 실렸다. 그는 보통의 일본 남성이 생각하는 바를 다음과 같이 인터뷰에서 말했다. "승리란 적국의 남자를 제거하고, 여자를 강간하고, 우리 자손을 번식시키는 것입니다." 윤정옥 교수는 그의 발언에 다음과 같이 평했다. "그것은 인종 청소입니다. 우리는 화해를 원합니다. 그런데 어떻게 이런 사람들과 화해를 할 수 있겠습니까?"

퇴역 군인

일본 최초의 국립 전쟁 박물관이 되었을 쇼와 박물관은 1999년 3월에 개관했다. 이는 국가주의자들의 영향이 얼마나 강한지를 보여준다. 일본의 '국가적 기억'이 공개되기까지는 10년 이상의 세월이 걸렸다. 무엇보다 전쟁 중 일본의 역할에 대하여 큰 이견이 있었다. 진보 세력은 박물관이 전쟁에 대한 책임을 알리는 곳이 되기를 원했으며, 보수 세력은 이곳이 전쟁을 반대하는 기념관이 되는 것을 바라지 않는다며 항의했다. 일본 정부는 마침내 책임 소재를 아예 다루지 않기로 하고 다른 논쟁의 여지가 있는 문제들도 삭제하기로 했다. 이제 박물관은 전쟁 중 국민이 겪었던 어려움을 보여주는 단조로운 전시장이 되었다. 강제 동원 일본군 '위안부'에 관한 내용은 당연히 없었다. 박물관이 보여주는 유일한 모습은 일본이 전쟁이라는 과거와 얼마나 힘들게 싸우고 있는지였다. 물론 모든 박물관이 과거를 감추는 것은 아니다. 원폭 피해를 본 히로시마의 친일 성향의 박물관조차도 1990년대 초 소위 '침략관'이라는 전시관을 추가했다. 히로시마는 단순한 피해자가 아니라, 원자 폭탄이 투하되기 전 군사 요충지로 알려져 있었기 때문이다.

퇴역한 군인이 주를 이루는 국가주의자들은 도쿄에 있는 국립 박물관이 전쟁의 장엄함을 보여주지 못한다고 생각한다. 그와 반대로 평화주의자들은 그곳이 우익과 군국주의 영향이 느껴지는 곳이라고 판단한다. '쇼와'라는 이름은 사실 전쟁을 시작한 천황 히로히토의 통치와 연관이 있으며 그의 책임은 오늘날까지 중요한 논쟁거리다. 한 일본인 평화주의자는 쇼와 박물관을 방문한 뒤 너무나 분노하여 몇몇 지지자들과 함께 일본 정부를 상대로 소송을 제기했다. 국민 세금을 낭비했다는 이유였다.

찬성론자와 반대론자 사이의 비슷한 투쟁이 일본 사회에서 일본군 '위안부' 문제와 관련하여 일어나고 있다. 그러한 찬반 논쟁이 여론에도 반영되고 있다는 것은 지난 10년간 이 주제에 관한 보도가 1,000회 이상 있었다는 사실에서도 밝혀진다. 여론을 주도하는 신문과 토크쇼는 이 주제를 계속 다루고 있다. 1995년 이후 여러 차례 일본군 '위안부' 제도에 관하여 토크쇼를 진행한 이케다 에리코는 그 방송이 나간 후 전화가 빗발치고 여성들을 비난하는 극단주의자들의 편지가 줄을 이었다고 말했다.

이케다에 따르면 대부분의 퇴역 군인은 토크쇼 프로그램에서 그 제도의 존재를 인정했지만, 곧이어 그것을 정당화했다. "가해자로서 자신의 행동을 부끄러워하는 사람은 한두 명에 지나지 않았습니다. 저는 항상 이 두 그룹이 나뉘는 요인을 찾아보려 했지만 실패했습니다."[1] 그 제도가 지극히 정상이라고 생각하는 사람들이 왜 그 문제에 대해 계속 소란을 피우는지 이케다는 이해할 수 없다. 답은 분명할 것이다. 그들은 가슴과 머리로 그 제도가 정상이 아니라는 것을 알고 있다. 그러므로 모든 수단과 방법을 동원해 그 제도를 변호하고 있다.

이케다의 프로그램에서 죄를 뉘우친 퇴역 군인 한 명은 '위안부'를 보급품으로 수송했던 경험을 공개했다. 그는 자기가 탄 배가 폭격을 받아 바다로 가라앉았고, 그 배에서 여성들을 구할 수 없었다고 설명했다. 그의 상관들이 소리 질렀다. "병력부터 먼저 구하라. 그다음은 군무원이다. 매춘부는 잊어라. 한국에는 아직도 여자들이 충분하다." 그 퇴역 군인은 오늘날까지도 '위안부' 여성들이 도움을 요청했을 때, 그들을 두고 내린 것에 대해 깊은 가책을 느끼고 있다. 그는 이케다에게 말했다. "그 일이 제 기억에 너무도 생생해서 결코 잊을 수 없습니다." 이케다는 '위안부' 여성에게 행한 비인간적인 대우나 살상에 대해 사죄하고 싶은 퇴역 군인이 아주 많을 거로 생각한다.

그러나 대부분은 일본군 '위안부' 문제에 대해 눈을 감는다. "연로한 '위안부' 피해자와 퇴역 군인 사이에는 메울 수 없는 깊은 골이 파여 있습니다." 이케다는 말한다. 그리고 대부분의 퇴역 군인들은 이제 단순하고 조용한 인생을 사는 남자들이다. "퇴역 군인들은 일본군 '위안부' 피해자들의 육체적 정신적 상처가 얼마나 깊은지 상상할 수 없습니다. 저는 가끔 그들에게 묻지 않을 수가 없습니다. '당신의 딸과 여동생이 같은 상황에서 이용당했다면 당신은 어떻게 느끼시겠습니까?'라고. 그들은 이렇게 대답합니다. '모욕적이군요! 그런 상상은 할 수도 없습니다!'"

교과서 전쟁

미래로 나아가기 위해서는 과거를 알아야 한다. 이러한 이유로 인권 및 여성 단체가 강제 동원 일본군 '위안부' 문제를 일본 역사 교과서에 반드시 언급해야 한다고 일본 정부에 요구하고 있다. 이와 관련하여 '위안부' 피해자를 위한 운동은 성과를 거두었다. 1995년 이후 고등학교(15세 이상 재학) 교과서는 일본군 '위안부' 제도를 다루기 시작했고, 1998년부터는 중학교(12세부터 15세 학생 재학) 교과서에서도 언급되고 있다. 하지만 대부분의 교과서는 이 주제를 단 한 문장으로 언급하고 있기 때문에 작은 성공에 불과하다고 할 수 있다. 어떤 경우에는 매춘 시설 대신 '휴게 시설'로 언급하며 사실을 감추듯이 묘사한다. 교과서에 일본 정부의 책임을 거론하지 않는 한, 일본 정부는 그 교과서를 승인하고 있다.[2]

'새로운 역사 교과서를 만드는 모임'이라는 영향력 있는 단체가 '위안부' 문제를 교과서에서 삭제하기 위해 노력하고 있다. 1996년에 설립된 이 단체는 일본군 '위안부'들이 강제로 동원되지 않았으므로 이 주제는 교과서에서 사라져야 한다고 주장한다. 명문 도쿄 대학교에 재직 중인 교육학 교수이자 이 단체의 대변인인 후지오카 노부카쓰는 교과서가 '어두운 역사, 마조히즘, 반(反)일본의 역사적 관점'에서 집필되었다고 말한다. "국가에 대한 아이들의 자부심과 신뢰를 훼손할 수 있다."라는 것이 회원들의 주장이다. 일본 역사는 일본의 과거사를 깎아내리려는 승전국 미국과 소련의 관점에서 기록되었을 수도 있다는 것이다. 또한, 회원들은 '위안부' 피해자 여성들의 이야기를 전혀 믿지 않는다고 말한다. 그들 중 일부는 심지어 일본군 '위안부'가 전혀 존재하지 않았다고 주장하기도 한다.

이렇게 주장하는 회원 중에는 저명한 학자, 유명한 작가, 언론인, 최고 경영자 그리고 최고 운동선수들이 있다. 이 단체의 회원이자 젊고 유명한 만화가 고바야시 요시노리는 "우리는 자부심을 잊은 정치인들에게 쇠망치를 휘둘러야 한다."라고 선언했다. 그는 한 지역 잡지에 시사만화를 그렸는데, 이 만화는 그가 속한 모임의 대표단이 일본 문부성을 방문하는 내용을 담고 있다. 만화 마지막 장면은 항의하는 군중의 모습이 그려져 있는데, 그 배경에는 유명한 후지산 화산이 폭발하며 그들의 분노를 나타내고 있다. 이러한 종류의 단체는 더 많이 존재한다. 심지어 지방 의회에서도 강제 동원 일본군 '위안부'에 대한 내용을 역사책에서 삭제하려고 한다. 여성 단체들은 이런 현상을 '풀뿌리 파시즘'이라고 부른다. 그러는 동안 우익 극단주의자들은 교과서 저자와 출판사를 협박하고 심지어 폭탄 우편으로 위협하고 있다.

자이니치 여성 운동가 김부자 씨에 의하면 교과서 내용과 관련된 소요는 단순한 현상이 아니다. "그들의 주장 저변에는 남성 우월주의, '일본 제일' 사상, 가부장적 국가주의라는 끈질긴 이데올로기가 자리하고 있다. 바로 이것이 제2차 세계 대전 동안 일본군 '위안부'에게 가해진 폭력의 근간이 되었던 이데올로기이다."[3] 202명의 회원 중 여성 회원이 단 7명이라는 사실 역시 이해할 만하다. 아울러 그 여성들은 보수적인 성향의 반여성주의자로 알려졌다. 한편 그 우익 보수 단체가 설립되자 다른 학자들과 여성들은 곧바로 일본군 '위안부' 제도를 사실대로 다루는 새로운 교과서를 편찬하는 데 지지를 표명했다. 이들은 신문과 텔레비전 그리고 대중 집회를 통해 그 우익 단체를 전면적으로 공격했다. 해외에서는 일본군 '위안부' 피해자들과 지지 단체들이 일본 대사관 앞에서 항의 시위를 벌였다. 일본 정부는 지금까지도 역사 교과서에 관해 올바른 조처를 하지 않고 있다. 하지만 압력은 계속되고 있다.

일본 역사에서 강제 동원 일본군 '위안부' 제도와 같은 민감한 사건이 역사책에서 삭제된 것이 처음은 아니다. 일본 문부성은 미군이 떠난 1952년부터 이미 난징 강간 사건과 일본군 '위안부'와 같은 주제를 검열했다. 일본 역사책은 일본의 아시아 침략을 백인 식민주의자로부터 이웃 나라를 해방시킨 영웅적 행위로 이상화했다. 일본의 모든 세대는 최근까지도 전쟁의 정확한 경과에 대해 거의 알지 못했다. 그들은 자기의 아버지와 할아버지가 가해자가 아닌 피해자라고 확신하고 있었다. 작가이자 역사학자인 이에나가 사부로는 더 정확한 역사적 사실을 교과서에 담기 위해 투쟁하는 상징적인 인물이다. 그는 1960년대 자신이 쓴 책을 통해 일본 어린이에게 올바른 역사관을 심어주고자 했다. 그러나 일본 정부는 그에게 일본 전쟁사에 관한 중요한 부분을 삭제하도록 강요했다. 그는 1965년 문부성을 상대로 소송을 제기했다. 32년간의 법정 투쟁 끝에 1997년이 되어서야 일본 대법원은 문부성이 집필의 자유를 방해했다고 판결했다.

일본의 모든 세대가 자신의 과거사를 제대로 보는 눈을 갖지 못한 채 교육을 받았다고 생각하면 섬뜩한 일이 아닐 수 없다. 만약 그들이 지난 세월 동안 영웅전으로 미화된 역사를 배우지 않았다면, 일본은 지금쯤 일본군 '위안부' 피해자를 위해 공정한 재판을 받을 수 있는 성숙한 나라가 되었을 것이다. 어떤 면에서는 공정한 판결이 최고의 역사 교육이 될 수 있다. 하지만 국가주의자들 때문에 공정한 심판의 시간은 더욱 멀어질 가능성이 있다.

"역사를 왜곡하는 국가주의자들의 약진이 두렵습니다." 대학에서 가르치고 있는 마쓰이 야요리는 말했다. 그녀가 일본군 '위안부' 주제를 다루며 그 여성들은 직업 매춘부가 아니었다고 설명하면, 학생들은 당황하는 눈빛을 보인다. "젊은 세대는 이미 바른 역사 교육을 받지 못하고 있어요. 교사들은 그 주제에 대해 너무 모르고 있거나 회피하려고 합니다. 평범한 젊은이들은 아무것도 모릅니다. 그들은 국가주의자들의 구호에 쉽게 현혹될 수 있어요."

친일 단체인 새로운 역사 교과서를 만드는 모임의 회원이기도 한 만화가 고바야시 요시노리의 만화책을 사려는 젊은이와 학생들의 열기가 이를 증명한다. 만화가 남녀노소에게 가장 인기 있는 독서 장르인 일본에서 고바야시의 책은 베스트셀러다. 그가 쓴 『전쟁론』은 50만 부 이상 판매되었다. 만화책들은 종종 진지한 정치적, 역사적 주제를 다루는데, 고바야시는 전쟁에 관해 글을 쓴다. 그는 여러 권의 책에서 일본군 '위안부' 피해자 여성을 비하하고 있다. 특히 『전쟁론』에서 그는 일본군 '위안부' 문제가 과장된 것이라고 일축한다. 일본군은 결코 그런 일을 하지 않았을 것이기 때문이다.

그 만화책의 내용은 다음과 같다. 한 남자가 방에 앉아 있고, 나이 들고 연약한 여성이 텔레비전에 나온다. 그녀는 아주 오래전 일어난 일을 이야기한다. 그녀의 기억은 가물가물하다. 기억을 잘 떠올리지 못한다. 그녀는 자신이 군인에게 납치되었다고 상상한다. 그녀의 아버지가 자기 딸을 팔았다는 사실을 그녀는 모른다… (젊은 여성은 성스럽게 여기고, 나이 든 여성은 대부분 불쌍하게 간주하는 일본에서 고바야시와 같은 국가주의자들은 거기에 한술 더 떠 '위안부' 피해자 할머니들을 신경질적인 치매 노인으로 묘사한다).

"그는 항상 누군가 다른 사람이 말하는 것처럼, 마치 한 젊은 남자의 상상인 것처럼 이야기를 전개합니다. 따라서 우리는 그를 고발할 수가 없어요." 한국정신대문제대책협의회 윤정옥 교수가 말했다. "독자들에게 자신이 지어낸 이야기를 사실이라고 확신시키는 것은 슬픈 일입니다." 고바야시는 언젠가 한 기자에게 '당신의 책을 읽고 울었다. 이제야 할아버지가 무엇을 위해 싸웠는지 이해하게 되었다.'라는 내용의 편지를 많이 받는다고 말한 적이 있다. 그의 만화책이 인기를 끌자 치바대학교에서는 학생들에게 전쟁에 대한 더 균형 있는 시각을 가르치기 위해 역사 모임을 열기로 결정했다.

독일에 거주하고 있는 가지무라 다이이치로 법학 교수도 고바야시라는 이름을 들으면 벌에 쏘인 것처럼 반응한다. “고바야시 요시노리는 일본 현세대의 전형적인 예입니다. 그는 개인적인 철학이 없기 때문에 외부로부터 들어오는 것을 모두 받아들입니다. 새로운 역사 교과서를 만드는 모임의 기자 회견에서 그가 얼마나 단순한지 드러났습니다. 그는 인도네시아의 스마랑 사건도 모르고 있었습니다. 과거에 대한 분명한 인식도 없이 역사책을 바꾸려는 운동을 하고 있는 것입니다!”

그의 한계는 뚜렷하다. 그러나 국가주의자들이 인기를 얻고 있고, 좋은 점수를 받고 있다는 것을 외면할 수 없다. 1998년에 도쿄 극동 국제 군사 재판에 관한 영화 〈프라이드-운명의 순간〉이 개봉되었다. 그 영화 속에서 전쟁 당시 일본 총리였던 도조 장군은 아내를 극진히 사랑하는 온화한 남자로 묘사된다. 그리고 그는 뻔뻔스러운 승리자 미국에 의해 교수형에 처한 국가적 영웅으로 그려진다. 일본에서 이 영화는 특히 젊은 층 사이에서 인기를 끌었다. 제작에 관여한 가세 히데아키는 후에 성명을 냈다. “도쿄 재판은 완전히 불법이었습니다. 우리는 나치가 아닙니다.” 잘 알려진 영화 〈파라다이스 로드〉에서 일본군 ‘위안부’는 비단 침대 시트에 매혹된 자원봉사자로 묘사된다.

반일 입장은 크게 환영받지 못하며 게다가 위험을 동반할 수 있다. 일본의 한 출판사가 중국계 미국인 아이리스 장의 베스트셀러 『Rape of Nanking(번역서 제목: 역사는 누구의 편에 서는가)』의 일본어 번역서 출간을 포기하기로 결정했다. 출판사는 책에 부정확한 내용이 담겨있다고 했다. 장은 이에 대하여 의견의 차이라고 반응하며 출판사의 검열을 비난했다. 이후 출판사는 장에게 보낸 이메일에서 만약 출판사가 그 책을 출판하면 '목숨을 위협받을 상황'에 처하게 될 거라고 썼다.[4]

일본군 '위안부' 피해자에 대한 가장 사악한 공격 중 하나는 역사학자 하타 이쿠히코 교수가 1999년에 출간한 『'위안부'와 전쟁터의 성』이다. 그는 새로운 역사 교과서를 만드는 모임의 동료들처럼 '위안부'들은 종종 허용된 것보다 4배에서 5배까지 많은 돈을 요구하는 상업적인 매춘부와 다름없다고 주장한다. 그는 '위안부' 피해자들이 거짓말을 할 뿐 아니라 지능이 낮다면서 여성들의 이야기는 무시한다. 그러나 퇴역 군인들의 증언은 믿을 만하다고 하타는 말한다. 예외가 있다면 이미 언급한 요시다의 증언이다. 그는 요시다를 '직업적인 거짓말쟁이'라고 부르며 그의 말을 진지하게 받아들이는 학자는 거의 없다고 주장한다.[5]

그의 책은 사실과 논리를 크게 왜곡하고 있다. 예를 들어, 여성들이 피크닉을 즐기면서 웃고 있는 사진 한 장이 있다. 하타는 그 사진을 일본군 '위안부' 여성들이 강제로 동원되지 않았다는 증거로 사용한다. 그는 '위안부'의 자유가 제한되었고, 원한다고 그만둘 수 있는 일이 아니었다는 사실은 인정한다. 그러나 그것은 전쟁 때 일어나는 정상적인 상황이라고 말한다. 군인과 간호사도 그냥 도망칠 수 없듯이

'위안부'에게도 같은 기준이 적용된다는 것이다. "하타는 오직 그에게 유리한 자료만 이용합니다." 그의 주장을 가장 많이 반대하는 요시미 요시아키 교수가 말했다. "그것은 신나치주의자들이 하는 것과 같은 조작입니다. 질이 낮은 역사입니다."

문제는 이러한 논쟁을 국가주의자들이 근시안적인 논쟁으로 만들었다는 것이다. 일본군 '위안부' 여성들이 돈을 받았을까, 받지 않았을까? 그들이 계약서에 서명했을까, 아닐까? 우선 하타와 다른 사람들의 태도에는 이미 근본적인 오류가 있다. 그들은 합법적인 매춘 제도에는 아무런 문제가 없다는 점에서 출발한다. 그들은 여성을 납치하고, 마치 섹스 용품 가게의 플라스틱 인형처럼 여성을 사들인 남성들이 지배하는 국가가 일본이라는 사실을 잊고 있다. 일본의 여성 저널리스트 가와다 후미코는 이에 동의한다. "많은 남자가 여자를 돈으로 살 수 있고 아무런 처벌 없이 강간할 수 있다고 생각합니다. 그런 시스템은 원칙적으로 이미 범죄이고 인권 침해입니다. 하지만 우리 일본 남성들은 그렇게 자라왔습니다."

이러한 상황의 무서운 점은 국가주의자들의 선동으로 인해 일반 국민 사이에서 점점 더 일본군 '위안부' 여성들이 매춘부였다는 확신이 자리 잡기 시작했다는 것이다. 비평가들은 일본이 이런 식으로 피해자 여성들을 여러 번 강간했다고 비판한다. 처음에는 육체적으로, 이제는 정신적으로. 인도네시아에 거주하는 일본인 기무라 고이치 목사는 앞서 언급한 새로운 역사 교과서를 만드는 모임의 대변인인 후지

오카에게 강력한 항의의 편지를 보냈다. "당신들은 일본군 '위안부'가 매춘부였다.'라고 말합니다. 교묘하게 조작된 이러한 거짓은 더 많은 '위안부' 피해자가 나와서 자신의 이야기를 공개할까 두려워하는 특정 집단이 만든 것입니다. 이러한 잘못된 생각은 전쟁 기간 일본군이 자행했던 성 노예 제도와 다를 바 없으며, 이는 새로운 형태의 성폭력이라는 점에서 당신들의 오류를 규탄합니다."[6]

이러한 새로운 낙인찍기의 위험성은 많은 여성이 자신의 비밀을 공개할지를 다시 한번 심사숙고하게 만든다는 것이다. 더욱이 매춘부로 매도될 두려움은 의심할 여지 없이 '위안부' 피해자들이 지난 세월 동안 침묵을 지켜온 이유 중의 하나였다.

독일의 재탄생

일본이 하지 못한 것을 독일은 할 수 있었다. 독일인 대다수는 역사적 사실과 침략자로서의 자국의 역할에 대해 항상 깊이 인식하고 있었다. 영화나 텔레비전 다큐멘터리 프로그램에서도 독일인들은 자신을 방어하지 않는다. 사람들은 정치인들의 국가주의적 발언에 단호히 대응한다. 독일 내각은 공개적으로 전쟁 희생자에게 상처를 주는 발언을 금지하는 법을 채택했다. 일본에서는 그러한 예방적인 법이 존재하지 않는다. 그런데 독일 정치권에서도 강제 동원 '위안부' 문제가 한 번도 다루어지지 않은 것은 주목할 만하다.

그러나 일본과 가장 큰 차이는 전후 독일 세대는 역사와 전쟁 중에 일어난 사실을 배웠고, 그들의 부모가 어떻게 그런 일을 할 수 있었는지를 스스로 자문한다는 사실이다. 아이들은 이미 어릴 때부터 나치주의에 대해 배우고, 과거로부터 교훈을 얻는다. 독일은 언제나 전쟁 중에 행한 자기의 잘못을 인식하고 선의를 보여왔기 때문에, 오늘날 다른 나라들이 독일을 적대시하지 않는다. 전쟁 후 독일 역시 불가피한 저항에 직면했으나, 모든 사실을 밝히고 진심으로 사죄했다. 1983년 독일 연방 의회는 공개 사과를 발표했다. 일본과 독일 간의 비교를 반복적으로 다루는 일본의 한 인터넷 뉴스 프로그램에서 누군가 이렇게 말했다. "독일은 이제 세계에서 가장 선진국 중 하나로 인정받습니다. 일본이 선진국으로 인정받기를 원한다면 일본 정부도 독일처럼 행동해야 할 것입니다."

하지만 그렇게 간단한 문제는 아니다. 독일 국민은 전쟁 후 진정한 재탄생을 경험했지만, 일본 국민은 그렇게 할 수 없었다. 독일인에게 나치주의는 모든 악의 근원이었으며, 전쟁 후 그들의 사회에서 잘라낼 수 있었던 악성 종양이었다.

일본의 경우 그 누구도 전쟁에 대한 책임을 지지 않는다. 사실상 책임 소재도 명시된 적이 없다. 따라서 일본은 자기 꼬리를 쫓으며 빙빙 도는 개처럼 과거에서 벗어나지 못하고 있다.

제9장 정의와 명예를 위한 투쟁

"저에게는 자식이 없습니다. 남편도 없고요. 열일곱 꽃다운 내 청춘을 다시 되돌려주세요." 할머니 한 분이 눈물을 닦으며 이렇게 외쳤다. 그녀는 하얀색 옷을 입고 있었는데, 그 색깔은 애도를 표하는 색이다. 매주 수요일 정오에 할머니는 수십 명의 여성들과 함께 서울에 있는 일본 대사관 앞 시위에 참석한다. 이동에 몇 시간씩 걸리는 거리지만, 눈이 오나 비가 오나 할머니들은 시위를 거르는 일이 없다. 할머니들의 눈은 강렬한 의지로 빛나지만, 그들의 몸은 마음대로 움직여 주지 않는다. 할머니들 대부분은 매일 열 알이 넘는 알약을 삼키며 버티고 있다. 이미 오랜 세월 동안 골반은 망가져 있고, 청각 장애를 앓거나 매독과 같은 질환으로 고통받고 있다. 오늘도 그들의 몸은 빠른 속도로 쇠약해지고 있다. 그런데도 할머니들은 자신들이 악몽에서 벗어나 꿈을 이룰 수 있기를 희망하고 있다.

시위 횟수는 기네스북에 오를 정도로 많다. 2000년 2월 16일 제 400회 시위를 기록했다.[1] 때로는 참가자가 천 명이 넘은 큰 집회가 되기도 하며, 수녀님부터 일본에서 온 관광객까지 다양한 사람들이 모인다. 그리고 이러한 집회의 중심에는 한결같이 할머니들이 있다. "시위를 열지 못했던 적이 딱 한 번 있었어요. 고베 지진 때였지요. 그 때도 우리는 일본 대사관 앞에 모였지만, 희생자들과 그들 가족에 대한 존중의 의미로 시위를 열지 않겠다고 했어요." 윤정옥 교수가 말했다. 그녀는 매번 집회에 참석했고, 앞으로도 평생을 일본군 '위안부' 피해자를 위해 봉사할 것이라고 했다.

이제 할머니들에게 남아 있는 가장 중요한 과제는 그들의 권리를 되찾는 것이다. 그들은 여성의 존재를 동물이나 성인용 인형 정도로 간주하던 제도의 피해자이다. 그러한 할머니들이 이제는 아시아 여성들을 위해, 더 나은 미래를 위해 싸우는 여성 운동가들이다. 할머니들은 잘 알고 있다. 남성들이, 특히 일본 남성들이 자기 잘못에 대한 책임을 외면하는 한 여성들을 위한 미래는 있을 수 없다는 것을. 그들은 또한 다양한 지배에 반대해 시위한다. 폭력을 행사하는 지배, 무기를 동원한 지배, 그리고 여성을 소모품으로 여기는 남성의 지배에 맞서고 있다.

이 여성들은 연민을 불러일으키던 피해자에서 이제는 용기 있게 자신의 권리를 주장하는 생존자로 변화하였다. 수많은 지지자와 여러 단체, 그리고 언론과 대중의 지원 덕분에 그들은 더욱 자유롭게 그리고 공개적으로 목소리를 낼 수 있게 되었다. 이제 고통은 분노로 바뀌었고, 일본의 부당함에 대한 그들의 분노는 오히려 그들에게 힘을 실어 주었다. 생을 마감한 후에 이들은 저항 운동가로 남게 될 것이다. 제국의 군대를 위해 여성을 제물로 바친 제도에 저항한 운동가이자 순교자로 말이다.

그들은 일본 정부가 그들의 요구를 수용할 때까지, 아니면 그들이 생을 마감하는 날까지 시위를 계속해 나갈 것이다. 강덕경 할머니는 시위 중 소리치며 항의하다 쓰러졌다. 강 할머니는 〈빼앗긴 순정〉과 같은 감동적인 작품을 그렸고, 그 작품을 완성한 직후 폐암으로 사망하였다. 일본의 작전은 모든 여성이 죽을 때까지 법적 절차를 질질 끄는 것이라고 1995년 김학순 할머니가 말했다. 결국, 그녀의 말은 비극적인 예언이 되었다. 자신의 재판이 진행 중이던 1997년 12월 16일, 그녀는 서울의 한 여자 대학교 부속 병원에서 숨을 거두었다. "마지막 날까지 그녀는 외로운 삶을 살다 가셨지요." 담당 목사는 『코리아 타임즈』와의 인터뷰에서 이렇게 말했다. 김학순 할머니는 저축해 둔 모든 돈을 자선 단체에 기부했다. 장례 행렬은 일본 대사관 앞을 지나갔고, 일본 정부에 대한 상징적인 투쟁의 표시로 잠시 멈춰 묵념했다.

사실 초반기에는, 그러니까 1992년경에는 이 시위가 거의 관심을 받지 못했고 할머니들과 여성 운동가들만 참여했었다. 하지만 여성들은 포기하지 않았다. 시위에 관한 관심은 한국뿐만 아니라 세계적으로도 점점 커졌다. 일본과 다른 아시아 단체들도 참여하기 시작했다. 네덜란드, 필리핀, 북한 등 세계 곳곳에서 시위가 열렸다.

이것은 작은 규모로 시작된 항의 시위가 어떻게 국제적인 여성 운동으로 발전했는지를 보여준다. 여성 운동가들은 큰 성과를 거두었다. 여성 운동의 리더들은 일본의 무관심과 대답을 회피하는 태도에 분노하여, 1992년 일본군 '위안부' 문제를 유엔 인권 위원회에 제기하였다. 이제 투쟁은 세계 곳곳에서 벌어지고 있다. 전 세계 네트워크가 형성되었고, 르완다, 멕시코, 구 유고연방 등에서 벌어진 성폭력에 대항하는 다른 운동 단체들과 함께 협력하고 있다. 할머니들이 가장 크게 기여한 점은 1990년대에 전시 강간에 대한 인식을 바꿨다는 것이다. 전쟁 중 저질러진 강간은 이제 분명히 처벌받고 반드시 배상해야 하는 전쟁 범죄가 되었다. 불과 얼마 전까지만 해도 이러한 행위를 유감스럽지만 불가피한 것으로 간주했었다.

다른 한편으로, '위안부' 피해자 여성들의 투쟁은 처음 생각했던 것보다 훨씬 더 어려워지고 있다. 일본군 '위안부' 피해자 여성들에 반대하여 수년간 전면전을 펼치고 있는 일본의 보수 언론인 가미사카 후유코는 '결국 남게 되는 것은 사생활을 전 세계에 공개한 불쌍한 노인들뿐'일 거라고 경고했다. 이 말이 현실이 되어서는 안 된다. 국제 사회의 여론만 결집된 것이 아니고 일본 국민도 눈을 뜨기 시작했다. 지치지 않고 열정적으로 정의를 위해 투쟁하며, 과거 일본 자국민들에게 무슨 일이 일어났는지를 알리려는 일본 시민 단체들의 역할은 무척 특별하다고 할 수 있다. 적어도 100개의 단체가 이러한 일을 하고 있고, 그들의 활동은 매우 큰 의미를 지닌다. 그들은 일본 정부의 태도가 인종 차별적이고 성차별적이라고 판단한다. 그리고 '위안부' 피해자들은 아무런 배상을 받지 못하는 반면, 군인들은 연금 혜택을 누리는 것이 불공평하다고 생각한다.

일본에서 이러한 투쟁은 주로 여성들이 주도하고 있다. 그들의 관심이 그리 이상한 것은 아니다. 일본 여성들은 자신을 가해자의 딸이라고만 생각하지 않고, 피해자의 자매로도 느끼기 때문이다. 그들에게 이 투쟁은 사회에서 여성이 더 나은 지위를 확립하기 위한 개인적인 투쟁이기도 하다. '위안부' 피해자들을 지지하는 대규모 연대의 네트워크를 통해서 일본 여성들은 자신의 위치를 더욱 명확하게 인식하게 된 것이다.

죄책감 씻기

일본에 대한 국제 사회의 압력은 커졌고, 일본 정부로서도 더는 감당할 수 없었다. 전 세계적으로 이것이 여성에 대한 매우 심각한 전쟁범죄라는 인식이 생겼다. 유엔과 국제 법률가 위원회와 같은 주요 단체들이 일본의 태도를 비난하고 배상 조치를 촉구했다.

1994년경 일본 국내에서도 정부에 대한 압력이 커졌다. 그것은 그 해 자민당이 선거에서 패배한 원인 중 하나이기도 했다. 6월에 일본 사회당 무라야마 의원이 총리로 선출되었다. 그는 유권자들에게 과거 일본군 '위안부' 피해자들의 배상 요구를 한 번에 영구적으로 해결하겠다고 약속했다. 그러나 보수 세력의 정치적 영향력으로 인해 약속에 대한 책임을 질 수 없었고 법적인 배상도 제공할 수 없었다. 그래서 무라야마는 1995년 '아시아 여성 기금(Asian Women's Fund)'을 마련했다. 그것은 일본군 '위안부' 피해자들을 위해 모금하는 민간 차원의 기금이었다. 아시아 여성 기금(AWF)의 가노 도시히로 총재 특별 보좌관은 다음과 같이 말했다. "물론 비판은 항상 있기 마련입니다. 한쪽은 돈을 줄 필요가 없다고 하고, 다른 쪽은 일본 정부가 배상금을 반드시 지급해야 한다고 주장합니다. 이것이 최선의 해결책은 아니지만, 아무것도 하지 않는 것보다는 낫습니다."

아시아 여성 기금은 ''위안부' 피해자 여성들에 대한 국민적 화해의 마음을 표현하기 위한 것'이었다. 가노 특별 보좌관은 말했다. "정부 간의 배상 문제가 해결된다고 하더라도, 피해자들은 50년이 지난 지금도 여전히 상처를 안고 살아가고 있습니다. 이 돈은 그들의 슬픔을 위로하고, 조금이나마 편안한 삶을 드리기 위한 것입니다. 그들은 모두 연로한 노인들입니다. 그리고 더 이상의 고난은 원하지 않습니다. 더욱이 배상을 위한 투쟁은 앞으로 10년, 20년, 심지어 30년이 걸릴 수 있습니다."

기금은 대부분 개인 기부금으로 마련되었으나, 모금 금액은 예상보다 적었다. 심지어 여성들을 이용했던 퇴역 군인들도 그들의 연금에서 일부를 보냈다. 일본 정부는 기금에 9백만 길더(약 430만 유로)를 출연하였다. 정부 자금은 명시적으로 개인을 위한 것이 아니라, 경비 충당이나 원조 프로젝트에 쓰일 목적이라고 밝혔으며, 무엇보다 일본군에 의해 태어난 필리핀인들을 위한 자금이 포함되어 있었다. 기업에서도 모금이 이루어졌지만, 기금에 대한 기업들의 비판 때문에 여기서도 모금액은 기대에 미치지 못했다. 일본 국민들은 메시지도 함께 보낼 수 있었다. 일부 퇴역 군인들은 '감사와 존경'의 표시로 기부금을 보낸다고 말했다. 하지만 아시아 '위안부' 피해자 문제는 여성 기금으로써 해결된 것이 아니라, 여전히 일본 정부 차원의 배상이 이루어져야 한다는 여러 반응이 눈에 띄었다.

피해자들과 시민 단체들 또한 그렇게 생각했다. 그들은 아시아 여성 기금에 대한 분노를 표출했다. 그들은 일본 정부가 국제적인 압박에서 벗어나기 위한 교묘한 전략으로 아시아 여성 기금을 활용하고 있다고 생각한다. 이로써 일본 정부는 법적 책임을 회피하고 있으며, 무엇보다 책임과 범죄가 일본 국민에게로 전가된다. 기자인 가와다 후미코는 "아시아 여성 기금 때문에 일본 정부와 반대 단체들의 활동이 이제 덜 적극적입니다. 동력이 떨어진 거죠."라고 말했다.

일본 정부 출연금을 제외한 기금은 한국, 대만 그리고 필리핀의 '위안부' 피해자에게 가며, 하시모토 총리의 '깊은 반성'이 담긴 서신과 함께 보내진다. 등록된 여성들만 1인당 약 34,000길더(약 16,000유로) 정도를 신청할 수 있다. 1998년에 약 80명의 여성이 그 돈을 수령했다. 주로 필리핀 여성들이었다. 가노 특별 보좌관의 말에 따르면 현재 세 나라에서 150명의 여성이 그 돈을 받았다. 그는 기금 수령을 반대하는 시민 사회 단체들로부터 피해자 여성을 보호하기 위하여 출신 국가와 이름을 밝히지 않았다. 중국과 말레이시아 출신 '위안부' 피해자 여성을 위한 지원은 존재하지 않는다. 가노 특별 보좌관은 "우리는 오직 정부를 통해서만 일을 합니다. 그 나라들과는 체결된 협정이 없습니다. 그 나라들은 이 문제가 해결되었다고 생각합니다."고 말했다.

아시아 여성 기금은 네덜란드 그리고 인도네시아와 협력하고 있다. 두 나라 모두 등록 시스템이 없어서 개인은 배상을 받을 수 없다. 그래서 다른 해결책을 모색했다. 1998년 7월, '네덜란드 프로젝트 집행 위원회(Project Implemen- tatie Comité Nederland, PICN)'라는 재단이 설립되었다. 이 집행 위원회에는 특히 '일본의 도의적 책임을 묻는 재단(Stichting Japanse Ereschulden, SJE)' 등이 대표로 참가하는데, 이들은 아시아 여성 기금에 대해 '이것은 자선이지, 동등한 태도가 아니다'라고 평가하며, 피해 배상에 대한 해결책으로 기금을 수용하는 것을 거부하기도 했다.

네덜란드 프로젝트 집행 위원회(PICN)는 아시아 여성 기금 명의로 네덜란드 '위안부' 피해자 여성을 위한 복지 프로그램을 마련했다. 네덜란드 프로젝트 집행 위원회는 이를 위해 2억엔(410만 길더, 약 190만 유로)를 받았다. 그러나 네덜란드 정부가 1956년 일본과 체결한 스티커-요시다 협정에서 네덜란드는 추가적인 피해 배상을 청구하지 않기로 합의했기 때문에, 네덜란드 피해자 여성들은 그 배상금을 현금으로는 받지 못한다. 그래서 네덜란드 피해자 여성들은 받을 돈의 사용처를 미리 알려야 한다. 그것은 자동차를 구매하거나, 멀리 있는 가족 방문을 위한 여행 경비가 될 수도 있고, 휠체어를 마련하기 위한 비용이 될 수도 있다. 누가 기금에 대한 청구권이 있는지는 네덜란드 집행 위원회(PICN)가 결정하기로 했다. 이에 엘런 판 데어 플룩은 분노했다. "돈의 사용처를 기입해야 하는 신청서를 받았어요. 그건 일본 기금이 알 바가 아니지요. 저는 곧바로 모두 돌려보냈어요. 제가 겪은 그 모든 고통 끝에, 이러한 사생활 침해는 부당하다고 생각됩니다."[2]

현재까지 네덜란드인 74명이 그 제안을 받아들였다.[3] 그들 중에는 성적으로 학대받은 남성 두 명도 포함되어 있었다. 이것은 아시아 국가들에 비해 상당히 많은 숫자다. 지금까지 알려진 바로는 오직 엘렌 판 데어 플룩과 얀 루프 오헤른, 그리고 다른 두 명의 여성만이 신념에 따라 그 기부금을 거부하였다. 얀은 언론에 네덜란드 여성들이 돈을 받으면 안 된다고 말했다. 네덜란드 여성들은 네덜란드에서 비교적 여유로운 삶을 살고 있기 때문이다. 한국의 윤정옥 교수는 이렇게 말했다. "네덜란드 여성들은 그 돈이 어떤 돈인지 잘 모르고 있다는 생각이 듭니다. 일본이 말하지 않기 때문이지요. 돈을 받으면 그 사람은 피해자로서 모든 권리를 포기하는 겁니다. 그 돈은 일본이 사과하지 않고 피해자는 자신의 권리를 포기한다는 조건으로 주는 겁니다."

인도네시아에서는 정부와의 협약으로 인해 여성들 개인에게는 단 한 푼의 돈도 지급되지 못한다. 많은 피해자가 실망했다. 인도네시아 정부는 2만 명이 넘는 피해자 여성의 사실 관계를 증명해야 한다. 지금은 일본군이 머물던 지역에 양로원 50곳이 건립 중이다. 강제로 동원된 일본군 '위안부'였다고 주장하는 피해자들은 그러한 양로원에 방을 배정받을 때 우선권을 가진다. 인도네시아의 문제는 손해 배상에 대한 뉴스가 나간 후 수많은 여성이 한꺼번에 신청을 한 데 있다. 그들의 이야기가 항상 설득력이 있는 것은 아니었다.

특히 대만과 한국은 그 기금에 대하여 강력하게 반대했다. 과거 일본의 식민지였던 두 나라는 국민감정이 큰 역할을 했고, 또 피해자 여성들이 국가적인 영웅으로 여겨지는 곳이다. 한국에서는 7명의 여성이 그 돈을 받았다. 대만에서는 처음에 단 한 명도 받지 않았다. 한국 정부는 일본이 아시아 여성 기금의 대표단을 관광 비자로 몰래 한국에 보내 여성들에게 전화하고, 그들을 방문해 돈을 받아들이도록 설득한 문제로 일본과 갈등을 빚었다. 가난한 '위안부' 피해자 여성들은 혼란 속에서 돈을 받아들였다. 한국 정부는 일본에 그러한 일을 즉시 중단하라고 촉구했으나 실행되지 않았다. 아시아 여성 기금의 대표 한 명은 한국 입국이 거부되었다.

한국의 40개의 시민 단체 연합은 '위안부' 피해자 여성들이 아시아 여성 기금의 돈을 받지 않아도 되도록, 피해자들에게 지급되는 빈

약한 생활 보조금을 인상해 줄 것을 한국 정부에 요구했다. 한국 정부는 1997년 1월부터 피해자 여성에게 지급되는 생활 보조금을 두 배 인상했다.** 반년 후, 한국은 모든 피해자 여성에게 약 55,000길더(26,000유로)를 보조금으로 지급했다. 시민 단체들도 생존 할머니들을 위해 직접 돈을 모았다. 피해자 여성들은 이와 함께 아시아 여성기금에서 나오는 돈을 받지 않겠다는 서약서에 서명했다.

이미 돈을 받은 7명의 피해자 여성은 제외되었다. 이것은 그들에게 큰 타격이었을 것이다. 일본 작가 가와다 후미코는 그들이 이중적인 차별을 받고 있다고 했다. "사람들은 그들을 한편으로는 일본의 동조자로 간주하고, 다른 한편으로는 다시 돈을 받은 매춘부로 간주합니다." 피해자 여성들이 이번에는 한국과 대만의 시민 단체들에 의해서 침묵을 강요당했다고 일본의 비평가들은 주장한다. 비록 법률적인 배상과 동일하지는 않더라도, 피해자 여성들이 그 돈을 받기 원하는지 아닌지를 직접 결정할 권리를 가져야 한다고 그들은 생각한다.

대부분의 피해자 여성들은 그 돈을 모욕으로 간주한다. 그들은 여러 번 명예를 잃을 위기를 겪었다. 정부는 처음에 그들을 매춘부로 만들려고 했고, 지금은 거지로 만들려 한다. 그들이 원하는 것은 동정이나 자선이 아니라, 존중이다. 그들은 정의를 원하고, 자신의 명예와 존엄성이 회복되길 원한다. 돈은 그 과정에서 상징적인 것에 불과하다. "우리는 거지가 아닙니다." 정서운 할머니가 말한다. "그들이 내 손에 돈을 쥐여줘도 그 돈을 찢어버릴 거예요. 그래서 저와 같은 처지에 있다가 전쟁 중에 병사하고 총상으로 사망한 여성들이 무덤에서 돌아눕는 일이 없도록 하겠습니다." 피해자 여성들과 함께 일본 국회 앞에서 아시아 여성 기금에 반대하는 시위를 벌인 강순애 할머니는 "우리는 구걸하는 것이 아니고 정당한 금전적 피해 배상을 원하는 거예요."라고 말한다. 한국정신대문제대책협의회 윤정옥 교수는 이렇게 지적한다. "피해자들을 자선으로 유혹하지 말고, 그 돈으로 제대로 된 전쟁 박물관을 세우고, 교과서를 수정하고, 젊은 세대에게 사실을 알려야 합니다. 그 돈은 단지 가해자들이 자신을 위로하는 수단에 불과합니다."

그럼에도 불구하고 할머니들은 빈곤한 형편 속에서 양심의 딜레마에 직면해 있다. 몇몇 할머니들은 실제로 아시아 여성 기금의 돈을 의료 비용과 빚을 갚기 위해 받았다. 그들은 종종 자신의 나이에 일본에 기대할 것이 더 이상 없다고 생각하고 그냥 돈을 받는다. 필리핀에서는 많은 '위안부' 피해자들이 가정을 이루고 살고 있다. 그들은 자손이 그 돈으로 무엇인가를 할 수 있다면 기쁘게 생각한다. 심지어 필리핀의 잘 알려진 롤라 로사는 사망하기 일 년 전 돈을 제안받고 매우 기뻐했다. 그녀는 돈을 받은 몇 안 되는 사람 중 한 명이었다. "제가 불가능하다고 생각한 꿈이 실현되었습니다." 다른 필리핀 여성 다섯 명은 하시모토 총리의 사과 편지를 되돌려 보냈다. 그 편지가 총리의 개인적인 감정을 나타낸 것일지는 모르지만, 정부의 입장은 분명히 아니었기 때문이었다. 한 필리핀 여성은 자신과 같은 운명을 가진 여성들에게 함께 싸우겠다고 말했다. "저는 부끄럽지 않습니다. 당신들이 저에게 화를 내더라도 저는 당신들의 싸움에 동참할 것입니다. 당신들은 저를 쫓아낼 수 없습니다. 당신들과 끝까지 싸울 것입니다."

일본군 '위안부' 피해자들이 돈을 받음으로써 그들 간의 상호 연대에 금이 갔다. 필리핀에서 처음으로 여성들이 돈을 받았을 때, 한국의 시위자들은 그 사실을 유감스럽게 생각한다고 분명히 밝혔다. 필리핀의 초창기 저항 운동은 현재 두 그룹으로 나뉘어 서로 적대적인 관계에 있다. 분리된 그룹인 '말라야 롤라스 (Malaya Lolas)'는 아시아 여성 기금을 전적으로 반대한다. 초창기 조직이었던 '릴라 필리피나(LILA-Pilipina)'는 현실적이다. 그들은 아시아 여성 기금에 반대하지만, 피해자 여성들의 빈곤한 형편을 고려하여 그들의 개인적인 결정을 존중한다.

네덜란드 정부는 무엇을 하는가?

네덜란드 외무부는 1998년 7월 15일 '감사한 마음으로' 아시아 여성 기금(AWF)과 네덜란드의 협력 파트너인 프로젝트 집행위원회(PICN)가 서로 논의한 사실을 접했다고 발표했다. "이 협력은 거의 400년간 우호적인 인연을 맺고 있는 일본과의 관계에서, 우리가 직면한 어려운 문제를 해결하기 위한 중요한 진전입니다"라고 말했다.

이러한 반응에서 네덜란드와 같은 정부가 직면한 딜레마를 볼 수 있다. 한편으로는 인권 문제가 중요하지만, 다른 한편으로 외교 관계와 무역도 중요하다. 일본은 네덜란드에게 중요한 무역 파트너다. 영국에 이어 네덜란드는 일본이 가장 많이 투자하는 EU국가이다.

강하게 투쟁하는 네덜란드 '위안부' 피해자들은 네덜란드 정부의 태도에 거세게 반발했다. 그동안 네덜란드의 조치는 너무 미미했고, 상업적 이익 때문에 동인도-네덜란드인들을 팔아넘겼다고 생각한다. 얀 루프 오헤른이 도쿄에서 열린 전쟁 피해자 국제 공청회에 참석하고 호주로 돌아왔을 때, 그녀는 공식 기관들과 호주 정부로부터 즉각적인 위로를 받았다. 그러나 네덜란드 정부는 철저히 침묵했다. 일본의 도의적 책임을 묻는 재단(SJE)의 회장은 네덜란드의 소극적 태도를 지적했다. 1990년에 전쟁 피해자들이 설립한 이 재단은 진정한 지원을 받지 못하고 버림을 받은 것 같다고 말했다. "네덜란드 정부는 조용한 외교를 하고 있다고 말합니다. 그러나 그 많은 세월이 지난 지금에도 저는 그것이 무슨 뜻인지 모르겠습니다."

언제나 투쟁심에 불타는 엘런 판 데어 플룩은 네덜란드 정부의 태도를 비판했다. "우리는 네덜란드 외무부의 코이만스 장관의 초대를 받은 적이 있습니다. 그는 인권의 수호자였어요. 저는 아직도 그가 무능한 사람들에게 둘러싸여 앉아 있는 모습이 눈이 선합니다. 우리는 외무부로부터 아무런 소식을 듣지 못해 매우 유감이라고 말했습니다. 그는 '도덕적으로 당신들을 응원하지만, 법률적으로는 할 수 있는 게 아무것도 없습니다.'라고 말했죠. 저는 땅속으로 꺼지는 것 같았어요.

'다시 한번 노력해 보겠습니다.'라는 말은 한마디도 듣지 못했습니다.[4]

1956년 체결된 스티커-요시다 의정서와 함께 네덜란드 정부의 법적 청구권은 사라졌다. 따라서 네덜란드 정부는 '위안부' 피해자의 고통을 일본 당국에 강조하는 것, 즉 '조용한 외교' 이외에는 다른 것을 할 수 없다. 1994년 강제 동원 일본군 '위안부'에 대한 네덜란드 보고서를 둘러싼 국회 토론 중 노동당(PvdA) 국회의원 미덜은 코이만스 외무부 장관이 일본에 너무 공손했다고 비난하였다. 코이만스 장관은 일본 정부와 여론에서는 제2차 세계 대전 중 일본의 역할에 대해 비판적인 목소리가 거세지고 있는 상황이기에 조심스럽게 접근해야 했다고 말했다. 불 난 집에 부채질하는 건 오히려 역효과를 불러일으킬 것이라고 덧붙였다.

네덜란드 국회는 외무부 장관에게 일본이 책임을 인정하고, 네덜란드뿐만 아니라 아시아 피해자들을 위해 피해 배상을 하도록 조처할 것을 만장일치로 요구했다. 이어서 국회의장 데이트만은 일본 국회에 네덜란드 국회 이름으로 정중하지만 강력한 메시지의 편지를 보냈다. 그는 편지에서 일본이 전쟁 중 일으킨 잘못을 인정해야 한다는 당위성을 강조하고 적절한 피해 배상을 긴급히 요구했다. 그 결과 일본에서는 이 문제를 다시 논의하기 시작했다.

2000년 일본의 도의적 책임을 묻는 재단은 네덜란드 정부를 긍정적으로 평가하고 있다. 이 재단의 안너리트 더 페이퍼는 "우리는 외무부가 지난 몇 년과는 달리 우리 문제에 대해 상당한 관심을 보인다는 인상을 받았습니다. 우리는 여러 차례 판 아르선 외무부 장관과 대화를 가졌습니다. 일본과의 협상이 실제로 결실을 거둘지는 아직 두고 봐야 합니다. 그러나 우리는 조용히 희망을 품고 있습니다. 우리는 네덜란드 정부가 더 적극적으로 대응해야 한다고 판단합니다. 전쟁 피해자의 나이가 계속 높아지고 있으며 많은 분이 그사이 돌아가셨습니다."

한편으로, '일본의 도의적 책임을 묻는 재단'에 의하면 네덜란드 정부는 전쟁 피해자를 위한 법률(WUV 또는 WUBO) 중 하나를 인정함에 있어서 실수를 범하고 있다. 정부는 누군가의 트라우마가 지원금을 신청하는 시점에 시작된다고 생각한다. "어떤 사람이 명예를 중요하게 생각하다가 늦은 시점에 신청하면, 입증 책임 전환의 법칙을 적용받지 못합니다. 법은 신청자가 그 시점 이전에는 트라우마를 겪지 않았다고 명시하고 있습니다. 누구나 강제 동원된 '위안부' 피해자에게 트라우마는 강제 매춘이 일어난 순간 시작되었다고 이해할 것입니다."

엘런 판 데어 플룩의 의견에는 변함이 없어 보인다. 그녀에 따르면 네덜란드 정부도 일본의 '위안부' 사건을 은폐하는 공범이다. 네덜란드 정부는 네덜란드령 동인도에 살던 국민을 항상 외면해 왔다. "저는 고위 관리들을 더 이상 신뢰하지 않아요. 가능성이 작다고 봐요. 네덜란드 정부가 지금 한 일이 무엇이죠? 저는 웃을 뿐입니다. 계속해서

비리가 나오고 있지요. 이제는 IRT-사건(네덜란드 마약 수사와 관련된 경찰의 부패 스캔들)이 터졌어요. 저는 그들에 대한 존경심이 없어졌습니다."

일본군의 핏줄

일부 네덜란드인들은 그들의 어머니만큼이나 강한 낙인을 경험한다. 그들은 일본군과 네덜란드인 혹은 인도네시아인 어머니 사이에서 태어난 자녀들로서 전쟁 후 네덜란드로 이주한 사람들이다. 그들은 어머니가 적군과 내통했다고 여겨지는 아들딸이다. 이들은 네덜란드 나치 협력자(NSB)의 자녀와도 비교된다. 이들은 이제 55세 정도 되었고, 일본인과 같은 눈 모양으로 분명히 구별된다. 그들은 일본인이냐고 묻는 사람들에게 중국인이라고 대답한다. 누가 '적군의 자식이자 '위안부'의 자식'으로 불리길 원할까? 그들은 잘못된 부모의 아이들로 여겨진다. 그러나 뭐가 그리도 잘못되었다는 것일까? 소위 '일본인 아이들'은 강압에 의한 관계, 즉 강제 매춘이나 강간에 의해 태어났다. 일부 여성들은 일본군 '위안부'로 일하거나 포로수용소에서 굶어 죽는 것보다는 차라리 적군 남성과 관계를 맺었다. 사랑의 감정도 생겨났다.

그러한 여성들은 대부분 이미 결혼을 한 상태였고 아이들도 있었다. "저의 어머니는 살아남기 위해 일본군과 관계를 맺었습니다."라고 리처드 폴크만은 말했다. 그는 80년대에 최초로 자신의 출생 비밀을 익명으로 공개한 일본인 아이들 중 한 명이다. "어머니는 수용소에 있었고, 그녀의 남편은 감옥에 있었어요. 어머니는 먹여 살려야 하는 두 아이가 있었고, 일본 군인들이 어머니를 구타했습니다. 저의 일본인 아버지는 그런 일이 다시는 일어나지 않게 해 주었습니다. 그는 어머니에게 일종의 특권과 먹을 것을 주었습니다." 리처드의 아버지는 어느 날 갓 태어난 아들을 보고 돌아가는 길에 자바인들에 의해 살해 당했다.

전쟁이 끝나고 모든 일본인과의 관계는 끊어졌다. 소수의 유라시안 여성과 인도네시아 여성만이 일본으로 함께 따라갔다. 많은 유라시안 어머니와 네덜란드인 어머니는 네덜란드로 이주해 왔다. 기혼 여성의 경우, 결혼은 대부분 실패로 끝났다. 일본군과 관계를 갖고 그 결과로 일본군의 아이를 얻은 경우, 배우자는 그 현실을 정신적으로 극복할 수 없었다. 그들은 일본의 모든 것에 대한 깊은 증오심으로 불탔다. 때로는 여성들이 아이들을 버리거나 부유한 중국인들에게 팔기도 했다. 그래서 그 아이들은 자신이 누구인지 전혀 모른다. 다른 아이들, 주로 남자아이들은 아버지들이 일본으로 데려갔다. 인도네시아에서는 어머니들을 대신해 변호사들이 아직도 그 아이들을 찾고 있다. 인도네시아에서는 '일본군 아이들'이라는 주제가 일반적으로 그렇게 부정적이지만은 않다. "인도네시아와 비교할 때 우리는 네덜란드에서 천민 취급을 받고 있습니다."라고 클라우디너 메이어는 말한다.

클라우디너의 어머니는 일본인 남성과의 관계 덕분에 '위안부' 신세에서 벗어날 수 있었던 여성이었다. 그녀는 17세 때 다른 6명의 소녀와 함께 불려갔다. 장교였던 클라우디너의 일본인 아버지는 여성들이 위안소에 보내질 거라는 소식을 들었다. 그는 클라우디너의 어머니가 숨을 수 있도록 도왔다. "그는 나중에 어머니를 저의 외할머니에게 데려다주었어요. 그리고 그는 3년 동안 어머니를 찾아왔습니다. 어머니는 그를 항상 칭찬했어요. 하지만 저는 그것을 조용한 강요라고 부르고 싶어요. 어머니가 위안소에 끌려갈 필요가 없었다면, 어머니의 인생이 달라졌겠지요."

네덜란드에는 일본 군인을 아버지로 둔 자녀들이 8천 명 정도 살고 있다. 그들은 대부분 증오심과 복수심에 불타는 의붓아버지가 있는 가정에서 자랐고, 그런 의붓아버지는 이복형제자매들을 더 예뻐했다. 이러한 아픔을 가진 가정은 고통 속에서 무너져 내렸다. 이 아이들은 오랫동안 주변의 질책과 모욕에 대한 두려움 때문에 숨을 죽이며 살았다. "예전에는 출생에 대해 밝히는 것이 어려웠습니다." 리처드 폴크만은 말한다. 그의 성 폴크만은 전쟁 후 출신을 감추기 위해 인도네시아의 한 가난한 독일인에게 돈을 주고 산 것이다. "우리 아이들은 그것이 어머니들에게 어떤 영향을 미쳤는지 보았습니다. 차라리 익명으로 살았으면 더 나았겠죠. 경력이나 신분을 위해서요. 우리의 과거를 언급하는 것은 금기였습니다."

일부 자녀들은 최근까지도 아버지가 일본인이라는 것을 몰랐다. 예를 들어, 나니 헤레선이 그렇다. 그녀의 출생은 드라마로 가득한 인생의 시작이었다. 그녀 역시 일본인 아버지의 존재를 몰랐고, 최근까지 자신의 과거에 대해 전혀 알지 못했다. 그녀의 어머니는 그녀가 인도네시아인의 딸이라고 항상 믿게 했다. 나니의 아들이 1992년 학교 과제로 가계도를 만들어야 했을 때까지는 그렇게 믿고 살았다. 나니의 아들은 알 수 없는 가계도의 한 부분을 발견했다. 가족들은 아무 말이 없었고 계보가 맞지 않았다. 그녀의 아들은 계속 파고들었고, 자신의 어머니의 친부가 일본인이었다는 것을 알았다. 나니에게는 하늘이 무너지는 것 같았다. 그녀의 아버지는 적군이었고, 어머니는 나라를 배신한 친일 협조자였다.

그녀의 어머니가 가졌던 당혹감은 컸을 것이다. 너무나 큰 나머지 그녀는 나니에게 실제 출생일을 숨기고, 마치 그녀가 존재하지 않는 것처럼 호적 신고를 하지 않았다. 나니는 공식적으로 1945년 2월 22일생이다. 그러나 나니는 자기 나이가 더 많을 것으로 추측한다. 왜냐면 수용소에서 그녀의 어머니가 유아 시절 나니와 어린 남동생과 함께 있는 것을 본 사람들이 있었기 때문이다. 그곳에서 어머니는 모든 사람에게 이 아이들은 중국계 조카라고 소개했다.

전쟁이 끝난 후 나니의 어머니는 인도네시아에 머물렀다. 그녀는 네덜란드 공무원과 사귀었다. 그는 일본군에 의해 버마 철도 공사에 강제 동원되어 노동을 했기 때문에 원한으로 가득 찬 남자였다. 그는 기혼자였으나, 나니의 어머니는 그와의 사이에서 다른 세 명의 자녀를 출산했다. 그들은 1958년 네덜란드로 왔다. 나니의 계부는 일본인에 대한 깊은 혐오를 품고 있었고, 아이들을 엄격한 반일 정서로 양육했다. 그는 친자식을 더 예뻐했고, 의붓자식은 학대하였다. 8살이던 나니의 남동생이 어느 날 늦게 집에 들어왔을 때, 아버지는 어린 동생에게 일본군이 포로들에게 시켰던 '쪼그려 뛰기'를 쓰러질 때까지 강요했다. 그런 다음 남동생은 발가벗은 채로 광장을 뛰어야 했다. 이웃들은 수치스러운 짓이라고 비난했다.

나니는 남동생보다 더 힘든 시간을 참아야 했다. 그녀는 어릴 때 한 번도 밖에 나가서 놀 수 없었고, 언제나 집안일을 해야 했다. 나중에 계부는 그녀를 성적으로 학대하기 시작했다. 그녀는 15살 때 임신을 했다. 사람들이 유산을 시키려고 했으나 결국 아이를 출산했다. 부모의 뜻에 따라 그녀는 딸을 포기할 수밖에 없었다. "아동 보호란 것이 보호하는 건 도대체 누구란 말인가?" 그녀는 계속해서 자문해 보았다. 나니는 보호를 전혀 받지 못했다. 나니는 어머니와 더 이상 연락하지 않는다. "저의 어머니와 이복오빠는 제가 계부를 그렇게 하도록 내버려 두었다고 비난했어요." 어머니는 그녀의 생물학적 아버지에 대해 아무런 정보도, 이름조차도 말해 주지 않는다.

또 다른 충격은 1995년에 찾아왔다. 나니가 정신적으로 지쳐 있던 그때, '센터45'에 심리 지원을 신청했다. 그녀는 불친절하고 사무적인 답장을 받았다. 그 편지의 내용은 '잘못된 부모'의 자녀들은 도움을 받을 자격이 없다는 것이었다. 진정한 피해자들이 '적'의 자녀와 직면하는 것을 견딜 수 없을 거라는 이야기였다. 그녀는 마치 자기가 제2차 세계 대전을 일으킨 것 같은 느낌을 받았다. 나니는 현재 전쟁 중에 태어난 모든 아이를 위한 대화 모임인 '콤비'에서 도움을 얻고 있다. 그곳에는 과거 네덜란드의 친독일 협력자들(NSB)과 독일인 자녀들도 참여할 수 있다. 그녀의 경우 그 어떤 지원 카테고리에도 속하지 않기 때문에, 도움을 받는 데 지불한 비용은 보상받지 못한다. 또한, 그녀는 '지역정신건강관리기관(RIAGG)'의 무료 치료도 받을 수가 없는데, 이 정신과 보건 기관이 이 특별한 사례의 환자를 도울 방법을 모르기 때문이다.

리차드, 클라우디너, 나니와 같이 전쟁 중에 태어난 사람들은 처음에는 자신의 과거와 함께 살아갈 수 있는 것처럼 보였다. 그들은 자녀를 성장시켰고, 바쁜 가정생활을 하며 경력을 쌓았다. 40세까지는 말이다. 그 무렵 그들은 자신을 위한 시간을 가지게 되었고, 머릿속에서 과거에 대한 궁금증이 움트기 시작했다. 그들은 자신의 정체성을 찾고 싶었다. 그러나 절반밖에는 알 길이 없었다. 이러한 배경에서 1985년 여러 일간지에 작은 광고 하나가 실린 것은 놀라운 일이 아니었다. "우리와 같은 인도네시아-일본계 네덜란드인과 연락하고 싶습니다." 광고에는 전화번호 없이 사서함 번호만 있었다. '일본의 뿌리(Japanese Roots)'라는 모임이 탄생했다. 인도네시아-일본계 자녀들은 그들의 출생 비밀을 나누기 위하여 서로를 찾았다. 그리고 그 단계에서 가장 중요한 목표는 각자의 경험을 교환하고, 서로에게 힘이 되어주는 것이었다. 그 모임은 작은 규모였고, 나중에 '사쿠라 재단'으로 이름을 바꾸었을 때도 초기 회원은 겨우 30명에 불과했다. 현재 회원은 150명이다.

모임의 성격도 바뀌었다. '일본의 뿌리' 모임은 주로 만남의 장소였다면, '사쿠라 재단'은 회원들에게 쉼터와 치료를 제공하고, 전쟁 피해자로서 지위를 인정받기 위해 노력하고 있다. 더욱이 이 재단은 전쟁 피해자를 위한 생활 보조금 지급을 위한 중재를 담당한다. 이들에 대한 인정이 절실히 필요하다. 네덜란드에서는 주로 유대인 희생자와 친독일 협력자의 후손들에게 관심이 집중되고 있다. 일본군 자녀들은 잊히고 심각한 피해를 본 집단이다. "우리가 겪은 일을 극복하는 데는 분명 두 세대는 걸릴 겁니다." 리차드 폴크만은 말했다. "우리의 자녀들은 정체성을 드러낼 수 없는 그 억압감에서 비롯되는 불안감과 불신감을 물려받게 될 겁니다."

"나는 도대체 누구일까?"라는 질문은 많은 일본인 자녀들을 무의식적으로 괴롭혔다. 많은 사람이 결국 사쿠라 재단에 전화를 해서 도움을 청하는 이유이다. 어떤 사람들은 아버지를 찾기 위한 조사를 시작했다. 물론 언제나 쉬운 일은 아니었다. 일본인들은 종종 그들이 돈을 원하는 것인지 물어보았으나, 그들이 원하는 건 보상이나 유산이 아니었다. 어떤 이들은 일본과 인도네시아로 직접 떠나, 일본 신문에 광고를 싣고, 일본 퇴역 군인 단체들과 접촉했다. 몇몇은 운이 좋았다. 하지만 대부분은 냉담한 반응에 직면했다.

몰리 피서는 운이 좋은 사람이다. 그녀는 텔레비전 프로그램 〈스포르로스〉를 통해 아버지를 찾을 수 있었다. 카메라팀이 그녀의 아버지 집에 들어갔을 때, 그는 놀라서 딸의 존재를 부정했다. 시간이 지나 1995년, 몰리는 아버지가 살고 있던 지역의 주지사와 친분이 있던 일본어 선생님을 통해 결국 그를 다시 만났다. 몰리는 그를 호텔에서 비밀리에 만났다. 그의 가족이 몰리의 존재를 알면 안 되었기 때문이다. 그는 아직도 약간의 인도네시아어를 할 줄 아는 친절한 노인이었고, 그들은 어느 정도 대화를 나눌 수 있었다. 그는 몰리와 그녀의 어머니를 인도네시아에 두고 온 사실 때문에 고통을 겪었다고 말했다. 일본인인 그는 자신의 나라를 떠날 수 없었지만, 3년간 몰리의 어머니를 기다렸다. 그는 그녀를 정말 사랑했었다.

그는 이제 가끔 공중전화로 몰리에게 전화를 건다. 그녀는 아버지를 다시 만나고 싶지만, 아버지는 점점 걷는 것이 힘들어지고 있고, 그렇다고 그녀는 아버지의 집을 방문할 수가 없다. 그녀는 한 가정을 망가뜨릴 수는 없다고 생각한다. 몰리의 아버지처럼 많은 일본인 아버지들은 자녀를 다시 만나게 되면 기뻐할 것이다. 그들 또한 전쟁의 희생자다.

세계의 다른 국가들은 무엇을 하는가?

세계는 강제 동원 일본군 '위안부' 제도를 알고 있었지만, 지난 오랜 세월 동안 침묵했다. 그리고 그 문제가 공론화되었을 때도 국가들 대부분은 침묵 속에 숨어버리거나 '조용한 외교'에서 해답을 찾았다.

다른 방법이 없었을지도 모른다. 일본은 막강한 경제력을 지니고 있고, 피해자들의 말에 의하면 이것은 군사력을 대체할 수단이 되었다. 일본의 네온사인 광고는 전 세계에서 반짝이고 있다. 일본은 아시아 국가 중 유일하게 G7의 회원국이며, 여러 아시아 국가들은 일본의 개발 원조에 의존하고 있다. 일본은 정치적 로비 활동에 많은 돈을 투자하고 있으며, 특히 지난 10여 년간 세계에서 더 많은 정치적, 군사적 영향력을 추구해 왔다. 이는 다른 아시아 국가들이 소스라치게 놀랄 정도다. 그러는 동안 세월이 흘러 2000년이 되었지만, 일본의 인권에 대한 이해력은 50년 뒤처져 있는 듯 보인다. 일본 내 한국인 단체의 대변인은 일본 정부가 '위안부' 문제를 다루는 방식이 인권 문제에 대한 감수성을 측정하는 잣대라고 말한다.

돈이 무기로서 얼마나 강력한가는 말레이시아에서 확인할 수 있다. 집권당(UMNO)의 청년 단체는 그 주제를 상정하기 위해 보고서를 작성했다. 말레이시아 정부는 그 보고서를 검열하였고, 이제 막 시작된 일본군 '위안부' 제도 비판 운동을 억압했다. 아시아 여성 운동 단체(VAWW-NET)의 일본 대변인에 의하면 일본 대사관이 말레이시아에 압력을 행사했다. 말레이시아는 일본과의 무역 및 일본의 투자에 의존하고 있다. 말레이시아는 동방 정책('Look East Policy')에 따라 인권보다 명백히 무역의 이익을 우선시한다.

다른 독재국가에서도 상황은 다르지 않다. 중국에서는 정부가 중국인 일본군 '위안부' 피해자들의 입을 막고 있고, 중요한 역사적 문서를 공개하지 않는다. 천황 아키히토가 1990년대 초 중국을 방문했을 때, 중국 당국은 불미스러운 사고를 방지하기 위해, '위안부' 피해자를 위한 운동 단체의 리더를 베이징에서 추방했다. 가혹한 독재자의 통치로 신음하고 있는 버마에서는 아직 아무런 움직임도 일어나지 않고 있다. 버마 국민은 그들의 인권 투쟁을 성공적으로 마무리 짓는 데 집중하고 있다. 인도네시아에서는 강제 동원 피해자를 위한 한 인권 단체가 1992년 인도네시아 정부에 이 문제를 거론하였다. 인도네시아 정부는 귀를 기울이지 않았고, 잊고 싶다는 의사를 여러 차례 피력했다. 인도네시아가 일본으로부터 받는 원조를 고려할 때 그 이유는 이해할 만하다. 현재 민주화가 다시 확대되고 있으므로 앞으로 인도네시아 정부가 일본군 '위안부' 피해자들에게 더 많은 지원을 하게 될 가능성은 남아 있다.

제2차 세계 대전 당시 일본에 의해 가장 큰 피해를 입은 민주주의 국가들은 딜레마에 직면해 있다. 한국과 필리핀은 경제적으로 일본과 좋은 유대 관계를 유지하고 싶어 하지만, 일본에 대한 국민의 적대 감정 또한 크다. 일본군 '위안부' 피해자 편에 서는 것이 정치적으로 유리하기도 하다. 그래서 한국은 1993년 모든 일본군 '위안부' 피해자에게 매월 15만 원, 일시금 500만 원을 지급하는 법을 제정했다. 그들은 무료 의료 보험의 혜택과 저렴한 주택을 구매할 경우 우선권을 받았다. 그러나 김대중 대통령 정부는 정책을 바꾸고 경제 발전을 최우선 과제로 삼았다. 정부는 일본과 '미래지향적 관계'를 선택하고, 협력을 확대하기로 했다. 따라서 정부는 '위안부' 문제를 더 이상 국내외 포럼에서 제기하지 않기로 했다.

필리핀은 일본으로부터 많은 경제 원조를 받는다. 필리핀 정부는 '조용한 외교'를 선택했다. 그러나 필리핀 시민 단체들은 정부가 하는 일이 너무 적다고 말한다. 개발도상국 필리핀은 한국처럼 직접 보상 패키지를 제공할 수 없다. 따라서 시민 단체들은 직접 모든 종류의 모금 운동을 벌였는데, 그 예로, 거의 코미디 수준의 '롤라(할머니)를 입양하세요'와 같은 캠페인을 들 수 있다. 일본을 비판하는 유일한 정부는 북한이다. 1999년 8월 북한은 일본에게 '한 세기 동안의 적대 행위에 대해 큰 대가를 치르게 할 것'이라고 위협했다. 이 적대 행위에는 약 20만 명의 강제 동원 '위안부' 피해자 문제도 포함된다고 밝혔다. 북한은 심지어 필요한 경우 로켓도 발사하겠다고 위협했다. 놀라운 것은 근래 미국 역시 일본에 대한 비판적인 입장을 취하고 있다는 것이다. 냉전의 종식이 그 이유 중 하나일 수 있다. 이로 인해 일본은 미국의 정치적 동맹국으로서의 중요도가 줄어들었다고 할 수 있다.

다른 정부들이 유화적 태도를 보이는 것이 문제가 해결되었음을 의미하지는 않는다. 비록 그 정부들이 정치·경제적으로 일본의 손아귀에 있으나, 일본에 대한 반감이나 적의는 남아 있다. 1998년 한국 정부 대변인은 일본이 지난 과거를 인정하고 '자기의 행동을 깊이 뉘우치며 반성할' 때만 좋은 관계가 이루어질 것이라는 성명을 발표했다. 그렇지 않으면 아무리 많은 경제적 원조를 한다고 해도 일본은 이웃 아시아 국가들로부터 신뢰와 존경을 얻을 수 없을 것이다.

개별 정부가 일본에 대하여 유화적인 태도를 취해도 국제 사회는 해를 거듭할수록 일본에 대한 압박을 높여왔다. 1996년 2월 유엔 인권 위원회 특별 조사관 라디카 쿠마라스와미의 보고서가 나왔다. 쿠마라스와미는 일본군 '위안부' 제도가 철저히 국제법을 위반했으며, 따라서 일본은 피해 배상금을 지불해야 한다는 결론을 내렸다. 일본은 즉시 이 스리랑카 출신의 변호사에 대한 비방 캠페인을 벌였다. 이 내용은 외부로 유출된 문서에서 밝혀졌는데, 그 문서의 어조와 의도는 외교적 관습에 완전히 반하는 것이었다. 그녀는 법률가로서 자격이 없고, 참고한 자료도 마찬가지라고 했다. 주제 선정만 봐도 중립적이지 않고 편파적이라는 내용이었다. 일본은 유엔 인권 위원회가 이 '주관적인 결론'을 채택한다면, 위원회는 국제 사회의 신뢰를 잃게 될 것이라며 위협했다. 유엔 총회는 4월에 국제엠네스티 등 국제 기구들의 강력한 지지 속에 쿠마라스와미의 보고서를 채택하였다.

1998년 8월 유엔 인권 위원회는 군대 성 노예 제도에 관한 게이 맥두걸(Gay McDougall)의 최종 보고서를 발표했다. 이 보고서는 '위안부'의 이미지를 '반쪽짜리 매춘부'에서 '군대가 성폭행 캠프에 강제로 가둔 성 노예'로 바로잡는 데 중요한 역할을 했다. 맥두걸은 더 이상 '매춘소'가 아니라 '강간 시설'이라고 말했다. 그녀는 생존자들에게 피해 배상을 제공하기 위해, '일본과 결정 권한을 가진 국제 사회의 지도자들'로 구성된 위원회를 조직해야 한다고 주장하였다. 일본은 이번에도 보고서를 폐기하기 위해 로비를 벌였다. 그러나 이 보고서는 다시 한번 만장일치로 채택되었다.

유엔과 국제 노동 기구(ILO)와 같은 국제기구는 이해관계가 덜 충돌하기 때문에 일본에 압력을 행사할 수 있었다. 그러나 안타깝게도 이 기구들의 권한은 제한적이고, 결의안은 구속력이 없다. 1999년 12월 유엔 인권 위원회는 국제법에 따라 정부는 전쟁 범죄와 군인의 강간에 대한 책임이 있다는 내용의 유엔 결의안을 채택하였다.

세계적인 경제 대국뿐만 아니라 정치 강국이 되고 싶어 하는 지금의 일본에게는 국제 사회의 압력이 상당히 큰 영향력을 발휘할 수 있다. 일본의 철학자 미시마 켄이치는 독일 잡지 『디 자이트』와의 인터뷰에서 다음과 같이 말했다. "오늘날 일본은 유엔 안전 보장 이사회 상임 이사국 자리를 노리며, 세계 정치 무대에서 책임 있는 역할을 하고 싶어 합니다. 그러나 지금까지 정부나 여론, 그 어디에서도 우리 역사의 이 고통스러운 주제에 대해 숙고하거나, 여성에 대한 우리의 태도를 비판적으로 바라보려는 준비가 되어 있지 않습니다. 저는 오직 외국의 압력이 우리를 도울 수 있을 것이라 믿습니다. 그렇지 않으면 일본 정부는 틀림없이 마지막 생존자가 사망할 때까지 기다릴 것입니다."

일본이 극복해야 하는 가장 큰 장애물은 국내 정치의 의지 부족과 여론의 결여이다. 외국의 반응에 민감한 일본에게 국제 사회의 압력은 중요하다. 일본이 서양의 압력에 민감하다는 것은 과거에 여러 차례 입증되었다. 국제 사회는 전쟁 후에 그랬던 것처럼 또다시 이 문제를 모른 채 눈감으면 안 된다.

예술

고난이 있는 곳에는 인간의 고난을 표현하는 예술이 존재한다. 한국인 ''위안부'' 피해자들의 거처인 나눔의 집에서는 설립 이래 할머니들을 위한 치료 방법으로 예술을 활용해 왔다. 할머니들은 대부분 초등 교육을 받지 못했기 때문에 초기에는 자신의 이름조차 쓸 줄 몰랐다. 처음에 할머니들이 그린 그림은 단순한 사물의 묘사에 불과했다. 하지만 시간이 지나면서 그들은 자신의 과거를 그리기 시작했다. 고(故) 강덕경 할머니의 〈빼앗긴 순정〉과 〈내가 머물렀던 위안소〉 그리고 김순덕 할머니의 〈못다 핀 꽃〉과 같은 작품은 이들의 인생을 파괴한 제도에 대한 자신의 시각을 사실적이면서 동시에 상징적인 방법으로 표현해내고 있다.

다른 예술가들도 이 제도의 비극을 예술 작품으로 표현해야 한다는 사명감을 느꼈고, 그 생각을 행동으로 옮겼다. 그렇게 정원철 작가는 3만 개 이상의 지문으로 '위안부'의 초상화를 만들었고, 한국인 여성 3명의 항소심이 열리는 히로시마 고등 법원에 보냈다. 서양의 예술가 앤드루 워드는 〈50년의 침묵〉이라는 전시회를 열었다. 그는 전시회를 위해 한국, 대만, 필리핀에 있는 '위안부' 피해자들의 손을 그렸다. 그 손들은 공장 노동자의 손보다 더 거칠다고 워드는 말한다. 사실 '위안부' 피해자들의 손을 그린다는 이 아이디어는 유엔 평화 단체(IFOR)의 대표인 조나단 시손에게서 나왔다. 시손은 유엔이 '위안부' 문제를 효과적으로 다루지 못하는 데 실망한 인물이다. 그는 유엔이 매년 만 페이지에 달하는 인권 침해 보고서를 출간해 내면서도, 아무것도 바뀌지 않는 것에 분개했다. 그는 워드를 찾아가 '위안부' 문제에 관한 관심을 불러일으킬 새로운 방법을 함께 모색했다.

일본군 '위안부'들의 이야기가 공연 예술에도 스며들고 있다. 말레이시아 뮤지컬 감독 레이몬드 미란다는 브로드웨이 뮤지컬 '미스 사이공'의 출연 배우 3명을 주연으로 '위안부'에 관한 뮤지컬을 제작해서 뉴욕에서 선보일 예정이다. 그는 말레이시아 신문과의 인터뷰에서, "왜 뮤지컬로 이 이야기를 할까요?"라며 자문했다.[5] "전통적인 아시아 문화에서는 이러한 문제를 공개적으로 이야기하지 않기 때문입니다. 하지만 노래와 시로는 바꾸어 얘기할 수 있지요. 이 방법으로 그들의 이야기를 들려줄 수 있습니다."

배상

1999년 11월 25일 도쿄 고등 법원, 이날은 네덜란드 전쟁 피해자들이 일본 정부를 상대로 제기한 소송의 네 번째 공판이 열렸다. '위안부' 측 주요 증인인 엘렌 판 데어 플룩은 4만 길더(18,868유로)를 요구했다. 이는 최대 20만 길더를 요구하는 아시아 지역 원고들에 비해 낮은 금액이었다. 그것은 엘렌 자신이 강제 동원 '위안부'로서 지칭되는 것을 더 이상 원하지 않았기 때문이다. 강제 동원 '위안부'는 범죄의 심각성을 고려했을 때 더 많은 금액을 요구할 수 있는 자격을 갖는다. 그러나 엘렌에게 우선으로 중요한 것은 인정과 사과였다.

이 재판은 1994년부터 진행되고 있다. 소송의 발단은 1956년 체결된 스티커-요시다 의정서였다. 이 의정서로 인해 네덜란드 정부는 추가적인 피해 배상 청구권이 없음에도 불구하고, 민간인 억류자들을 위해 팔을 걷어붙이고, 개인의 청구권은 여전히 존재한다고 표명한 몇 안 되는 국가 중 하나이다. 이것은 또한 '일본의 도의적 책임을 묻는 재단(SJE)'이 일본 정부를 상대로 제기한 소송의 출발점이다. 1998년 11월 네덜란드 피해자들은 패소했다. 그러나 그 판결은 SJE가 상소할 수 있는 충분한 가능성을 보여주었다.

"변화가 일어나고 있습니다. 법원이 일본 정부에 배상금을 지급하라는 판결을 내리기 시작했습니다."라고 재단의 일본인 변호사인 스즈키 이소미가 말했다. 그는 1998년 4월 한국인 여성 3명이 7년의 법정 싸움 끝에 승리한 경우를 언급했다. 야마구치 지방 재판소 시모노세키 지부(1심) 판사는 일본 정부에 유죄를 선고했다. 이것은 역사적인 승리다. 판사는 과거 일본군의 행동을 '성적 그리고 인종적 차별'이자 '인권의 철저한 침해'라고 판단했다. 그러나 그는 현행 일본의 법으로는 배상할 근거가 없다고 덧붙였다. 법원은 일본 정부가 피해자를 위한 배상 절차에 관한 법을 통과시키지 않음으로써 책임을 회피했다고 판단했다. 결국, 법원은 일본 정부가 모든 피해 여성에게 1인당 30만 엔을 지급해야 한다고 판결했다. 이 금액은 여성들이 요구한 약 2,000만 엔에 크게 못 미치는 금액이었다. 변호사는 즉시 상소할 것이라고 발표하였다. AP통신과의 인터뷰에서 그는 "분명히 원고 측이 이기지 못했음에도 불구하고, 일본 정부가 패배한 것은 분명하다."라고 말했다. "유감스럽다"라는 일본 정부의 짧은 반응이 있었다.

그것은 피해자 여성들에게 배상금을 지급하라는 첫 번째 판결일 뿐만 아니라 일본 정부가 책임을 져야 한다고 일본 판사가 판결한 첫 번째 사례이기도 했다. 이 점에서 선례가 만들어진 것이다. 도쿄에서 열리고 있는 재판에도 그 판결이 영향을 미칠 거라는 희망을 품고 있다. 그곳에서는 7개의 재판이 더디게 진행 중이다. 일본 법원은 지금까지 강제 동원 일본군 '위안부' 사건에 긍정적이지 않았다. 1998년 46명의 필리핀 여성이 제소한 재판에서 법원은 대부분의 증인 진술서를 검토하지도 않고 사건을 기각시켰다. 재판이 진행 중이던 5년간 피해자 여성 7명이 사망했다. 1995년에는 중국인 여성 6명이, 그리고 1999년에는 대만 원주민 여성 5명을 포함한 대만 여성 9명이 소송을 제기했다. 이와 같은 사건들은 수십 년이 걸릴 수도 있다. 일본 판사들은 이 민감한 문제에 대해 과감히 방향을 바꿀 용기를 내지 못하고 있다.

그렇다면 개인 자격으로 배상을 받을 수 있을까? 일본 정부는 '아니다.'라고 말하며, 먼저 평화 협정과 복구 비용 지급의 명분 뒤에 숨고 있다. 일본 정부는 전(前) 정부가 전쟁 중에 한 일에 대해 현 정부의 책임이 없다는 입장이다. 또한, 모든 피해 배상 청구는 그사이 시효가 지났다고 말한다. 게다가 일본은 '위안부' 제도로 당시 국제법을 위반하지 않았기 때문에, 전쟁 중 강간이나 성 노예는 금지된 것이 아니라고 주장한다.

원고 측은 '예'라고 말한다. 일본 정부와 군대는 (성) 노예제, 반인도적 범죄, 집단 학살, 전쟁 범죄 그리고 고문과 같은 범죄를 저질렀다. 이는 국제법과 국제 조약의 위반이다. (성) 노예제와 강간은 일본도 서명했던 여러 국제 관습법을 침해한 사건이다.[6] 게다가 그것은 전쟁 범죄가 아니라 반인도적 범죄로, 시효 대상이 아니다. 일본은 모든 배상 청구는 해결되었다고 명시한 협약서에 서명했다고 말한다. 그러나 원고 측에 따르면, 일본은 1992년까지 이 문제를 덮어 두고 있었기에, 일본군 '위안부' 문제는 협약에서 다뤄진 바가 전혀 없었다.

재판에서 반복되는 쟁점은 1907년 헤이그 협약 제3조의 해석이다. 일본군 '위안부' 피해자의 지지자들은 이 법이 개인의 배상 받을 권리를 표현한다고 보지만, 반대자들은 개인은 국제법의 주체가 될 수 없으므로 집단을 의미한다고 주장한다. 모순적인 것은 일본이 미국과 캐나다 등 연합국에 대한 일본 국민 개인의 배상 청구는 인정한다는 점이다.

일본은 여러 정부와 체결한 전후 협약으로 피해자에 대한 모든 배상은 이루어졌다는 주장을 계속하고 있다. 그러나 예를 들어 협약 체결 당시 독재 정권이었던 한국에서는 아무도 그 돈을 받지 못했다. 1965년 이후 일본은 배상이나 보상을 한 적이 없다. 일본은 아시아의 4개국(미얀마, 인도네시아, 필리핀, 베트남)에 10억 달러가량을 지불했고, 한국에 무상 지원 3억 달러를 지불했다.

한편, 독일은 점령으로 인해 피해를 본 국가들에 780억 마르크(400억 유로)의 배상금을 지불했다. 여기에는 개별 피해자와 유가족에게 지급된 금액도 포함된다. 독일은 1999년에도 미국의 유대인 그리고 나치의 강제 동원 노동자들에게 배상금을 지불했다. 미국과 캐나다 정부는 제2차 세계 대전 중 수용소에 수용된 일본인들에게 배상금을 지불했다.

스즈키 이소미 변호사는 '일본의 도의적 책임을 묻는 재단(SJE)'의 피해 배상 청구 소송 같은 사건들이 결국 유리하게 판결이 날 것이라고 기대한다. "민사상 매우 중요한 사건입니다. 개인이 배상 청구권을 갖고 있다는 것을 인정하면, 전쟁 중 행동을 자제할 것입니다. 그것은 무력 분쟁에서 개인의 권리를 확보하게 됩니다. 이것은 아주 특별하면서도, 미래를 위해 매우 중요합니다."

전범자를 처벌하라!

1996년 12월 3일 미국은 16명의 일본 전범들의 미국 입국을 금지했다. 그들 중 4명은 성범죄를 저지른 자들이었다. 1년 후 한국도 일본이 전범을 기소하기를 바라는 마음에서 비슷한 조처를 취했다. 독일은 전쟁이 끝난 후 법을 개정하여 지금도 전범을 기소할 수 있는 반면에, 일본은 국내법에 따라 공소 시효 기간을 15년으로 고수하고 있다. 독일은 10만 건의 전쟁 범죄를 조사하여 전범 6천 명을 처벌했다. 일본 정부는 아직 단 한 명의 전범도 법정에 세우지 않았다. 강제동원 '위안부' 피해자들은 가해자들이 자유롭게 돌아다닌다는 사실을 받아들일 수 없다. "피해 여성들은 자신을 학대하는 이 남자가 반드시 벌을 받게 될 거라고 천장을 바라보며 얼마나 많이 속으로 외쳤겠습니까?" 한국정신대문제대책협의회 대변인은 말했다. "그리고 그 제도를 고안해 낸 악당들도 반드시 처벌받아야 합니다."

시민 사회단체들은 처벌 문제를 거론하지 않았었다. 한국정신대문제대책협의회의 6가지 요구 사항에 '전범을 처벌하라!'라는 7번째 요구 사항이 나중에 추가되었다. 이를 위해 이루어져야 하는 법률적 검토는 배상 문제보다도 훨씬 더 길 것처럼 보였다. 1994년 27명의 한국 여성은 가해자들을 고소하기로 했다. 그러나 도쿄 검찰은 그들의 고소장 접수를 거부했다. 일본 변호사 연합회 역시 여러 차례 전범을 고소하는 것에 반대하는 성명을 발표하였고, 일본 정부는 아예 노력조차 하지 않는다. 일본의 여성 운동 단체들조차도 오랫동안 이에 대해 언급하지 않았다. 언론인이자 여성 운동가인 마쓰이 야요리는 이렇게 설명한다. “그것은 일본 사회에서 금기 사항입니다. 극우파의 영향으로 인해 너무 위험해졌습니다. 그리고 천황이 기소당한 적이 없기 때문에 군인들은 그의 뒤에 숨을 수가 있습니다. 그들은 자신들이 왜 고소당해야 하는지 이해하지 못합니다. 그러한 의미에서 미국은 일본 천황이 전쟁 범죄에 연루되었다는 것을 밝혀야 할 막중한 책임이 있습니다.”

전범 고소에 대한 목소리는 해를 거듭할수록 꾸준히 커졌다. 1998년 유엔 인권 위원회의 최종 보고서에서 게이 맥두걸은 일본 정부가 피해자에게만 배상할 것이 아니라 가해자들도 고소해야 한다는 결론을 내렸다. 보고서는 유엔 인권 위원회 위원장이 다른 회원국의 협조를 얻어 일본에서 전범을 고소하는 것에 동참할 것을 권고하였다.

성폭력은 오랫동안 심각한 전쟁 범죄로 간주되지 않았다. 가해자들은 거의 처벌을 받지 않았고, 전범 재판소는 성폭력을 곁가지 정도로만 다루었다. 심지어 구 유고연방 전범 재판소의 정관도 성폭력을 전쟁 범죄로 명명하지 않았다. 일본의 강제 동원 ‘위안부’ 제도를 비판하는 운동의 영향을 받아 1990년대에 국제적인 여성 운동과 인권 단체들은 성폭력 관련 처벌의 공백을 깨야 한다는 목소리를 높였다. 이는 향후 전쟁에서 여성을 보호하기 위한 예방책으로도 중요하다. 전 세계적으로 전쟁 중 성폭력 가해자를 국제 전쟁법으로 처벌하는 방안을 모색했다. 아직 미미한 수준이긴 하지만, 도쿄 극동 국제 군사 재판 이후 처음으로 구 유고연방과 르완다 전범 재판소에서 성폭력이 처벌받았다.

여성 단체와 인권 단체는 국제 사회가 현재 설립 중인 상설 국제 형사 재판소(ICC)에 희망을 걸고 있다. '위안부' 운동의 영향으로 ICC 규정에는 강간, 성 노예, 강제 매춘이 명백히 전쟁 범죄와 반인도적인 범죄로 명시되어 있다. 이 규정은 1998년 7월 채택되었다. 아쉽게도 국제 형사 재판소의 관할권은 설립 이후의 전쟁 범죄로 제한된다. 일본군 '위안부' 피해자들은 관할권 밖에 있다. 그들에게 이 재판소는 너무 늦게 설립된 것이다.

'위안부' 피해자들이 정의를 실현할 수 없게 되자, 좌절한 국제 여성 및 인권 단체들은 2000년 12월 도쿄에서 '일본군 성 노예 전범 여성 국제 법정(Women's International War Crimes Tribunal on Japan's Military Sexual Slavery)'을 개최한다. 조직 위원인 마쓰이 야요리는 이렇게 말한다. "국제 사회는 일본군 성 노예 제도를 고발하는 데 실패했습니다. 국제 형사 재판소는 과거 범죄에 대한 관할권이 없습니다. 일본 정부는 법적 책임을 인정하기를 거부했고, 법원도 반대편에 서 있습니다. 우리는 피해자들이 정의를 실현할 수 있도록 해야 하고, 그 방법 중 하나가 이 국제 전범 법정입니다. 이것은 교착 상태를 허물기 위한 국제적이고 비정부적인 시도입니다. 이 법정은 아무도 처벌할 수가 없습니다. 하지만 일본이 전쟁 범죄를 저질렀다는 것을 확고한 사실로 만들 수는 있습니다. 우리는 세계적으로 저명한 법률가들과 함께 새로운 처벌 방안을 모색하고 있습니다. 우리는 가해자를 지목하고 증거 자료를 포함한 모든 것을 기록할 것입니다."

수년간의 준비 과정을 거친 이 여성 국제 법정은 피해자들에게 권리와 존엄성을 되찾아 주기 위한 것이다. 이는 일본 정부와 국제 사회에 압력을 행사하기 위해 거의 필사적으로 시도된 대규모 법정이었다. 녹음 마이크가 꺼진 후 마쓰이는 말했다. "사람들이 저에게 '너는 미쳤다, 이건 마녀사냥이다.'라고 말하죠. 하지만 20세기는 특히 여성에 대한 폭력으로 가득 차 있습니다. 이렇게는 우리가 깨끗한 마음으로 21세기를 맞이할 수가 없습니다."

제10장 성별 간의 전쟁

도쿄의 매춘 투어를 통해서 고급스럽고 비싼 것부터 값싸고 음침한 것까지 어디에서든 다양한 섹스를 살 수 있다는 것을 알 수 있다. 화려하고 세련된 도쿄의 긴자에는 '유흥업소'들이 빼곡히 들어서 있고, 이곳엔 술에 취한 비즈니스맨 손님들로 가득하다. 손님은 기모노 차림의 마마상(마담)이 지켜보는 가운데 어린 여성의 몸을 만지고 있다. 모든 비용은 세금 공제 대상이다. 바깥 벽에는 점잖게 생긴 임원들이 땋은 머리와 교복 차림의 앳된 10대 소녀들과 애정 행위를 하고 있다. 건물마다 꼭대기까지 수직으로 뻗은 네온사인들은 대부분 클럽 광고들로 가득하다.

어둑한 가부키쵸 지역은 전혀 다른 분위기를 풍긴다. 이곳은 소위 '소프랜드(soapland)'로 유명한 곳으로, 이 이름은 화려한 네온의 마사지 살롱에서 따온 것이다. 여기서는 마사지사가 자신의 몸으로 남성의 몸에 거품을 내는 서비스를 제공한다. 이곳은 반짝이는 호피 무늬 바지와 높은 굽의 구두가 많이 보이는 지역이다. 한창 꽃다운 나이의 여성을 뜻하는 '블루머(bloomer)'와 여학생의 교복을 뜻하는 '세일러(sailer)'의 합성어인 '블루 세일러' 가게에서는 남자들이 어린 여성의 팬티, 운동복 팬츠, 교복을 살 수 있다. 최근까지만 해도 심지어 여학생이 입던 팬티까지 구매할 수 있는 자동판매기도 있었다.

도쿄 매춘 투어의 다음 지하철역은 러브호텔 언덕이다. 일본의 전통 초롱처럼 하늘에 떠 있는 보름달 아래 작은 골목길이 있는 이 지역은 낭만적인 분위기를 자아낸다. 이곳은 젊은 연인들뿐만 아니라 매춘부를 데리고 온 회사원, 여비서와 사랑을 나누러 온 기업체 사장들도 찾는 곳이다. 호텔의 외관은 궁전, 저택, 심지어 UFO를 닮은 모양을 하고 있다. 빨간색과 분홍색 톤의 키치 스타일 인테리어로 꾸며진 방들은 큐피드에게 보내는 거짓된 찬가처럼 느껴진다. 대부분은 회전이 가능한 대형 침대 옆에는 커다란 패널이 걸려있는데, 조용한 발라드부터 해변의 파도 소리까지 로맨틱한 분위기를 위해 적절한 음악을 선택할 수 있다. 벽이나 천장에 달린 거대한 거울을 통해 연인들은 자신의 사랑놀이를 관찰할 수 있다. 베개 위에는 항상 콘돔이 놓여 있다. 손님은 방을 시간 단위로 빌릴 수 있는데, 은밀하면서도 완곡한 표현으로 '쉬러 왔다'고 하면 몇 시간 동안 방을 빌릴 수 있고, '자러 왔다'고 하면 하룻밤 동안 방을 빌릴 수 있다. "나랑 함께 갈래요?" 내가 키치 스타일의 아라비아 파라다이스를 감상하고 있을 때, 갑자기 욕정에 싸인 한 남자가 내 귀에 가쁜 숨을 내뱉으며 말했다. 그가 내뿜는 사케 냄새가 순간적으로 나를 멍하게 만들었다. "돈 많이 줄게요."

서양 여성은 일본 섹스 시장에서 인기가 있다. 아시아 여성보다 좀 더 이국적인 것을 원하는 일본 남자들은 롯폰기로 간다. 이곳에서 금발의 백인 여성들은 고액의 돈을 받고 일본 남성들 앞에서 옷을 벗는다. 그들의 세계 여행 경비를 벌기 위해서라도 말이다. 다른 젊은 여성들은 술을 따르고, 담뱃불을 붙여주고, 같이 노래를 부르며 기분을 맞춰주는 '호스티스'로 일한다. 호스티스는 천사와 같은 인내심으로 손님의 이야기를 들어주고 농담에 웃어준다. 이렇게 말로써 손님의 자존심을 어루만져주고, 그를 자극하고 흥분시킨다. 이 호스티스는 감정 없는 일상에서 유혹과 낭만에 대한 환상을 자극해주던 게이샤와 비슷하다.

나는 도쿄의 어두운 밑바닥을 탐험하던 이 기이한 여정 중에 게이샤도 만났다. 그들은 마치 유령 같은 얼굴을 하고 가로등이 밝혀진 거리를 종종걸음으로 지나가는데, 마치 사라져가는 여성 인신매매의 기념비 같았다. 사람들은 그들을 결코 매춘부로 여기지는 않는다. 이들은 가장 많은 돈을 제시한 남자에게 자신의 순결을 팔고, 그 후 단 한 명의 남성을 위한 정부(情婦)가 된다. 정부로서의 게이샤가 화제가 된 적이 있었는데, 1989년 우노 소스케 총리가 게이샤와 혼외 관계를 숨긴 사실이 드러났을 때였다. 이 게이샤 여성은 섹스를 제공하고 3백만 엔(29,240유로)을 받았지만, 나중에 그 사실을 세상에 알렸다. 이 추문이 폭로된 후 우노 총리는 자진 사퇴해야 했다. "남자의 인격을 배꼽 아래에서 일어나는 일로 판단하면 안 된다"는 전통적인 일본 속담이 처음으로 공개적으로 비난받았다.

"과거에는 특정 지역에서만 매춘이 이루어졌지만, 지금은 어디서든지 가능해요." 도쿄에 사는 젊은 여성 아키라가 말했다. 그녀는 일본군 '위안부' 제도의 잔재를 찾는 나의 여정에 끝까지 동행해 주었다. 모든 공중 전화 부스에는 여성의 나체 사진이 담긴 브로슈어가 놓여 있고, 지하철에는 섹스 관련 광고가 가득 붙어있다. 서점에는 포르노 잡지들이 무더기로 쌓여 있는데, 잡지 속 여성들은 온갖 종류의 성적 모욕을 당하고 있다. 포르노 모델의 대부분은 아주 어려 보인다. "일본 남성들은 롤리타 콤플렉스를 가지고 있답니다." 아키라는 어깨를 쭈뼛하며 설명해 주었다.

가난한 동네와 시골 지역에는 필리핀과 태국 같은 가난한 나라에서 온 저렴한 매춘부들이 일하고 있다. 그들은 '재패유키(Japayuki)'라고도 불린다. 이들은 범죄 조직에 의한 인신매매로 이곳에 오게 된 경우가 많은데, 섹스 산업의 최하층을 형성하고 있다. 일본에서 섹스 산업의 규모는 실로 엄청나다. 섹스 산업의 규모는 연간 총 4조 엔에 달하는데, 이는 일본 국방 예산과 맞먹고, 국내 총생산의 1%를 차지한다. 제2차 세계 대전 후에 매춘 금지법이 1956년에 제정되어 1957년에 시행되었다. 이에 따라 가난한 일본 소녀들이 매춘업소에 팔리는 것은 금지되었다. 하지만 이후에도 섹스 산업은 계속 성장해 왔다. 『Women in the New Asia(신아시아 여성)』의 저자이자, 언론인이며 인권 운동가인 마쓰이 야요리는 이렇게 말했다. "1970년대 일본 남성들은 해외에서 단체 매춘 관광을 하며 세계적으로 악명이 높았습니다. 1980년대 일본은 성 산업에 종사하는 여성을 가장 많이 수입하는 나라가 되었습니다. 이렇게 일본은 다시 한번 오명을 얻게 된 거죠. 일본처럼 섹스 산업이 모든 분야에서 그렇게 번성하고, 또 엄청난 이윤을 내는 나라가 다른 곳에도 있을지 궁금해요. 더욱이 정부는 일본군의 성 노예 문제에 대해 아무런 조치도 취하지 않고 있습니다."

'공격 챔피언'

"우리 아버지 세대가 군복을 입고 총을 휘두르며 여성에게 한 짓을 지금 세대도 똑같이 하고 있습니다. 다만 이제는 양복을 입고 돈의 힘으로 그렇게 하고 있습니다." 진보적인 남성 단체인 '아시아 매매춘에 반대하는 남자들의 모임'의 설립자 다니구치 가즈노리가 말했다. 이 단체 회원들은 아시아 국가로 떠나는 단체 매춘 관광이 일본군 '위안부' 제도에 그 뿌리를 두고 있다고 말한다. 그리고 일본인들의 매춘 관광에 반대하는 캠페인을 벌이고, 제2차 세계 대전 당시, 강제 성매매에 대한 책임을 일본 정부에 촉구하고 있다.

다니구치는 이미 오래전부터 이른바 유흥 산업에 대해 우려해 왔다. 그러나 직장의 남성 동료들과는 이 문제에 대해 진지한 대화를 나눌 수 없었다. 그는 여성 단체의 모임에 참석하기 시작했고, 그곳에서 다른 남성들도 자신들의 성 문화에 대해 염려하고 있다는 것을 알게 되었다. 다니구치는 출판사에 사표를 내고, 기자가 되었다. 1993년, 그는 해외에서 벌어지는 일본인의 성매매에 관한 책을 출간했다. 하지만 그는 일본 사회에서 유별난 사람으로 여겨지는 소수에 속한다.

다니구치가 말하는 과거와 현재의 연관성은 다음 사례만 봐도 분명히 알 수 있다. 일본 최대 콘돔 제조업체인 오카모토는 1990년대 초 두 가지 타입의 콘돔을 시장에 내놓았다. 이 제품의 포장에는 각각 '콘돔맨', 그리고 '공격 챔피언'이라는 기이한 상표명이 인쇄되어 있었다. 특히 후자는 강간, 폭력, 군대와 분명한 연관성이 있다. 이 상품명은 일본의 포르노 만화 '강간남'을 쉽게 연상시키는데, 이 만화에서 '강간남'은 여성을 강간하는 직업을 가진 주인공 이름이기도 하다.

'공격 챔피언'은 제2차 세계 대전 당시 위안소 이용을 위해 군인들에게 지급된 콘돔의 이름이기도 했다. 오카모토는 당시 '고쿠사이'라는 이름으로 콘돔 생산의 독점권을 가지고 있었다. 다시 출시된 상품명이 일본군 '위안부' 시대의 잔재임은 분명하다.

에이즈는 현대의 성병이다. 일본인들이 아시아로 매춘 관광을 떠나고, 아시아의 성 노예들이 일본으로 유입되면서 콘돔의 수요는 증가했다. 오카모토 기업은 그동안 말레이시아까지 확대 진출했고, 일본의 경제 개발 원조 자금으로 그곳에 고무 생산 공장을 건설했다. '한국인 일본군 '위안부'를 위한 모임', '성폭력에 반대하는 오사카 여성 모임' 등 일본 내 여러 여성 단체는 연합 전선을 형성하고, 일본군 '위안부' 제도를 현대 사회의 성적 착취, 인종 차별주의 그리고 일본 기업이 자행하는 식민주의 이후 새로운 착취와 연결시켰다. 그들은 콘돔의 모든 포장에 '여성의 동의 없는 모든 성관계는 강간이다.'라는 스티커를 부착해야 한다고 주장한다.

1990년대 초반 일본 정부 대표는 캄보디아에 파병되는 일본 평화 유지군에게 콘돔을 보급할 것을 제안했다. '위안부' 운동 진영에서는 일본의 평화 유지 활동 자체에 대한 반대가 컸다. 무기와 함께 콘돔을 제공한다는 그 생각은 과거를 상기시키는 것이 분명했다. 일부 일본인들은 심지어 '위안부'를 다시 군대와 함께 보내자고 제안했다.

'오래된 술을 새 부대에 담다'

오늘날의 매춘과 과거 성 노예 제도 사이에는 깊은 연관성이 있다. 일본군 '위안부' 제도는 외국 여성의 인신매매를 제도화했다. 전쟁이 끝난 후 일부 '위안부' 여성들이 실제 매춘부가 된 것처럼, 많은 인신매매꾼들도 이 직업에 계속 종사했다.

여성을 대하는 태도 역시 대부분 변함없다. 수 세기에 걸쳐 형성된 여성 비하의 관습은 일본군 '위안부' 제도를 거쳐 현대까지 이어져 왔다. 이상할 것 없는 일이다. 한 세대의 거의 모든 일본 남성이 사춘기에 '위안부'와 첫 성 경험을 했다는 건 끔찍한 일이다. 그들의 눈에 '위안부'는 정체성이나 인격을 거의 지니지 않은 존재였기 때문이다. 이 소년들에게 위안소를 방문하는 것은 아주 평범한 일이었다. 그것은 일본 남성의 여성관에, 어쩌면 그들의 아들과 손자의 여성관에도 영향을 미쳤을 것이다. 일본 사회와 교육계가 군대의 '위안부' 제도를 비판적으로 본 적이 없고, 청소년들은 이런 일이 그저 일어날 수 있는 일이라고 생각하며 자랐다고 생각하면 더욱 암울해진다. 일본 여성 단체들은 당시 매춘에 대한 남성들의 태도에서 일본군 '위안부' 제도가 비롯되었고, 그러한 태도는 지금도 여전하다고 판단한다. 그들은 모든 면에서 일본군 '위안부' 제도와 일본 사회가 여성을 대하는 전반적인 태도 사이에 밀접한 관계가 있음을 목격하고 있다.

이제는 천황의 군부 집단이 아니라 기업들이 남성들을 매춘 문화로 이끌고 있다. 일본 기업은 근로자를 평생 고용하고 가족으로 여긴다. 그리고 기업은 근로자가 충성하고, 과거에 남성들이 천황에게 헌신한 것처럼 근로자도 평생 기업에 헌신할 것을 기대한다. 일본 남성들은 분명히 모든 선진국 중에서 가장 열심히 일하는 사람들이다. 일부 남성은 심지어 자신이 기업의 노예나 다름없다고 말할 정도이다. 과거에 군인들은 천황을 위해 가미카제 비행기를 타고 자살 폭격을 했다. 이제 그들은 사장을 위해 죽을 각오로 일을 한다. 심지어 '과로사'를 뜻하는 '가로시'라는 단어도 존재한다. 경쟁에 시달린 남성들은 위로를 찾는다.

과거 군대가 스스로 야기한 압박감을 해소하기 위해 '위안부'를 제공했던 것처럼, 이제는 기업이 업무로 인한 스트레스를 해소하는 출구로써 '휴식'을 제공한다. 일본 기업들은 오랫동안 남성 직원을 위해 성매매 여행을 주선하고 비용을 부담했었다. 이제 이러한 관행은 국제 사회의 압력으로 과거의 역사가 되었다. 그러나 여전히 기업들은 직원이 동료나 고객과 함께 클럽을 방문해서 휴식을 취하고, 성적 환상을 충족시켜주는 여성들과 즐길 기회를 공식적으로 제공하고 있다.

일본 남성의 성적 환상이 어떤 모습인지는 일본 만화에 가장 잘 표현되어 있다. 만화는 무척 인기가 많고 사람들의 사고방식에 큰 영향을 미친다. 많은 만화들이 포르노그래픽과 변태 성욕을 담고 있다. 만화는 매달 수백만 부가 판매되고 있으며, 이들은 하나같이 남성 이데올로기를 표현한다. '여성을 먹는 즐거움', '섹스는 남자가 소녀를 강간하는 것', '거친 강간일수록 섹스는 더 즐겁다'와 같은 메시지들이 페이지마다 가득하다.[1]

이 책들의 특징은 과거 일본군 '위안부' 제도와의 강한 연계성을 불러일으킨다는 것이다. 만화 책의 남성 저자들은 여성이나 여성의 신체를 물건이나 장난감으로 묘사한다. 남녀 역할은 전형적이다. 남자는 강간을 하고 관음증 환자이며, 여자는 피해자이며 노출증 환자다. 여자들은 피학대 성욕 도착증 환자로 묘사되는데, 그들은 강간을 당하며 흥분하고, 성적 욕망이 자극되며, 결국 섹스광으로 변한다. 더욱이 섹스는 여성의 몸을 점령하는 행위이고, 이때 여성의 질은 전리품이 된다. 남녀 관계의 상호성은 전혀 표현되지 않으며, 폭력만이 있을 뿐이다. 마치 위안소 앞에 줄을 서 있던 일본군들이 방으로 들어가며 '돌격!'이라고 외친 것과 유사하다.

여성을 매춘부나 섹스 사냥감으로 바라보는 왜곡된 시각은 1991년 한 재단이 만든 에이즈 계몽 포스터에서도 드러난다. 포스터에는 한 비지니스맨이 일본 여권을 손에 들고 음흉한 미소를 짓고 있다. 그 아래에는 '즐거운 여행 되세요! 그러나 에이즈는 조심하세요...'라는 문구가 쓰여 있다. 또 다른 포스터는 거대한 콘돔 안에 들어 있는 알몸의 여성을 보여주며, '얇습니다. 하지만 에이즈에는 충분히 강합니다.'라는 문구를 제시한다. "이 포스터들은 일본의 매춘 문화가 어떻게 일본 남성의 태도와 행동에 스며들어 있는지 명확히 보여준다."고 여성 운동가 후나바시 구니코는 말한다.[2] 유감스럽게도 일본에서는 판타지와 현실의 경계선이 매우 모호하다. 강간 피해 여성들은 '여성도 그것을 원했다'라는 말을 너무 자주 듣는다.

롤리타

1985년 이후에 일본 만화에는 소위 '롤리타 에로틱'이라는 새로운 성적 장르가 등장한다. 이 책들은 어린 소녀와의 섹스를 다룬다. 책 표지에는 아주 어린 십 대 소녀가 작은 비키니를 입고 서 있다. 그러나 책은 처음부터 끝까지 집단 강간이나 어린 소녀에게 폭력적으로 다양한 자세를 강요하는 내용을 담고 있다. 책 속의 소녀들은 전혀 당황하지 않고 오히려 강간범이 가져다준 절정에 고마워한다. 또 다른 장면들은 소녀들이 묶이고 구타를 당하는 모습을 보여준다. '롤리타 에로틱 잡지'는 미성숙한 소녀의 몸을 남성의 소유물로 묘사한다. 어린 소녀의 몸은 강간범의 자비에 내맡겨진다.

일본은 젊음에 집착한다. 이는 남성의 성적 취향에서도 나타난다. 방콕에서는 지난 십 년간 일본 남성들의 성적 환상을 충족시키기 위해 무릎까지 올라오는 스타킹을 신은 교복 차림의 매춘부들이 점점 늘어났다. '일본 얼굴학회'의 회장인 하라시마 히로시는 '일본에서는 왜 둥근 어린아이 얼굴을 한 일본 여성이 가장 인기가 있는가?'라는 질문에 정확한 답을 해주었다. "아이들처럼 유치한 사회는 턱이 앞으로 나온 얼굴보다 어린아이 같은 얼굴을 언제나 선호할 것입니다."[3]

현실은 더욱 비극적이다. 한국 출신 '위안부' 중 절반은 미성년자였다. 그리고 일본은 최근까지도 아동 포르노 산업의 세계 중심지로 여겨졌다. 1999년 초가 되어서야 일본에서 청소년 매춘과 아동 포르노가 처벌 대상이 되었다. 인터폴에 따르면 인터넷에 올라와 있는 모든 아동 포르노 사이트의 80%는 일본에서 제작되었다. 수십 개 국가와 국제기구들이 일본에 청소년 매춘과 아동 포르노를 금지할 것을 수년간 촉구해 왔다. 모든 가게에서 어떤 형태로든 아동 포르노를 구매할 수 있었다.

수요가 있는 곳에 공급이 있다. 일본의 한 유명 신문사가 조사한 바에 따르면, 일본 여학생의 90%가 어떤 형태로든 매춘을 경험한 사실이 드러났다. 그들은 전국적인 소비 풍조에 편승해 최신상 명품을 사고 싶어 한다. 점점 더 많은 여학생들이 '원조 교제'에 참여하고, 그들의 속옷과 교복을 남자들에게 판매한다. '섹스는 돈이다' 그리고 '쇼핑은 좋다'라는 일본의 두 가치관이 서로에게 필요한 것을 채워주는 거래의 형태가 된 것이다.

최근에는 전화 클럽이 계속 점점 더 인기를 얻고 있다. '엔조코사이(원조 교제)'는 '도와주는 교제'라는 뜻의 신조어이다. 마치 남성들이 그들의 어려움에 관해 이야기 나누고 싶은 듯 보이지만, 실제로는 다시 섹스에 관한 이야기다. 많은 어린 소녀들이 거기에 속아 넘어간다. '위안부'라는 단어와 마찬가지로 '원조 교제'라는 단어도 그 이면에는 괴물이 숨어 있는 잘 감추어진 위장술이다.

인종차별주의

전쟁 이후 일본은 패전국에서 경제 강국으로 서서히 변화했다. 개발도상국 아시아 여성을 노리는 섹스 산업은 이와 함께 엄청난 성장을 누렸다. 일부 일본 남성의 관점에서 볼 때 이 여성들은 두 가지 이점이 있다. 그들은 가난하고 가치가 덜하다는 것이다. 1970년대 이웃 아시아 국가로 떠나는 매춘 관광이 인기를 끌자, 한국 여학생들은 '우리나라를 일본인의 매춘소로 만들지 마라!' '우리는 매춘 관광을 반대한다!'와 같은 구호를 외치며 항의 시위를 벌였다. 그들은 '경제적 동물'이라는 별명을 가진 일본인에게 '섹스 동물'이라는 새로운 이름을 붙여주기까지 했다. 그들의 행동은 일부 일본 여성의 눈도 뜨게 만들었다. 일본 여성들은 도쿄 공항에서 시위를 벌이며 '매춘 여행을 떠나는 자는 부끄러운 줄 알라!'는 문구가 담긴 전단지를 배포했다. 여성들은 국회를 통해 이런 여행을 주선하는 여행사의 광고가 점점 줄 수 있도록 만들었다.

이러한 항의에도 불구하고 일본 남성의 매춘 관광은 1970년대 말 필리핀과 태국으로 퍼져갔다. 기자이자 여성 운동가인 오하루 도모코는 이렇게 주장했다. "여성을 돈으로 사는 일본 남성들의 태도는 국내에서든 외국에서든 똑같습니다. 여성은 그저 섹스를 위한 하녀에 불과하며, 아시아 여성은 엔화의 유혹에 쉽게 넘어갈 거라는 오만한 생각은 변하지 않았습니다. 이러한 남성의 오만함이 바로 일본군 '위안부' 제도를 낳은 태도와 동일한 것입니다."[4]

이제 단체 여행의 인기는 대부분의 일본 남성들에게 시들해졌다. 여행 경험이 쌓인 그들은 이제 3-4명씩 소규모로 여행을 떠난다. 그들은 골프 휴가라는 명목으로 필리핀, 태국, 대만을 방문한다. 가져간 골프채는 공항에 맡겨 두기도 한다. 특히, 태국 북부는 그들에게 매우 인기가 높은데, 그곳에는 에이즈에 걸리지 않은 소녀들이 있기 때문이다. 최근 일본에서는 개인 매춘 관광객을 겨냥한 '태국 매춘 안내서'가 출간되었다. 책 제목 그대로 '매춘부를 사고 싶은 사람을 위한 책'이다. 일본인 저자들은 직업여성들을 직접 방문하고, 어떤 스타일의 여성인지, 어떤 체위를 사용했는지 그리고 어디서 섹스를 살 수 있는지에 대한 상세한 정보를 경험에 근거해 책에 실었다.

일본의 시민 사회단체인 '매춘 안내서에 반대하는 시민들'은 출판사에 항의했다. 출판사는 5개월 만에 새로운 개정판을 내야 하니, 그 단체가 개정판 작업에 참여해도 좋다는 의견을 냈다. 하지만 자신들의 의견이 제대로 반영될 수 없다는 사실을 깨달았을 때, 이 시민단체는 동참을 거부했다. 이어 저자 중 한 명이 언론을 통해 이 시민단체를 맹비난했다. '매춘 안내서에 반대하는 시민들'의 회원인 구로다 다카시 씨는 이렇게 말한다. "저자는 자기가 마치 일본 남자를 돕고 아시아 섹스 산업의 위험성을 알려주는 영웅이라도 된 듯 글을 썼습니다. 동시에 나치의 언론 탄압을 언급하며 자신을 억압받는 순교자로 비유하기도 했습니다. 그는 심지어 중국 고전을 불태우고 유학자들을 산 채로 묻으라고 명령했던 옛 중국 황제 진시황까지 끌어들였습니다."[5] 진보적' 남성 지식인들과 출판사들이 반포르노 캠페인을 두고 '표현의 자유를 제한하는 것'이라고 비난하는 모습은 종종 발견된다.

한편 태국은 여전히 여행 안내서에 '태양, 바다 그리고 섹스'를 홍보하고 있다. 로맨틱한 장소에서 가장 아름답고 어린 동양 여성과의 만남을 약속한다. 이때 일본 남성과 서양 남성의 인종 차별적이고 여성 비하적인 환상에 부응하는, 이국적이고 에로틱한 아시아 여성의 순종성이 강조된다. 자발적인 매춘과 강요에 의한 매춘의 경계는 구분하기 어렵다. 대부분의 여성들은 가난에 의해 어쩔 수 없이 매춘을 선택해야만 하기 때문이다.

그동안 상황은 바뀌었고 1980년대 말부터는 아시아 여성 수십만 명이 일본으로 들어오고 있다. 이들 중 90%는 경제적으로 어려운 필리핀, 태국, 대만 여성들이다. 과거와 마찬가지로 학력이 낮은 시골 출신의 가난한 여성들이 주로 쉬운 먹잇감이 된다. 빚 때문에 자신의 딸을 성 산업에 팔 수밖에 없는 태국 농부들도 많다. 일부는 역사상 처음으로 아들보다 딸의 출생을 더 반기기까지 한다. 딸은 확실히 수입을 보장하기 때문이다. 이와 같은 이농 현상으로 인해 태국 북부 지역과 미얀마 일부 마을에는 소녀들이 거의 살지 않게 되었다.

다른 가난한 아시아 여성들은 '위안부' 피해자 여성들과 마찬가지로 일본에서 일할 수 있다는 말에 속아 일본으로 오며, 종종 태국 식당에서 일할 수 있을 거로 생각한다. 그들이 일단 일본에 도착하면, 진 빚이 너무 많고 그 빚을 갚으려면 매춘을 해야 한다는 말을 듣는다. 이렇게 그들 대부분은 노예와 같은 상황에 처하게 된다. 폭행을 당하거나, 되팔리는 일이 반복되고, 그럴 때마다 빚은 더욱 불어난다. 1990년대 이후 노예로 팔려가는 태국 여성의 수는 놀라울 정도로 증가했다. 가장 많이 팔려가는 국가는 일본이다. 일본의 외국인 보호소에는 태국 여성들로 가득한다.

이러한 상황 속에서, 1990년대 상당수의 여성이 자살하거나 포주를 살해하는 일이 벌어진 것은 놀라운 일이 아니다. 포주 살해 사건으로 일본 교도소에 수감되어 있던 한 태국 여성은 도쿄 소재 태국 대사관에 감정으로 호소하는 편지를 보냈다.

"우리가 일할 수 있는 공장은 없었습니다. 술과 섹스만 생각하는 남자들로 가득한 술집만 있었을 뿐입니다. 저는 정말 고통스러웠습니다. 우리는 더럽고 낯선 남자들과 잠자리를 해야 했습니다. 그들이 시키는 대로 하지 않으면, 우리는 사장과 마마상에게 폭행을 당했습니다.

그들에게 우리 태국 여성은 동물보다 못한 존재입니다. 그들은 우리의 생사를 좌지우지할 수 있는 힘을 가지고 있습니다. 일본은 태국 여성에게 천국이 아닌 지옥입니다. 벚꽃이 너희를 기다리고 있다는 말은 새빨간 거짓말입니다. 이곳에서 우리를 기다리고 있는 유일한 것은 오직 섹스만 생각하는 남자들뿐입니다.

목숨을 걸고 아무리 열심히 일을 해도 소용없습니다. 보상은 없고, 단 1바트도 받지 못합니다. 복종하지 않으면 구타를 당합니다. 그들이 원하는 것은 무엇이든 해야 합니다. 그들에게 우리는 술주정뱅이를 기쁘게 해주고, 그들과 섹스를 하고 돈을 벌어들이는 물건에 불과합니다. 더 이상의 가치는 없습니다. 일본은 태국 여성이 일할 곳이 아닙니다. 제발 태국에 머무십시오. 우리나라 사람들에겐 아직 정이 있습니다. 아무리 고생스럽고, 열심히 일을 해야 한다 해도 저처럼 지옥에 떨어지는 것보다는 낫습니다."

물론 가난한 다른 나라의 여성들을 '열등하게' 간주하는 이상한 눈을 가진 사람들이 일본 남성에만 국한되지 않는다는 사실을 우리는 너무도 잘 알고 있다. 그러한 사례는 너무 많지만, 다음의 예는 그 심각성을 다시 한번 잘 설명해 준다. 한 미국인이 최근 빈곤으로 심각한 위기를 겪은 캄보디아에서 첫 번째 포르노 웹사이트를 만들었다. 그는 웹사이트 이름을 "강간 캠프에 오신 것을 환영합니다."라고 정하고, "마음껏 이 아시아의 성 노예 여성들을 능욕하도록' 이용자들을 부추겼다. 이 웹사이트는 많은 항의를 불러일으켰다. 캄보디아에서 해당 웹사이트를 운영하는 외국인인 단 샌들러는 자신의 웹사이트가 법의 테두리 안에 놓여 있으며, 더욱이 그 사이트는 빈곤한 경제에 도움이 될 수 있다고 생각했다. 그의 견해는 수도 프놈펜의 가라오케 바의 현실을 그대로 대변해 준다. 이 가라오케 바를 방문하는 서양인들과 일본인들은 이런 방식으로 현지 여성들을 경제적으로 돕고 있다고 말하기 때문이다.

캄보디아 정부도 샌들러가 정도를 벗어났다고 판단하고, 웹사이트의 폐쇄 조치를 내렸다. 하지만 정부들이 모른 척하면서 눈감아 주는 경우가 너무도 빈번하게 일어나고 있다. 캄보디아 정부도 마찬가지다. 많은 정치인에게 외화벌이는 중요한 과제이다. 그들에게도 여성 국민은 돈을 벌어들이는 물건에 지나지 않는다.

일본인 '위안부'

1986년 일본 여성 시로다 스즈코는 라디오 방송에서 '위안부'로서 자신의 경험을 이야기했다. 대부분 일본 여성들처럼 그녀도 가족이 빌린 돈을 갚아야 했고, 그렇게 전선으로 나가게 되었다. 이들도 가난으로 인해 그러한 비참한 상황에 강제로 내몰린 것이었지만, 일본인 '위안부' 여성들은 전혀 관심의 대상이 아니었다. 강제 동원 '위안부' 피해자들의 재판을 돕는 야마자키 히로미는 이렇게 말한다. "우리는 일본 여성들이 일본인 '위안부' 문제를 제기하는 데 있어서 대부분 실패했다는 것을 인정해야 합니다. 그들은 침략 국가의 국민이었지만, 그들 역시 성 노예 제도의 희생자입니다."[6]

시로다 스즈코를 제외한 다른 일본인 '위안부'들은 투쟁에 전혀 참여하지 않았고 자신을 드러내지 않았다. 일본 여성들이 자신의 과거를 공개할 확률은 낮다. 그들은 사회의 부정적인 반응을 두려워한다. 게다가 자신이 강요받았다는 사실을 깨닫지 못하는 경우가 많다. 그들이 가족의 빚을 갚아야만 했기 때문에 그것이 그들의 운명이라고 생각한다.

일부 학자들은 많은 일본인 '위안부'들이 부락 신분 계층에서 나왔을 것으로 생각한다. 부락은 일본의 불가촉천민이다. 그들은 과거에 가축을 도살하거나 사형 집행 같은 더러운 일을 담당했다. 이 신분에는 '히닌(非人, 인간이 아닌 자)' 그리고 '에타(穢多, 지독히 더러운

자)'라고 불렸던 계층이 포함되었다. 1922년 부락은 신분 해방 운동을 시작했지만, 전쟁 중 파시스트 정권에 의해 다시 진압되었다. 일본인들에게 이 화두를 꺼내는 것은 사회적으로 금기 사항이다. 부락 출신 '위안부'에 대해 이야기하는 것은 금기 중의 금기다. 일본의 시민사회단체조차도 아직 이에 대한 준비는 되어 있지 않다.

변화

선구적인 일본 여성들은 이중적 잣대에 질리기 시작했다. 매춘부를 찾는 것이 일본 남성에게는 남자다움의 표시인 반면, 여성에게는 일본 남성의 약점을 드러내는 것이다. 일본 여성이 일본 남성을 멀리하는 현상은 꾸준히 증가하고 있다. 무엇보다 그들은 고정된 성 역할에 순응하는 것을 거부하고 있다. 서로 대화하지 않는 노인 부부의 '황혼 이혼'은 요즘 들어 흔한 일이 되었다. 1998년 노부부의 이혼은 4만 건으로, 1990년 대비 두 배나 증가한 수치다. "우리는 대화가 없는 부부의 전형적인 예였습니다." 52세의 오타케 기쿠노는 『비즈니스 위크 아시아』와의 인터뷰에서 말했다.[7] 한 여성은 10년 동안 이혼을 준비해 왔다고 했다. 그녀의 남편이 은퇴 파티에서 돌아왔을 때, 그녀의 여행 가방은 꾸려져 있었다. 그 세대 여성들은 평생을 하녀처럼 집안일만 해왔다. 그리고 이제 갑자기 남편이 집에 머물게 되고, 그의 심부름을 해야 한다고 생각하니 견딜 수가 없었다.

젊은 여성들이 외국인 파트너를 선택하는 경우도 꾸준히 증가하고 있다. 일본인이 아닌 외국인 배우자와 결혼하는 여성의 수도 점점 늘고 있다. 아예 독신으로 살기도 한다. 하와이와 발리에는 사랑에 빠진 일본 여성의 돈으로 생활하는 지골로(남자 매춘부 또는 제비)가 상당히 많은 듯하다. 일본 남부 오키나와의 예를 들여다보자. "그곳에서 남녀의 역할은 완전히 바뀌었습니다." 작가 가와다 후미코는 말한다. 오키나와는 미군이 주둔하고 있는 곳이며 지역 경제는 오랫동안 매춘업에 의존해 왔다. "이제 엔화의 가치가 올라서 미군은 매춘부를 감당할 수 없게 되었습니다. 지금은 일본 여성들이 오키나와에 가서 군인을 돈으로 삽니다. 그들의 눈에 미국 군인들은 영화배우 브래드 피트처럼 키가 크고 잘 생겼죠. 그들은 인기가 많습니다."

젊은 세대는 더 이상 자신의 어머니처럼 사는 것을 거부하고, 뿌리 깊은 성 역할에서 벗어나고 있다. 많은 여성들은 남성처럼 바쁜 직업을 선망하지 않는다. 여성에게 기회가 없어서가 아니다. 남성은 남자들의 세계에서 낙오될까 봐 두려워한다. 많은 여성에게 그것은 문제가 되지 않는 것 같다. 그들은 차라리 세계 여행을 즐기고, 취미와 자기 계발에 더 열중한다. 여행은 그들의 눈을 뜨게 했다. 그들은 결혼하고 출산하는 것보다 인생에 더 많은 것들이 있음을 본다. 그리고 독립을 갈망한다. 이들은 빠른 속도로 자신만의 방법으로 여성 해방을 추구하고 있다.

일본 남성들도 천천히 함께 변화하고 있지만, 진보적인 소수를 제외하고는 전통을 고수한다. 가정생활에 남성을 참여시키려는 최근 일본 정부의 캠페인은 많은 반발에 부딪혔다. 일본 남성은 아직도 현대적인 여성을 기피하고, 그들의 전통에 맞는 국제결혼이나 아시아 여성을 선택하고 있다. 유감스럽게도 여성 단체들과 인권 단체들이 아무리 노력한다고 할지라도 남성이 함께 변화에 동참하지 않으면 물거품이 될 수 있다. 반드시 사회 구조가 변화해야 하는데, 이는 여성 혼자서는 할 수 없는 일이다. 바로 이러한 이유로 다니구치 가즈노리가 '아시아 매매춘에 반대하는 남자들의 모임'을 설립한 것이다. 그는 매춘이 바로 남성의 문제이기 때문에 그 문제는 남성 스스로 참여하지 않으면 해결될 수 없다고 생각한 것이다.

여성에 대한 성폭력의 고리는 정치, 경제, 사회에서 여성에게 동등한 권리를 부여함으로써 끊어낼 수 있다. 그러나 여성들은 그러한 기회를 거의 얻지 못하고 있다. 그들에게는 게이샤, 매춘부, 순종하는 아내가 아닌 새로운 여성상을 만들 수 있는 기회가 부여되어야 한다. 여성이 소모품으로 간주되는 한, 앞으로도 '위안부'는 계속 존재할 것이다. 그것이 전쟁터이든, 방콕, 도쿄, 암스테르담의 음침한 술집이든 상관없이 말이다.

끝맺으며

1999년 12월 4일

“다시 왔군요? 어서 들어와요!” 한국인 ‘위안부’ 피해자를 위한 쉼터인 나눔의 집에 사는 이옥금 할머니의 방에 들어갔을 때, 할머니는 밝은 목소리로 반겨 주었다. 나는 방바닥에 앉았다. 할머니는 다시 자신의 이야기를 시작한다. 사실 나는 그 이야기가 듣고 싶어 온 것은 아니었다. 그저 할머니를 보러 온 것이었다. 내가 책을 쓰고 싶도록 나를 감동시킨 나의 한국 할머니를 보고 싶었다. 나를 바라보는 그녀의 가냘픈 눈빛을 보고 싶었고, 담배로 변형되고 쉬어 버린 그 목소리를 잠시나마 듣고 싶었다. “모두가 다 찾아왔지요. 일본인, 한국인, 나중에 미국인, 흑인도.”

“흑인과 백인요? 오키나와에 있는 미군 기지 말씀이세요? 아니면 한국에 있는 양공주 술집을 말씀하세요? 어딜 말씀하시는 걸까요?”

할머니는 침묵했다. 그건 중요치 않다. 할머니에게도, 나에게도. 할머니가 알고 있는 진실, 나는 그것을 믿는다.

할머니는 텅 빈 냉장고에서 귤을 하나 꺼내 껍질을 까서 나에게 내밀었다. “먹어봐요.” 그녀는 내 발 위로 손을 내밀었다. 우리는 오랫동안 말없이 앉아 있었다.

“우린 이제 늙었어요.” 할머니가 갑자기 말을 꺼냈다. “힘이 없지.”

할머니는 나를 밖으로 데리고 나갔다. 개들이 꼬리를 흔들었다. 개들은 ‘위안부’ 할머니들이 가질 수 없었던 아이들과 같다. 이 여인들이 남자에게서 받을 수 없었던 사랑을 이들은 베풀고 있다. “우리 언제 다시 만날 수 있을까?” 그녀가 미소를 지으며 나에게 말했다. 반년 후라고 나는 엄숙하게 약속했다. 할머니는 내 손을 잡고 엄지손가락을 문질렀다. 나의 사랑하는 친구, 할머니. 가늘고 굵은 주름들로 가득한 그녀의 고운 얼굴, 부서지고 늙어버린 그녀의 몸. 이 모든 것들은 그녀의 힘들고 험난한 삶의 지도이다. 그 끔찍한 삶을 겪은 후에도 그녀가 주는 따뜻한 온기는 믿을 수 없을 정도다.

할머니의 고통을 법률적으로 해결하고 학문적으로 표현하는 것은 불가능하다. 어떤 금액도, 신문의 그 어떤 헤드라인도 충분하지 않다. “우리 이야기를 더 널리 알려줘요.” 할머니가 작은 목소리로 속삭였다. 그녀의 눈에는 언제나 눈물이 글썽인다. “새로운 세대들이 우리 이야기를 반드시 알아야 해요. 당신은 젊으니까. 우리 이야기가 계속 될 수 있도록 해줘요.”

미주

저자 서문

1. Joos Goos, *Gevoelloos op bevel. Ervaringen in een jappenkamp* (명령에는 감정이 없다. 일본 수용소에서의 경험). Utrecht: Het Spectrum, 1998.

들어가며

1. 이 용어는 일본의 반매춘 협회(Association of Anti-Prostitution Activity)가 제시하는 단어이기도 하다.

제1장

1. Sandra Buckley, *Broken Silence. Voice of Japanese Feminism*. Los Angeles: University of Califonia Press, 1997, p.25.
2. Junko Minamoto, 'Japanese Buddhism and Sexuality'. *Voices from Asia, Women's Asia* 21, Oct 1997. Asia-Japan Women's Resource Centre, pp.12-15.
3. 낸시 통(Nancy Tong)의 다큐멘터리 "황제의 이름으로(In the Name of the Emperor)" 속 인터뷰 내용.

4. Iris Chang, *The Rape of Nanking*. New York: Penguin Books, 1997, p.89.
5. 위의 자료, pp. 89-99.
6. 낸시 통(Nancy Tong)의 다큐멘터리 프로그램 "황제의 이름으로(In the Name of The Emperor)"의 인터뷰 내용.
7. 위의 자료.
8. T. Morris-Suzuki, *Showa. An Inside Story of Hirohito's Japan*; Win Rinzema, *Het geschonden beeld. Aspecten van gedwongen legerprostitutie door Japan gekoloniseerd en bezet Azië*(훼손된 모습. 일본에 의해 식민지화 되고 점령된 아시아의 강제 동원 '위안부' 모습). 자비 출판, 1993, p.9.
9. 요시미 요시아키와 인터뷰 1999년 11월 24일.
10. 상하이 파견군 참모장 이누마 마모루의 일기장 내용이며, 일부는 이전에 일본군 장교들의 친목 단체인 케이코샤에서 1989년에 출간한 *Document on Battle of Nanking*에 이미 나온 일기의 내용이다. 출처: *Comfort Women; an unfinished ordeal. Report of a mission.* Genève; International Commission of Jurists, 1994, p.31.
11. Kim Il Myon, *Tenno no Guntai to Chosenjin Ianfu*(천황의 군대와 조선인 '위안부'). Tokio: San'ichi Shobo, 1976. 이 규정은 1969년 이토 게이이치의 저서 *Soldiers' Hisroty of the Army*에 처음 출판되었다.
12. *Comfort Woman; an unfinished ordeal*, P.31.
13. Ruth Benedict, *The Chrysanthenum and the Sword*(국화와 칼). Boston: Houghton Mifflin Company, 1946, p.183.
14. *Comfort Women: an unfinished ordeal*, p.43.
15. Kim Il Myon, *Tenno no Guntai to Chosenjin Ianfu* ('De keizerlijke macht en de Koreaanse Troostmeisjes'). *이 책은 한국어로 번역되어 『조선인 '위안부'』(2022)로 출간되었다.(역자)

제2장

1. International Public Hearing Executive Committee, *War Victimization and Japan, International public hearing report*. Osaka: Toho Shuppan, 1993.
2. Interministerial Workgroup on the Comfort Women Issue, *Report of Korea*, 1992, p.26-28.
3. 유엔 인권 위원회 특별 조사관들 역시 이 비율을 기준으로 삼는다.
4. 1942년 9월 3일 회의록 내용 발췌. In: *Japanese Comfort Women in South East Asia*, Hayashi Hirofumi 교수의 논문, 1999.
5. Yoshimi Yoshiaki, *The Report on the Issue of Japan's Military Comfort Women*. Tokio: Center for Research and Documentation on Japan's War Responsibility, 1994.
6. Yoshida Seiji, *Watakushi no Senso Hanzai. Chosenjin Kyosei Renko*(나의 전쟁 범죄: 조선인 강제 연행). Tokio: San'ich Shobo, 1983. (2024년 현재 요시다 세이지의 증언은 신빙성이 없는 것으로 밝혀졌다-편집자 주)
7. 김일면의 한국인 일본군 '위안부'에 대한 퇴역 일본군과 인터뷰 내용.
8. Keith Howard (red.), *True Stories of Korean Comfort Women. Testimonies complied by Korean council for women drafted for military sexual slavery by Japan*. London: Cassell, 1995.
9. Watanabe Kazuko, 'Militarism, Colonialism and the Trafficking of Women: "Comfort Women" Forced into Sexual Labor for Japanese Soldiers'. In *Bulletin of Concerned Asian Scholars*, dl. 26, no. 4, Oct-Dec 1994.
10. Asahi Shinbun Sha (red.), *Onnatachi no Taiheiyo Senso*('Womens's Pacific War'). Tokio: Asahi Shinbun Sha, 1992. In: *Militarism, Colonialism, and the Trafficking of Women. 'Comfort Women' Forced into Sexual Labor for Japanese Soldiers*. Door Watanabe Kazuko, *Bulletin of Concerned Asian Scholars*, part. 26, no. 4, Oct-Dec. 1994.

11. Yoshida Seiji, *Watakushi no Senso Hanzai. Chosenjin Kyosei Renko.*
12. George Hicks, *The Comfort Women. Japan's brutal regime of enforced prostitution in the Second World War*. New York: Norton & Company, 1994, p, 69. 이 기억은 원래 Modern History Research Society of Japan이 1965년 출판했다. 이 여성이 누구인지는 아무도 모른다. 그러나 그녀의 이야기는 '위안부'와 관련된 '전쟁의 기억' 문헌 중 가장 자세한 편에 속한다.
13. 네덜란드 전쟁 문서 보관소, 인도네시아 컬렉션 (추후 NIOD, IC로 표기), 문서 보관 번호 18389.
14. 마쓰이 야요리와 인터뷰한 내용, 1999년 11월 23일.
15. 가와구치 가즈카, '제2차 세계 대전 기간과 그 후 성폭행에 대한 연구 결과. 중국 산시성 위현의 경우', 1999년. 가와구치 가즈카 변호사는 1996년 10월부터 1999년 4월까지 조사를 했다. 후에 그는 성범죄 피해자들의 사건을 맡았다.
16. George Hicks, *The Comfort Women*, p.131.
17. *Japanse Cofort Women in South East Asia*, paper of professor Hayashi Hirofumi, 1999.
18. Malaysia, 5 October 1999.

제3장

1. 이 책에 인용된 한국 여성의 발언과 증언의 출처는 한국정신대문제대책협의회가 발간한 *True Stories of the Korean Comfort Women*이다.
2. *Comfort Women: an unfinished ordeal*, p.131.
3. George Hicks, *The Comfort Women*, p.133. Asahi-journalist Yayori Matsui 인용.
4. 요시미 요시아키의 용어, *The Report on the Issue of Japan's Military Comfort Women.*
5. 1999년 12월 2일 윤정옥 교수와 인터뷰.
6. 익명.

7. *Comfort Women: an unfinished ordeal*, p.112.
8. *Report on Taiwanese Comfort Women*, 19 oktober 1993.
9. *The Comfort Women Hotline*, Yashura 문건, p.25.
10. George Hicks, *The Comfort Women*, p.91.
11. Koichi Kimura, 'Letter to Mr. Nobukatsu Fujioka'. In: *Voices in Japan*, oktober 1997, p.55. 고이치 키무라 씨는 인도네시아에 거주하는 일본 스님이다.
12. Yuki Tanaka, *Hidden Horrors. Japanese war crimes in World War II*. Boulder co: Westview Press, 1996, p.96.
13. Goerge Hicks, *The Comfort Women*, p.94.
14. Allen Louis, *Burma: The Longest War, 1941-1945*. Londen: B C A, 1984, p.595-599.
15. *The Japan Times*와의 인터뷰, 1992년 8월 7일.
16. *Comfort Women: an unfinished ordeal*, p.33.
17. George Hicks, *The Comfort Women*, p.125.
18. Yoshmi Yoshiaki, *The Report on the Issue of Japan's Military Comfort Women.*, p.45.
19. Wang Ching-Feng en Chang Mei-fen, *Aboriginal Comfort Women in the Taiwan Region. Case Analysis Report*, augustus 1997.
20. George Hicks, The Comfort Women, p.73.
21. Kim Il Myon, *Tenno no Guintai to Chosenjin Ianfu*.
22. 위의 자료.
23. *The Comfort Women*에 소개된 George Hicks의 인터뷰.
24. Kazuko Kawaguchi, *Findings from the Research into Wartime Sexual Violence and Task Ahead. The Case of Yu Prefectture, Shanxi Province*, 1999.
25. 위의 자료.

제4장

1. NIOD, IC, 일기장 no. 35/53.
2. Stichting Project Implementaire Comitè Nederland(PICN, '네덜란드 프로젝트 실행 재단') 추정.
3. 'Volunteers Recruited from Internment Centres'. In: *Asahi Evening News*, 19 September 1992.
4. 이 장에 나오는 엘런 판 데어 플룩의 인용문 출처는 Jan Goed의 저서 *Gevoelloos op bevel*(명령에는 감정이 없다)이다.
5. Doetjes van Velden, *De Japanse interneringskampen voor burgers gedurende de Tweede Wereldoorlog*(제2차 세계 대전 중 일본의 민간인 수용소), 박사 학위 논문. Groningen: J. B. Wolters, 1963, p. 419-423.
6. 극동 국제군사재판 증언, Schorland-notes 139.
7. NIOD, IC, dagboek 86, Batavia.
8. 이 상황 재구성과 스마랑의 매춘업소와 수용소에 대한 자료는 얀 루프 오헤른의 책 『50년 동안의 침묵 (Jan Ruff-O'Herne, *50 Year of Silence*. Sindney: Editions Tom Thompson, 1994.)』에 근거함. 이 책의 이름은 텔레비전 다큐 방송과 동일하다. 추가적으로 네덜란드 전쟁 문서 보관서와 국립 문서 보관서 자료 및 네덜란드 국회 회기(1993-1994) 중 『네덜란드령 인도네시아에서 네덜란드 여성의 강제 매춘』에 대한 국회 보고서 23607에 근거함.
9. 얀 루프 오헤른와 엘런 판 데어 플룩을 제외하고 다른 네덜란드 강제동원 '일본군' '위안부' 여성은 피해자의 사생활 보호를 위해 익명으로 함.
10. NIOD(네덜란드 전쟁 문서 보관소), IC, 000006.
11. 그러나 임시 군사재판 판결에 의하면, 그들이 아직 어리고 성숙하지 않은 소녀들을 매춘으로부터 보호하려고 자원했을 가능성이 크다. 그렇지 않을 경우 수용소 사람들은 일본 군인들이 빈손으로 돌아가지 않을까 봐 염려했었다. 임시 군사 재판 판결문 72/1947, 17쪽 참고.
12. 린다와 인터뷰는 1994년 2월 1일자 『파롤』 신문 에디스 판 잘링어 기자의 〈역겨움과 공포의 시간〉 기사 및 1992년 8월 15일자 『하우서 쿠

란트』신문 마어커 크라이어 펠트 기자의 〈언제나 두려움과 겁에 질린 공포 속에서〉 기사에 실림.

13. Algemeen Rijksarchief, 23028b/R, p.18.

14. Algemeen Rijksarchief, 23028b/R, p.27.

15. Algemeen Rijksarchief, 23028b/R, p.33.

16. 의사 지컬의 증언 일부.

17. NIOD, IC, proces-verbaal nr. 022054-022078.

18. Win Rinzema, 『상처난 이미지(Het geschonden beeld)』, p.22.

19. 1948년 바타비아 임시 군사재판 법률 문서, Bart van Poelgeest의 네덜란드령 인도네시아에서 네덜란드 여성에게 강요된 매춘에 관한 연구, 전쟁 문서 보관소 보관 증언록 및 국립 문서 보관소자료 그리고 'Dutch Women added to list of WWII Sex Slaves'. In : Asahi Evening News, 22 July에 근거.

20. 네덜란드 전쟁 문서 보관(NIOD), IC, archiefstukken(보관 문서 번호) 08117 en 019947.

21. 국립 문서 보관소 증언록, 문서 번호 17582.

22. General State Archives, witness statement no. 25848.

23. 반둥 경찰보고서 내용.

24. George Hicks, *The Comfort Women*, p.140.

25. 동남아시아에서 강제동원 일본군 '위안부' 연구를 한 하야시 히로후미 교수 주장.

26. Japanese Comfort Women in South East Asia, Hayashi Hirofumi, 1999.

27. Algemeen Rijksarchief, Archief Algemene Secretarie Batavia, nr. 5309.

28. George Hicks, The Comfort Women, p.147.

29. 가와다 후미코와의 인터뷰(1999년 11월 26일).

제5장

1. Yuki Tanaka, *Hidden Horrors*, p.100.
2. Idem, p.96.
3. *The Comfort Women: an unfinished ordeal*, p.129.
4. George Hicks, *The Comfort Women*, p.28-29.
5. Interview in: Susan Brownmiller, *Against our Will. Men, Women, and Rape*. New York: Faweett Columbine, 1975, p.95.
6. Idem, p.52.
7. Idem, p.49.
8. George Hicks, *The Comfort Women*.
9. Susan Brownmiller, *Against our Will*, p.83.
10. Betsy Apple, *School for Rape, The Burmese Military and Sexual Violence*. United States/Bangkok, Thailand: Earth Rights International, 1998.
11. IMaren Niemeyer과 Caroline von der Tann의 다큐멘터리 프로그램 인터뷰, *Das grosse Schweigen*, Ostdeutscher Rundfunks Brandenburg, 1995.
12. 독일 경제부(het Wirstschafts-Verwaltungshauptamts)가 강제 수용소 소장에게 보낸 1943년 11월 10일자 공문. Besichtigung von Konzentratieonslageren, Archiv der Kegedenkstätte Dachau, Dok. 6308. In: Christa Paul, *Zwangprostution. Staatlich errichtete Bordelle im Nationalsozialismus*. Berlijn: Edition Hentrich, 1994, p.65.
13. Susan Browmiller, *Against our Will*, p.64.
14. 참고 Kawaide-syobou, *Sekai Seigaku Sensyuu*(세계 섹스 총서, 제5권, 전쟁과 섹스).
15. Maren Niemeyer en Caroline van der Tann, 1995.
16. Christa Paul, *Zwangprostitution* ('강제 매춘'), p.11.
17. *Das grosse Schweigen*(커다란 침묵) 다큐멘터리 인터뷰.
18. Christa Paul, *Zwangprostitution*, p.143.

19. 이 이름은 크리스타 파울이 1993년 인터뷰한 사람의 가명임.
20. Christa Paul, *Zwangprostituion*, p.143.
21. Franz Seidler, *Prostitution, Homosexualität, Selbstverstümmmelung. Probleme der deutschen Sanitätsfübrung*(매춘, 동성애, 자해. 독일 의료 서비스의 문제점) *1939-1945*. Necharsgmünd 1977, p.103.
22. Susan Brownmiller, *Against our Will*, p.105.
23. 인터뷰: Reinhild Kassing en C.P. (14 juni 1991), Yukihiro Inamari (27 november 1992), Maren Niemeyer, Caroline von der Tann (1995, *Das Grosse Schweigen*).
24. 독일의 강제 수용소에는 저항 운동에 참여했거나 공산주의를 지지한 독일 여성들도 있었다. 그들은 주로 라벤스부르크에 수용되었는데, 정치범과 범죄자로 분류되었다. '반사회적' 인물로 분류된 이들에 대한 박해는 1937년에 시작되었다. '반사회적' 범주로 분류하는 중요한 기준 중 하나는 불규칙한 임금 노동이었다. 또한 로마인과 신티인도 '반사회적' 그룹으로 분류되었다. 1938년까지 주로 국가 사회주의를 반대하던 정치적 저항 세력이 라벤스부르크에 수용되었다. Christa Paul의 *Zwangprostitution*, o.a. p.29. 참고.
25. Christa Paul, *Zwangprostutution*, p.82.
26. 다큐멘터리 *Das grosse Schweigen* 인터뷰 내용 중.
27. Christa Paul, *Zwangprostitution*, p.88.
28. 다큐멘터리 *Das grosse Schweigen* 인터뷰 내용 중.

제6장

1. *Comfort Women: an unfinished ordeal.*
2. George Hicks, *The Comfort Women*, p.154.
3. Kim Il Myon, *Tenno nu Guntai to Chosenjin Ianfu*(천황의 군대와 조선인 '위안부').
4. Kim Il Myon, *Tenno nu Guntai to Chosenjin Ianfu.*
5. George Hicks, *The Comfort Women*, p.155.

6. 1999년 12월 2일 윤정옥 교수 인터뷰 내용 중.
7. George Hicks, *The Comfort Women*. In: Peter Duus, Ramon Myers en Mark Peatty (red.), *The Japanese War Empire*. Princeton NJ: Princeton University Press, 1996, p. 321.
8. 네덜란드 헌법은 프랑스 보나파르트 나폴레옹 황제의 프랑스 민법전에서 유래한다. 이 법은 속인주의에 기초한다. 소위 혼혈(유라시안)들은 네덜란드 국적을 가지고 있었다. 대부분 영국계 유라시안들은 버마와 말라카의 독립 후 버마인 그리고 말레이시아인이 되었다. 이 국가들의 헌법은 영국 헌법 마그나 카르타에서 유래하며, 이 헌법은 인종과 속지주의에 기초한다.
9. 단지 나가와 현에서만 8월 20일과 9월 10일 사이 미군의 일본 여성 강간 사건 신고가 136건이 접수되었다. 출처 Yamada Meiki, *Senryo-gun lanfu* (Kojin-sha, 1992). In: Yuki Tanaka, *Hidden Horrors*, p.103.
10. Yuki Tanaka, *Hidden Horrors* , p.102, noot 74.
11. Tomisawa Shigeru, *Onnatachi no senjouyomoyana banashi* (여성들의 전쟁: 이런저런 이야기). Kojin-sja, 1998.
12. Yuki Tanaka, *Hidden Horrors*, p.104.
13. 이 대령은 후에 무죄를 선고받았다.
14. 국립 문서 보관소, 고발장 23028b/R, 2.
15. Yuki Tanaka, *Hidden Horrors*, p.105.
16. 국립 문서 보관소, 고발장 23028b/R, VII (10).
17. L. Van Poelgeest, *Nederland en het Tribunaal van Tokyo*(네덜란드와 도쿄 극동 세계 군사 재판). Gouda: Quint, 1989, p.22.
18. Idem, p.23.
19. Lydia Chagoll, *Hirohito, keizer van Japan, Een vergeten oorlogsmidadiger?*('히로히토, 천황, 그는 잊힌 전범인가?') Antwerpen: Houtekiet, 1988.
20. H.H. Wiesner, Naoorlogse berechting Japanse oorlogsmisdadigers (전후 일본 전범들에 대한 재판). In: *Pelita Nieuws*, nr. 3. 1997.

21. Ellen van der Ploeg in: Jos Goods, *Gevoelloos op bevel.*
22. International Public Hearing, *War Victimization and Japan.*
23. *Comfort Women: an unfinished ordeal.*
24. Idem, p.74.
25. George Hicks, *The Comfort Women*. In: Peter Duus, Ramon Myers en Mark Peatty (red.), *The Japanese War Empire,* p.318-319.
26. International Public Hearing, *War Victimization and Japan.*
27. Maaike Kraayeveld, 'Altijd die angst, panische angst'(언제나 지니는 두려움, 공포스러운 두려움). In: *Goudse Courant* 1994.
28. Win Rinzema, *Het geschonden beeld*(망가진 이미지), p.21.
29. 1999년 11월 26일 도쿄에서 가와다 후미코와 인터뷰 내용.
30. *Comfort Women: an unfinished ordeal*, p.61.
31. Jos Goos, *Gevoelloos op bevel*(명령에는 감정이 없다), p.75.

제7장

1. 『종군'위안부' '소리 없는 여성' 8만명의 고발 [従軍慰安婦 "声なき女" 八万人の告発]』.
2. 1999년 11월 23일 마쓰이 야요리와 인터뷰 내용.

* 이 책의 내용은 후에 사실이 아닌 것으로 밝혀졌다. (편집자 주)

3. '정신대'라는 일본의 위장 용어는 한국에서도 강제 매춘을 가리키는 용어로 사용되었다.
4. Jugun Ianfu 110 Ban Henshu Iinkai(일본군 '위안부' 핫라인 편집위), *Jugun Ianfu 110 ban*(일본군 '위안부' 핫라인). Tokio: Akashi Shoten, 1992.
5. Maria Rosa Henson, *Comfort Woman, A Filipina's story of prostitution and slavery under the Japanese military*. Lanham: Rowman & Littlefield, 1999.
6. 이 소송은 일본 대법원으로 상소 되었지만, 최종적으로 2003년 12월 25일 배상 청구가 기각되었다.(역자)

7. Majo van Soest, 'Jan Ruff kan na vijftig jaar eindelijk haar verhaal vertellen'. In: *Vrij Nederland*, 4, september 1993.
8. 1999년 12월 28일 일본의 도의적 책임을 묻는 재단의 A. De Pijper 씨와 인터뷰 내용 중.

제8장

1. Ikea Eriko, 'Sexual Attitudes have never changed among Japanese ex-imperial soldiers' In: Asia-Japan Women's Resource Center, *Voices from Japan. Women's Asia*, October 1997, p.43.
2. 일본 정부는 1996년 4월 이후 일본 점령 기간 네덜란드 피해자들의 일기장을 일본어로 번역하는 5년간의 프로젝트를 위한 재정 지원을 하고 있다. 일본의 점령 기간 네덜란드인들이 겪은 일들에 일본이 연관되었다는 것을 나타내기 위한 목적이다.
3. Kim Puja, 'The Comfort Women's Issue and Japan'. In: *Voices from Japan. Women's Asia* 21, Asia-Japan Women's Resource Center, p.13.
4. Sonni Efron, 'War again is raging over Japan's role in Nanking'. In: L.A. *Times*, 9 juni 1999.
5. Hata Ikuhiko, 'The flawed UN report on comfot women'. In: *Japan Echo*, dl. 23, nr. 3, herfst 1996.
6. Koichi Kimura, "Letter to Mr. Nobukatsu Fujioka'. In: *Voices from Japan. Women's Asia* 21, Asia-Japan Women's Resource Centre, p. 54. 고이치 기무라는 인도네시아에 거주하는 일본 신부임.

제9장

1. 1992년 시작된 수요시위는 2002년 3월 13일 500회를 맞아 '단일 주제로 열린 최장기 집회'로 기네스북에 등재되었으며, 2023년 6월 1600회를 기록했다.(역자)
2. Jos Hagers, 'Troostmeisjes. Geen 30 mille zonder excuus('위안부' 피해자, 사과 없는 3만 길더는 받지 않을 것)'. In: 1999년 1월 28일자 *De*

Telegraaf 신문 기사.

3. 2000년 3월 15일까지 신청 현황.

** 한국 정부는 1998년 5월부터 생활 안정 기금으로 일시금 4,300만 원을 지급했다.(편집자 주)

4. 1999년 6월 엘런 판 데어 플룩과의 인터뷰.
5. Theresa Manavalan, 'Running the river to Broadway'. In: *New Sunday Times Malaysia*, 16 januari 2000.
6. 여성의 성 노예화는 일본이 제2차 세계대전 전에 서명한 국제 조약 두 가지에 위반된다. 1921년 서명한 '여성 아동 매매 억제 국제 협약' 그리고 1930년 국제노동기구가 서명하고 1932년 일본이 서명한 '강제 노동 금지에 관한 협약'이다. 이 협약은 모든 형태의 강제 노동, 특히 여성의 강제 노동을 금지하였다. 강간 금지는 1907년 채택된 그리고 1912년 일본이 서명한 '전쟁 시 육전의 법과 관습에 관한 헤이그 협약'처럼 국제 관습법의 지위를 갖고 있다.

제10장

1. Masanori Yamaguchi, 'Men on the Threshold of Change'. In: Kumikon Fujimura-Fanselow, Atuko Kameda (ed.), *Japanese Women. New Feminist Perspectives on the Past, Present, and Future*. New Yourk: The Feminist Press, 1995, p.257.
2. Kuniko Funabashi, 'Pornographic Culture and Sexual Violence'. In: *Japanese Women. New Feminist Perspectives on the Past, Present and Future*, p.255-263.
3. Asiaweek, 3 December 1999, p.16.
4. Okura Yayoi, *Promoting Prostitution.* In: AMPO-Japan Asia Quarterly Review (ed.), 'Voices From the Japanese Women's Movement', New York, M.E. Sharp/East Gate, 1996, p.112.
5. Takashi Kuroda, 'Trial of the Thailand Night Zone Guidebook'. In: Asia-Japan Women's Resource Center, *Voices from Japan, Women's*

Asia, oktober 1997, p.22.

6. Yamazaki Hiromi, 'Military Slavery and the Women's Movement'. In: AMPO-Japan Asia Quarterly Review 9ed.), *Voices from the Japanese Women's Movement,* p.97.
7. In Miki Tanikawa, kader "Marriage goes the way of lifetime employment', in special 'A New Japan', *Business Week Asia*, 25 oktober 1999.

옮긴이 후기

일본군 '위안부'와 네덜란드

지난 30여 년간 일본군 '위안부'에 관한 논의는 한국뿐만 아니라 많은 세계인이 주목하는 논제로 자리했다. 일본군 '위안부' 피해자는 한국, 중국, 필리핀, 대만, 싱가포르, 인도네시아, 말레이시아, 버마, 태국, 베트남 여성들 외에도 제2차 세계 대전 당시 일본의 지배를 받았던 네덜란드령 동인도(현재 인도네시아)에 거주하던 네덜란드 국적의 여성들도 포함한다.

1942년 일본 군대는 거의 모든 네덜란드령 동인도를 점령하였다. 그 직후 네덜란드인들은 일본에 의한 강제 노동에 동원되거나, 단체 수용소 생활을 해야 했다. 일본인들은 공장 건물이나 학교, 수도원 또는 도시 외곽의 장소에 유럽인들을 운송하여, 남성과 여성을 분리하여 집단 수용시켰다. 수용소의 상황은 지역마다 차이가 있었지만, 제한된 자유, 그리고 공간과 식량이 절대적으로 부족했던 상황은 모든 수용소에 공통된 사항이었다. 의료 지원은 매우 미비했으며 위생 상태도 열악했다. 이렇게 민간인 수용소에서 생활했던 네덜란드인들은 10만 명이 넘었으며, 약 8만 명의 네덜란드, 영국, 호주, 연합군들이 포로수용소에 감금되었다. 수용소에서의 사망률이 13%에서 30%에 이르렀다는 기록을 보면, 이곳 환경과 조건이 얼마나 열악했는지를 가늠해 볼 수 있다.

점령 초기 일본군 '위안부'는 유럽인, 인도네시아인, 그리고 중국 출신의 민간인들이 주로 원주민 여성의 모집을 담당했다. 1943년 중반까지 여성들은 주로 일본인 장교나 민간인의 가정부로 조달됐으며, 이 시기 일본인들은 민간 매춘부를 찾거나 사설 매춘 시설을 이용했다. 동시에 일본인들은 호텔 주인이나 개인이 소유한 건물을 일본인을 위한 매춘 시설로 전환할 것을 지시하기도 하였다. 1943년 중반 이후, 군대와 군 당국이 포주와 알선업자들의 지원을 받아 위안소를 직접 관리하기에 이르고, 이 정책은 바타비아, 반둥, 페칼롱간, 마젤랑, 스마랑, 본도오소 지역에 적용되었다. 위안소에 보내질 유럽 여성들은 집단수용소와 수용소 외부에서 모집 또는 동원되었으며, 군과 헌병대가 이들을 동원하고자 물리적 힘을 사용하는 경우도 있었다. 『나는 일본군 성 노예였다』를 출간해 일본군 '위안부' 제도의 잔인함을 세상에 알린 얀 루프-오헤른도 그들 중 한 명이었다. 1944년 4월

2일 제16군 사령부는 스마랑 위안소에서 네덜란드 여성을 이용한 강제 매춘이 일어나고 있다는 정보를 입수하고, 4월 말 네덜란드 여성이 고용된 모든 위안소를 폐쇄하라는 명령이 도쿄에서 내려진다. 5월 초 그 위안소들은 폐쇄되었고, 이때부터 유럽 여성의 위안소 동원은 금지된다. 하지만 1945년 8월 15일 일본이 항복할 때까지 네덜란드령 동인도의 원주민 여성들은 여전히 일본군 '위안부' 제도의 희생자가 되었다.

전쟁 후 네덜란드는 전범 재판을 위한 바타비아 임시 군사 재판을 실시하여, 전쟁 범죄를 자행한 일본인을 기소하였다. 간략한 배경은 다음과 같다. 1945년 8월 8일 공표된 주요 전쟁 범죄인의 소추 및 처벌에 관한 협정, 소위 런던 협정은 주요 전범 재판을 위한 국제 군사 재판소를 설립하기로 결정하였다. 이렇게 준비된 재판 협정은 아시아에서 그 효력을 발휘하게 된다. 일본의 주요 전범들은 도쿄에서 열린 극동 국제 군사 재판(IMTFE)에서 재판을 받기로 결정되며, 극동 지역에서 기소된 수많은 사건은 싱가포르, 홍콩, 바타비아 등 국가별 법정에서 재판이 이루어졌다. 이 판결은 주권을 인정하는 배경에서 국내법에 따라 행해졌으며, 대부분 국제법의 큰 틀을 따랐다. 네덜란드령 동인도에서 일본의 BC급 범죄는 임시 군사 재판에서 재판받아야 했다. 1946년 8월 5일부터 인도네시아의 독립이 공식적으로 인정된 1949년 12월까지 총 448건의 재판이 이루어졌고, 피고인의 수는 1038명에 이른다. 무엇보다 바타비아 군사 재판은 일본군이 네덜란드 여성들을 '위안부'로 활용한 사건을 판결하였으며, 이는 제2차 세계 대전 직후 국제법에 근거한 전쟁 범죄 재판 중에서 강제 성매매를 목적으로 여성을 납치한 전범을 다룬 유일한 재판이었다고 평가된다.

이러한 중요성에도 불구하고 바타비아 임시 군사 재판의 중요 자료에 대한 접근은 판결 이후 75년간 제한되어 있다. 1946년에 개최된 바타비아 임시 군사 재판의 기록은 2022년 1월 공개적으로 접근 가능해지게 되었으며, 1949년의 마지막 판결 자료는 2025년에야 공식적으로 접근할 수 있다. 이와 같은 자료 접근의 제한에도 불구하고, 1990년대 국제적 담론에 자극을 받은 네덜란드 연방 의회 하원는 바타비아 임시 재판 기록의 공문서를 조사할 것을 요청하였다. 당시 복지의료문화부 장관은 "네덜란드 정부의 공문서 보관소에 있는 이 [네덜란드령 동인도에서의 일본군에 의한 강제 성매매]와 관련된 자료를 조사할 필요성"을 느낀다고 언급하였다. 그 연구 결과는 『일본 점령 시기 네덜란드령 동인도에서의 네덜란드 여성들의 강제 성매매에 관한 네덜란드 정부 조사 보고서』(1993/1994)로 출판되었으며, 여전히 조사 범위와 정보의 규모 면에서 '위안부' 관련 연구에 매우 중요한 가치를 지닌다. 네덜란드 정부 보고서는 "1943년 중반부터 1944년 중반까지 다수의 유럽 여성을 성매매를 위해 동원하고 위안소로 이송할 때 강제적으로 행해진 것이 분명하다"고 기록한다. 또한 '강제'성이 증명되지 않은 자발적 지원이라 할지라도, 기근과 질병 등으로 인해 많은 수용자를 죽음으로 이끌었던 열악한 집단 수용소 상황을 고려했을 때 이 '자발성'이란 개념은 상대적으로 이해되어야 한다고도 명시한다. 정확한 정보를 제공하지 않거나, 일본 당국의 강요 때문에 동의서를 작성하였을 때 자발적 지원으로 간주할 수 없다고 판단한 것이었다. 정부 보고서는 "유럽 여성들이 제안에 동의하지 않은 경우가 수없이 많았지만, 일본 당국이 물리적인 힘을 가하면 거부할 수 없었다"고 덧붙였다.

침묵에 맞서는 목소리

하지만 유럽인이 아닌 인도네시아인 일본군 '위안부' 피해자들의 존재는 정치 외교적 관계나 문화적인 이유로 침묵 되어 온 것이 사실이다. 2007년 인도네시아 언론은 한국과 중국인 '위안부' 피해자들에 대해 글을 썼지만, 수만 명에 달하는 인도네시아인 '위안부' 피해자들에 대해서는 언급하지 않았다. 피해자들은 다시금 일본과의 우호적 관계를 해치고 무역 손실이나 지속적인 경제적 지원을 잃게 될까 우려하는 국가 외교의 희생자가 되었다. "전쟁은 오래전에 끝났지만, 피해자들의 수치심과 자괴감은 평생을 짊어지고 가야 할 멍에로 남게 되었다. 국가와 사회는 그들에게 어떤 상황이 벌어졌는지를 정확히 알려고 하지 않은 채 법의 잣대로만 단순히 재단하려고 했다."라고 인도네시아인 '위안부' 피해자 마르디옘은 말한다. 이러한 자각 속에서 네덜란드 내 중요한 변화가 일어난다. 네덜란드인 사진작가 얀

바닝과 인류학자 힐더 얀손은 그동안 인도네시아 피해자들의 존재가 무시되어 왔다는 사실에 주목하고, 인도네시아 전역을 여행하며 일본군 '위안부' 생존자들을 직접 인터뷰하고 사진과 증언으로 기록한 내용을 2010년 출간하였다. 바닝과 얀손은 이 프로젝트를 통해 그동안 기억의 정치 속에서 망각되고 침묵되었던 인도네시아인 피해자들의 개인사와 기억에 주목했다. 이들의 인터뷰 내용은 다큐멘터리로 제작되었고, 동인도의 일본군 '위안부' 피해자는 얀 루프-오헤른과 엘렌 플룩과 같은 네덜란드 여성뿐만 아니라 이들보다 훨씬 많은 수의 인도네시아 여성들도 존재한다는 사실을 세상에 적극적으로 알렸다. 2019년 '위안부' 관련 저서 『일생의 전쟁(Levenslang Oorlog)』을 출간한 네덜란드 기자 그리셀다 몰러만스는 '위안부' 문제가 한국과 일본만의 문제로 치부될 수 없음을 강조하며, 더 넓은 역사와 정치 외교적 맥락에서 접근되어야 한다고 피력하고 있다. 이와 같이 '위안부' 문제는 한국이라는 틀을 넘어 초국가적 이슈로 확장되고 있으며, 역사의 재평가와 인권 문제의 중요한 테마가 되고 있다.

틀을 넘어 초국가적 문제로

도서관에서 일본군 '위안부' 관련 서적을 검색하면 수백 권의 책이 리스트에 등장한다. 그 책들을 살펴보면, 한국인과 일본인의 관점에 다룬 '위안부' 문제 학술서이거나(물론 그 관점은 다양하다), '위안부'

피해자들의 증언이 주를 이루고 있다. 다른 아시아 국가에서 행해진 일본군 '위안부' 제도를 자세히 다룬 서적은 찾기 힘든 것이 사실이며, 더욱이 한국인 피해자의 관점이 아닌 다른 나라 출신 '위안부' 피해자들의 이야기는 많지 않은 현실이다. 이는 현재 '위안부' 관련 연구 기관에서 한국과 일본의 틀을 넘어 아시아와 전 세계의 연대 속에서 일본군 '위안부' 문제를 다루고 있는 이유라고 판단된다.

그런 의미에서 네덜란드 기자의 관점에서 일본군 '위안부' 문제를 이야기하고 있는 이 책은 매우 중요한 의의를 지닌다. 이 책은 '위안부' 문제의 오랜 대립의 축으로 표상되던 한국과 일본의 목소리가 아니라, 네덜란드의 기자가 본 '위안부' 문제를 역사적 사료와 증언들에 근거해 다루고 있다. 저자는 일본군 '위안부' 피해자들을 직접 만나 인터뷰한 내용을 따뜻한 시선으로 담아내지만, 이 책의 가치는 피해자들의 다양한 목소리와 증언에 국한되지 않는다. 이 책의 차별점은 네덜란드인인 저자가 '위안부' 제도에 관해 취재하고 조사한 내용을 문헌 기록과 정부 자료, 그리고 다양한 사료와 언론 자료를 근거로 독자들에게 쉽게 들려주는 데 있다. 그 내용은 '위안부' 제도가 생겨난 역사적 배경, 제도 내에서 일본의 역할, 전 세계에 걸쳐 있는 '위안부' 피해자의 증언과 그들의 권익 투쟁 이야기도 포함한다. 여기에는 한국인 '위안부' 피해자뿐만 아니라 네덜란드인 피해자, 그리고 중국, 대만, 인도네시아, 필리핀, 말레이시아, 미얀마 출신의 다른 아시아 '위안부' 피해자에 관한 이야기가 비교적 자세히 실려있다. 더욱이 세상에 잘 알려지지 않은 '위안부' 이야기는 우리가 더 넓은 시야로 '위안부' 문제에 접근할 수 있도록 영감을 준다. 예를 들어, 이 책은 나치 독일의 강제 동원 매춘부와 일본인 일본군 '위안부' 피해자들의 이야기, 그리고 네덜란드의 '위안부' 운동의 역사, 과거에서 현재까지 관통하는 일본의 '성매매' 문화에도 접근한다. 일본이 항복한 뒤 연합군의 전리품이 되었던 일본 여성들의 이야기, 전쟁 후 미군 기지가 들어섰던 오키나와와 한국에서 새로운 지배자를 위해 매춘업에 종사해야 했던 여성들의 이야기는 일본군 '위안부' 제도의 연장선상에서 이해되며, 다시금 여성 인권의 문제로 귀결된다. 저자 브리지트 아르스는 이렇게 말한다. "제2차 세계 대전 중 일본군 '위안부' 제도, 다른 아시아 여성들을 대상으로 과거부터 현재까지 행해지고 있는 대규모 인신매매, 이러한 행위의 범죄성을 인지하지 못하는…불감증…한 인간으로서의 여성의 존엄성이 충분히 인정받지 못하는 사회에서 여성에 대한 성폭력은 용인된다."(26쪽) "그것은 전쟁터이든, 방콕, 도쿄, 암스테르담의 음침한 술집이든 상관없이 말이다."(336쪽) 이렇듯 이 책은 일본군 '피해자'에 가해진 일본의 폭력을 폭로하는 데만 목적을 두지 않고, '위안부' 제도의 역사와 복잡한 연결 고리를 맺고 있는 전쟁, 성차별, 인종주의, 식민주의, 계층의 문제, 가부장 제도, 국가주의의 문제를 이해하고, 궁극적으로 인권이라는 커다란 화두를 21세기를 살아가는 우리에게 던져주고 있다.

글을 마치며

몇 해 전 네덜란드 일본군 '위안부' 피해자 문제에 관심을 두고 관련 연구를 하던 중 우연히 이 책을 만났다. 네덜란드는 유럽 국가로서는 유일하게 제2차 세계 대전 중 현재의 인도네시아에서 자행된 일본군 '위안부' 제도의 피해국이다. 하지만 '위안부' 문제에 관해 한국에 소개된 네덜란드인의 목소리는 얀 루프-오헤른의 자전적 작품 "나는 일본군 '위안부' 피해자였다"(2018)를 제외하면 거의 미미했다. 그래서 이 책이 무척 반가웠고, 한국 독자들에게 반드시 소개해야겠다는 일종의 사명감으로 우리는 번역을 시작했다. 번역하는 중에도, 이 책이 조금 더 일찍 한국에서 출간되었더라면 하는 아쉬움이 불쑥불쑥 밀려왔다. 그동안 '위안부' 문제를 둘러싼 법정 판결과 외교 관계에는 크고 작은 변화들이 있었다. 이 책이 출간된 2000년 도쿄에서 개최된 여성 국제 전범 법정은 히로히토 천황을 비롯해 전쟁 당시 군부 및 정치 지도자들을 인도에 반한 범죄로 기소하였다. 2007년 미국 연방 의회는 '일본군 '위안부' 사죄 결의안'(HR121)을 채택하며 '위안부' 강제 동원에 대해 일본 정부의 사과와 보상을 촉구하였고, 더불어 네덜란드, 캐나다, 유럽 의회, 타이완, 호주 등 국제 사회가 일본 정부에 '위안부' 문제의 해결을 촉구하는 결의안을 채택하였다. 2011년 12월 천 번째 수요 집회를 맞아 일본 대사관 앞에 세워진 '평화의 소녀상'은 이제 한국뿐만 아니라 미국, 캐나다, 호주, 중국, 독일, 이탈리아에도 설치되어 일본군 '위안부' 제도의 폭력성을 기억하고 있다. 2015년에는 한·일 일본군 '위안부' 협상 타결이 발표되었다. 2017년에는 '세계 일본군 ''위안부'' 피해자 기림의 날'을 8월 14일로 지정하고, 국가기념일로서 매년 '위안부' 피해자들을 기억하고 그들의 목소리에 귀 기울이고 있다. 하지만 다른 한 편으로는 밀려드는 씁쓸함을 부인할 수 없었다. 일본군 '위안부' 문제 해결이라는 큰 틀에서 볼 때, 이 책이 출간된 당시와 현재를 비교해도 놀라울 정도로 변화가 없다는 생각이 들었기 때문이다.

2020년 네덜란드 국왕 빌럼 알렉산더르는 과거 인도네시아에서 네덜란드가 행한 폭력에 대해 사과했다. 연설에서 그는 비록 과거의 잘못된 역사를 지울 수는 없지만, 그 과거를 명확히 이해하고 반성하는 것이 미래 세대로부터 인정받기 위해 꼭 필요한 과정이라고 강조했다. 우리는 오늘도 미래를 위한 역사 쓰기를 하고 있다. 국가가 역사를 올바르게 기억하고 과거에 책임을 지는 태도를 보일 때 비로소 미래 세대는 당당하게 새로운 역사를 써 나갈 수 있는 진정한 자유를 얻게 될 것이다.

8월 14일 '위안부' 기림의 날에

옮긴이

찾아보기

ㄱ

ㄴ

ㄷ

ㄹ

ㅁ

ㅂ

ㅅ

ㅇ

'위안부'

초판 인쇄 / 2024년 9월 20일
초판 발행 / 2024년 9월 30일

지은이 / Brigitte Ars
옮긴이 / 문지희, 강재형
펴낸이 / 홍정수
펴낸곳 / 탐구당

등록/1950. 11. 1 서울 제 03-00993호
주소/서울특별시 용산구 한강대로 62 나길 6
대표전화/02-3785-2211
팩시밀리/02-3785-2272
홈페이지/www.tamgudang.co.kr
전자우편/tamgudang@paran.com

값 27,000원

ISBN 978-89-6499-079-7